KB151669

〔증보판〕
자치통감6

〔증보판〕
자치통감6(권031~권036)

2019년 2월 11일 개정증보판 1쇄 찍음
2019년 2월 18일 개정증보판 1쇄 펴냄

지은이   사마광
옮긴이   권중달
펴낸이   정철재

펴낸곳   도서출판 삼화
등 록   제320-2006-50호
주 소   서울 관악구 남현1길 10, 2층
전 화   02)874-8830
팩 스   02)888-8899
홈페이지 www.samhwabook.com

도서출판 삼화, 2019, Printed in Seoul Korea

ISBN 979-11-5826-356-0 (94910)
       979-11-5826-498-7 (세트)

〔증보판〕

자치통감6

권031~권036

도서
출판 삼화

들어가면서

증보판《자치통감》출판에 붙여

《자치통감》을 완역해서 세상에 내놓은 다음부터 많은 독자로부터 원문도 함께 읽고 싶다는 요구가 있었다. 그러나 원문 작업이 그리 만만한 일은 아니었을 뿐만 아니라 그보다도《자치통감》에 대한 이해를 돕기 위한 책들을 정리하는 것이 먼저라고 생각하였다.

그래서 탄생한 책이《자치통감》에 실린 사론을 정리하여 해설한《자치통감사론강의》이고, 중국 역사의 전체적인 흐름을 보려는 새로운 시도가《중국분열》이며, 복잡하여 이해하기 힘들다는 위진시대를 쉽게 이해하도록 사상사적 측면에서 접근해 본 것이《위진남북조 시대를 위한 변명》이고, 황제제도의 구조적인 모습을 보기 위한 작업이《황제뽑기》였다. 그 외에도《자치통감》을 좀 더 깊이 이해하고자 하는 독자를 위하여《평설자치통감》을 집필해야 했고, 대중들을 위하여 명언을 모아 설명한《촌철활인》, 입문서《자치통감 3번 태어나다》,《생존》,《3권으로 읽는 자치통감 294》같은 일반인들의 교양물도 출간하였다.

물론 이러한 작업을 하면서도 눈에 띄는 대로 이미 출간한 원고의 보정 작업을 계속하면서 번역문에도 조금씩 수정을 가한 부분이 있게 되었다. 이러는 동안에도 많은 독자가 원문을 볼 수 없는 아쉬움을 표하는 경우를 접하면서 이왕 이 작업을 하는 바에야 독자들에게 원문을 제공하는 것이 옳을 것 같다는 생각을 하였다.

그러나 원문을 교정 보는 작업은 그리 간단하지가 않았고 많은 시간이 필요하였다. 그러나 '자치통감 행간읽기'를 마친 독자라면 좀 더 깊이 알고자 할 것이고, 따라서 번역문과 원문이 동시에 필요할 것이라는 데까지 생각이 미쳤다. 그리하여 작업이 끝나는 대로 번역과 원문을 붙여 증보판이라는 이름으로 출간하기로 하였다.

증보판을 내는 또 다른 이유는 우리가 그동안 익숙하게 아시아의 역사를 '중국사 프레임'으로 보는 것을 깨 보고자 하는 생각도 있다. 즉 중국 문화는 아시아 문화의 중심이며 중국 문화의 동심원적 확산이 바로 아시아 문화인 것처럼 이해하였다. 그뿐만 아니라 중원 대륙의 주인은 한족(漢族)이고, 언필칭 정사라고 하는 25사가 마치 한족 왕조의 면면히 이어졌다는 오해를 풀어야 하기 때문이다.

《자치통감》은 사마광이 역사 사실을 객관적으로 정리한 역사책이다. 이 책의 집필 의도가 황제나 집정자에게 교육시키려는 것이었으므로 '있는 사실 그대로'를 전하려고 하였던 것이었다. 편견 없는 역사 사실만이 진정으로 자신을 돌아보고, 새로운 방향을 설정할 수 있기 때문이었다. 역사적 진실만이 가치가 있는 것으로 생각한 사마광은 한족(漢族)임에도 한족의 단점과 실패의 사실도 집어낼 수 있었고, 이른바 이적의 장점도 은연중에 드러나게 하였다. 그러한 점에서 《자치통감》은 '중국사'가 아니라 '아시아사'이다.

그런데 숙황(叔皇) 금(金) 왕조에 쫓기어 남쪽으로 내려온 남송의 질황(侄皇) 치하에 살았던 주희는 몰락해 가는 한족을 목도하면서 한족에게 애국심을 고취하여야 했던 당시 시대적 상황에 맞추어 역사를 혈통 중심의 정통론이라는 허구적 이념을 세워 《자치통감》을 《자치통감강목》으로 만들어 중국 중심으로 역사를 보려고 하였다. 물론 이것은 시대적 상황에서 필요하였던 것이고 이념을 주장하기 위하여 역사를 이용한 것일 뿐이다.

그런데 우리나라에서는 주자학을 정치이데올로기로 받아들이고 이념서인 《자치통감강목》을 역사라고 오도함으로써 부지불식간에 아시아 역사를 중국 중심으로 보는 왜곡된 시각이 형성되었다. 그리하여 우리도 모르는 사이에 '혈통'이라는 편견을 가지고 역사를 본 《자치통감강목》의 영향으로 500여 년간 '중국사 프레임'에 갇히게 되었고, 그 영향은 오늘에까지도 미치고 있다.

'중국사 프레임'으로 보는 아시아 역사는 중원에 있는 나라는 한족(漢族)이 중심이고, 중원의 우수한 문화가 동심원적으로 사방으로 퍼져

나가 교화시킨 것이 아시아 문화이고, 화이(華夷)는 당연히 구별되고 이적은 배척되어야 하며, 중원에 세워진 왕조가 면면히 이어져 왔다는 것을 실재하였던 현실로 받아들였던 것이다.

《자치통감》은 주희가 이념으로 가공하기 전의 원본으로 '역사를 사실 그대로 이해할 수 있는' 것이 가능하지만 아직도《자치통감》을 '중국사'로 생각하고 있는 사람이 대부분이다. 이제부터라도《자치통감》을 1,362년간의 '아시아 역사'로 인식하기를 바란다.

대방재(待訪齋)에서
권중달 적음

목차

권031
한기23 : 우유부단한 성제

권034
한기26 : 무능하고 병약한 애제

권035
한기27 : 기회를 잡은 왕망의 처세

권036
한기28 : 사술만으로 황제가 된 왕망

부록

❖ 황제계보도

《자치통감》구성 : 총 294권 1,362년간

권차	기년 왕조	기록 기간	중 요 사 건
001~005	전국 주	기원전 403 ~256년 (148년간)	■ 주나라의 권위가 무너지고 제후국들이 통일을 위해 각축전을 벌인 전국시대.
006~008	진(秦)	기원전 255 ~207년 (49년간)	■ 전국시대에 진나라가 통일을 준비하고, 통일을 완성하였다가 망하는 과정.
009~068	한	기원전 206 ~서기 219년 (425년간)	■ 진의 해체와 유방의 한 왕조가 중국을 재통일한 과정. ■ 황제체제의 성립과 왕망의 찬탈과정. ■ 왕망의 몰락하는 전한시대와 왕망의 멸망과 유수의 후한이 재통일한 과정. ■ 호족들의 등장과 후한의 몰락과정.
069~078	위	220~264년 (45년간)	■ 후한의 멸망과 위·오·촉한의 삼국시대와 위의 촉한 정벌과정.
079~118	진(晉)	265~419년 (155년간)	■ 위의 몰락과 진의 등장과 삼국 통일과정. ■ 북방 오호의 남하 북방의 분열과 진의 남천과 남북 대결과정.
119~134	남북조 송	420~478년 (59년간)	■ 남조의 송 왕조와 북방민족이 중국 유입하여 이룩한 남북조시대.
135~144	남북조 제	479~501년 (23년간)	■ 남조 송의 멸망과 제의 건국, 북조와의 대결과정.

권차	기년 왕조	기록 기간	중 요 사 건
145~166	남북조 양	502~556년 (55년간)	■ 남조 제의 멸망과 양의 건국, 북조와의 대결과정.
167~176	남북조 진(陳)	557~588년 (32년간)	■ 남조 양의 멸망과 진의 건국, 북조와의 대결과정.
177~184	수	589~617년 (29년간)	■ 수 왕조의 중국 재통일과 멸망과정.
185~265	당	618~907년 (290년간)	■ 당 왕조의 성립과 중국 고대문화의 완성 과정과 당말 절도사의 발호와 당의 멸망 과정.
266~271	오대 후량	908~922년 (15년간)	■ 당의 멸망과 후량의 건설 및 오대십국의 진행과정.
272~279	오대 후당	923~935년 (13년간)	■ 후량의 멸망과 후당의 건설 및 오대십국 의 진행과정.
280~285	오대 후진	936~946년 (11년간)	■ 후당의 멸망과 후진의 건설 및 오대십국 의 진행과정.
286~289	오대 후한	947~950년 (4년간)	■ 후진의 멸망과 후한의 건설 및 오대십국 의 진행과정.
290~294	오대 후주	951~959년 (9년간)	■ 후한의 멸망과 송 태조 조광윤의 등장 및 오대십국의 진행과정.

《자치통감》 왕조 계통도

❖ █ 는 기년 왕조이다.

전국 주(周)
(BC 403~256년)

진(秦)
(BC 255~207년)

한(漢)
(BC 206~AD 219년)

위(魏) (220~264년) **촉(蜀)** (221~263년) **오(吳)** (220~280년)

서진(西晉)
(265~316년)

동진(東晉) (317~419년) **5호16국**

남북조 송(宋) (420~478년) **북위(北魏)** (386~534년)

남북조 제(齊) (479~501년) **동위(東魏)** (534~550년) **서위(西魏)** (535~556년)

남북조 양(梁) (502~556년) **북제(北齊)** (550~577년) **북주(北周)** (557~581년)

남북조 진(陳) (557~588년)

수(隋)
(589~617년)

당(唐)
(618~907년)

오대 후량(後梁)
(908~922년)

오대 후당(後唐)
(923~935년)

오대 후진(後晉)
(936~946년)

오대 후한(後漢)
(947~950년)

오대 후주(後周)
(951~959년)

송(宋)
(960~1279년)

❖ 전국·진시대(★은 기년 왕조임)

★주(周, ~BC 256년) 노(魯, ~BC 249년) ★진(秦, ~BC 207년)
정(鄭, ~BC 375년) 송(宋, ~BC 287년) 초(楚, ~BC 223년)
제(齊, ~BC 221년) 진(晉, ~BC 376년) 위(魏, ~BC 225년)
한(韓, ~BC 230년) 조(趙, ~BC 222년) 연(燕, ~BC 223년)
위(衛, ~BC 209년)

❖ 5호16국시대(★은 16국에 포함하지 않음)

■ 흉노(匈奴)
전조(前趙·漢, 304~329년) 북량(北涼, 397~439년) 하(夏, 407~431년)
■ 갈(羯)
후조(後趙, 319~350년)
■ 선비(鮮卑)
전연(前燕, 384~409년) 후연(後燕, 337~370년) 남연(南燕, 398~410년)
서진(西秦, 385~431년) 남량(南涼, 397~414년) ★서연(西燕, 384~394년)
★요서(遼西, 303~338년) ★대(代·魏, 315~376년)
■ 저(氐)
성한(成漢, 302~347년) 전진(前秦, 351~394년) 후량(後涼, 386~403년)
★구지(仇池, 296~371년)
■ 강(羌)
후진(後秦, 384~417년)
■ 한(漢)
전량(前涼, 301~376년) 서량(西涼, 400~420년) 북연(北燕, 409~436년)
★위(魏, 350~352년) ★후촉(後蜀, 405~413년)

❖ 오대의 십국

■ 십국
전촉(前蜀, 891~925년) 후촉(後蜀, 925~965년) 오(吳, 892~937년)
남당(南唐, 937~975년) 오월(吳越, 893~978년) 민(閩, 893~945년)
초(楚, 896~951년) 남한(南漢, 905~971년) 형남(荊南, 907~963년)
북한(北漢, 951~979년)

〔일러두기〕

· 이 책은 사마광의 《자치통감》의 고힐강(顧頡剛) 외의 표점본을 저본으로 하여 전국시대부터 오대후주시대까지의 전권(294권)을 완역한 것이다.

· 번역의 기본 원칙은 원전이 갖고 있는 통감필법의 정신을 최대한 살린다는 의미에서 직역하되 의미가 불분명한 경우는 역자의 역주로 설명했다.

· 역자가 내용과 분량을 감안하여 문단을 나누고 각 문단마다 제목을 달았다.

· 필요한 한자어는 괄호 속에 병기했다.

· 인명, 지명, 관직명 등 고유명사는 외래어 표기법을 따르지 않고 한글 발음대로 표기했다. 인명 가운데 원문에 성이 기록돼 있지 않은 것도 이해를 돕기 위해 성을 추가하였다. 지명은 괄호 속에 현재의 지명을 넣었고, 주(州)·군(郡)·현(縣) 등 행정 단위가 생략되었지만 필요한 경우 이를 추가하였다. 관직명은 길고 그 업무가 생소하고 길게 느껴질 경우 관직명 자체를 우리말로 풀어주고 원 관직명은 각주로 설명을 보충했다.

· 간지로 된 날짜는 괄호 속에 숫자로 표시했다.

· 본문의 '帝'는 '황제'로, '上'은 '황상'으로 번역했다.

· 책이름이나 출전은 《 》, 편명은 〈 〉로 했다.

· 본문에서 전후관계를 알아야 할 사건이나 내용, 용어, 고사 등 설명이 필요한 경우 각주로 설명을 보충했다.

· 독자들의 이해를 돕기 위해 각주의 설명이 다소 중복 되게 하였다.

· 주어가 생략된 경우는 해당 연도의 기준을 삼은 황제가 주어이다.

· 음은 호삼성의 음주를 따랐다.

· 사마광의 평론은 사마광이 황제에게 아뢰는 것이므로 경어체로, 사마광 이외의 평론은 사마광이 인용한 것이므로 원전의 표현의 살려 평상체로 번역했다.

· 한글로 번역하여 말뜻이 분명하지 않을 경우 〔 〕 안에 한자를 넣었다.

권031

한기23

우유부단한 성제

왕봉의 죽음과 자기 능묘에 신경을 쓰는 성제

성제 양삭 3년(己亥, 기원전 22년)

1 봄, 3월 임술일[1]에 동군(東郡, 하남성 濮陽縣)에 여덟 개의 운석(隕石)이 떨어졌다.

2 여름, 6월에 영천(穎川, 하남성 禹縣) 철관(鐵官)[2]의 형도(刑徒)인 신도성(申屠聖) 등 180명이 장리(長吏)[3]를 죽이고 창고에 있는 무기를 도적질하여 스스로 장군이라고 하면서 아홉 개의 군을 거치며 다녔다. 승상장사(丞相長史)와 어사중승(御史中丞)[4]을 파견하여 쫓아가서 체포하게 하고, 군사를 일으켜서 일을 좇게 하였는데, 모두 죽였다.

---

1 3월 1일은 병인이므로 3월에는 임술일은 없다. 다만 임술(壬戌)이 임진(壬辰)의 오식이라면 이날은 27일이다.

2 주철(鑄鐵)을 담당하는 관청이다.

3 장급 관리 밑에 있는 관리들 가운데 제일 높은 관리를 말한다.

4 승상장사(丞相長史)는 승상부의 장사이고, 어사중승(御史中丞)은 어사부의 중승이다.

3 가을에 왕봉이 병이 나니, 천자가 자주 스스로 가서 문병을 하였고, 친히 그의 손을 잡고 눈물을 흘리면서 말하였다.

"장군이 병이 났는데, 만약에 말을 할 수 없는 일이 있게 된다면[5] 평아후(平阿侯) 왕담(王譚)이 장군을 이어야 합니다."

왕봉이 머리를 조아리고 눈물을 흘리며 말하였다.

"왕담 등은 바로 신의 지친(至親)입니다마는 행동이 모두 사치하고 참람(僭濫)하니 백성들을 이끌고 인도할 수가 없고, 어사대부 왕음(王音)만큼 삼가면서도 신중하지는 못하니 신은 감히 죽음을 무릅쓰고 그를 보증합니다."

왕봉이 죽기에 이르자 상소를 올려서 황상에게 감사하고, 다시 굳게 왕음을 추천하여 자기를 대신하게 하라고 하고, 왕담 등 다섯 명은 반드시 쓸 수 없다고 말하였는데, 천자는 그러할 것이라고 하였다.

애초에, 왕담은 거만하여 왕봉을 섬기려고 하지 아니하였지만 그러나 왕음은 왕봉을 공경하며 낮추고 공손한 것이 마치 아들 같았으니, 그러므로 왕봉이 그를 추천하였다. 8월 정사일(24일)에 왕봉이 죽었다.

9월 갑자일(2일)에 왕음을 대사마(大司馬)·거기장군으로 삼고, 왕담의 지위를 특진(特進)[6]으로 하고 영성문병(領城門兵)[7]으로 하였다. 안정(安定, 감숙성 固原縣) 태수 곡영(谷永)은 왕담이 직위를 잃게 됨으로써 왕담에게 사양하라고 권고하자 성문의 직책을 받지 아니하니, 이로

---

5 말을 할 수 없게 된다는 것은 죽는다는 것을 완곡하게 표현한 말이다.

6 특진은 삼공 다음의 직위이다.

7 장안에는 12개의 성문이 있는데 문마다 군사를 주둔시켰으며, 이 군사 전체를 관장하는 직책이다.

말미암아서 왕담과 왕음은 서로 평화롭게 되지 아니하였다.

4   겨울, 11월 정묘일(6일)에 광록훈(光祿勳) 우영(于永)이 어사대부가 되었는데, 우영은 우정국(于定國)[8]의 아들이다.

성제 양삭 4년(庚子, 기원전 21년)

1   봄, 2월에 천하를 사면하였다.

2   여름, 4월에 진눈깨비가 내렸다.

3   가을, 9월 임신일(16일)에 동평사왕(東平思王) 유우(劉宇)[9]가 죽었다.

4   소부(少府) 왕준(王駿)이 경조윤이 되었다. 왕준은 왕길(王吉)의 아들이다. 이보다 먼저 경조윤에는 조광한(趙廣漢)·장창(張敞)·왕존(王尊)·왕장(王章)이 있었고, 왕준에 이르러 모두 유능하다는 명성을 갖고 있었으니, 그러므로 경사(京師)에는 말이 있었다.

"앞에는 조(趙)와 장(張)이 있었고, 뒤에는 삼왕(三王)이 있다."

---

8   우정국에 관한 일은 선제 지절 원년(기원전 69년)에 있었다.

9   유우는 선제의 아들로 동평왕인데, 그가 죽자 시호를 사왕이라고 붙인 것이다.

5   윤월(윤9월) 임술일(7일)에 우영(于永)이 죽었다.

6   오손(烏孫)의 소곤미(小昆彌)[10]인 오취도(烏就屠)가 죽고, 그의 아들인 부리(拊離)가 대신 섰는데, 동생 일이(日貳)에게 살해되었다. 한(漢)에서는 사자(使者)를 파견하여 부리의 아들인 안일(安日)을 세워서 소곤미로 하였다.

일이가 도망하여 강거(康居)로 갔는데, 안일은 귀인(貴人) 고막익(姑莫匿) 등 3인으로 하여금 일이를 좇아 도망한 것으로 속이고서 가서 그를 칼로 찔러 죽였다.

이에 서역(西域)의 여러 나라들이 편지를 올려서 다시금 전에 도호(都護)였던 단회종(段會宗)[11]을 보내주기를 원하였는데, 황상이 이를 좇았다. 성곽을 유지하고 있는 여러 나라들이 이 소식을 듣고 모두 마음을 합하여 친히 귀부하였다.

7   곡영이 상주문을 올려서 말하였다.

"성스러운 왕은 명예(名譽)를 가지고 실제의 효과에 덧붙이지 않는데, 어사대부의 책임은 중하고 직책도 크지만 소부 설선(薛宣)은 정치를 좇는데서 통달하였으니 오직 폐하께서 신경을 쓰셔서 고찰(考察)하기 바랍니다."

황상은 그를 그러할 것이라고 생각하였다.

───────

10 오손은 적곡성(赤谷城), 즉 신강 이녕시(伊寧市)에 도읍하고 있는 왕국인데, 그들의 왕을 곤미라고 하고 소곤미는 소왕(小王)이라고 해석할 수 있다.

11 단종회는 원제 경녕 원년(기원전 33년)에 그곳에 도호로 갔다가 3년을 마치고 성제 건시 2년(기원전 31년)에 장안으로 돌아왔다.

성제 홍가 원년(辛丑, 기원전 20년)

1   봄, 정월 계사일(9일)에 설선을 어사대부로 삼았다.

2   2월 임오일(28일)에 황상이 초릉(初陵)[12]에 행차하여 작업을 하는 형도(刑徒)들을 사면하고, 신풍(新豐, 섬서성 臨潼縣)의 희향(戲鄕)을 창릉현(昌陵縣)으로 바꾸고 초릉을 받들게 하였다.

3   황상이 처음으로 미행(微行)[13]을 하였다. 기문랑(期門郞)[14] 혹은 사사로운 노비 10여 명을 따르게 하고, 혹 작은 수레를 타고 혹 모두 말을 타고서 저자와 마을과 교외의 들에 출입하였는데, 멀리 이웃 현의 감천·장양(長楊, 장양궁)·오작(五柞, 오작궁)에 이르렀고, 투계(鬪鷄)와 말달리기를 보았는데, 항상 스스로 부평후(富平侯)의 가인(家人)이라고 하였다.
    부평후라는 사람은 장안세(張安世)의 4세손(世孫)인 장방(張放)이다. 장방의 아버지인 장림(張臨)은 경무(敬武)공주[15]를 모시고 살았는

---

12 황제는 살아 있을 때에 자기가 죽은 후에 묻힐 능묘를 만드는데, 이것을 초릉이라고 한다.

13 황제가 민간의 복장을 하고 황궁을 나와서 민가를 둘러보는 것을 말한다.

14 기문랑이란 무제 때에 무제가 사사롭게 궁궐을 나와서 놀러 다니려고 무사와 비밀리에 시간을 정하여 궁문에서 만났다. 이 이후로 이러한 특별 경위(警衛)를 기문이라고 불렀다.

15 성제의 누이라는 설과 원제의 누이라는 말이 있는데, 이 말은 다 잘못이고 원제의 누이동생이니, 성제의 고모인 셈이다.

데, 장방을 낳았으며, 장방은 시중(侍中)·중랑장(中郞將)으로 허황후 (許皇后)의 여동생을 취(娶)하였으므로 당시에 총애하고 가까이 하는 것이 비교할 수 없었으니, 그러므로 그를 빌어서 말한 것이다.

4   3월 경술일(17일)에 장우(張禹)가 늙어서 병이 들자 파직되었으나 열후(列侯)로서 삭·망(朔·望, 초하루와 보름)의 조회에 참여하게 하고, 지위는 특진(特進)으로 하였으며, 알현하는 예의는 승상처럼 하였고, 상으로 내려준 것이 전후로 합치면 수천만이었다.

5   여름, 4월 경진일(27일)에 설선이 승상이 되고, 고양후(高陽侯)에 책봉되었고, 경조윤(京兆尹) 왕준(王駿)은 어사대부가 되었다.

6   왕음(王音)은 이미 외당숙(外堂叔)으로서 친족을 뛰어넘어 용사 (用事)하니, 부모의 직책에 조심하였다. 황상은 왕음이 어사대부의 자리에서 들어가서 장군(將軍)[16]이 되었으므로 재상의 책봉을 얻지 못하였으니,[17] 6월 을사일[18]에 왕음을 안양후(安陽侯)로 책봉하였다.

7   겨울, 황룡(黃龍)이 진정(眞定, 하북성 正定縣)에서 나타났다.

---

16 거기장군이 된 것이다.

17 한대에 공손홍 시기 이전에는 후작이어야 재상이 될 수 있었고, 공손홍 때부터는 평민이 재상이 되면 다시 후작에 책봉되었다.

18 6월 1일은 계축일이므로 6월에는 을사일이 없다. 다만 을사(乙巳)가 기사(己巳)의 잘못이라면 이날은 17일이다.

8   이 해에 흉노의 복주루(復株累) 선우가 죽었는데, 동생 난제차미서(欒提且麋胥)가 서서 수해약제(搜諧若鞮) 선우가 되었고, 아들인 좌축도한왕(左祝都韓王) 난제구류사후(欒提呴留斯侯)를 파견하여 입시하게 하였고, 난제차막차(欒提且莫車)[19]를 좌현왕(左賢王)으로 삼았다.

성제 홍가 2년(壬寅, 기원전 19년)

1   봄에 황상이 운양(雲陽, 섬서성 淳化縣)과 감천(甘泉, 감천궁)에 행차하였다.

2   3월에 박사(博士)가 대사례(大射禮)[20]를 거행하였다. 나는 꿩이 뜰에 모여서 계단을 거쳐 당(堂)으로 올라가서 장끼가 울었고, 그 뒤에 꿩들은 또 태상(太常)·종정(宗正)·승상(丞相)·어사대부(御史大夫)·거기장군(車騎將軍)의 관부(官府)에 모였고, 또 미앙궁의 승명전(承明殿)의 옥상(屋上)에 모였다.
    거기장군 왕음(王音)과 대조(待詔) 총(寵)[21] 등이 말씀을 올렸다.

---

19 수해약제(搜諧若鞮) 선우는 흉노의 16대 선우이고, 난제차막차(欒提且莫車)는 신임 선우의 동생이다. 난제차막차에 관한 일은 성제 건시 2년(기원전 31년)에 있었다.

20 고대에는 문무가 합일된 상태였으므로, 국왕 또는 천왕 혹은 황제 같은 국가의 원수와 제후·대부·사(士)가 모두 참여하여 사격대회를 개최하는데, 이것을 대사례라고 불렀다.

21 총은 이름인데 그의 성은 알 수 없다.

"천지의 기운(氣運)은 같은 종류로 서로 호응하는데, 임금에게 견책하여 알리는 것은 이미 미미하지만 드러난 것입니다. 꿩이라는 것은 듣고 보는 것에서 뇌성(雷聲)보다 앞서 들으니, 그러므로 〈월령(月令)〉[22]에서는 절기(節氣)를 구분하였습니다. 경(經, 書經)에는 고종(高宗, 은의 武丁)이 꿩이 우는 이변을 실어서 화를 돌려 복이 되게 한 경험[23]을 밝혔습니다.

지금 꿩이 박사가 예(禮, 대사례)를 거행하는 날에 계단을 거쳐서 당[마루]에 올라갔고, 만의 무리가 우러러 매일 보며 놀라고 기이하게 하는데, 삼공(三公)의 관부와 태상·종정(宗正)인 종묘와 친척을 관리하는 관부를 거치고, 그러한 다음에 궁궐로 들어갔으니, 그것들이 머물면서 사람들에게 분명히 알려주는데, 갖추어진 것이 깊고 절실하여 비록 사람이 서로 경계를 하라고 말한다고 하더라도 어찌 이것보다 더 지나칠 수 있겠습니까?"

뒤에 황제는 중상시(中常侍) 조굉(晁閎)으로 하여금 왕음에게 조서를 내려서 말하였다.

"듣건대 꿩을 잡아 보니 깃털이 자못 꺾였다고 하니 잡혔었던 것 같은데 이렇게 한 사람이 없는가?"

왕음이 다시 대답하였다.

"폐하께서 어찌 나라를 망치는 말을 하실 수 있습니까? 누가 이러한

---

22 《예기》〈월령편〉을 말한다.

23 은의 23대 임금인 고종(高宗)이 성탕(成湯)에게 제사를 지내는데, 나는 꿩이 정(鼎)의 귀에 올라가서 울었다. 이때에 조기(祖己)가 말하였다. '오직 먼저 왕의 덕을 빌어서 그 일을 올바르게 하셔야 합니다.' 그리하여 요사스러운 일을 물리치고 백년의 수를 하게 되었다는 내용이다.

망령된 계책을 주관하여 만들어서 성스러운 덕을 이처럼 무고하고 어지럽혔는지는 모르겠습니다. 좌우에는 아부하는 사람이 너무 많으니 신 왕음이 다시 아부하기를 기다리지 않아도 충분합니다.

공경(公卿) 이하는 자리를 보호하고 지키며 바른 말을 하는 사람이 없습니다. 만약에 폐하로 하여금 느끼고 깨달아서 커다란 화(禍)가 또 몸에 닥칠 것을 두려워하여 깊이 신하들을 책망하시고 성스러운 법을 가지고 오랏줄로 묶는다면 신 왕음은 마땅히 먼저 주살되는데, 어찌 스스로 벗어나려 함이 있겠습니까?

지금 즉위하신 지 15년인데도 후사가 세워지지 아니하였고, 매일같이 수레를 타고 나가시니 실수하신 행적이 소문으로 흘러 다녀서 해내(海內)에 이러한 것이 전해지고 경사(京師)에서 심합니다. 밖으로는 미행하는 해로움이 있고, 안으로는 질병을 갖고 계신 걱정이 있기에 황천(皇天)은 자주 재이(災異)를 보여서 사람에게 고치기를 바랐으나 끝내 이미 고치지 아니하였습니다.

하늘이 오히려 폐하를 감동시킬 수 없었는데, 신하 된 자가 무엇을 바라보겠습니까? 다만 극언을 하고 죽기를 기다리니 목숨이 조석 사이에 있을 뿐입니다.[24] 만약에 그렇지 않은 것이 있다면 늙은 어머니는 어떻게 거할 수 있는 처소를 얻을 것이며, 더욱 어디에 황태후(皇太后)가 있겠습니까?[25]

---

24 죽음을 무릅쓰고 간언한다는 의미이다.

25 늙은 어머니란 왕음이 자기의 어머니를 가리키는 말이고, 자기가 죄를 지어 죽게 된다면 자기의 어머니가 있을 곳이 없다는 것을 말하여 절실함을 가리킨다.

　고조(高祖)의 천하를 마땅히 누구에게 맡기시겠습니까?[26] 마땅히 현명하고 지혜 있는 사람과 모의하셔서 자기를 이기고 예법을 회복하시면서 하늘의 뜻을 구하면 후사를 세울 수 있고, 재변(災變)도 오히려 살아질 수 있을 것입니다."

3　　애초에, 원제(元帝)는 검소하고 절약하여서 위릉(渭陵, 섬서성 함양시의 서북쪽)에는 다시 백성을 옮겨서 읍을 만들려고 하지 아니하였는데,[27] 황제가 초릉(初陵)[28]을 만들다가 수년 후에 패릉(霸陵) 곡정(曲亭, 新豊 戱鄕)의 남쪽을 좋아하여 다시 이곳에서 공사를 하였다.

　장작대장(將作大匠) 해만년(解萬年)이 진탕(陳湯)으로 하여금 상주문을 올리게 하여 초릉을 위하여 백성들을 옮겨서 읍을 만들라고 하여 자기의 공로로 삼아서 많은 상금을 타려고 하였다. 진탕은 이를 이용하여 스스로 먼저 옮기자고 하여서 아름다운 전택(田宅)을 얻기를 희망하였다. 황상이 그 말을 좇아서 과연 그곳에 창릉읍(昌陵邑, 섬서성 臨潼縣의 동쪽)을 설치하였다.

　여름에 각 군국(郡國)의 호걸(豪傑)로 500만 이상의 재산을 가진 5천 호(戶)를 창릉으로 옮겼다.

26　이 문장에 대한 해석은 구구하다. 그런데 안사고의 설에 따라서 해석하면, 간언한 대로 실천하지 아니하면 나라가 망할 것이니 노모 즉 성제의 어머니를 어디에 모실 것이며, 고조가 건국한 한을 부탁할 사람도 없다는 뜻이다.

27　이 일은 원제 영광 4년(기원전 40년)에 있었고, 그 내용은 《자치통감》 권29에 실려 있다.

28　성제는 애초에 자기가 묻힐 능묘공사를 하였는데, 이곳이 섬서성 함양시 서북쪽에 있는 연릉(延陵)이다.

4 5월 계미일(6일)에 두우(杜郵, 섬서성 함양시의 서쪽 5리 지점)에 세 개의 운석(隕石)이 떨어졌다.

5 6월에 중산헌왕(中山憲王)의 손자인 유운객(劉雲客)[29]을 세워서 광덕왕(廣德王)으로 삼았다.

6 이 해에 성양애왕(城陽哀王)[30] 유운(劉雲)이 죽었는데, 아들이 없자 이 나라를 없앴다.

---

29 선제 지절 원년(기원전 69년)에 유복(劉福)이 죽고 그 아들인 회왕 유수(劉脩)가 뒤를 이었으며, 오봉 3년(기원전 55년)에 유수가 죽었는데 후사가 없자 유운객을 왕으로 세운 것이다.

30 성양왕 유운(劉雲)이 죽자 시호를 애왕이라고 하였는데, 성양왕 유장(劉章)으로부터 10세(世)를 전하여 유운에 이른 것이다.

여색에 빠진 성제와 액정에 갇힌 유보

성제 홍가 3년(癸卯, 기원전 18년)

1   여름, 4월에 천하를 사면하였다.

2   큰 한재(旱災)가 들었다.

3   왕씨의 다섯 후작[31]들은 다투어 사치한 것을 서로 숭상하였다. 성도후(成都侯) 왕상(王商)은 일찍이 병이 나서 더위를 피하고자 하여 황상으로부터 명광궁(明光宮)을 빌렸다.[32] 뒤에 또 장안성(長安城)을 뚫고서 풍수(灃水)[33]를 끌어들여서 집 가운데 있는 큰 호수에 물을 대

---

31 이른바 오후(五侯)로 왕담(王譚)·왕상(王商)·왕립(王立)·왕근(王根)·왕봉사 (王逢射)로 성제의 어머니인 왕정군의 남동생들이다.

32 명광궁은 장안성 안 계궁(桂宮)의 부근에 있는데, 신하가 황제의 궁궐을 빌려 쓴다는 것은 불가사의할 정도의 특별한 영광이라고 할 수 있다.

33 장안성은 일종의 군사시설인데 이것을 뚫었다는 것은 그만한 권세를 누렸다 는 것이며, 풍수는 호현(鄠縣)의 동남쪽에서 나와서 북쪽으로 흐르면서 상림

고 배를 띄웠는데, 우개(羽蓋)를 세우고 주유(周帷)[34]를 펼쳐놓고 배를 저으면서 월(越)의 노래를 불렀다.

황상이 왕상의 집에 행차하였다가 성을 뚫고 물을 끌어들인 것을 보고 한스런 생각을 하였으나 속으로 이를 악물었지만 아직 말을 하지 아니하였다. 뒤에 다시 미행(微行)을 나갔다가 곡양후(曲陽侯, 왕근)의 저택을 지나갔는데, 또 그의 정원에 있는 토산(土山)과 점대(漸臺, 호수 한 가운데에 만들어 놓은 섬)가 마치 미앙궁의 백호전(白虎殿)과 비슷하니, 이에 황상이 화가 나서 거기장군 왕음을 책망하였다.

왕상(王商)과 왕근(王根) 형제는 스스로 얼굴에 묵(墨)을 뜨고 코를 자르겠다고 하면서 황태후에게 사죄하였다.[35] 황상이 이를 듣고서 크게 화가 나서 마침내 상서(尙書)로 하여금 사예(司隷)교위와 경조윤에게 책임을 물었는데, 성도후 왕상 등이 사치하여 참월(僭越)하고 불궤(不軌)한 것을 알고도 간사하고 교활함을 숨기고 모두 아부하고 내버려 두고, 들어내어 상주하고 법을 올바르게 시행하지 아니하였다고 하니, 두 사람은 궁궐문 아래서 머리를 조아렸다.

또 거기장군 왕음에게 책서를 내려서 말하였다.

"외가에서 어찌하여 즐겨서 화를 당하고 실패하고자 하는가! 스스로 얼굴에 뜸을 뜨고, 코를 자르겠다고 하면서 태후의 앞에서 서로 육욕(戮辱)하며[36] 자상하신 어머니의 마음을 상하게 하여서 국가를 위험하

원을 지나서 위수로 들어간다.

34 우개는 새의 깃털로 만든 덮개를 말하고, 주유는 배의 사방을 장막으로 둘러 싼 것이다.

35 형식은 사죄를 하겠다는 것이었지만 그들의 누님인 황태후에게 자기들이 스스로 코를 베고 묵을 뜨겠다는 것은 자해하겠다는 협박인 것이다.

고 혼란스럽게 하였다. 외가의 종족이 강하여 위로 나 한 사람이 고립되어 있은 지 오래 되었는데, 지금 장차 한 번 그들에게 시행하고자 하니, 그대는 그들 여러 후(侯)들을 불러서 그들의 부사(府舍, 관부의 청사)에서 기다리라고 하시오."

이날 상서에게 조서를 내려서 문제(文帝)가 장군 박소(薄昭)를 주살한 고사(故事)[37]를 상주(上奏)하게 하였다. 거기장군 왕음은 풀로 만든 멍석 위에서 죄 받기를 청하고, 왕상·왕립·왕근은 모두 부질(斧質)을 짊어지고 사죄하였는데,[38] 아주 오래 가서야 마침내 그쳤다. 황상은 다만 그들을 두렵게 하려고 하였을 뿐이지 실제로 주살할 생각은 없었다.

4　　가을, 8월 을묘일(15일)에 효경제(孝景帝) 사당의 북쪽 문에 화재가 났다.

5　　애초에, 허황후(許皇后)와 반첩여(班捷仔)는 모두 황제의 총애를 받았다. 황상은 일찍이 뒤뜰에서 놀이를 하면서 첩여와 더불어 같이 연(輦) 타기를 좋아하였다.

---

36 코를 자르고 얼굴에 묵을 뜨는 것은 형벌인데, 이 형벌을 거론한 것은 태후에게 욕을 보인 것이라고 한 것이다.

37 박소는 문제 유항의 외삼촌이다. 이 사건은 문제 전10년(기원전 170년)에 있었고, 그 내용은《자치통감》권14에 실려 있다.

38 풀로 만든 멍석이란 고대에 죄인을 참형할 때에 피가 온 바닥에 널려지는 것을 막기 위하여 풀로 된 멍석 위에서 참형을 집행하였으므로 형을 받겠다는 의미이고, 부질에서 부는 참형용의 도끼이고 질은 그것을 올려놓은 판자이므로 역시 형벌을 받겠다는 의사 표시인 것이다.

이때에 첩여가 사양하며 말하였다.

"옛날의 도화(圖畵)들을 보면 현명하고 성스러운 군주들은 모두 명신(名臣)들이 옆에 있었는데, 3대 말기의 군주들은 마침내 폐첩(嬖妾, 애첩)들이 있었으니, 지금 같이 연을 타고자 하심은 이것과 비슷한 일이 없겠습니까?"

황상은 이 말이 훌륭하다고 생각하고 중지하였다.

태후가 이를 듣고 기뻐하며 말하였다.

"옛날에는 번희(樊姬)[39]가 있었고, 지금에는 반첩여가 있구나."

반첩여는 그녀의 시중을 드는 이평(李平)을 바쳐 아낌을 받게 되어 역시 첩여가 되었으며, 위(衛)라는 성을 하사 받았다.

그 후에 황상이 미행을 하다가 양아(陽阿)공주의 집을 지나가다가 노래하고 무용하는 사람인 조비연(趙飛燕)을 좋아하여 불러서 궁궐로 들어오게 하였고, 크게 총애하였는데, 여동생이 있어서 다시 불러 들였는데, 자태와 성품이 더욱 농염(濃艶)하고 순수하여서 좌우에서 이를 보고는 모두 쉬지 않고 칭찬하였다.

선제(宣帝) 때의 피향박사(披香博士)[40] 뇨방성(淖方成)이 황제의 뒤에 있다가 침을 튀기면서 말하였다.

"이 사람은 화(禍)를 가져올 물[水]이니 불[火]을 꺼버릴 것은 분명합니다."[41]

---

39 초 장왕은 수렵을 좋아하였는데, 번희는 수렵한 고기를 먹지 아니하여 마침내 초장왕이 수렵을 하지 않게 하였다.

40 후궁에서 근무하는 여자가 맡는 직책이다.

41 한 왕조는 화덕(火德)을 존숭하였다. 그러므로 이 말은 이 여자로 인하여 한이 망한다는 뜻이다.

언니와 동생이 모두 첩여가 되었는데, 귀하기가 후궁들을 기울였다. 허황후와 반첩여가 모두 총애를 잃게 되었다.

이에 조비연이 허황후와 반첩여는 협미도(挾媚道)[42]를 하여 후궁들을 저주하고 욕하는 것이 황상에게까지 이르렀다고 참소(讒訴)하였다. 겨울, 11월 갑인일(16일)에 허황후를 폐출(廢黜)하여 소대궁(昭臺宮)에 가 있게 하고, 황후의 언니인 허알(許謁)은 모두 주살되어 죽고, 친척들은 옛날의 군(郡)으로 돌아가게 하였다.

반첩여에게 살피고 물어보았는데, 첩여가 대답하였다.

"첩(妾)이 듣건대 '죽고 사는 것에는 명(命)이 있고, 부귀는 하늘에 있다.'[43]고 합니다. 닦고 올바르게 하여도 오히려 아직 복을 받지 못하는데, 사악(邪惡)한 짓을 하고서 무엇을 희망하려 하겠습니까? 설사 귀신이 안다고 하여도 신하답지 아니한 참소를 받지 않을 것인데, 만약에 그것이 모르면 참소(讒訴)한들 무슨 이익이 있겠습니까? 그러므로 하지 않았습니다."

황상은 그의 대답이 훌륭하다고 생각하고 그를 용서하고 황금 100근을 하사하였다. 조씨(趙氏) 자매는 교만하고 질투를 하니 첩여가 오래 가다가는 위험한 일을 볼 것을 두려워하고 마침내 함께 장신궁에 가서 태후를 봉양하게 해달라고 청하였다. 황상이 이를 허락하였다.

6   광한(廣漢, 사천성 梓潼縣)의 남자인 정궁(鄭躬) 등 60여 명이 관청

---

42 부인으로 협미도를 하는 사람은 다른 사람을 저주하고 자기에게 미혹되기를 청하는 것이다.

43 《논어》에 실려 있는 말인데, 자하가 사마우에게 대답한 말이다.

을 공격하여 죄수들을 탈출시키고 창고의 무기를 도적질하고 자칭 '산 군(山君)'이라고 하였다

성제 홍가 4년(甲辰, 기원전 17년)

1 가을에 발해(渤海, 하북성 滄縣)·청하(淸河, 하북성 청하현)·신도(信都, 하북성 冀縣)에서 하(河, 황하)의 물이 넘쳐서 현(縣)과 읍 31곳으로 물이 들어가니, 관정(官亭)과 민간 건물 4만여 곳을 무너뜨렸다.

평릉(平陵, 섬서성 함양시)의 이심(李尋)이 주문을 올렸다.

"의논하는 사람들은 늘 구하(九河)[44]의 옛날 흔적(痕迹)을 찾아서 이곳을 뚫으려고 합니다. 지금 그것이 스스로 터진 것을 이용하여 또 막지 말고 물이 흘러가는 형세를 살펴보게 할 수 있는데, 황하의 물이 있고자 하는 곳에는 마땅히 조금씩 스스로 하천을 만들고 사토(沙土)를 만들어낼 것입니다. 그러한 다음에 하늘의 뜻에 따라서 이를 도모하면 반드시 성공할 것이며 재물과 힘도 적어질 것입니다."

이에 드디어 중지하고 막지 아니하였다.

조신(朝臣)들은 자주 백성들이 애달파 한다고 말을 하자 황상은 사자(使者)를 파견하여 그들을 편안하게 살도록 구제하였다.

---

44 하의 우(禹)는 왕이 되기 전에 순(舜)의 명을 받아서 홍수를 다스리고 아홉 개의 하류를 터놓았다고 한다. 아홉 개의 하류는 도해하(徒駭河), 태사하(太史河), 마협하(馬頰河), 복부하(覆釜河), 호소하(胡蘇河), 간하(簡河), 혈하(絜河), 구반하(鉤盤河), 격진하(鬲津河)이다.

2 광한(廣漢, 사천성 재동현)의 정궁(鄭躬)[45]의 무리들이 스며든 것이 넓어서 네 개의 현(縣)을 범접하였고, 무리가 또 1만 명이 되었는데, 주군(州郡)에서 통제할 수가 없었다.

겨울에 하동(河東, 산서성 夏縣) 도위 조호(趙護)를 광한 태수로 삼고 군(郡, 광한군)에서 그리고 촉군(蜀郡, 사천성 성도시)에서 3만 명을 징발하여 그들을 공격하니, 혹은 서로 체포하여 참수하면 죄를 사면해 주니 순월(旬月)에 평정되었다. 조호를 승진시켜서 집금오(執金吾)로 삼고 황금 100근을 하사하였다.

3 이 해에 평아안후(平阿安侯) 왕담(王譚)[46]이 죽었다. 황상은 왕담을 폐출하여 보정(輔政)을 하지 아니하다가 죽게 한 것을 후회하고 마침내 성도후(成都侯) 왕상(王商)을 다시 올려서 특진(特進)으로서 영성문병(領城門兵)[47]으로 삼고 막부를 두고 관리를 천거하는 것이 장군[48]과 같게 하였다.

위군(魏郡, 하남성 臨漳縣) 사람 두업(杜鄴)은 당시에 낭관(郞官)이었는데, 본디 거기장군 왕음과 잘 지냈으며, 왕음이 전에 평아후[왕담]와 틈이 있었던 것을 보고, 바로 왕음에게 유세하였다.

"무릇 친척인데도 특별히 보지 않으면 누가 원망하는 것이 없겠습니

---

45 반란을 일으킨 우두머리로 이는 지난해인 홍가 3년(기원전 18년)에 있었다.

46 왕담은 평아후였는데 그가 죽은 후에 시호를 안후로 하였다.

47 성문의 군사를 관장하는 직책으로 성이란 장안성을 말하므로 결국 장안성의 방위책임자에 해당하는 직책이다.

48 한대에는 장군은 막부를 둘 수 있고, 막부에는 관리를 천거할 수 있었다.

까? 옛날에 진백(秦伯)은 천승(千乘)의 나라를 가지고 있었으나 그의
같은 어머니에게서 낳은 동생을 용납하지 못하였는데,[49] 《춘추(春秋)》
에서는 비방하였습니다.

주공(周公)과 소공(召公)은 그렇지 아니하였으니 충성하는 마음을
가지고 서로 도와주고, 의로운 마음을 가지고 서로 바로잡아 주며, 자
기와 똑같이 친하게 대하였고, 자기와 똑같이 높였으며, 성스러운 덕을
가지고 혼자 나라의 은총을 받으려고 하지 아니하며, 또 자기만 오랫동
안 전권을 가지고 영광스러운 책임을 맡으려고 하지 아니하여 섬주(陝
州)에서 직분을 나누어 가지고 나란히 좌우에서 보필하였는데,[50] 그러
므로 안으로는 원한을 느끼는 틈새를 갖지 아니하고, 밖으로도 침략을
당하여 모욕 받는 수치를 없이 하였으며, 모두 하늘의 도움을 향유하고
두 사람이 모두 고상한 명성을 얻었던 것은 대개 이러한 것으로였습니
다.

가만히 보건대 성도후[왕상]는 특진으로 성문의 병사를 관장하며, 그
위에 조서를 내려서 관리를 천거하게 하여 오부(五府)[51]와 같게 하였
으니, 이것은 분명한 조서에서 바라는 것은 반드시 총애하는 것입니다.
장군께서는 의당 성스러운 뜻을 좇아서 과거와는 더욱 달리 하시고 모

---

49 진(秦)의 경공(景公, 13대)의 동생이 그의 아버지인 환공(桓公, 12대)의 총애를
받았는데, 환공이 죽고 경공이 즉위하자 경공의 동생은 무서워서 진(晉)으로
도망하였다. 이것은 《춘추》 소공(昭公) 원년(기원전 541년)에 일어난 사건이다.

50 섬주의 동쪽은 주공이 관장하였는데 이것을 좌보(左輔)와 전의(前疑)라고 하
였고, 섬주의 서쪽은 소공이 관장하였는데 이를 우필(右弼)과 후승(後丞)이라
고 하였다.

51 한대에 관부(官府)를 둘 수 있는 다섯 개의 관직을 말하는데, 그것은 승상·
어사·거기장군·좌장군·우장군이다.

든 일은 의논하는데 반드시 그와 더불어 그것이 이르게 하십시오. 지성
에서 드러내면 누가 기뻐하지 않겠습니까?"

왕음은 그의 말을 아주 훌륭하다고 생각하고, 이로부터 성도후 왕상
과는 친밀하게 되었다. 두 사람은 두업을 중히 여겼다.

성제 영시 원년(乙巳, 기원전 16년)

1 봄, 정월 계축일(22일)에 태관(太官)의 능실(凌室)에 화재가 있었
다. 무오일(27일)에 여후원(戾后園)의 남쪽 문에 불이 났다.

2 황상은 조첩여(趙捷伃)를 세워서 황후로 하고 싶었으나 황태후는
그녀의 출신이 아주 미천(微賤)한 것을 싫어하여 그것은 곤란해 하였
다. 태후의 언니의 아들인 순우장(淳于長)이 시중이어서, 자주 동궁(東
宮)으로 왕래를 하면서 말을 통하게 하였는데, 1년여 만에 마침내 황태
후의 지의(旨意)를 얻었고, 이를 허락하였다.

여름, 4월 을해일(15일)에 황상은 먼저 첩여의 아버지인 조임(趙臨)
을 책봉하여 성양후(成陽侯)로 삼았다. 간대부(諫大夫)인 하간(河間, 하
북성 獻縣) 사람 유보(劉輔)가 글을 올려서 말하였다.

"옛날에 무왕(武王)과 주공(周公)이 천지를 잇고 순응하여서 물고기
와 새의 상서로움[52]으로 반향(反響)하였는데, 그러나 오히려 군신들

---

52 《금문상서(今文尙書)》의 태세(泰世)에 '흰 물고기가 무왕이 타고 있는 배로 뛰
   어 올랐고, 무왕이 거주하는 집에 불이 났으나, 그 화염이 새로 변하였다.'고
   기록되어 있다.

은 경외(敬畏)함으로 얼굴색을 움직이며 서로 경계를 하였습니다. 하물며 계세(季世, 후세 즉 성제시대)에 후사를 잇는 복을 받지도 못하고 자주 위엄과 노함을 나타내는 이상한 일들을 받고서야!

비록 아침저녁으로 스스로를 책망하고, 허물을 고쳐서 행동을 바꾸며, 천명을 두려워하고 선조의 업적을 마음속에 새기며 덕을 갖춘 집안의 후손을 묘하게 가려 뽑고, 요조숙녀(窈窕淑女)를 고려하고 점쳐서 종묘(宗廟)를 잇고, 신명(神明)에 순응하여 천하의 모든 사람들이 바라는 것을 막아도 자손을 갖게 되는 상서로움은 오히려 늦을까 두렵습니다. 지금은 마침내 정(情)에 부딪치고, 욕심을 멋대로 하여 비천(卑賤)한 여자[53]에게 기울어져서 천하의 어머니로 삼고자 하니 하늘을 두려워하지 않는 것이며 사람에게 부끄러워하지 않는 것이니 미혹됨이 더 큰 것은 없습니다.

속담에서 말하였습니다. '썩은 나무는 기둥으로 쓸 수 없고, 사람이 비천하면 주인이 될 수 없다.' 하늘과 사람들이 찬성하지 않는 것은 반드시 화는 있을지언정 복이 없는 것은 시장과 길거리에서도 모두 함께 이를 아는데, 조정에서는 한 마디도 말하려고 하는 사람이 없습니다. 신(臣)은 가만히 마음이 상하여서 감히 죽음을 다하지 아니할 수 없습니다."

글이 올라가자 황상은 시어사로 하여금 유보를 잡아서 포박하여 액정(掖庭)[54]의 비밀 감옥에 가두게 하니, 여러 신하들은 그 연고를 알지 못하였다.

---

53 조첩여를 말한다.
54 액정이란 궁전 옆에 있는 방으로 비빈(妃嬪)들이 거처하는 곳을 말한다.

이에 좌장군 신경기(辛慶忌)·우장군 염포(廉褒)·광록훈인 낭야(琅邪, 산동성 諸城縣) 사람 사단(師丹)·태중대부(太中大夫) 곡영(谷永)이 함께 상서하여 말하였다.

"가만히 살펴보건대 유보는 전에 현령(縣令)[55]으로서 알현하기를 청하였다가 간대부로 발탁되었는데, 이는 그의 말에는 반드시 뛰어나고 성스러운 마음에 지극히 합당한 내용이 있을 것이니, 그러므로 발탁되어 여기에 이르렀을 것인데, 순월 사이에 잡아서 비밀 감옥에 내려보냈습니다.

신(臣) 등은 어리석지만 유보가 다행히 공족(公族)[56]이라는 친분에 의탁하여 간쟁하는 신하의 반열에 서게 되었는데, 새로이 시골에서 올라와서 조정의 체례를 아직 몰라서 홀로 꺼리는 바에 저촉되었을 수도 있을 것이지만 깊은 허물이라고 하기에는 부족할 것입니다. 작은 죄라면 마땅히 감추고 참으시면 될 뿐이고, 만약에 커다란 악행을 저질렀다면 마땅히 드러내 놓고 이관(理官, 정위)에게 처리하게 하여 여러 사람들과 이를 함께 하도록 하여야 합니다.

지금은 하늘의 뜻은 기뻐하지를 않고 있어서 재앙과 기이한 일들이 누차 내리고, 수재와 한재가 바꾸어 가면서 이르니, 바야흐로 마땅히 넓게 생각하시고 널리 물어 보셔서 정직한 사람에게 상을 주면서 아랫사람들에게 다 알려야 할 시기인데, 그러나 간쟁하는 신하에게 참혹하고 급하게 주살하려고 하여서 많은 아랫사람들을 놀라게 하고 충직한 마음을 잃게 합니다.

---

55 유보는 양분현(襄賁縣, 산동성 臨沂縣)의 현령이었다.
56 유보의 성은 한을 세운 유방과 같은 성이다.

가령 유보가 직언한 것에 연루되어 있지 않다면 연루된 바가 드러나지 않고 있으니 천하에서는 집집에 알릴 수가 없습니다. 같은 성이고 가까운 신하였고, 본래 곧은 말을 하는 사람으로 드러났으며, 그는 친한 사람을 잘 다스렸고, 충성스러운 사람을 길러준다는 옳은 일을 하는 데서 진실로 마땅히 액정에 있는 감옥에 가두는 것은 마땅하지가 않습니다.

공경(公卿) 이하는 폐하께서 급하게 유보를 올려서 쓰셨다가 그를 빨리 꺾어버리시니 사람들은 두려운 마음을 갖게 되어 정예(精銳)한 사람도 점점 약하게 되어 감히 절개를 다하여서 바른 말을 할 사람이 없게 되니, 유우(有虞, 堯)의 들음[聽]을 밝히고, 덕스러움의 아름다움 기풍을 넓히는 것이 아닙니다. 신(臣) 등은 가만히 이것을 깊이 마음 아파하니, 오직 폐하께서는 유의하셔서 살펴 주시기를 바랍니다.”

황상은 마침내 유보를 공공옥(共工獄)[57]으로 옮기고 죽을죄에서 1등급을 감하여 귀신형(鬼薪刑)[58]으로 판결하였다.

---

57 공공은 궁정의 물품 공급을 담당한 소부에 소속된 기관인데, 여기에도 또한 조옥(詔獄)이 있다.

58 땔 것을 만들어서 종묘에 제공하는 것을 귀신이라고 하는데 이 일을 하도록 하는 형벌을 받으면 그 기간은 3년이다.

왕망의 등장과 조첩여의 사치

3   애초에, 태후의 형제는 여덟 명이었는데, 동생 왕만(王曼)만이 홀로 일찍 죽어서 후(侯)가 되지 아니하였는데, 태후는 이를 가련하게 생각하였다. 왕만의 과부인 거(渠)는 동궁(東宮)[59]을 공양하였고, 아들 왕망(王莽)은 어리고 외롭기[60]가 같은 또래가 미치지 아니하였는데, 그의 형제들은 모두 장군과 오후(五侯)의 아들이어서 시절[부귀한 시절]을 타고서 사치하여 수레와 말, 성색(聲色)을 가지고 일락(逸樂)하면서 서로 높고자 하였다.

왕망은 절개를 꺾고 공손하고 검소하면서 몸을 부지런히 하고 넓게 공부를 하였고 옷은 유생(儒生)과 같았고, 어머니와 과부가 된 형수를 섬기고 아버지가 없는 형의 아들을 잘 길러 주며 행동은 아주 진심이었다. 또 밖으로는 뛰어난 인재들과 사귀고 안으로는 여러 삼촌들을 섬겼는데, 굽혀 예의를 차리는 생각을 가졌다.

---

59 태후인 왕정군이 거처하는 궁이다.

60 원문에는 유고(幼孤)라고 하였다. 여기서 고(孤)란 고아라는 말이지만 구체적으로는 아버지를 잃은 사람을 말하는 것이다.

대장군 왕봉(王鳳)이 병이 들자, 왕망은 병 수발을 들면서 친히 약을 맛보고 봉두난발(蓬頭亂髮)을 하고 얼굴을 닦지 않으며 의대(衣帶)를 풀지 않으면서 몇 달을 이어갔다. 왕봉이 또 죽으면서 태후와 황제에게 부탁을 하여 벼슬을 주어 황문랑(黃門郞)으로 삼았다가 사성(射聲)교위[61]로 옮겼다.

오래 있다가 그의 숙부인 성도후(成都侯) 왕상(王商)이 편지를 올려서 호구와 채읍을 나누어 가지고 왕망을 책봉해주기를 원하였다. 장락궁(長樂宮) 소부(少府)인 대숭(戴崇)·시중 금섭(金涉)·중랑 진탕(陳湯) 등은 모두 그 당시의 이름난 명사였는데, 모두 왕망을 위하여 말을 하니, 황상은 이로 말미암아서 왕망을 현명하다고 생각하고, 태후도 또한 자주 말을 하였다.

5월 을미일(6일)에 왕망을 책봉하여 신도후(新都侯)로 하고 기도위(騎都尉)·광록대부(光祿大夫)·시중으로 승진시켰다. 숙위(宿衛)하는 것이 부지런하고 공손하였으며 작위가 더욱 높아지자 행동은 더욱 겸손하여서 수레와 마차와 의복을 흩어서 빈객들에게 나누어주어 집안에는 남겨 놓은 것이 없게 하였고, 이름 있는 선비들을 지원하고 도와주면서 장군·재상·경(卿)·대부들과 교제하며 왕래하는 일이 아주 많았다.

그러므로 관직에 있는 사람들은 더욱 그를 추천하였고, 유세(遊說)를 다니는 사람들은 그를 위하여 유세하게 되니, 빈 칭찬이 일어나고 섞여서 그의 여러 백부나 숙부들을 기울였다. 감히 격발(激發)하는 행동을 하더라도 이상하지 않게 생각하였다.

---

61 황문랑은 궁궐의 시종관이며, 사성교위는 북군(北軍)에 있는 8명의 지휘관 가운데 하나이다.

일찍이 사사로이 시비(侍婢)를 사들였는데 형제들이 혹 이 소문을 듣고 알아버리자 왕망은 이어서 말하였다.

"후장군 주자원(朱子元)에게는 아들이 없는데, 나 왕망이 들으니, 이 여자는 의당 아들을 낳을 것 같소."[62]

그날로 이 비녀(婢女)를 주박에게 바쳤다. 그가 마음을 숨기고 명성을 구하는 것이 이와 같았다.

4   6월 병인일(7일)에 황후에 조씨(趙氏, 조비연)를 세우고 천하를 크게 사면하였다.

황후가 이미 세워지자 총애하는 것이 조금씩 쇠퇴하기 시작하였고, 그녀의 여동생은 절대적인 총애를 받아서 소의(昭儀)가 되어 소양사(昭陽舍)에 살았는데, 그 중정(中庭)은 붉은색으로 하고, 전각은 검은 칠을 하였으며, 문설주는 모두 구리로 만들고서 황금으로 도색을 하였고, 흰 옥(玉)으로 계단을 만들고 벽에는 왕왕 황금으로 된 가로막대기로 하였고, 남전(藍田, 섬서성 남전현)의 구슬·명주(明珠)·비취(翡翠)로 감싸서 장식하였는데, 이 뒤로도 궁(宮)에 이러한 일은 아직 없었다.

조후(趙后)는 별관(別館)에 거처하면서 시랑(侍郎)과 많은 아들을 둔 궁노(宮奴)와 통정(通情)을 하였다.[63] 소의가 일찍이 황제에게 말하였다.

---

62 이 말은 주자원[주박의 자임]이 아들이 없으므로 그 사람에게 아들을 낳을 수 있는 여자를 구하여 주기 위하여 이 시비를 샀다고 하여 자기가 색(色)을 밝힌 사실을 오히려 남을 위하여 배려한 것으로 말한 것이다.

63 뒤의 말로 보아 조황후에게는 아들이 없었으므로 아들을 많이 낳은 사람과 통정하여 아들을 낳고자 한 것이다.

"첩(妾)의 언니는 성품이 강하여 많은 사람들의 모함을 받는 일이 있을 것이며 그러면 우리 조(趙)씨 집안은 멸종이 될 것입니다."[64]

이어서 눈물을 흘리면서 처량하고 측은하게 하였다.

황제는 이를 믿었는데, 어떤 사람이 황후가 간통한 상황을 황제에게 말하니, 황제는 번번이 그를 죽였다. 이로부터는 황후가 공공연히 음란을 자행하여도 감히 말하는 사람이 없었는데, 그러나 끝내 아들을 두지 못하였다.

광록대부 유향(劉向)[65]은 왕의 교육은 안에서부터 시작하여 밖에까지 이르고, 가까운 곳에서부터 시작하는 것이라고 생각하니, 이에 《시경(詩經)》과 《서경(書經)》에 실려 있는 현명한 비빈(妃嬪)과 정절(貞節)을 지킨 부녀들이 나라를 일으키고 집안을 빛낸 일들, 그리고 서첩과 폐첩(嬖妾)들이 문란하여 망친 일들을 채택하여서 순서를 매겨서 《열녀전(烈女傳)》을 만들었는데 모두 8편이었고, 전기(傳記)와 여러 가지 일들에서 채집하여 《신서(新序)》와 《설원(說苑)》을 저술하였는데 무릇 50편이었고, 이것을 올렸는데, 자주 상소를 올려서 정치의 득실(得失)을 말하고, 본받을 것과 경계해야 될 것을 진술하였다.

편지를 수십 통이나 올려서 보는 것을 돕고, 빠진 것을 보충하게 하고자 하였다. 황상은 비록 그것을 다 채용하지는 않았더라도 그러나 속으로는 그 말을 훌륭하다고 하면서 항상 그것을 감탄하였다.

---

64 조소의는 자기 언니인 조황후가 다른 사람과 통정하고 있으므로 이 사실이 누군가에 의하여 황제에게 말할 것이라고 예측하고 그러한 말은 모함이라고 미리 말하는 것이다.

65 유향의 원래 이름은 유경생(劉更生)이었는데, 성제가 즉위하면서부터 이름을 고쳤고 이 책의 이름도 유향으로 되어 있다.

5   창릉(昌陵)을 만드는데 지나치게 사치하여서 오래되어도 완성되지 아니하였다. 이에 유향이 상소하였다.

"신이 듣건대 임금 된 사람은 반드시 삼통(三統)[66]에 정통해야 하니, 밝은 천명(天命)이 내려질 사람은 넓어서, 다만 한 성(姓)만이 아닙니다. 옛날부터 오늘날까지 망하지 않은 나라는 없었습니다. 효문황제께서 일찍이 석곽(石槨)이 굳은 것을 아름답다고 하자 장석지(張釋之)가 말하였습니다. '그 가운데 바라는 것을 있게 한다면 비록 남산(南山)처럼 굳게 만든다고 하여도 오히려 틈새는 있을 것입니다.'[67] 무릇 죽은 사람은 끝나는 것이 없지만[68] 국가는 흥폐(興廢)가 있으니 그러므로 장석지의 말은 무궁한 계책입니다.

효문제는 이를 깨닫고 드디어 박장(薄葬)을 하였습니다. 관곽(棺槨)을 만드는 일은 황제(黃帝)부터 시작하였습니다.[69] 황제(黃帝)·요(堯)·순(舜)·우(禹)·탕(湯)·문(文)·무(武)·주공(周公)은 그 무덤이 모두 작고 부장품도 아주 미미하니, 그들의 현명한 신하들과 효자들이 역시 명령을 받들고 뜻에 순종하여 이를 박장(薄葬)하였으니, 이것이 진실로 임금과 아버지를 편안하게 받들어 충성하고 효도하는 지극함입니다.

공자는 그의 어머니를 방(防, 산동성 曲阜縣)에다 장사 지냈는데, 봉분은 네 자였습니다. 연릉(延陵, 산서성 天鎭縣)의 오계자(吳季子)가 그

---

66 천시(天時)·지세(地勢)·인사(人事)를 말한다.

67 이 이야기는 문제 전3년(기원전 177년)에 있었고, 그 내용은 《자치통감》 권 14에 실려 있다.

68 죽은 사람은 다시 죽어 없어지지 않아서 계속 제사를 받아야 한다는 말이다.

69 옛날의 장사 지내는 방법은 나무 섶으로 두껍게 싸 가지고 들 가운데에 버리고 아무런 표지도 만들지 않았다.

의 아들을 장사 지내는데, 봉분은 낮아서 그 높이가 가려졌습니다. 그러므로 중니(仲尼)는 효자였고, 연릉[오계자]은 자애로운 아버지였으며, 순과 우는 충신이었고, 주공은 순리에 따르는 동생이었는데, 그들은 임금과 친한 사람과 골육(骨肉)을 모두 미미하고 박장을 하였으니, 검약한 것일 뿐만 아니고 진실로 유체(遺體)에게도 편하였습니다.

진 시황(秦 始皇)을 여산(驪山)의 아(阿, 기슭)에 장사를 지냈는데, 아래로 세 개의 샘물을 막았고, 위로 그 봉분을 산같이 높였으며, 수은(水銀)으로 강과 바다를 만들었고, 황금으로 오리와 기러기를 만들었습니다. 진기한 보배를 수장하고, 기계의 변화와 관곽의 화려함과 궁실을 많이 만들기는 원래의 것을 뛰어넘을 수 없었지만,[70] 천하에서는 그 부역을 고통스러워하여 이에 반란하고, 여산의 작업이 다 완성되지 않았는데 주장(周章)의 백만 군사가 그 밑에 이르렀습니다.[71]

항적(項籍)은 그 궁실과 건축물을 불태웠는데,[72] 목동(牧童)은 그 불을 가지고 비추며 잃어버린 양을 찾았으며, 실화(失火)로 그 숨겨진 곽(槨)을 태워버렸습니다. 예부터 오늘까지 장사 지내면서 성대하기로 진 시황 만한 사람은 아직 없었는데, 몇 년 사이에 밖으로는 항적의 재앙을 입게 되었고, 안으로는 목동의 화(禍)를 만났으니, 어찌 슬프지 아니합니까?

---

70 이 일은 진 시황 37년(기원전 210년)에 있었고, 그 내용은《자치통감》권7에 실려 있다.

71 이 일은 진 2세황제 2년(기원전 208년)에 있었고, 그 내용은《자치통감》권7에 실려 있다.

72 이 사건은 한 고제 원년(기원전 206년)에 있었고, 그 내용은《자치통감》권9에 실려 있다.

이러한 연고로 덕을 두텁게 쌓은 사람일수록 장례를 더욱 박(薄)하게 지내고, 지혜가 깊으면 깊을수록 더욱 미미하게 지냈습니다. 덕을 쌓은 것이 없고 지혜가 적은 사람은 그 장례를 후하게 지내고, 그 봉분도 더욱 높이 쌓고 그 궁궐이 아주 아름다워서 발굴되는 것은 반드시 빨랐습니다. 이것으로 보건대, 명암(明暗)의 효과와 장사 지내는 것의 길흉(吉凶)은 환하게 들어볼 수 있습니다.

폐하께서 즉위하셔서 몸소 친히 절약하고 검소하셔서, 애초에 초릉(初陵)[73]을 만들면서 그 만드는 것이 간략하고 작아서 천하에서 현명하다고 칭찬하지 않는 사람이 없었는데[74] 창릉(昌陵)으로 옮기게 되자, 늘리고 깊이 파서 높게 하고 흙을 쌓아서 산처럼 만들고, 백성들의 분묘를 파서 쌓아 놓은 것이 1만 개나 되었고, 읍을 만들어서 살집을 만드는데 기일을 졸지에 재촉하여 공력과 비용은 백 억(億)이나 들었고, 죽은 사람은 지하에서 한스러워하고 산 사람도 땅 위에서 근심에 싸여 있으니 신은 대단히 우려스럽습니다.

죽은 사람이 아는 것이 있다고 하면 다른 사람의 묘를 파헤쳤으니 그 해는 많을 것이고, 만약 그가 모른다면 또 어디에 큰 것을 쓰겠습니까? 꾀를 내는데 현명하고 똑똑하면 기뻐하지 않을 것이며, 많은 서민들에게 보이려고 한다면 그것을 고통으로 생각할 것이고, 만약에 진실로 어리석은 지아비와 음란하고 사치한 사람들을 즐겁게 하려고 한다면 또 왜 하는 것입니까? 오직 폐하께서 위로 밝고 성스러운 제도를 살

---

73 섬서성 함양시의 서북쪽에 만들려고 하였던 최초의 능을 말한다.

74 이 일은 건시 2년(기원전 31년)에 있었고, 그 내용은 《자치통감》 권30에 실려 있다.

펴보셔서 원칙으로 삼고, 아래로 망해버린 진(秦)의 화(禍)를 살펴서
경계를 삼고, 초릉의 규모는 의당 공경(公卿)과 대신(大臣)들의 의논을
좇아서 많은 서민들을 쉬게 하십시오."

황상이 그 말에 감동하였다.

애초에, 해만년(解萬年)은 스스로 속여서 창릉은 3년이면 완성할 수
있다고 하였으나, 끝내는 이룰 수 없었는데, 많은 신하들은 그것이 불
편하다는 것을 말하였다. 유사에게 내려 보내어 의논하게 하였는데, 모
두 말하였다.

"창릉은 낮은 것을 높이고 있기 때문에 편방(便房)[75]을 헤아려 보건
대 오히려 평지 위에 있으며,[76] 객토(客土) 중에서는 유명(幽冥)의 영
혼을 보호하지 않고 밖의 것을 엷게 하여 단단하지 아니합니다. 졸병과
형도(刑徒)인 공인(工人)들은 거만(鉅萬)을 헤아리는데, 기름을 태우며
밤에도 작업을 하기에 이르렀고, 동쪽의 산에서 흙을 채취하여 능묘 지
역을 채우게 되니, 또 곡식과 같은 값이고 작업을 하기 시작한 지 몇 년
이어서 천하는 두루 피로함을 입었습니다.

옛날의 능은 원래의 모습을 이용하기 때문에 진짜 흙에 근거하고 형
세가 높고 넓은데 두었고 근방에는 할아버지들의 능묘가 있고 그곳은
전에 또 이미 10년간의 공력을 들인 실마리가 있으니, 마땅히 돌아가
옛날의 능[77]을 회복시키고 백성들을 옮기지 않는 것이 편리합니다."

---

75 능묘 가운데 제사 지내는 사람들이 쉴 수 있도록 만들어 놓은 방을 말한다.

76 이 말은 창릉을 만드는 위치가 낮아서 그 낮은 지대를 채우기 위하여 많은 흙
을 다른 곳에서 실어다가 쌓아놓고 그 다음에 능묘에 부속된 건물을 짓는데,
그렇게 오랜 기간 흙을 실어다가 채웠는데도 겨우 보통 지역의 높이만큼 되었
다는 것을 말하는 것이다.

가을, 7월에 조서를 내려서 말하였다.

"짐(朕)은 덕을 굳게 지키지 못하고 지모(智謀)를 아랫사람들과 다 하지 못하여 허물은 장작대장 해만년이 '창릉은 3년이면 완성할 수 있다.'고 한 말을 들은 것인데, 작업을 한 지 5년이 되어도 중릉(中陵)과 사마전문(司馬殿門)[78] 안은 아직도 만들기 시작도 하지 못하였다. 천하의 물품은 헛되이 소모되고 백성들은 피로하며, 객토는 성글고 나쁘며 끝내 완성할 수도 없으니, 짐은 그것이 어렵다고 생각하여 놀라고 마음을 상하였다. 무릇 '허물이 있으나 고치지 아니하면 이것이 바로 허물이라고 한다.'[79]고 하였으니, 창릉의 작업을 철폐하고 옛날의 능묘에 이르러서도 이민(吏民)을 이주시키지를 말아 천하로 하여금 동요하는 마음을 없게 하라."

6   애초에, 찬후(酇侯)인 소하(蕭何)의 아들은 이어받아서 후자(侯者, 열후인 사람)가 되었는데, 아들이 없고 죄를 지은 사람이 있게 되어서 무릇 다섯 번 제사가 끊겼다. 고후(高后)·문제(文帝)·경제(景帝)·무제(武帝)·선제(宣帝)는 소하의 공로를 생각하여 번번이 그의 방계 서손(庶孫)들로 이어서 책봉하였다.

이 해에 소하의 7세손인 찬후 소획(蕭獲)이 가노(家奴)가 사람을 죽인 것에 연루되었는데, 사형에서 감형되어 완결되어 성단(城旦)[80]에

---

77 초릉을 말한다.

78 능 가운데 사마전문이 있다는 것은 황제가 살아 있을 때와 같이 만든다는 것을 말한다. 중능은 능 가운데에 있는 정침(正寢)이다.

79 《논어》에 있는 말이다.

처해졌다. 이보다 먼저 황상은 유사에게 조서를 내려서 한의 초기 공신들의 후예를 방문하고 찾게 하였는데, 오래도록 되어도 아직 살펴 기록된 사람이 없었다.

두업(杜業)[81]이 황상에게 유세하였다.

"당(唐)·우(虞)·삼대(三代)에는 모두 제후를 책봉하여 세워서 태평성대의 아름다움을 완성하였으니, 이리하여서 연(燕)과 제(齊)의 제사도 주(周)와 함께 전해져 내려갔고, 아들이 뒤를 잇거나 동생이 뒤를 이으며 여러 해를 지나가도 끊이지를 아니하였습니다. 어찌 형벽(刑辟, 형벌)이 없었겠습니까마는 선조들이 힘을 다한 것을 생각하니, 그러므로 그들의 지손(支孫)과 서자(庶子)가 의뢰하였습니다.

한(漢)의 공신들을 추적해 보면 역시 모두 부절(符節)을 쪼개서 세작(世爵)을 주기로 하고 산과 하(河)에 맹세[82]하였는데, 100여 년 사이에 봉작을 이어받을 사람은 다 없어지고, 썩은 해골은 묘(墓) 속에서 외롭게 되었으며, 후예는 길에 흘러 다니며 살아서는 하급 심부름꾼 노릇을 하고, 죽으면 굴러다니는 시체가 되었습니다. 과거의 일을 가지고 지금에 비추어 보면 심히 슬프고 마음이 상한다고 하겠습니다.

성스러우신 조정에서는 가련하고 민망하여 조서를 내려서 그 후손을 찾으니, 사방에서 기뻐하며 마음을 돌리지 않는 사람이 없습니다. 몇 년간을 들락날락하여도 살펴본 것이 없으니, 아마도 의논하는 사람

---

80 노역형으로 성을 쌓는 등의 일에 동원되는 형벌이다.

81 두업(杜業)은 아마도 낭(郎, 궁정금위관)인 두업(杜鄴)일 가능성이 높다.

82 고제는 봉작을 하면서 맹세하여 말하였다. '설사 황하의 물이 말라서 허리띠처럼 가늘게 되고, 태산이 부셔져서 작은 돌맹이가 된다고 하여도 봉국(封國)은 영원히 계승될 것이다.'

들이 대의(大義)를 생각하지 아니하고 헛되이 빈말만 한다면 두터운 덕정(德政)은 가려지고 소실될 것인데, 인색하고 간소하게 덮는 말은 덕화를 보여서 뒤의 사람들에게 권고하는 것이 아닙니다. 비록 모두 잇게 하기는 어려워도 의당 큰 공을 세운 후손들은 좋게 하십시오."

황상이 그 말을 받아들였다. 계묘일(15일)에 소하의 6세손인 남련(南戀, 하북성 鉅鹿縣의 북쪽) 현장(縣長) 소희(蕭喜)를 찬후에 책봉하였다.

7 성양애왕(城陽哀王)[83]의 동생인 유리(劉俚)를 성양왕으로 삼았다.

8 8월 정축일(19일)에 태황태후인 왕씨(王氏)[84]가 붕어하였다.

9 9월에 검은색의 용(龍)이 동래(東萊, 산동성 내주시)에서 발견되었다.

10 그믐 정사일에 일식이 있었다.

11 이 해에 남양(南陽, 하남성 남양시) 태수 진함(陳咸)을 소부(少府)로 삼고, 시중 순우장(淳于長)을 수형(水衡)도위로 삼았다.

---

83 성양왕은 유운(劉雲)인데, 죽어서 시호를 애왕이라고 하였다.
84 선제의 정처(正妻)이며, 성제의 할머니이다.

솔직한 곡영과 우유부단한 성제

성제 영시 2년(丙午, 기원전 15년)

1   봄, 정월 기축일(3일)에 안양경후(安陽敬侯) 왕음(王音)[85]이 죽었
다. 왕씨 가운데 오직 왕음만이 잘 닦고 가지런하며 자주 간(諫)하여 올
바르게 하여서 충성스럽고 곧으며 절조(節操)가 있었다.

2   2월 계미일(28일) 밤에 성운(星隕)이 비와 같이 빛을 내다가 땅에
떨어지기도 전에 없어져 버렸다.

3   을유일 그믐에 일식이 있었다.

4   3월 정유일(12일)에 성도후(成都侯) 왕상(王商)이 대사마·위(衛)
장군이 되고, 홍양후(紅陽侯) 왕립(王立)의 지위는 특진(特進)으로 하

---

85 왕음은 안양후의 작위를 갖고 있는 거기장군이었는데, 죽자 시호를 경후라고
    하였다.

여 영성문병(領城門兵)으로 하였다.

5   경조윤 적방진(翟方進)을 어사대부(御史大夫)로 삼았다.

6   곡영(谷永)은 양주(凉州, 감숙성) 자사여서 경사(京師)에서 상주하
는 일을 마치고 부(部)[86]로 가려고 할 즈음에 황상이 상서를 시켜 곡영
에게 묻고 하고 싶은 말을 받아 오게 하였다.
   곡영이 대답하였다.
   "신(臣)이 듣건대 천하에서 왕 노릇하고 국가를 소유하고 있는 사람
들은 걱정거리가 위에 위험하고 망할 만한 일이 있는데, 위험하고 망
할 것이라는 말이 위에 보고되지 않는 것입니다. 만약에 위태롭고 망할
것이라는 말이 번번이 위에 들렸더라면 상(商)과 주(周)가 성을 바뀌어
일어나지는 않았을 것이며, 세 번 올바로 하여 변경하여 다시 쓰이지는
않았을 것입니다.[87]
   하(夏)와 상(商)이 장차 망하려고 하면서는 길을 가던 사람들도 모두
그것을 알았지만 편안하여 스스로 하늘에 있는 해와 같아서 위태로워

---

86 양주가 거느리는 곳은 농서·천수·무도·금성·안정·북지·무위·장액·돈황·
   주천 등 여러 군이다. 한나라 제도에 의하면 여러 주의 자사는 8월에 거느리
   는 부(部)를 순행하였다.
87 세 번이란 하·은·주 세 왕조의 교체가 이루어진 것을 말하고, 고쳐진 것은
   역법을 말한다. 즉 왕조의 교체가 이루어지고서는 매해의 시작, 즉 정월을 다
   르게 정하였다. 하대에는 1월 1일을 원단으로 하였고, 은대에는 12월 1일을
   원단으로 고쳐 사용하였으며, 주대에는 다시 11월 1일을 원단으로 사용하였
   다가 진대(秦代)에는 10월 1일을 원단으로 정하여 사용하였다. 그러다가 한대
   에 이르러서 다시 1월 1일을 원단으로 정하였던 것이다.

질 수 없다고 생각하였으니, 이러한 고로 악한 일은 날로 넓어지는데도 스스로 알지 못하고, 천명이 기울어져도 깨닫지를 못합니다.《역(易)》에서 말하였습니다. '위험이라는 것은 그것이 안전한 것도 갖고 있고, 망하는 것은 그것이 생존할 것도 있다.'[88]

폐하께서는 진실로 넓고 밝으신 마음을 내리시고 귀를 기울여 들으시고 기휘(忌諱)함으로 죽임을 당하는 일이 없게 하시며, 꼴이나 뜯는 것 같은 신하(臣下)들로 하여금 앞에서 모든 것을 말씀드리게 하는 것은 여러 신하들이 가장 원하는 것이며, 사직(社稷)이 오래갈 수 있는 복입니다.

원년 9월에 검은 용이 나타났고, 그 달 그믐에는 일식이 있었습니다. 금년 2월 기미일[89] 밤에는 성운(星隕)이 있었고, 을유일(30일)에도 일식이 있었습니다. 6개월 동안 커다란 이변이 네 번이나 있었는데, 두 개씩 두 개씩 같은 달에 일어났습니다.[90] 삼대(三代)의 말기와 춘추시대의 혼란 속에서도 아직 일찍이 없었습니다.

신이 듣건대, 삼대에 사직이 없어지고 종묘가 헐려버리게 된 까닭은 모두 부인과 많은 악한 사람들이 술에 잔뜩 취함에서 말미암았으며, 진(秦)에서는 두 세대가 16년 만에 망하게 된 것[91]은 양생(養生)에 대단

---

88 《주역(周易)》의 계사(繫辭) 하에 나오는 말이다.

89 2월 1일이 정사일이므로 이날은 3일이지만 호삼성의 주에는 기미는 계미(癸未)의 분명한 잘못이라고 하면서 이 내용은 공영전을 인용하여 잘못된 것이라고 말하였다. 계미일이라면 이날은 28일이다.

90 9월에는 검은 용과 일식이라는 두 번의 이변이 있었고, 2월에 성운과 일식이 또 두 번 나타났다는 것이다.

91 진 시황은 26년에 천하를 통일하고 37년에 죽었으며, 2세가 즉위하여 3년 만

히 사치하였으며, 마지막 받드는 일[장례]을 아주 후하게 한 것[92]이라고 합니다. 이 두 가지는 폐하께서 겸해서 갖고 계십니다. 신(臣)이 간략하게 그 효과를 진술하게 하여주시기를 청합니다.

건시(建始) 연간과 하평(河平) 시대에 허씨와 반씨가 귀하게 되었는데, 그 모습은 전조(前朝)[93]를 기울이고 움직여 놓아서 그 빛이 사방으로 비치니, 여자에 대한 총애가 지극하여 그 위를 오를 수 없었는데, 지금 뒤에 일어난 것은 앞의 것에 10배나 됩니다. 먼저 돌아가신 황제의 법도를 없애고 그들[94]의 말을 듣고 채용하며, 관리의 녹질은 합당함을 잃었고 왕법으로 주살될 사람도 석방하여 풀어주고 그 친척들을 교만하게 하며, 권력과 위엄을 빌려 가지고 종횡으로 정치를 어지럽히니 적발해낼 관리도 감히 법을 받들어 시행하지를 못합니다.

또 액정옥(掖庭獄)을 크게 하여 어지러운 함정을 만들어 놓고, 몽둥이로 치는 고통은 포락(炮烙)[95]보다도 고통스럽고, 사람의 생명을 끊

에 멸망하였으므로 천하를 통일하고서 16년 만에 망한 것이다.

92 진 시황의 능묘를 호화스럽게 꾸민 것을 말한다.

93 건시(建始) 연간과 하평(河平) 시대란 성제가 즉위한 후의 연호로 건시는 4년, 하평도 4년을 사용하였으며, 이는 기원전 32년부터 기원전 25년까지의 기간으로 곡영이 상소를 올리고 있는 시점에서 보면 10년 전의 상황이다. 허씨와 반씨란 허황후(許皇后)와 반첩여(班捷仔)의 가족들을 말하며, 전조(前朝)란 성제 이전에 있었던 조정을 말한다.

94 조황후 등을 말한다.

95 은의 맨 마지막 임금인 주(紂)가 시행한 혹독한 형벌이다. 구체적으로 어떠한 것이냐 하는 문제는 여러 가지 해설이 있다. 그런데 그 가운데 하나는 사람을 구리기둥에 묶어 놓고 숯불로 그 구리기둥을 뜨겁게 하여 사람을 발갛게 굽는 것이라고 한다.

고 없애는데 주로 조씨(趙氏)와 이씨(李氏)[96]가 은덕에 보답하거나 원한을 갚는데 사용됩니다. 도리어 범죄를 명백히 범한 사람은 면제가 되고 제대로 다스리던 올바른 관리는 대부분이 무고하게 잡혀서 태장을 맞으며 그 죄명을 승인하도록 핍박을 받았는데, 심지어는 다른 사람을 위하여 빚을 지게하고, 이익을 나누고 사례를 받으며, 살아서 들어갔다가 죽어서 나오는 사람은 그 수를 헤아릴 수 없이 많습니다. 이리하여서 일식이 다시 개기일식으로 나타나서 그 죄상을 밝히는 것입니다.

제왕 된 사람은 반드시 먼저 스스로 끊어버리고, 그런 다음에 하늘에서 이를 끊습니다. 지금 폐하께서는 만승(萬乘)의 지극히 귀한 자리를 버리고 집안의 사람들이 하는 천한 일을 즐기고 계시고, 높고 아름답고 높으신 호칭을 싫어하시고 필부들의 낮은 자(字)를 좋아하고 있으며, 가볍고 의로움을 모르는 소인배들을 높이고 모아서 사사로운 문객으로 삼아 자주 깊은 궁궐의 견고한 곳을 떠나서 몸을 이끌어서 밤낮으로 여러 소인배들과 서로 쫓아다니게 하는 것이 까마귀들이 모여 섞이듯 이민(吏民)들의 집에서 술에 취하고 배불리 먹으며, 옷을 어지러이 입고 함께 앉아서는 농담하고 유희하면서 서로 섞여 아무런 구별도 없이 부지런히 즐기고 있으며,[97] 주야로 길에 있으니 문호를 맡은 사람과 숙위(宿衛)를 받드는 신하는 무기를 들고서 텅 빈 궁궐을 지키며, 공경(公卿)과 수많은 관료들은 폐하가 있는 곳을 모르고 있는 것이

---

96 황후인 조비연(趙飛燕)의 가족과 이평(李平)의 가족을 지칭하는 것이다.

97 성제는 자주 궁궐을 나가서 부평후인 장방의 하인이라고 하면서 자기 스스로 다른 이름을 가지고 다녔다. 그렇게 되니 따르는 사람들은 황제를 이름으로 부르기도 하고 같이 놀기도 하였다. 그러나 무슨 이름을 가지고 다녔는지는 모른다.

수년간 쌓였습니다.

제왕이 된 사람은 백성을 기초로 삼고, 백성은 재물을 근본으로 삼으니, 재물이 고갈되면 아래에서는 배반을 하며, 아래에서 반란을 일으키면 위는 망합니다. 이리하여서 밝은 제왕은 기초와 근본을 사랑하고 아끼며 감히 끝으로 몰아가지 않는 것은 백성을 시키는 것이 마치 큰 제사처럼 합니다.

지금 폐하는 백성들의 재물을 가볍게 빼앗고 백성들의 힘을 아끼지 않으며, 사악한 신하의 계책을 듣고 높고 넓은 초릉(初陵)을 버리고 창릉(昌陵)을 고쳐 만들면서 노역은 건계궁(乾谿宮)의 100배이고, 비용은 여산(驪山)[98]을 만드는 것과 비슷하여 천하를 피폐하게 만드는데 5년이 되어도 완성되지 못하고 나서 원래의 옛 것으로 돌아갔습니다.

백성들의 근심과 원한이 하늘에 느껴졌고, 기근이 이어서 빈번하여 흩어져서 걸식(乞食)하다가 길에서 굶어 죽는 사람이 1백만을 헤아립니다. 공가(公家)에는 1년을 유지할 저축이 없고 백성들은 순월(旬月)을 유지할 저축이 없어서 위아래가 모두 궁핍하니 서로 구제할 방법이 없습니다.

《시경(詩經)》에서 말하였습니다. '은의 거울은 먼 곳에 있지 아니하고 바로 하나라 때에 있다.'[99] 바라건대, 폐하께서는 하·은·주·진이 그 것을 잃어버린 까닭을 추적하여 보고, 거울로 자기의 행동을 상고하고,

---

98 기원전 670년경에 초나라의 영왕(靈王)은 안휘성 박현에 있는 건계에 궁전을 건축하다가 백성들이 그 부담을 이기지 못하고 반란을 일으키자 도망하여 기원전 529년에 목매어 자살하였다. 여산은 진 시황의 능묘로 진이 멸망할 때까지도 다 완성되지 못하였다.

99 《시경》〈대아편(大雅篇)〉 탕지시(湯之詩)에 나오는 것이다.

맞지 않는 것이 있다면 신(臣)은 망령된 말을 한 것으로 마땅히 엎어져 주살되어야 할 것입니다.

한이 일어나서 9세대,[100] 190여 년 동안 몸을 이어받은 군주는 7명 [101]이었는데, 모두 하늘의 뜻을 잇고 도리에 순응하였으며, 선조의 법도를 존중하고 혹 중흥을 하였거나 혹 편안하게 잘 다스렸으며, 폐하에 이르러서는 다만 도리를 어기고 방종하며 몸을 가벼이 움직여서 망령된 행동을 하니, 아주 왕성한 연령[102]이어도 후사를 이을 복을 받지 못하고 위태롭고 망할 것이라는 걱정거리만 있고, 군주의 도리를 잃은 것이 쌓여서 하늘의 뜻에 맞지 아니한 것이 또 많습니다. 다른 사람의 후손이 되어서 다른 사람이 세운 공로와 업적을 지키는 것이 이와 같으니 어찌 잘못함이 아니겠습니까?

바야흐로 지금의 사직과 종묘의 화와 복, 안위의 기틀은 폐하에게 달려 있으며, 폐하께서는 진실로 분명히 아시고 멀리 보고 깨달아서 마음을 오로지하여 도리로 돌리며, 옛날의 잘못을 다 고치고 새로운 덕을 이미 빛내면 빛나는 커다란 재이(災異)는 거의 없어질 수 있으며, 천명이 떠나려는 것은 거의 회복될 수 있고 사직과 종묘도 거의 보존될 수 있습니다. 오직 폐하께서 정신을 차리고 돌이켜서 신(臣)의 말을 익히 살펴보십시오.”

황제는 성품이 관대하고 문학적인 언사를 좋아하며, 연회를 여는 즐

---

100 성제는 한 왕조의 11대 황제이지만 세대로 따지면 유방의 9세손이다.

101 직접 친아버지의 뒤를 이어받은 군주를 말하며 ①2대 혜제, ②3대 소제, ③6대 경제, ④7대 무제, ⑤8대 소제, ⑥11대 원제, ⑦12대 성제이다.

102 이때에 성제의 나이는 서른여덟 살이었다.

거움에 빠져 있어서 모두 황태후와 여러 외숙(外叔)들이 밤낮으로 항상 걱정하는 것이었고, 지친(至親)은 자주 말하기가 어려웠으니, 그런 고로 곡영 등을 밀어주면서 천재지변을 이용하여 간절하게 간(諫)하게 하여 황상에게 그것을 받아들여서 채택하도록 권고하였다.

곡영은 안에서 호응이 있을 것으로 알고 자기의 뜻을 펴는데 아무런 거리낌을 갖지 아니하였는데, 매번 일을 말할 때마다 번번이 예의로 답례하였다. 이번 대책이 올라가기에 이르자 황상은 크게 화를 냈다. 위(衛)장군 왕상(王商)이 비밀리에 곡영에게 연락하여 도망하게 하였다. 황상은 시어사(侍御史)로 하여금 곡영을 잡아들이게 하면서 교도구(交道廐)[103]를 지났으면 뒤쫓지 말라고 칙령을 내렸는데, 어사가 곡영을 따라잡지 못하고 돌아왔다. 황상의 노기도 또한 풀어졌고, 스스로 후회하였다.

7   황상은 일찍이 장방(張放)과 조(趙)씨와 이(李)씨[104]의 시중(侍中)들과 함께 궁중에서 연회를 베풀고 술을 마셨는데, 모두 술을 가득 채운 술잔을 다 비우고 상대에게 보여주면서 담소(談笑)하고 크게 웃었다. 그 때에 승여(乘輿)의 악좌(幄坐)[105]에는 그림을 그린 병풍을 펼쳐 놓았는데, 주(紂, 은의 마지막 임금)가 술이 취하여 달기(妲己)에게 기대어서 밤새도록 즐기고 있는 모습이 그려져 있었다.

---

103 수도인 장안에서 서쪽으로 30*km* 정도 떨어진 곳으로 초릉이 있는 부근이다.

104 조씨는 조황후의 친척을 말하고 이씨는 이첩여의 친척을 말한다.

105 승여는 황제의 수레이지만 황제를 가리키는 말이고, 악좌는 황제가 있는 곳에 있는 휘장을 쳐놓은 자리를 말하는 것이다.

시중·광록대부인 반백(班伯)이 오래 병을 앓다가 새로이 일어났는데, 황상이 돌아보며 그림을 가리키면서 반백에게 물었다.

"주(紂) 임금의 무도(無道)함이 이 지경에 이르렀었는가?"

대답하였다.

"《서경(書經)》에서 말하였습니다. '마침내 부인의 말을 채용하였다.'[106] 어떻게 조정에서 오만하고 방자하게 있겠습니까? 이른바 모든 악행을 그에게 돌리고 있지만 이처럼 심한 것은 아닙니다."

황상이 말하였다.

"진실로 이와 같지 아니하다면 이 그림은 무엇을 경계하는 것이오?"

대답하였다.

"'술로 얼굴이 발개졌다.'라는 상태가 된 것이 미자(微子)[107]가 가겠다고 한 까닭입니다. '크게 소리를 질렀다.'라고 쓴 〈대아(大雅)〉[108]에서 한탄하며 눈물을 흘린 까닭입니다. 《시경》과 《서경》에서 음란을 경계하였는데, 그것은 원래 모두가 술에 있었습니다."

황상이 마침내 한숨을 쉬고 한탄하면서 말하였다.

"내가 오랫동안 반생(班生)을 보지 못하였다가 오늘에야 다시 훌륭한 말을 듣는구려."

장방 등은 기뻐하지 아니하며 조금씩 스스로 일어나서 갱의(更衣)[109]하고, 이어서 연회를 그만두고 나갔다.

---

106 《금문상서》 〈태세편〉에 나오는 말이다.

107 주 임금의 형으로 이름은 계(啓)인데 미에 책봉되었기 때문에 미자로 불리고 있다. 은의 마지막 임금인 주가 천명을 어지럽히자 고(誥)를 짓고, 기자(箕子)와 비간(比干)에게 고하고 가버렸다.

108 《시경》 〈대아탕편〉에 나오는 말이다.

그때에 장신(長信; 장신궁, 태후가 거주하는 궁궐) 정원의 임표(林表)[110]
가 바로 심부름을 왔다가 이 사실을 듣고 보았다. 그 뒤에 황상이 동궁
으로 조현(朝見)하였는데, 태후(太后)가 눈물을 흘리면서 말하였다.

"황제는 그간 안색이 마르고 검게 변하였소. 반 시중(班 侍中)은 본
래 대장군이 천거한 사람이니 마땅히 그를 아끼고 특별히 대하여 주고,
더욱 그와 비슷한 사람을 찾아서 성스러운 덕을 쌓는데 보필하게 하시
오. 마땅히 부평후(富平侯, 장방, 부평은 감숙성 靈武縣)를 보내어 또 봉국
(封國)으로 가게 하시오"

황상이 말하였다.

"예."

황상의 여러 외숙들은 이 소문을 듣고는 승상(丞相)과 어사(御史)들
에게 넌지시 말하여 장방의 허물을 찾게 하였다.

이에 승상 설선과 어사대부 적방진(翟方進)이 주문을 올렸다.

"장방은 교만하고 방자하며 사치하고 음란하여 절제(節制)하지 아
니하며 문을 닫고 사자(使者)를 거절하고, 죄 없는 사람에게 상해를 입
혔으며, 시종이나 가속들이 나란히 권세를 올라타고 포학한 짓을 하였
으니,[111] 청컨대 장방을 면직시켜서 그 나라로 가게 하십시오."

---

109 옷을 갈아입는다는 말이지만 화장실을 말한다.

110 원문은 '時長信庭林表…'라고 되어 있다. 맹강(孟康)은 장신은 장신궁, 즉 태
후궁의 이름이고, 정림표는 궁중에 사는 부인의 관명(官名)이라고 보았고, 안
사고(顔師古)는 이를 '長信宮庭之林表也'라고 해석하여 장신궁의 정원의 임
표라고 해석하며, 임표가 관명이고 정(庭)은 관명이 아니라고 해석하였다. 여
기서는 안사고의 견해를 따른다.

111 시어사인 수(脩)가 명령을 받고 장방의 집에 가서 도둑을 잡으려고 하였는

황상은 부득이하게 장방을 북지(北地)도위로 좌천시켰다.

그 후에 몇 년간 자주 재변(災變)이 일어나니 그런고로 장방은 오래 돌아올 수가 없었다. 새서(璽書)[112]로 위문하는 일이 끊이지 아니하였다. 경무(敬武)공주가 병이 들자 조서를 내려서 장방을 불러서 집으로 돌아가서 그 어머니의 병을 돌보게 하였다. 몇 달이 되어 공주의 병이 쾌유하자 뒤에 다시 장방을 내보내어 하동(河東, 산서성 夏縣)도위로 삼았다. 황상은 비록 장방을 아꼈지만 그러나 위로는 태후에게 다그침을 받고 아래로는 대신들의 주장을 채용하니, 그러므로 늘 눈물을 흘리면서 그를 보냈다.

8   공성태후(邛成太后)[113]가 붕어하자 장례 치르는 일을 급하게 하니, 관리들이 부렴(賦斂)으로 일을 처리하였는데, 황상이 이 소식을 듣고 승상과 어사에게 허물이 있다고 하였다.

겨울, 11월 기축일[114]에 승상 설선에게 책임을 지워 면직시켜서 서

데, 그 집의 노복이 문을 잠그고 활을 쏘아 안으로 들어가지 못하게 하였다. 또한 장방은 이유군(李游君)이 여자를 황제에게 헌납하려는 것을 알고 빼앗으려다가 거절되자 가노(家奴)가 이유군의 집으로 들어가서 세 명을 다치게 하였다.

112 황제의 인새를 찍어서 보낸 편지를 말한다.

113 성제의 할머니이며 선제의 황후이다. 그의 아버지인 왕봉선(王奉先)이 공성후(邛成侯)였기 때문에 같은 왕씨인 성제의 어머니인 왕정군과 구별하여 공성태후라고 호칭한다.

114 11월 1일이 신해일이므로 11월에는 기축일이 없다. 그런데 다음 기사를 보면 이후 20여 일간 승상이 없다가 임자일에 승상을 임명하였다고 되어 있다. 11월 임자일은 11월 2일이므로 이를 역산하여 기축일을 보면 이날은 10월

인(庶人)으로 삼고, 어사대부 적방진을 집금오(執金吾)로 좌천시켰다. 20여 일 동안이나 승상의 관직이 결원 되니 여러 신하들이 대부분 적방진을 천거하였다. 황상도 또한 그의 능력은 그 일을 맡을 만한 그릇이라고 생각하여 11월 임자일(2일)에 적방진을 발탁하여 승상으로 삼고 고릉후(高陵侯)로 책봉하였다. 제이(諸吏)·산기상시·광록훈인 공광(孔光)을 어사대부로 삼았다.

적방진은 경술(經術)을 가지고 진급된 사람인데, 그가 이(吏)가 되면서 때에 법률의 적용이 각박하고 깊었으며, 세력에 의거하여 위신 세우기를 좋아하였고, 그가 꺼리고 미워하는 사람이 있다면 가혹한 법조문을 적용하여 중상(中傷)하는 일이 아주 많았다. 어떤 사람이 그가 사사로운 마음을 가지고 속이고 오직 공평하게 일을 처리하지 않는다고 말하였는데, 황상은 적방진이 들어내어 조문에 적용시킨 것은 잘못이라고 생각하지 않았다.

공광은 포성군(襃成君) 공패(孔霸)[115]의 작은아들인데, 상서(尙書)를 관장하고 추기(樞機)를 이끌어 온 것이 10여 년이었으며, 법도를 잘 지켰고 옛 이야기를 잘 익혀서 황상이 물을 것이 있으면 경전이나 법률에 의거하여 마음을 편안하게 하여 대답하였으며 억지로 꿰어 맞추려고 하지 아니하였고, 만약에 혹 좇지 않으면 감히 강하게 간쟁(諫爭)

8일이다. 그러므로 기축 앞의 11월은 10월의 잘못으로 보인다. 그 방증 이유는 통감필법으로 보아 기축 앞에 11월이 한 번 나오면 해가 바뀌기 전에는 다시 11월이 나오지 않아야 하지만 임자 앞에 11월을 써서 11월이 두 번 나오기 때문이다. 그러므로 앞의 11월은 10월의 잘못이다.

115 이에 관한 일은 원제 영광 원년(기원전 43년)에 있었고, 그 내용은《자치통감》 권28에 실려 있다.

하지를 아니하니, 이로써 오래 편안하게 지냈다.

때로는 말할 것을 갖고 있으면 번번이 초고(草藁)를 깎아버렸는데,[116] 글에서 군주의 허물을 밝혀서 충성스럽고 곧다는 명성을 구하려는 것은 신하 된 사람의 커다란 죄라고 생각하였었다. 추천할 사람이 있으면 오직 그 사람이 들어 알게 될까 걱정하였다. 목욕날에 돌아가서 쉬게 되면 형제와 처자와 한담을 하면서도 끝내 조정이나 관청의 정사(政事)는 언급하지 아니하였다.

어떤 사람이 공광에게 물었다.

"온실(溫室)[117]이 있는 성중(省中, 금중)에는 모두 어떤 나무요?"

공광은 잠자코 응답을 하지 않다가 다른 말로 바꾸어 응대하였으니, 그가 누설하지 않는 것이 이와 같았다.

9 황상이 옹(雍, 섬서성 봉상현)에 행차하여 오치(五畤)에서 제사를 지냈다.

10 위(衛)장군 왕상이 진탕(陳湯)을 미워하여 상주하였다.

"진탕은 창릉으로 또 백성들을 옮길 것이라고 망령된 말을 하였으며, 또 검은 용이 겨울에 나타난 것은 미행(微行)하여 자주 출궁하여서 생긴 현상[118]이라고 말하였습니다."

---

116 상소할 말이 있으면 초고를 만들었다가 문장을 다듬어서 다시 쓰게 된다. 그러면 황제에게 올리지 않는 초고는 그대로 집에 남을 수가 있는 것이다. 이때에는 아직 종이가 없었으므로 초고도 목간이나 죽간에 썼으므로 지울 때는 깎아버리는 것이다.

117 장락궁(長樂宮) 안에는 온실전이 있다.

정위(廷尉)가 상주하였다.

"진탕은 마땅히 말하여서는 안 될 말을 하였으니, 이는 커다란 불경 죄입니다."

조서를 내려서 진탕은 공로를 세웠으므로 면직시켜서 서민으로 삼고 변방으로 이사하게 하였다.

황상이 조황후를 세우면서 순우장(淳于長)이 큰 힘이 되어 주었으니, 그러므로 그에게 덕을 입었다고 생각하여 마침내 그가 전에 창릉의 공사를 중지하라고 말한 공로를 추가로 들어내고자 하여 공경들에게 내려 보내고 순우장을 책봉할 것을 의논하게 하였다.

광록훈 평당(平當)이 생각하였다.

"순우장은 비록 훌륭한 말을 하였지만 작위에 책봉할 만한 조항[119]에는 맞지 않습니다."

평당은 여기에 걸려서 거록(鉅鹿, 하북성 平鄕縣) 태수로 좌천되었다. 황상은 드디어 조서를 내려서 상시(常侍)인 왕굉(王閎)과 위위(衛尉) 순우장이 제일 먼저 아주 좋은 계책을 건의하였다고 하여 순우장과 왕굉에게 관내후로 작위를 주었다.

장작대장 해만년(解萬年)은 망령되게 속이고 충성스럽지 못하며 많은 서민들에게 해독을 끼쳤으므로 진탕과 함께 돈황(敦煌, 감숙성 돈황 현)으로 이사하게 하였다.

애초에, 소부(少府) 진함(陳咸)과 위위(衛尉) 봉신(逢信)은 관직에서

---

118 동래군에서 검은 용이 나타나자 어떤 사람이 진탕에게 물으니, 진탕은 '이것이 이른 바 검은 문이 열린 것이오. 미행하여 자주 나가니 궁궐의 출입이 때를 맞추지 않게 되므로 용도 때를 맞추지 않고 나타난 것이오.'라고 하였다.

119 한 고조 유방은 공로를 세워야 후작에 책봉하게 하였다.

모두 적방진보다 앞서 있었다. 적방진은 늦게 진급하여 경조윤이 되었는데, 진함과 두터운 관계로 잘 지냈다. 어사대부가 결원이 되자 세 사람은 모두 이름 있는 경(卿)이었고, 모두 선발대상에 올랐다가 적방진이 발탁되었다. 마침 승상 설선이 죄를 얻고 적방진과 서로 연루되니, 황상은 다섯 명의 이천석으로 하여금 승상과 어사대부를 섞어서 심문하게 하였는데,[120] 진함은 적방진을 힐책(詰責)하여 그 자리를 얻기를 희망하니 적방진은 마음속으로 한스러워하였다.

진탕은 평소에 재능을 가지고 왕봉과 왕음에게 아낌을 받을 수 있었고, 진함과 봉신은 모두 진탕과 잘 지냈으므로 진탕은 자주 왕봉과 왕음이 있는 곳에서 그들을 칭찬하였는데, 이리하여서 9경이 될 수 있었다. 왕상이 진탕을 축출하게 되자 적방진은 그 기회를 이용하여 상주하였다.

"진함과 봉신이 진탕에게 붙어서 천거하여 주기를 요구하였으니, 진실로 부끄러움을 모릅니다."

모두 면직되었다.

11   이 해에 낭야(琅邪) 태수 주박(朱博)을 좌풍익으로 삼았다. 주박이 군(郡, 낭야군)을 다스리면서 항상 속현(屬縣)들로 하여금 각기 그곳의 호걸을 채용하여 높은 관리로 삼게 하였더니 문무관원들이 마땅하다고 좋았다.

현에 심한 도적이 나타나거나 다른 보통이 아닌 일이 벌어지면 주박

---

120 대신의 옥사는 중한 것이므로 관질이 이천석인 사람 다섯 명으로 이를 심문하게 한 것이다.

은 번번이 편지를 보내어 그들에게 그 속임수를 들어가며 책임지우고, 그들이 온 힘을 다하여 효과를 보면 상을 반드시 두텁게 내려 주었으며, 속임수를 가지고 맞지 않게 보고하면 목을 베거나 벌을 주는 일을 번번이 시행하였다. 이로 인하여 호강(豪强)들이 떨며 복종하고, 관장하지 못하는 일은 없었다.

빗발치는 상소, 받아들이지 못하는 성제

성제 영시 3년(丁未, 기원전 14년)

1 봄, 정월 그믐 기묘일에 일식이 있었다.

2 애초에, 황제는 광형(匡衡)의 건의를 채용하여서 감천(甘泉, 섬서성 淳化縣)에 있는 태치(泰畤)[121]를 철폐하였는데, 그날 큰바람이 불어서 감천의 죽궁(竹宮)[122]을 훼손시켰고, 제단(祭壇)이 있던 10위(圍)[123] 이상 되는 나무 100여 그루를 꺾어버리거나 뽑았다.

황제는 이를 이상하게 생각하여 유향(劉向)에게 물으니, 대답하였다.

"보통사람들의 집안에서도 사당(祠堂)의 제사를 끊어버리려고 하지 않는데, 하물며 나라의 신비스러운 보배인 옛날의 제단에서야! 또 감

---

121 이 사건은 건시 원년(기원전 32년)에 있었는데, 그 내용은 《자치통감》 권30에 실려 있다.

122 천자가 태치에서 제사를 지내려고 감천에 갔을 때에 머무는 궁으로 대나무로 지었다.

123 둘레를 재는 단위인데, 5촌(寸)을 1위라고 하였다.

천과 분음(汾陰, 산서성 榮河縣) 그리고 옹(雍, 섬서성 鳳翔縣)의 오치(五
畤)가 처음으로 세워지면서, 모두 신령한 감응이 있고 그런 다음에 그
것을 세웠으니,[124] 구차하게 한 것이 아닐 뿐입니다.

무제와 선제 시대에는 이 세 신(神)을 받들고 공경하는 태도로 예식
을 치르고 준비하여서 신령한 빛이 더욱 드러났습니다. 조종(祖宗)에
서 세운 신기(神祇)의 옛 터는 진실로 아직은 쉽게 움직일 것이 아닙니
다. 전에 공우(貢禹)[125]의 건의를 처음으로 받아들였고, 뒷날의 사람들
이 이를 따라서 많은 움직인 바가 있습니다.《역대전(易大傳)》에서 말
하였습니다. '신령을 속이면 재앙이 세 세대(世代)에 미친다.' 그러한
허물을 다만 공우 등에게서 그칠 뿐만이 아닐까 걱정입니다."[126]

황상은 속으로 이를 한스럽게 생각하였는데, 또 오래도록 뒤를 이을
후사가 없었으므로, 겨울, 10월 경진일(5일)에 황상이 태후에게 보고하
고 유사(有司)에게 조서를 내리게 하여 감천의 태치와 분음의 후토(后
土)를 옛날처럼 회복시키도록 하고 옹의 오치·진보사(陳寶祠)·장안(長
安)과 군국(郡國)에 있는 사당(祠堂)으로 저명한 것들을 모두 이를 복
구시키게 하였다.

---

124 무제가 태치에 있을 때에는 신비스러운 빛이 별똥별 같이 내려왔으며, 분양
의 남자인 공손방양(公孫滂洋)이 분수(汾水) 근방에서 신비로운 빛을 보았으
므로 무제가 그곳에 후토묘(后土廟)를 세웠고 성기(成紀)에서 황룡을 발견하
여 문제가 오치(五畤)를 세웠다.

125 원제 때에 공우가 한의 제사는 대부분 옛날의 예의에 맞지 않는다고 주장하
였고, 위현성과 광형은 이러한 주장에 연유하였던 것이다.

126 그 화가 공우에게만 미치는 것이 아니고 황제인 성제에게도 미친다는 의미
이다.

이때에 황상은 뒤를 이을 후사가 없어서 자못 귀신(鬼神)이나 방술(方術)에 속하는 것을 좋아하여 편지를 올려서 제사나 방술에 관한 것을 말하여 대조(待詔)[127]의 직책을 얻게 된 사람이 아주 많았고 제사를 지내는 비용도 자못 많이 들었다.

곡영이 황상에게 유세하였다.

"신이 듣건대 천지(天地)의 본성을 훤히 알면 신비스러운 이상한 것에 현혹될 수 없고 만물의 성격을 알면 비슷하지 않은 것으로 속일 수가 없습니다.

여러 인의(仁義)의 올바른 길을 배반하고, 오경(五經)에 나오는 본받을 말을 준수하지 아니하며, 기이하고 괴상한 귀신을 대단히 칭송하고, 널리 제사 지내는 방법을 넓게 높이며 복 없는 제사로 보답받기를 구하고, 세상에 선인(仙人)이 있다고 말하면서 죽지 않는 약을 복용하거나 멀리 가볍게 올라간다거나, 황금으로 변화시키는 술법이 있다는 사람들은 모두 간사한 사람이어서 많은 무리를 현혹시키며 좌도(左道)[128]를 끼고서 속일 생각을 품고, 세상의 군주를 속이는 것이며, 그들의 말을 들으면 아주 아름다운 것이 귀에 가득 차고 장차 만날 수 있을 것 같지만 그것을 찾아 나서면 헛되어서 바람으로 경치를 잡으려는 것처럼 끝내는 잡을 수 없습니다. 이리하여서 밝은 임금은 거절하고 듣지 않고, 성인은 끊어버리고 말을 하지 않습니다.

---

127 대조는 황제의 조서를 기다린다는 말이지만 한대에는 관명(官名)이었다. 즉, 징사(徵士)는 모두 대조공거였는데 그 가운데 우수한 사람은 대조금마문(待詔金馬門)이라 하여 황제의 고문을 대비하였다.

128 사벽(邪辟)한 도를 말하는데, 왕제(王制)에는 좌도를 가지고 정치를 문란하게 하는 사람들은 죽인다고 되어 있다.

옛날에 진 시황은 서복(徐福)으로 하여금 남자와 여자를 징발하여
바다로 들어가서 신선을 찾아서 불사약을 구하게 하였더니, 이어서 도
망하고 돌아오지 아니하여 천하 사람들이 다 원한을 갖게 되었습니다.
한이 일어나서 신원평(新垣平)·제(齊)의 사람 소옹(少翁)·공손경(公孫
卿)·난대(欒大)[129] 등이 모두 방술로 궁지에 몰려 속이려다가 엎드려
죄를 받아 주멸(誅滅)되었습니다. 오직 폐하께서는 이러한 종류의 것을
거절하시고 간사한 사람들로 하여금 조정을 엿보게 하지 마십시오."
  황상은 그의 말이 훌륭하다고 생각하였다.

3   11월에 위지(尉氏, 하남성 위지현)의 남자인 번병(樊並) 등 13명이
모반하여 진류(陳留, 하남성 진류현) 태수를 죽이고 이민(吏民)들을 겁
탈하고 노략질하면서 스스로 장군이라고 칭하였는데, 형도(刑徒)인 이
담(李譚)·칭충(稱忠)·종조(鍾祖)·자순(訾順)이 함께 번병을 살해하고
서 보고하자 모두 책봉하여 후(侯)로 삼았다.[130]

4   12월에 산양(山陽, 산동성 金鄕縣)의 철관도(鐵官徒)[131]인 소령(蘇
令) 등 228명이 장리(長吏)를 공격하여 살해하고 창고의 무기를 훔쳐
서 스스로 장군이라고 하였는데, 군국(郡國) 19개를 거치면서 동군(東
郡, 하남성 濮陽縣) 태수와 여남(汝南, 하남성 汝南縣) 도위를 살해하였

---

129 신원평은 문제 때의 법술가이고, 소옹, 공손경, 난대 같은 사람들은 모두 무
   제 때의 법술가이다.
130 이담은 연향후(延鄕侯), 칭충은 신산후(新山侯), 종조는 동향후(童鄕侯), 자
   순은 누허후(樓虛侯)로 책봉하였다.
131 철기를 주조하는 관청의 공원이다.

다. 여남 태수 엄흔(嚴訴)이 소령 등을 잡아서 참수하였다. 엄흔을 승진
시켜서 대사농으로 삼았다.

5   옛날의 남창위(南昌尉; 남창, 강서성 南昌市)였던 구강(九江, 안휘성
壽縣) 사람 매복(梅福)이 편지를 올려서 말하였다.

"옛날에 고조(高祖)는 훌륭한 말을 들으면 따라잡지 못할 것처럼 하
였으며,[132] 간언(諫言)을 좇아서 돌리듯 하였고, 말을 들으면 그 능력
을 찾지 아니하고 공로를 거론하면서 그의 평소 상황을 고려하지 아니
하였으니, 진평(陳平)은 망명하는 중에 일으켜서 책모(策謀)를 주관하
게 하였고, 한신(韓信)은 행군하는 진지 속에서 끄집어내어 상장(上將)
으로 세웠는데, 그러므로 천하의 선비들이 구름처럼 모여서 한(漢)으
로 왔으며, 다투어 기이한 일을 올렸으며, 지혜가 있는 사람은 그 계책
을 내는데 온 힘을 다 기울였고, 어리석은 사람도 그의 생각을 다 내놓
았고,[133] 용사(勇士)는 그의 절도(節度)를 극도로 발휘하였으며, 겁먹
은 지아비도 그가 죽을 때까지 부지런히 일하였습니다.

천하의 지혜를 합치고 천하의 위엄을 아울렀으니 이리하여서 진(秦)
을 드는 것이 마치 새털 같았고, 초(楚)를 빼앗는 것이 마치 줍듯이 하
였는데, 이것이 고조가 천하에서 대적할 자가 없게 한 까닭입니다.

효무황제(孝武皇帝)도 충성스러운 간언(諫言)을 좋아하였고, 지극한
말을 기뻐하여 작위를 내리는데 효렴(孝廉)이나 무재(茂才)[134]를 기다

132 그 내용대로 따라가지 못할까 걱정하는 것을 말한다.
133 어리석은 사람도 천 번 생각한 것 가운데 한 번은 취할 것이 있다는 뜻이다.
134 효렴과와 무재과로 인재를 등용하는 길이다. 무재과는 본래 수재과(秀才科)

리지 아니하였고, 경사스럽게 작위를 내려 주면서 드러나는 공로를 세운 사람만을 기다리지 아니하니, 이리하여서 천하의 포의(布衣)[135]들이 각기 뜻과 정성을 다하여 가지고 궁궐의 뜰로 몰려들었고, 스스로 자기 자신을 파는 사람[136]이 헤아릴 수가 없어서 한가(漢家, 한 왕조)가 현명한 사람을 얻으니, 이에 번성하였습니다.

효무황제로 하여금 그 계책을 듣고 채용하게 하였더라면 승평(升平) 시대[137]가 이를 수 있었을 것이나, 이에 시체가 쌓이고 흰 뼈가 드러나게 되고, 호족(胡族)과 월족(越族)들에게 기쁜 마음을 주었으니, 그러므로 그 틈을 이어서 회남왕(淮南王) 유안(劉安)이 일어났는데, 계책과 생각이 이루어지지 못하고 모의한 것이 누설된 까닭은 많은 현명한 사람들이 본조(本朝, 한의 조정)에 모여 있었고, 그러므로 그 대신(大臣)들의 형세가 능가하여 감히 화합하여 좇지를 아니하였습니다.

바야흐로 지금 포의(布衣)들이 마침내 국가[황제]의 틈을 살피다가 틈이 있는 것을 보고서 일으킨 것은 촉군(蜀郡, 사천성 성도시)이니, 이것입니다.[138] 산양(山陽, 산동성 금향현)의 망명한 형도(刑徒)인 소령의 무리에 이르러서는 이름난 도회지와 큰 군을 유린하고 같은 무리를 구

인데, 이는 후한 광무제의 휘(諱)가 수(秀)이기 때문에 피휘(避諱)하여 수(秀)를 무(茂)로 고쳐서 쓴 것이다. 이것은 간접적으로 후한 광무제 이후에 쓴 글임을 증명하는 것이기도 하다.

135 포(布)로 된 옷을 입은 사람이라는 말이지만 이는 색깔 있는 관복을 입지 않은 즉 벼슬하지 않은 사람을 가리키는 말이다.

136 자신의 재주를 말하면서 그 재주를 황제에게 사라고 한다는 말이다.

137 백성들 사이에 3년 먹을 저축이 있게 되면 이를 승평이라고 부른다.

138 정궁(鄭躬) 등이 성제 홍가 3년(기원전 18년)에 민변을 일으켰었다.

하고 좋아서 부화뇌동할 사람을 찾으며 도망하거나 숨을 뜻이 없었는데, 이것은 모두 대신들을 가볍게 헤아린 것이며 두렵고 꺼릴 것이 없는 것이고, 국가[황제]의 권위가 가벼워졌으니, 그러므로 필부(匹夫)가 황상과 다투며 겨루려고 한 것입니다.

선비란 나라가 중히 여길 그릇입니다. 선비를 얻게 되면 무겁게 되고, 선비를 잃으면 가벼워집니다. 《시경(詩經)》에서 말하였습니다. '많고 많구나! 이 많은 선비들이. 문왕은 그래서 편안하였구나.'[139] 묘당(廟堂)에서 논의할 것은 초야(草野)에서는 말할 것이 아닌데, 신은 진실로 몸이 들풀에 덮이게 되어 시체는 졸병들과 함께 늪게 될까 두려우니, 그러므로 자주 편지를 올려서 알현하기를 구하였으나 번번이 회보는 없었습니다.

신이 듣건대 제(齊)의 환공(桓公) 때에 어떤 사람이 '구구단'을 가지고 알현하고자 하였는데, 환공이 물리치지 아니하였던 것은 크게 되기를 원하여서였습니다. 지금 신이 말하는 것은 '구구단'정도뿐이 아닌데, 폐하께서 신을 거절하신 것이 세 번이니, 이것이 바로 천하의 선비들이 이르지 않는 이유입니다.

옛날에 진(秦)의 무왕(武王)이 힘쓰기를 좋아하였는데, 임비(任鄙)는 관문에 이르러 자기 스스로를 팔았고,[140] 목공(繆公)이 패권(覇權)을 행사하니 유여(由余)[141]가 덕(德)으로 귀순하였습니다.

---

139 《시경》의 〈대아편〉 문왕의 시이다.

140 판다는 말은 자기가 재능이 있으니 황제에게 사라고 하는 것을 말하며, 이 사건은 주 난왕 7년(기원전 308년)에 있었고, 그 내용은 《자치통감》 권3에 실려 있다.

141 유여는 서융 사람으로 진 무공이 패권을 행사하자 진으로 귀부하였다.

지금 천하의 선비들을 오게 하고자 하고, 백성들 가운데 편지를 올려서 알현하기를 청구하는 사람이 있다면 번번이 상서(尙書)에 오게 하여 그가 말하려는 것을 묻고, 채택할 수 있는 것을 말한다면 승두(升斗)의 녹질(祿秩)[142]을 주거나 한 줌의 비단을 하사하는데, 만약에 이와 같다면 천하의 선비들이 화난 마음을 털어놓고 충성된 말을 토해낼 것이고 훌륭한 계책이 매일 같이 황상에게 들려올 것이고 천하의 줄기와 국가의 표리(表裏)를 환하게 들여다 볼 수 있을 것입니다.

무릇 사해의 넓음과 많은 사민(士民)의 수를 가지고 능히 말할 수 있는 사람은 아주 많을 것인데, 그러나 그 뛰어난 사람들이 세상을 지적하고 정치를 진술하며 말은 문장으로 만드는데, 이를 선현들의 시대상황에 비교하여도 어긋남이 없고, 지금 이를 당세(當世)에 시행하여도 당장 힘써서 해야 할 것에 적합한데, 이와 같은 사람은 또한 몇 사람이 되지 않을 것입니다.

그러므로 작위와 녹질이나 한 묶음의 비단이라는 것은 천하의 숫돌이니, 고조가 세상을 다듬고 둔한 사람을 어루만지는 방법이었습니다. 공자가 말하였습니다. '공인(工人)이 그의 일을 잘 하려면 반드시 먼저 그 도구를 날카롭게 하여야 한다.'[143] 진(秦)에 이르러서는 그렇지가 아니하였으니, 비방하는 사람을 옭아 넣을 법망을 벌려놓고 한(漢)이 물리치고 없앨 것이라고 생각하였지만 도리어 태아(泰阿)[144]를 갖고

---

142 승은 되고, 두는 말인데, 이는 적은 양의 곡식을 상징하는 것으로 적은 녹봉을 말하는 것이다.

143 《논어》에 실려 있는 말이다.

144 구야(歐冶)가 만든 검의 이름으로 명검이다.

서도 그 자루를 초(楚)에 넘겨주었습니다.

그러므로 진실로 그 칼자루를 잃지 않을 수가 있다면 천하에 비록 불순한 것이 있다고 하더라도 그 칼날에 감히 부딪치지를 못하는 것이니, 이것은 효무황제가 영토를 넓히고 공로를 세워서 한(漢)의 세종(世宗)[145]이 되게 한 것입니다.

지금 폐하께서는 이미 천하의 언론을 받아들이지 않고 또 주륙(誅戮)하였습니다. 무릇 솔개와 까치가 해를 만나게 되면 좋은 새[146]들이 점점 멀리 가듯, 어리석은 사람들이 주륙되면 지혜 있는 선비들은 깊이 물러납니다. 최근에 어리석은 백성들이 편지를 올렸는데 대부분 급하지 않은 것을 말한 법률[147]에 저촉되어서 혹은 정위(廷尉)에게 보내져서 죽게 된 사람이 많습니다.

양삭(陽朔, 성제의 연호, 기원전 24년) 연간 이래로 천하 사람들은 말하는 것을 꺼렸는데, 조정에서는 더욱 심하니, 여러 신하들은 모두 윗사람의 지시를 받고 따르고 올바른 것을 잡으려는 사람이 없습니다. 어떻게 그러한 것을 밝히겠습니까? 백성들이 올린 편지 가운데 폐하께서 훌륭하다는 것을 골라서 시험적으로 이것을 정위에게 내려 보내면 정위는 반드시 '의당 말하여야 할 것을 말한 것이 아니며 크게 불경죄를 지었습니다.'라고 말할 것이니 이것을 가지고 그것을 점쳐 보는 것이 하나입니다.

---

145 한 무제 사당의 묘호이다.

146 솔개와 까치는 나쁜 새를 상징하는 말이고, 좋은 새란 난새와 봉황을 말한다.

147 급한 상황에 관한 일이 아닌데, 이를 말하여 공무를 방해하였다고 죄를 주는 법률을 말한다.

옛날의 경조윤 왕장(王章)은 자질이 충성스럽고 곧아서 감히 면전에서 끌어내어 조정에서 다투었는데 효원황제(孝元皇帝)는 그를 발탁하여서 모습만 갖춘 신하들을 다듬고 왜곡되고 굽어진 조정을 교정하였는데 폐하에 이르러서는 죽음이 처자(妻子)에게까지 이르렀고, 또 악한 일에 대하여 악하게 대하는 것은 그 자신에서 그치는 것인데, 왕장은 반역한 죄를 가진 것도 아니나 재앙이 그 집안과 처가에까지 이르렀으니, 정직한 선비의 절개를 꺾은 것이며, 간쟁하는 신하의 혀를 묶어 놓은 것입니다.

여러 신하들이 모두 그것이 잘못이라고 알았지만 그러나 감히 쟁론하지 아니하여 천하에서는 말하는 것을 경계하게 되었으니, 국가의 가장 큰 근심거리입니다. 바라건대 폐하께서는 고조(高祖)의 궤적을 좇으시고 망해버린 진(秦)이 갔던 길을 막고, 급하지 않은 법은 없애고, 거리낌 없이 말할 수 있다는 조서를 내리고, 넓게 보고 아울러 들으셔서 꾀는 멀리 있고 낮은 지위에 있는 사람에게도 미치고, 깊이 있는 사람이 은둔하지 않게 하고 멀리 있던 사람도 막지 않게 하였는데, 이것이 이른바 '사방의 개방된 문을 여는 것이며, 사방을 훤히 보는 눈'인 것입니다.

지나간 일은 따라잡을 수 없는 것이지만 앞으로 올 것은 오히려 추가할 수 있을 것입니다. 바야흐로 지금은 군주의 명령이 침범을 받았고, 주군의 권위는 빼앗겼고 외척들의 권한은 날로 더욱 융성해집니다. 폐하께서 그 형체를 보지 못하시지만 그 모습을 살펴보기를 원합니다.

건시(建始, 성제의 연호, 건시 원년은 기원전 32년) 연간 이래로 일식과 지진이 일어났는데, 전체적으로 말한다면, 춘추시대의 세 배이고 수재(水災)는 수를 비교할 수조차 없으니, 음기가 융성하고 양기가 쇠미하여 금(金)과 철(鐵)이 날아 다녔으니 이것은 무슨 모습입니까? 한이 일어난 이후로 사직(社稷)은 세 번 위태로웠는데, 여씨(呂氏)·곽씨(霍氏)·상관씨(上官氏)이며, 모두 황제의 어머니 집안이었습니다.

친한 사람을 친하게 지낼 수 있게 하는 길은 이들을 온전하게 살게 하는 것이 제일 상책이니, 마땅히 이들에게 훌륭한 스승을 보내주어서 충성과 효도의 길을 가르쳐야 하는데, 지금 그들의 지위를 높여주고 총애하면서 큰 칼자루를 주어서 그들로 하여금 교만하고 반역하게 하여 결국 전멸되는 지경에 이르게 하고 있으니, 이는 친한 사람을 친하게 하는 커다란 원칙을 잃어버린 것입니다.

곽광(霍光)의 현명함으로도 그의 자손들을 위하여 염려할 수가 없으니, 그러므로 권력을 가진 신하는 세월이 바뀌면 위태로워집니다.《서경》에서 말하였습니다. '불처럼 하지 마라. 시작할 때에는 아주 미미하였다.'[148] 형세가 군주를 능가하고 권력이 주군보다 많아지고 그런 다음에 이를 막으려고 하면 역시 그치게 할 방법이 없습니다."

황상이 받아들이지 아니하였다.＊

---

148 〈주서(周書)〉 낙고(洛誥)에 있는 말이다.

교활한 왕망의 세상살이

천재지변과 한(漢)에 대한 경고

성제 영시 4년(戊申, 기원전 13년)

1   봄, 정월에 황상이 감천(甘泉, 섬서성 淳化縣)에 행차하여 태치(泰
畤)에서 제사를 지내고 천하를 크게 사면하였다. 3월에는 하동(河東, 산
서성 夏縣)에 행차하여 후토(后土)에 제사를 지냈다.

2   여름에 커다란 한재(旱災)가 들었다.

3   4월 계미일(11일)에 장락(長樂, 장락궁)의 임화전(臨華殿)과 미앙
궁(未央宮)의 동사마문(東司馬門)[1]이 모두 화재가 있었다. 6월 갑오일
(23일)에 패릉원(霸陵園, 10대 원제의 능침)의 문궐(門闕)에 화재가 있었
다.

---

1 사마문은 원래 황궁 밖의 문이다. 정식의 궁문 밖에 또 하나의 문이 있는데,
   금위군이 수위를 하며, 그 수위를 책임진 관직을 '사마'라고 칭하여 사마문이
   라고 불렀다.

4   가을, 7월 그믐 신미일에 일식이 있었다.

5   겨울, 11월 경신일(21일)에 위장군 왕상(王商)이 병이 들어서 면직되었다.

6   양왕(梁王) 유립(劉立)[2]은 교만하고 방자하며 절도가 없어서 하루 동안에 열한 차례 법을 어겼다. 상(相, 梁國의 재상)인 우(禹)가 상주문을 올렸다.

"유립이 외가(外家)에 대하여 원망을 갖고 있으며 악독한 말을 한 일이 있습니다."

유사(有司)가 조사를 하고 이어서 그가 고모인 유원자(劉園子)와 간통한 일이 찾아내어 상주하였다.

"유립은 금수(禽獸) 같은 짓을 행하였으니 청컨대 주살하십시오."

태중대부 곡영이 편지를 올려서 말하였다.

"신이 듣건대 예(禮)에는 천자의 밖을 가린 것은 밖을 보려고 하지 않은 것이며, 이리하여서 제왕의 뜻은 다른 사람의 규방에서의 사사로운 것을 살펴보거나 한밤중에 있었던 말을 듣는 것도 아닙니다.《춘추(春秋)》에서는 '친한 사람의 허물은 가려준다.'[3]라고 하였습니다.

지금 양왕(梁王)은 나이가 어리고 자못 미친병을 갖고 있는데 애초에는 그가 악담(惡談)을 하였다고 하여서 조사를 받았으나 이미 그 사실이 없었고, 규방에서 일어난 사사로운 사건을 들추어냈지만 이는 본

2   양왕 유무(劉武)의 8세손이다.
3   《춘추공양전》 민공 원년에 나오는 말이다.

래 지적 받은 내용이 아닙니다.

왕(王, 양왕)의 말로는 또 불복하였으며, 비루하고 강압적으로 유립을 탄핵하지만 밝혀내기가 어려운 사건에 해당하니 다만 치우쳐진 말을 가지고 죄를 만들어 옥사(獄事)를 결정하는 것은 잘 다스리는 도리에서 이익이 없고, 종실(宗室)을 더럽히는 것인데, 안에서 일어난 음란한 악행을 천하에 까발려서 드러내는 것이어서 공족(公族)을 위하여 허물을 덮어주거나, 조정의 영화를 증가시키거나 성스러운 덕을 밝혀주는 교화가 되는 이유가 되지 못합니다.

신(臣)은 어리석으나 왕(王, 양왕)은 어리고 아버지의 자매는 어른이어서 나이가 맞지 않고,[4] 양국(梁國)의 부유함으로는 많은 돈으로 아름다운 여자를 초빙할 수도 있고, 요염한 여자를 불러올 수도 있을 것이고, 아버지의 자매이므로 역시 치욕스러운 마음도 있었을 것으로 생각하는데, 사건을 조사하는 사람은 마침내 악담한 사실을 조사하며 물었는데 어찌하여 더러운 이야기를 자기 스스로 발설하였단 말입니까?

세 가지로 이를 헤아려 보면 거의 인간의 마음에 맞지 않으니, 의심하건대 강압적이고 절박한 상황을 만나게 되어 잘못하여 실언을 하고, 문리(文吏, 형리)는 밟아 찾아서 돌릴 수가 없었을 것입니다. 싹틀 때에 은혜를 베풀어서 처리하지 않는 것이 상책입니다.

이미 조사를 마치고 법률을 들먹였으나, 의당 양왕은 말로 불복하고 있으니 정위(廷尉)에게 조서를 내리시어 덕이 높고 이치에 통달한 관리를 선발하시어 다시금 조사하고 자세히 물어 보게 하고, 그렇지 아니

---

4 간통의 대상이 고모라고 하였으므로 이는 나이 차이가 있는 아버지와 자매 관계이므로 간통하였다는 것을 믿기 어렵다는 논리이다.

한 것이 드러나면 실수로 잘못하였던 법을 확정하고, 하리(下吏)에게 명령에 보고하게 하여 멀리 떨어진 공족(公族)에게도 친히 살피시는 덕을 널리 알리시고 종실을 위하여 더럽고 난잡하다는 수치를 씻어내어 친척을 잘 다스리는 대단히 마땅함을 얻을 수 있습니다."

천자가 이를 말미암아서 묵혀두고 처리하지 아니하였다.

7 　이 해에 사예(司隸)교위인 촉군(蜀郡, 사천성 성도시) 사람 하무(何武)를 경조윤으로 삼았다. 하무는 이(吏, 하급 관리)였는데, 법을 지키는 것이 아주 공평하였고, 훌륭한 사람을 올려주고 악한 사람을 물리쳤으나 있으면서는 빛나는 명성을 얻지 못하였고, 떠난 다음에는 항상 생각났다.

성제 원연 원년(己酉, 기원전 12년)

1 　봄, 정월 초하루 기해일에 일식이 있었다.

2 　임술일(14일)에 왕상(王商)이 다시 대사마(大司馬)·위장군(衛將軍)이 되었다.

3 　3월에 황상이 옹(雍)에 행차하여 오치(五畤)에 제사를 지냈다.

4 　여름, 4월 정유일(1일)에 구름은 없는데 뇌성(雷聲)이 있었다. 유성(流星)이 해 아래에서 내려와서 동남쪽으로 갔는데, 사방을 빛이 비

추는 것이 마치 비가 내리는 것 같았으며, 포시(哺時)[5]에서부터 시작하여 황혼에 이르러서야 그쳤다.

5 　천하를 사면하였다.

6 　가을, 7월에 패성(孛星)이 동정(東井)[6]에 있었다.

황상은 재이(災異)나 변고(變故)를 가지고 여러 신하들과 널리 모의하였다. 북지(北地) 태수 곡영(谷永)이 대답하였다.

"제왕이 된 사람이 몸소 도덕을 실천하고 천지를 이어받아 따르면 다섯 가지의 징후[7]는 때맞추어 질서 있게 진행되고, 백성들도 오래 살고 상서로운 일들이 아울러 내려지는데, 길을 잃고 망령된 행동을 하며 하늘을 거슬러 물건을 들어내면 허물을 나타내는 징후[8]가 더욱 나타나고 요얼(妖孼)[9]이 나란히 나타나고 기근도 나타나며, 끝내 깨닫고 고치지 아니하여 악함과 변고가 가득하면 다시는 경고를 하지 않고 천

───────

5 　포(哺)는 새참 먹을 때를 말하는데 이는 신시(申時)를 말하는 것이므로 요즈음의 시각으로는 오후 4시이다.

6 　중하월(仲夏月)에는 해가 동정(東井)에 있다.《한서(漢書)》〈고제기〉에는 '다섯 별이 동정에 모였다.'라는 기록이 있다.

7 　우(雨)·양(暘)·한(寒)·환(煥)·풍(風)을 말한다.

8 　《홍범》에는 상우(常雨)·상양(常暘)·상한(常寒)·상환(常煥)·상풍(常風)은 허물을 나타내는 징조라는 뜻의 구징(咎徵)이라고 하는데, 하늘에 이러한 구징이 나타나는 것은 임금의 허물을 드러내는 것이다.

9 　재이를 말한다. 초목이나 벌레들이 이상한 현상을 나타내는 것이다. 중용에는 국가가 망하게 되려면 반드시 요얼이 나타난다고 되어 있다. 즉 흉악한 일의 시초를 나타내는 증상이다.

명을 덕을 가진 사람에게 바꾸어 줍니다. 이것이 천지의 정상적인 원칙이며, 수많은 왕에 대하여 똑같이 나타내는 것입니다.

그 위에 공덕에는 두텁게 쌓은 것과 엷게 쌓은 것이 있으며, 절기에는 길고 짧은 것이 있고, 시절로는 중기(中期)와 말기(末期)가 있으며, 천도(天道)에는 성(盛)함과 쇠(衰)함이 있습니다. 폐하께서는 8세대(世代)[10]의 공로와 업적을 이어받았으니, 양수(陽數)[11]의 말기에 해당하고, 3·7의 절기(節紀)[12]를 건너야 하며, 무망(無妄)의 괘(卦)[13]의 운수

---

10 성제는 한나라의 제11대 군주이지만 세대로는 유방으로부터 제9세대에 해당하는 군주이다. 호삼성은 성제의 위로 8세대를 고(高)·혜(惠)·문(文)·경(景)·무(武)·소(昭)·선(宣)·원(元)이라고 주석하였다. 그러나 8세(世)를 8세대로 해석한다면 같은 항열에서 두세 명의 군주가 나왔다고 하더라도 1세대로 계산해야 할 것이다. 그렇다면 혜제와 문제는 한 항열이므로 잘못이다. 1세대[고조, 劉邦]-2세대[2대 혜제 劉盈, 5대 문제 劉恒]-3세대[3대 소제 劉恭, 4대 소제 劉弘, 6대 경제 劉啓]-4세대[7대 무제 劉徹]-5세대[戾太子 劉據, 8대 소제 劉弗陵]-6세대[史皇孫 劉進, 6세대에서는 황제가 없음]-7세대[9대 선제 劉詢]-8세대[10대 원제 劉奭], 그리고 9세대인 유오(劉驁)가 11대 성제이다. 호삼성이 만약에 8세를 8세대로 보지 않는다면 여후시대의 황제였던 두 명의 소제를 한대의 왕계에서 제외한 것이다.

11 《주역》에서 양(陽)을 9로 보고 있고, 음(陰)을 6으로 보고 있다. 성제를 9세의 군주로 본다면 더 이상의 숫자는 없는, 즉, 맨 마지막 숫자에 해당하는 군주인 것이며, 따라서 후속하는 군주가 없을 수 있다는 것을 의미한다.

12 《한서》〈율력지〉에는 3·7은 21인데, 21은 바로 210년을 의미한다. 그런데 210년은 1겁(劫)에 해당하는 수인데, 이 수에서 벗어나기 힘들다는 것이다. 그런데 한나라가 건국되어 성제 원연 원년(기원전 12년)까지는 195년이 되는 해이므로 운명이 다하기까지 15년 밖에 남지 않았다는 계산이 된다. 정말로 한나라는 215년 만에 멸망하였다.

13 《주역》에서 무망괘는 위에 건괘(乾卦) 아래에 진(震)으로 되어 있는 괘이다. 즉 천뢰무망(天雷无妄)인 것이다. 응소(應邵)는 '하늘에 반드시 먼저 구름이

(運數)를 만나고, 백육[14]의 재액(災厄)에 직면하였으며, 세 가지의 재
난과 이변이 섞여 함께 만났으니, 건시(建始) 원년 이래로 20여 년간[15]
많은 천재와 커다란 이변이 바꾸어 가면서 나타났는데,《춘추》에 기록
된 것보다 많습니다.

안으로는 깊은 궁궐의 후원에 교만한 신하와 사나운 희첩(姬妾)이 있
어서[16] 술 취하여 광패(狂悖)한 짓을 하여 갑자기 일어나서 파괴시키
고, 북궁(北宮)의 원유(苑囿)[17]와 거리와 골목과 신하와 희첩의 집들의
그윽하고 한가로운 곳에서 하징서(夏徵舒)와 최서(崔抒)의 어지럽힘[18]
이 있을 것이고, 밖으로 제하(諸夏)의 영토에서는 장차 번병(樊並)·소령
(蘇令)·진승(陳勝)·항량(項梁)[19] 같은 사람들이 어깨를 떨치는 화란(禍

끼인 다음에 우레 소리가 나고 우레가 터진 다음에 비가 오는 법인데, 구름도
없이 우레가 터졌으니 비가 오기를 바랄 수 없게 되었다. 만물이 하늘에 대하
여 바랄 것이 없다면 이것은 가장 큰 재앙인 것이다.'라고 해석하였다.

14 106은 원회운(元會運)의 수에 의하면 첫 번째 원(元)에 들어가는 수인데, 양
구(陽九)의 액(厄)이 있다는 것이다.

15 건시 원년은 기원전 32년이므로 원연 원년(기원전 12년)까지는 20년, 즉 성제
가 즉위한 지 20년이 지난 것이다.

16 순우장(淳于長)과 조소의(趙昭儀)를 가리키는 말이다.

17 원(苑)은 원(園)과 같은데 울타리가 있는 정원을 말하고, 유(囿)는 담장이 있
는 정원이며, 유에서는 때로 금수를 기르기도 한다.

18 진(陳)의 19대 제후인 영공(靈公)이 과부인 하희(夏姬)와 간통을 하고 그의
아들인 하징서(夏徵舒)가 기원전 599년에 활로 영공을 쏘아 죽였다. 또한 제
(齊)의 25대 제후인 장공(莊公)이 최서(崔抒)의 처인 강(姜)씨와 간통을 하였
는데, 끝내 기원전 548년에 최서가 그를 암살하였다.

19 번병과 소령의 반란은 2년 전인 영시 3년(기원전 14년)에 일어난 사건이고, 진
승과 항량의 사건은 진2세 원년(기원전 209년)의 일이고,《자치통감》권7에 실

亂)이 있을 것입니다.

안전할 것이냐 위태로워질 것이냐의 갈림길은 종묘의 대단한 걱정거리이니, 신(臣) 곡영이 간담을 쪼개고 마음에 찬 소름을 느끼면서 이를 예언한 지 몇 년이 되었습니다. 아래에서 그 싹이 있고, 그런 다음에 위에서 변화가 보이는 것이니 신중하게 하지 않을 수 있겠습니까! 화(禍)는 가늘고 작게 시작되고 간사함은 소홀한 곳에서 생기는 것입니다.

바라건대 폐하께서는 군신의 의미를 바로잡으셔서 다시 여러 소인들과 놀고 연회를 열어 술을 마시지 말고, 삼강(三綱)[20]의 질서를 엄정히 하셔서 후궁(後宮)의 질서를 정돈하시고, 교만하고 투기하는 사람에 대한 총애를 누르고 멀리하며, 공손하고 온순한 행동을 하는 사람을 높이고 가까이 하며, 조근(朝覲)[21]하면서 법가(法駕)[22]를 갖춘 다음에 나가고, 병사들을 늘어놓고 길을 깨끗이 한 다음에 가고, 다시는 가볍게 혼자 나가서 신첩(臣妾)들의 집에서 마시고 먹지 마십시오. 이 세 가지[23]를 이미 없애고 나면 내란이 일어날 길은 막혀 버릴 것입니다.

제하(諸夏, 중원지역)에서 군사를 일어나는데, 그 싹은 백성들이 기근에 빠지고 관리들은 불쌍히 여기지 아니하는데 있으며, 백성들이 고단한데도 부세(賦稅)를 거둬들이는 것은 무거운 데서 일어나고, 아래에

려 있다.

20 군신(君臣)·부자(父子)·부부(夫婦)의 관계를 말한다.

21 황제가 황태후에게 문안을 드리거나 종묘에 제사를 지내는 것을 말한다.

22 황제의 의장을 갖춘 행렬을 말한다.

23 ①사사롭게 궁궐을 빠져나가서 노는 것, ②술 먹는 것, ③여인과 노는 것을 말한다.

서는 원망과 유리(遊離)하는 데도 위에서는 모르는 데서 나타납니다.

《전(傳, 洪範傳)》에서 말하였습니다. '기근이 들었는데도 그것을 덜어주지 못하면서 이를 두고 태평성대하다고 한다면 그 허물은 망칠 것이다.' 근년에는 군국(郡國)이 수재에서 다쳤으며 화맥(禾麥)은 수확을 못하였으니, 의당 늘 있던 세금을 줄여줄 시기인데, 그러나 유사(有司)들은 부세(賦稅)를 더 걷자고 주청을 올리니 경전(經典)의 뜻에 대단히 어긋나는 것이며 민심에 역행하는 것이어서 원망을 사들이고 화로 달려가는 길입니다.

신(臣)이 바라건대 폐하께서 부세를 더 걷자는 주청을 허락하지 말고 사치하는데 쓰이는 비용을 더욱 줄이시고 은혜를 널리 베풀어서 가난하고 궁핍한 사람들을 구제하고 농사짓는 일과 뽕나무 가꾸는 일을 힘써 권고하여 보잘 것 없는 사람들의 마음을 위로하신다면 제하의 반란은 거의 사라질 것입니다."

중루(中壘)교위[24] 유향이 편지를 올렸다.

"신(臣)이 듣건대 제순(帝舜)은 백우(伯禹)에게 경계하여 말하였습니다. '단주(丹朱)처럼 오만하지 마라.'[25] 주공(周公)은 성왕(成王)에게 경계하기를, '은왕(殷王) 주(紂)처럼 하지 마라.'고 하였습니다. 성스럽고 밝은 제왕(帝王)이 늘 실패하고 혼란하였던 일을 가지고 스스로 경

---

24 수도 장안을 경비하는 부대인 북군(北軍)에는 8명의 교위가 있는데, 중루교위는 수석교위이다.

25 제순은 순임금이며, 백우는 우가 순임금으로부터 선양을 받기 전에 순의 신하로 있을 때의 상황이다. 단주는 순임금에게 왕위를 선양한 요임금의 아들이다. 이 말을 한 상황이 어떤 것인지 정확하지가 않다. 경우에 따라서는 임금에게 우가 충고한 말일 수도 있으므로 우의 말로 보기도 한다.

계하면서 망할 것이냐 흥할 것이냐를 거리끼지 않았으니 그러므로 신(臣)은 감히 그 어리석은 의견을 끝까지 진술하고자 하며 오직 폐하께서 마음에 두고 살펴주시기 바랍니다.

삼가 춘추시대 242년간을 살펴보건대 일식이 36차례가 있었는데, 지금에는 이어서 3년 동안 일식이 있었으며, 건시(建始) 이후로 20년간 8번의 일식이 있었으니, 비율은 2년 6개월마다 한 차례씩 나타난 것이니, 고금(古今)에 없었던 일입니다.

이변(異變) 가운데는 적은 것도 있고 큰 것도 있고, 드물게 나타나는 것도 있으며 자주 나타나는 것도 있으며, 점(占)에도 늦게 나타나는 것과 일찍 나타나는 것이 있고, 천천히 나타나는 것과 빨리 나타나는 것이 있는데, 진(秦)과 한(漢)이 바뀌는 세상을 보고, 혜제와 소제에게 후사가 없는 것을 보며, 창읍(昌邑)이 끝맺음을 못한 것을 살피며, 효선제가 벌떡 일어난 것을 보면 모두 이변이 있었다고 한기(漢紀, 한의 역사기록)에 드러나 있습니다.[26] 하늘의 거취(去就)가 어찌 밝고 분명한 것이 아닙니까?

신(臣)은 다행하게도 황족의 말석(末席)을 얻게 되어 진실로 폐하의 관대하고 현명하신 덕을 보고 커다란 이변을 사라지게 하고 고종(高宗)과 성왕(成王)[27]의 명성을 부흥시켜서 우리 유씨(劉氏)를 존숭하게

---

26 예로 든 네 경우 모두 일식이나 또는 천상의 이변이 있었다. 창읍은 창읍왕 유하(劉賀)가 황제에 올랐다가 폐위된 사람을 말하며, 선제는 무제의 맏아들이며 태자였던 여태자(戾太子) 유거(劉據)의 손자이며, 아버지는 사황손(史皇孫) 유진(劉進)이었다. 그러나 할아버지와 아버지가 황제를 지내지 아니하였는데, 작은 할아버지인 소제 유불능(劉弗陵)이 후사가 없자 그의 뒤를 이어서 황제에 올랐다.

되기를 바라니, 그러므로 간절히 자주 죽음을 무릅쓰고 말씀을 드렸습니다. 천문은 알기가 어려운데, 신(臣)이 비록 그림을 그려 올렸다고 하더라도 오히려 반드시 입으로 설명해야 하고, 그런 다음에야 알 수 있으니, 바라건대 한가한 시간을 내어 주시면 그림을 가리키면서 상황을 진술하겠습니다."

황상이 번번이 그를 불러들였는데, 그러나 끝내 채택할 수 없었다.

---

27 고종은 은을 부흥시킨 23대왕인 무정(武丁)을 말하며, 성왕은 주공의 도움을 받아 주의 기틀을 잡았던 왕이다.

7   홍양후(紅陽侯) 왕립(王立)이 진함(陳咸)을 방정(方正)으로 천거하였는데, 대책(對策)[28]을 거쳐 벼슬을 주어서 광록대부(光祿大夫)·급사중(給事中)으로 삼았다.

승상 적방진(翟方進)이 다시 상주하였다.

"진함은 전에 9경이었다가 탐욕과 간사함으로 면직되었으니,[29] 방정의 천거를 받아서 내조(內朝, 궁궐 안)의 신하가 되는 것은 적당하지 아니합니다."

아울러 탄핵하였다.

"홍양후 왕립은 뽑아 천거하는 일에서 고의로 사실대로 하지 아니하였습니다."

조서를 내려서 진함을 면직시켰고, 왕립을 탄핵하지 아니하였다.

---

28 방정은 품행에서 모범이 된다는 의미로 한대의 인재를 선발하는 방법 가운데 하나이다. 대책은 시험을 거쳐서 인재를 뽑는 방법의 하나인데, 정사(政事)와 경의(經義) 등에 관하여 물으면 이를 간책에다 답안을 쓰게 하는 것이다.

29 진함이 면직된 것은 영시 2년(기원전 15년)이고, 그 내용은 《자치통감》 권31에 실려 있다.

8   12월 을미일(2일)에 왕상(王商)이 대장군이 되었다. 신해일(18일)
에 왕상이 죽었다.

그의 동생인 홍양후 왕립이 다음으로 보정(輔政)을 담당하는데, 이
보다 먼저 왕립은 문객으로 하여금 남군(南郡, 호북성 강릉현) 태수 이상
(李尙)을 통하여 초전(草田) 수백 경(頃)을 점령하여 개간하였고, 편지
를 올려서 이 개간한 땅을 현관(縣官, 관부)에 넣게 하고, 그 값으로 시
세보다 1억만 전(錢) 이상을 비싸게 받았는데, 승상사직(丞相司直, 승
상부의 부책임자) 손보(孫寶)가 이를 발견하니, 황상은 이로 말미암아서
왕립을 버리고 그의 동생이며 광록훈인 곡양후(曲陽侯) 왕근(王根)을
임용하였다. 경신일(27일)에 왕근을 대사마·표기장군으로 삼았다.

9   특진·안창후(安昌侯)인 장우(張禹)가 평릉(平陵, 8대 소제의 능침)
부근에 있는 비우정(肥牛亭)의 땅을 청하였는데, 곡양후 왕근(王根)이
다투면서 이 땅은 평릉의 침묘(寢廟)이니, 의관을 출유(出游)[30]하는 길
이므로 마땅히 바꾸어서 다른 땅을 장우에게 하사하여야 한다고 생각
하였다. 황상은 좇지 아니하고 끝내 장우에게 하사하였다.

왕근은 이로 말미암아서 장우에 대한 총애를 해치려고 자주 그를 훼
방하고 미워하였다. 천자는 더욱 더 장우를 두텁게 존경하고, 병이 날
때마다 번번이 기거(起居)하는 것을 듣고, 거가(車駕)를 타고 스스로

---

30 《자치통감》 권12 혜제 4년(기원전 191년)에 무고의 남쪽에 복도를 세우려고 하
  였더니, 숙손통이 '이곳은 고제께서 매월 유의관(游衣冠)을 하던 길입니다.
  자손이 어찌 종묘의 길 위로 다닐 수가 있습니까?'라고 하여 혜제가 그만두었
  다는 사실이 있다. 매월 여러 사당에 둘러보려고 황제가 갈 때에 고제의 의관
  을 내고 법가를 준비하게 되어 있는데, 이것을 유의관이라고 한다.

그에게 가서 물었고, 황상은 친히 장우의 침상 아래에서 벼슬을 주니, 장우는 머리를 조아려서 은혜에 감사를 드렸다.

장우의 어린 아들이 아직 관직을 갖지 못하였고, 장우가 자주 그 어린 아들을 쳐다보자, 황상은 바로 장우의 침상 아래에서 벼슬을 주어 황문랑(黃門郞)·급사중(給事中)으로 삼았다. 장우는 비록 집에 있었지만 특진으로 천자의 스승이어서 국가에 커다란 정치적인 일이 있을 때마다 반드시 그와 더불어 의논하여 정하였다.

이때에 이민(吏民)들 가운데 많은 사람들이 편지를 올려서 재난과 이변의 반응에 대하여 말을 하였는데, 왕씨(王氏)들이 정권을 오로지하고 있어서 일어난 것이라고 비난하자 황상의 뜻도 자못 그러하다고 생각하였으나, 명확하게 나타난 것이 아직 없었다. 마침내 거가(車駕)가 장우의 저택에 이르러서 좌우를 물리치고 친히 장우에게 하늘에 변고가 일어나는 이유를 묻고서, 이어서 이민(吏民)들이 말한 왕씨들에 관한 사항을 장우에게 보여 주었다.

장우는 스스로 나이가 많고 자손도 약하다고 보고, 또 곡양후와 평화롭지 않아서 원망을 받는 바가 될까 두려워서 황상에게 말하였다.

"《춘추》의 일식과 지진에는 혹 제후들이 서로 죽이거나, 이적(夷狄)들이 중국을 침입하였습니다. 재난과 변고가 일어난 뜻은 깊고 멀어서 보기가 어려우니, 그러므로 성인도 명(命)을 드물게 말하고 괴상한 귀신을 말하지 아니하였고, 성품과 천도(天道)는 자공(子貢)[31] 같은 무리도 들을 수 없었는데, 하물며 얕은 견해와 천박한 유가들이 말한 것들에서야?

---

31 공자의 제자 가운데 한 사람이다.

폐하께서는 의당 정사(政事)를 잘 닦아서 선행(善行)으로 그것에 대응하고 아랫사람들과 더불어 그 복됨과 기쁨을 함께 하는 것이 경전의 뜻입니다. 새로이 공부를 하는 소인이 도(道)를 어지럽히고 다른 사람을 잘못되게 하고 있으니, 마땅히 신용하지 마시고 경술(經術)을 가지고 이를 판단하십시오."

황상은 장우를 훌륭하다고 믿고 총애하니, 이로부터는 왕씨를 의심하지 아니하였다. 뒤에 가서 곡양후 왕근(王根)과 여러 왕씨의 자제들이 장우가 말한 것을 들어 알고서 모두 기뻐하고 드디어 장우에게 친하게 하였다.

옛날의 괴리(槐里, 섬서성 興平縣) 현령인 주운(朱雲)[32]이 편지를 올려서 알현하기를 청하고, 공경(公卿)들이 앞에 있는데, 주운이 말하였다.

"지금 조정의 대신들은 위로는 군주를 광정(匡正)하지 아니하고 아래로는 백성들에게 이익을 주지 못하면서 모두 시위소찬(尸位素餐)[33]하고 있습니다. 공자가 말한바 '비열(鄙劣)한 지아비는 함께 임금을 섬길 수가 없으며, 만약에 그것을 잃을까 걱정한다면 이르지 않는 바가 없다.'[34]고 한 사람들입니다.

신(臣)은 바라건대 상방(尙方)의 참마검(斬馬劍)[35]을 내려 주시면

---

32 주운은 소망지와 관계가 깊기 때문에 소망지가 자살한 후에 면직되었다. 이에 관한 일은 원제 초원 2년(기원전 47년)에 있었고, 그 내용은 《자치통감》 권28에 실려 있다.

33 시위란 그 일을 드러내지 않고 다만 그 자리를 차지하고 있는 것이며, 소찬은 덕이 관직에 걸맞지 않고 헛되이 봉록만 먹는 것을 말한다.

34 《논어》에 있는 말이다.

35 상방은 소부에 소속된 관직으로 황제가 쓸 물건을 공급하는 부서이고, 참마

간신(奸臣) 한 사람의 머리를 잘라서 그 나머지 사람들에게 경고하겠습니다.”

황상이 물었다.

“누구인가?”

대답하였다.

“안창후 장우입니다.”

황상이 크게 노하여 말하였다.

“낮은 관원이 아래에 있으면서 윗사람을 비방하고, 조정에서 사부(師傅)를 모욕하였으니, 그 죄는 죽어도 사해줄 수 없다.”

어사(御史)가 주운을 아래로 내려 보내는데, 주운이 전(殿)의 난간에 올라가니 난간이 부러졌다.

주운이 부르짖으며 말하였다.

“신(臣)은 내려가서 지하에서 용봉(龍逢)과 비간(比干)[36]을 따라서 노닐면 만족합니다. 성스러운 왕조가 어떻게 될지 아직 모를 뿐입니다.”

어사가 드디어 주운을 데리고 나갔다.

이에 좌장군 신경기(辛慶忌)가 관모(冠帽)를 벗고 인수(印綬)를 풀어 놓고 전(殿) 아래에서 머리를 조아리며 말하였다.

“이 신하는 평소에 세상에서 미친 듯이 곧은 말을 하기로 이름이 나 있는데, 그의 말이 옳다고 한다면 주살할 수는 없고 그의 말이 잘못되었다고 한다면 진실로 마땅히 그를 용납하여야 합니다. 신은 감히 죽음

검(斬馬劍)은 말의 목을 벨 수 있을 정도로 날카롭다.

36 관용봉(關龍逢)은 하의 마지막 임금인 걸(桀)의 신하였고, 왕자 비간은 은의 마지막 왕인 주(紂)의 신하였다. 두 사람은 다 간언을 하다가 죽었다.

으로써 다툽니다."

신경기가 머리를 조아리다가 머리에서 피가 흐르니 황상의 화가 풀어지고 그러한 다음에 그쳤다. 뒤에 가서 난간을 수리하려고 하자 황상이 말하였다.

"바꾸지 말고 이어서 그것을 모아서[37] 곧은 신하를 표양하고자 한다."

10 흉노의 수해(搜諧) 선우가 장차 입조(入朝)하려고 하면서 아직 변새(邊塞)를 들어오지 않았는데 병들어 죽었다. 동생 차막차(且莫車)가 서서 차아약제(車牙若鞮) 선우[38]가 되고, 낭지아사(囊知牙斯, 차아약제 선우의 동생)를 좌현왕(左賢王)으로 삼았다.

11 북지(北地, 감숙성 寧縣) 도위 장방(張放)이 부에 도착한 지 몇 달 만에 다시 징소(徵召)되어 시중으로 들어왔다. 태후가 황상에게 편지를 보내어 말하였다.

"전에 내가 말한 것[39]을 아직도 실행하지 아니하여 부평후가 다시 돌아왔으니 잠자코 있을 수 있겠소!"

황상이 사과하였다.

"바라건대 말씀하신 것을 받들도록 해 주십시오."

---

37 부서진 것을 모아서 그대로 두라는 의미이다.

38 흉노의 16대 선우가 죽고 17대 선우가 즉위한 것이다.

39 영시 2년(기원전 15년)에 태후가 '반시중은 대장군이 추천하였으니 의당 특별히 대우하라'고 하였다. 이 내용은《자치통감》권31에 실려 있다.

황상은 이에 장방을 내 보내어 천수(天水, 감숙성 통위현)의 속국(屬國)도위[40]로 삼고 소부(少府) 허상(許商)과 광록훈 사단(師丹)을 이끌어서 광록대부로 삼고 반백(班伯)을 수형(水衡)도위를 삼고 나란히 시중으로 하였는데, 모두 녹질은 중(中)이천석이었고, 동궁에 조근할 때는 언제나 시종(侍從)하였고,[41] 큰 정치적인 일에서는 모두 공경(公卿)들에게 지의(旨意)를 전달하게 하였다. 황상도 역시 조금씩 외유(外遊)와 연회(宴會)에 싫증을 느껴서 경서(經書)를 공부하는 일을 회복하였는데, 태후는 아주 기뻐하였다.

12 이 해에 좌장군 신경기(辛慶忌)가 죽었다. 신경기는 국가의 호신(虎臣)[42]이었는데, 승평(承平)의 시대를 만났지만 흉노와 서역이 친히 귀부하여, 그의 위엄과 신망을 공경하였다.

성제 원연 2년(庚戌, 기원전 11년)

1 봄, 정월에는 황상이 감천에 행차하여 태치에서 제사를 지냈다. 3월에는 하동(河東, 산서성 夏縣)에 가서 후토(后土)에 제사를 지냈다. 이미 제사를 지내고 용문(龍門, 산서성 河津縣의 서쪽)으로 가서 놀다가

---

40 속국도위란 다른 족속으로 와서 사는 사람들이 거주하는 지역을 담당하는 관직이다.
41 태후의 말을 들었다는 표시일 것이다.
42 국가의 동량과 같은 신하로 호랑이와 같이 무서운 장수라는 말이다.

역관(歷觀, 산동성 永濟縣의 歷山에 있는 廟宇)에 올랐고, 서악(西岳, 華山, 섬서성 華陰縣)을 올랐다가 돌아왔다.

2　여름, 4월에 광릉효왕(廣陵孝王)[43]의 아들인 유수(劉守)를 세워서 왕으로 삼았다.

3　애초에, 오손(烏孫)의 소곤미(小昆彌)[44]인 안일(安日)이 투항한 백성들에게 살해되자 여러 흡후(翕侯)[45]들이 크게 혼란에 빠졌는데, 조서를 내려서 옛날 금성(金城) 태수인 단회종(段會宗)[46]을 징소하여 좌조(左曹)·중랑장·광록대부로 삼아 오손을 안무(按撫)하게 하니, 안일의 동생인 말진장(末振將)을 세워서 소곤미로 삼고 그 나라를 안정시키고 돌아왔다.

그때에 대곤미(大昆彌) 자율미(雌栗靡)는 용감하고 건장하여 말진장은 병탄(倂吞)될까 두려워하여 귀인(貴人) 오일령(烏日領)으로 하여금 거짓으로 항복을 하게 하였다가 자율미를 자살(刺殺)하였다. 한(漢)

---

43 광릉왕은 유패(劉霸)였는데, 그가 죽자 효왕의 시호를 붙였다.

44 오손은 적곡성(赤谷城) 즉, 신강성 이녕시(伊寧市)에 도읍을 한 서역의 왕국이고, 곤미는 오손왕국에서 수장[왕]에게 붙이는 칭호이다. 오손이 두 개로 나뉘었으므로 대곤미와 소곤미로 불리는 것이다.

45 한대에 오손국에 있는 관직명이다. 각 군사령관에 해당하는 직책이다.

46 단회종은 성제 양삭 4년(기원전 21년)에 서역의 도호로 나갔으나 얼마 후에 바로 소환되었다. 그는 멋대로 무기교위의 군사를 발동하여 강거국의 항복한 사람들을 받아들이려고 하다가 뜻대로 되지 아니하였다. 그리하여 속죄금을 내고 사형을 면제 받았다가 금성 태수가 되었는데 병으로 면직되었다. 금성은 지금의 감숙성 난주시(蘭州市)이다.

에서는 병사로 그들을 토벌하려고 하였으나 아직 할 수 없어서 중랑장 단회종을 파견하여 공주[47]의 손자인 이질미(伊秩靡)를 대곤미로 삼았다.

오래 있다가 대곤미인 흡후 난서(難栖)가 말진장을 살해하고 안일의 아들인 안이미(安犁靡)를 대신 소곤미로 삼았다. 한에서는 스스로 말진장을 죽이지 못한 것을 한스럽게 생각하고 다시 단회종을 파견하여 무기(戊己)교위[48]의 여러 나라 병사를 징발하여 바로 말진장의 태자인 반구(番丘)[49]를 주살하였다.

단종회는 대군이 오손으로 들어가면 반구를 놀라게 하여 도망쳐서 잡을 수 없을까 걱정하고 바로 발동한 군사를 점루(墊婁)의 땅에 머물게 하고, 정병 30명의 노수(弩手)를 뽑아서 지름길로 곤미(昆彌)가 있는 곳으로 가서 반구를 부르고 말진장의 죄를 가지고 책망을 하고 바로 손수 칼로 반구를 쳐 죽였다. 관속 이하가 놀라고 두려워서 말을 달려 돌아갔다.

소곤미 안이미가 군사 수천의 기병을 챙겨서 단종회를 포위하였는데, 단종회는 와서 반구를 주살한 의미를 말하였다.

"이제 나를 에워싸서 지키며 죽인다면 마치 한(漢)의 소 털 하나를 갖는 것과 같을 뿐이다. 완왕(宛王)과 질지(郅支)의 머리가 고가(槀街)

---

47 초의 공주인 유해우(劉解憂)를 말하는데, 그가 오손으로 시집갔고, 그 손자가 이질미이며, 이질미는 죽은 자율미의 숙부이다.

48 무기교위의 통할범위는 구체적인 방향이 없으며, 추단하면 그 지역의 최고장관이면 방향의 한계가 없다.

49 안사고는 번(番)의 음은 반(盤)이라고 하였다.

에 걸렸었다는 것[50]을 오손에서도 아는 바이다."

곤미 이하가 승복하며 말하였다.

"말진장이 한(漢)에 죄를 져서 그의 아들을 주살한 것은 옳다고 하더라도, 다만 나에게 알려서 그에게 마시고 먹게 할 수도 없었단 말이오.[51]"

단종회가 말하였다.

"미리 곤미에게 알려 그를 도망쳐서 숨게 하였다면 큰 죄가 되는 것이다. 바로 먹고 마시게 하고 나에게 보냈다면 골육지간의 은정(恩情)을 다치게 하였을 것이다.[52] 그러므로 먼저 알리지 않았다."

곤미 이하 모두 크게 울면서 풀고 갔다.

단종회가 돌아와서 이 사실을 상주하니 천자는 단종회에게 관내후의 작위와 황금 100근을 내려 주었다. 단종회는 난서(難栖)가 말진장을 죽였기 때문에 견수(堅守)도위[53]로 삼기를 주청하였다. 대록(大祿)과 대감(大監)[54]은 자율미가 자살(刺殺)되는 상황을 본 것에 책임을

---

50 완왕의 사건은 무제 태초 3년(기원전 102년)에 있었고, 《자치통감》 권21에 실려 있으며, 질지 선우의 사건은 원제 건소 3년(기원전 36년)에 있었고, 《자치통감》 권29에 실려 있다.

51 죽을 사람에게 마지막으로 음식을 대접한다는 뜻이다.

52 안이미는 안일의 아들이고, 말진장은 안일의 동생이며, 죽은 반구는 말진장의 아들이므로 안이미는 죽은 반구와 사촌간이 된다. 이렇게 되면 골육인 사촌을 죽인 사람에게 넘겨주는 셈이 된다.

53 오손에는 대장과 도위가 각기 한 명씩 있었는데, 난서가 자율미를 위하여 복수할 수 있었고, 굳게 신하로서의 절개를 지켰기 때문에 다른 흡후들과는 다르니 그러므로 '견수'라는 두 글자를 덧붙여준 것이다.

54 대록은 오손의 재상에 해당하는 관직이고, 대감은 총감에 해당하는 관직이다.

묻고 금인(金印)과 자수(紫綬, 자색인수)를 빼앗고, 다시 동인(銅印)과 묵수(墨綬, 묵색인수)를 주었다고 말하였다.

말진장의 동생인 비원치(卑爰畺)는 본래 공모(共謀)하여 대곤미를 살해하고 무리 8만을 거느리고 북쪽으로 가서 강거(康居)에 붙고 병사를 빌려서 두 곤미(대곤미와 소곤미)를 합병하고자 하였는데, 한은 다시 단종회와 도호 손건(孫建)을 파견하여 힘을 합쳐서 이에 대비하게 하였다.[55]

오손이 두 곤미를 나뉘어 세우면서부터[56] 한(漢)은 걱정하고 수고로웠으며, 또 편안한 세월이 없었다. 이때에 강거는 다시 아들을 파견하여 한에 와서 시중을 들게 하고 공물을 바치니, 도호 곽순(郭舜)[57]이 말씀을 올렸다.

"본래 흉노(匈奴)들이 강성할 때는 오손(烏孫)과 강거(康居)를 겸병하였던 연고가 아니고 그들이 신첩(臣妾)이라고 부르게 된 것도 두 나라를 잃어버려서가 아닙니다. 한은 비록 모두 그들의 인질로 온 아들을 받았다고 하지만 그러나 세 나라는 속으로 서로 주고받으며 왕래하는 것도 예전과 같고 역시 서로 엿보다가 편리함이 보이면 발동하니, 합친다고 하여도 서로 친하게 믿을 수 없고, 떨어졌다고 하더라도 서로 신

선제 감로 3년(기원전 51년)에 대록과 대감에게 금인과 자색인수를 주었다.

55 나중에 비원치는 손건에게 죽는다.

56 이 일은 선제 감로 원년(기원전 53년)에 있었고, 그 내용은 《자치통감》 권27에 실려 있다.

57 이 해(성제 원연 2년, 기원전 11년)의 서역의 도호는 곽순이었다. 앞에 나온 손건이 서역도호가 된 것은 평제 원시 연간(원시 원년은 1년) 즉, 10년 뒤인 기원 전후가 되는 것 같다.

하로 부릴 수가 없습니다.

　오늘에서 이를 말한다면 오손과 결혼관계를 맺는 것은 끝내 아직은 이익 될 것이 없고 도리어 중국에는 일만 생깁니다. 그러나 오손과는 전에 이미 관계를 맺었고,[58] 지금 흉노와 더불어 칭신하고 있으니 뜻으로 보아 거절할 수가 없습니다. 그러나 강거국은 교만하고 속임이 많아서 끝내 우리의 사자(使者)에게 절하려고 하지 않았고, 도호의 관리가 그 나라에 도착하였는데, 그를 오손의 여러 사절 아래에 앉게 하였으며, 왕과 귀인들이 먼저 먹고 마시기를 마치고 나서 마침내 도호의 관리에게 한 모금 먹게 하였으니, 그러므로 반성한 바가 없다는 것을 이웃에 과시한 것입니다.

　이것으로 이들을 헤아려 보건대 어떠한 연고로 아들을 파견하여 입시(入侍)하겠습니까? 그들은 장사하고자 하여 좋은 말을 하는 것은 속이는 것입니다. 흉노는 수많은 만족(蠻族)들 가운데 커다란 나라입니다마는 지금 한을 섬기는 것은 잘 갖추고 있는데, 강거가 절을 하지 않았다는 소문을 듣는다면 또 선우로 하여금 스스로 너무 낮추었다고 후회하는 마음을 갖게 할 것입니다. 마땅히 그들의 시자(侍子)를 돌려보내서 관계를 끊고 다시 사절을 보내지 않아서 한가(漢家)는 무례(無禮)한 나라와는 통교를 하지 않는다는 것을 밝히십시오."

　한은 그들이 새롭게 통교하여 먼 곳의 사람이 이른 것을 중히 여겨서 끝내 기미(羈縻)를 끊지 않았다.

---

58 무제시대 이후로 종실의 딸을 오손국에 시집보냈다.

성제 원연 3년(辛亥, 기원전 10년)

1   봄, 정월 병인일(10일)에 촉군(蜀郡, 사천성 성도시)의 민산(岷山)이
무너져서 강[장강]을 사흘 동안이나 막으니, 강물이 말랐다. 유향은 이
를 크게 싫어하여 말하였다.

"옛날에 주(周)의 기산(岐山, 섬서성 기산현의 경계 지역)이 무너져서
삼천(三川)이 말라버렸는데,⁵⁹ 유왕(幽王)이 죽었습니다. 기산이라는
곳은 주(周)가 일어난 곳입니다. 한가(漢家)는 본래 촉(蜀)과 한(漢)에
서 일어났는데,⁶⁰ 지금 일어난 땅에서 산이 무너지고 개울이 말랐으
며, 패성이 섭제(攝提)와 대각(大角)에 이르렀고, 삼(參, 삼성)에서부터
진(辰, 진성)에 이르렀으니,⁶¹ 거의 반드시 망할 것입니다."

---

59 삼수는 경수(涇水)·위수(渭水)·낙수(洛水)를 말하며, 주 12대 유왕 때(기원전
    780년)에 일어난 사건이다.

60 유방은 한 고조 원년(기원전 206년)에 서초패왕 항우로부터 한왕으로 임명되었
    는데 그 지역은 한중군과 촉군이었다. 그때의 도읍지는 섬서성 남정현이었다.

61 대각이라는 것은 천왕제(天王帝)가 조정에 앉아 있고 그 양쪽에 각기 세 개

2 2월, 병오일(12일)에 순우장(淳于長)을 책봉하여 정릉후(定陵侯)
로 삼았다.

3 3월에 황상이 옹(雍)에 행차하여 오치(五時)에 제사를 지냈다.

4 황상은 장차 호인(胡人)들에게 금수(禽獸)를 많이 가지고 있는 것
을 가지고 크게 자랑하려고 가을에 우부풍(右扶風)에게 명령을 내려서
백성을 징발하여 남산[62]에 들어가게 하였는데, 서쪽으로 포곡(褒谷, 섬
서성 襄城縣의 북쪽)과 야곡(斜谷, 섬서성 郿縣의 서남쪽)에서부터 동쪽으
로 홍농(弘農)에 이르게 하고, 남쪽으로 한중(漢中, 섬서성 南鄭縣)까지
가서 크고 작은 망(網)을 설치하여 웅(熊)과 비(羆)[63]의 금수들을 잡게
하였고, 함거(檻車)로 실어다가 장양(長楊, 장양궁)의 사웅관(射熊館)으
로 보내고, 망을 쳐서 주위를 차단하고 금수들을 그 속에 풀어놓고 호
인(胡人)으로 하여금 손으로 그것을 잡아서 스스로 그가 잡은 것을 갖
게 하고는 황상은 친히 가서 관람하였다.

의 별이 정족(鼎足)을 이루는데 이것을 섭제라고 한다. 섭제란 북두칠성의 자
루가 곧장 가리키는 것인데, 이것은 시절을 만드는 것이다. 그러므로 이것을
섭제격이라고 하는 것이다. 삼(參)은 별의 이름이고 진(辰)에 이르렀다는 것은
대화(大火)에 이르렀다는 말이다. 28수의 하나인 저(氐)가 5도에서부터 혜성
의 꼬리 9도에 이르면 대화가 되는데, 진에서는 묘(卯)에 있다. 여순(如淳)은
이것을 보고 '패성의 꼬리가 길어서 섭제대각에까지 이르렀는데, 그 시작은
삼성이 있는 데서 출발하여 진성에 이르렀다.'고 해석하였다.

62 남산은 진령산맥(秦嶺山脈)을 가리키는 것으로 종남산(終南山)이라고도 한다.

63 웅은 돼지 같으나 크고 검은색이다. 비(羆)는 웅(熊)과 비슷하나 황백색인데
힘이 좋다.

성제 원연 4년(壬子, 기원전 9년)

1   봄, 정월에 황상이 감천(甘泉)에 가서 태치(泰畤)에 제사를 지냈다.

2   중산왕 유흥(劉興)과 정도왕(定陶王) 유흔(劉欣)[64]이 모두 와서 조현하였는데, 중산왕은 다만 부(傳, 태부, 스승)만을 따르게 하였고, 정도왕은 부(傳)·상(相)·중위(中尉)를 모두 따르게 하였다. 황상이 이를 괴상하게 여기고 정도왕에게 물었더니, 대답하였다.

"영(令)에 따르면 제후왕(諸侯王)이 조현하면 그 나라의 이천석을 따르게 할 수 있다고 하였습니다. 부·상·중위는 모두 나라의 이천석이니 그러므로 모두 다 따르게 하였습니다."

황상이 《시(詩, 시경)》를 암송하게 하니 전부 익히고 설명할 수 있었다. 다른 날에 중산왕에게 물었다.

"다만 부만 따르게 한 것은 어떤 법령에 있는가?"

대답을 할 수 없었다. 다시 《상서(尙書)》를 외우게 하니 또 못하였다. 앞에서 식사를 내려주게 되자 뒤에 포식하고 일어나 내려가는데 버선 끈이 풀어졌다. 황제는 이로부터 할 수 없다고 생각하고 정도왕을 현명하다고 하면서 그의 재주를 자주 칭찬하였다.

이때에 제후왕 가운데 오직 두 사람(중산왕 유흥과 정도왕 유흔)만이 지친(至親)이었는데, 정도왕의 할머니 부태후(傳太后)[65]가 왕을 따라

---

64 유흥은 성제의 동생이고, 유흔은 성제의 동생인 유강(劉康)의 아들이므로 성제의 조카였다.

65 원제의 비빈(妃嬪)인 부소의(傳昭儀)이며 정도왕의 어머니이다. 아들이 정도왕에 책봉되자 아들을 따라서 정도국으로 가서 부태후가 된 것이다.

서 조현하니, 사사롭게 조황후(趙皇后)와 소의(昭儀) 그리고 표기장군 왕근에게 뇌물을 주었다.

후·소의·왕근은 황상에게 아들이 없는 것을 보고 또 미리 스스로 연결을 맺어서 장구한 계획을 세우고자 하니 모두 더욱 정도왕을 칭찬하고 황제에게 후사로 삼으라고 권고하였다. 황제도 역시 스스로 그의 재주를 아름답게 보고 그를 위하여 원복(元服)을 더하여주고[66] 그를 보냈는데, 그때의 나이는 열일곱 살이었다.

3   3월에 황상이 하동(河東)에 행차하여 후토(后土)에 제사 지냈다.

4   운석(隕石)이 관동(關東)[67]에 두 개가 떨어졌다.

5   왕근은 곡영을 추천하니, 징소(徵召)하여 들여서 대사농(大司農)으로 삼았다. 곡영은 전후로 40여 가지의 일을 올렸지만 대략 서로 반복되었는데, 오로지 황상과 후궁들을 공격하는 것뿐이었으며, 왕씨에게 한 패가 되니 황상도 역시 그것을 알아서 아주 가까이 하여 믿지 아니하였다. 대사농이 되어서 1년여 만에 병이 났고, 3개월을 채우자 황상은 고(告)를 내려주지 않고 즉시 면직시켰다.[68] 몇 달 만에 죽었다.

---

66 원복의 원(元)은 머리를 가리키는 것이고 복은 의복이므로 머리에 쓰는 의복 즉 관(冠)을 말한다. 여기에서는 관례를 치른 것을 말한다.

67 《한서》에 의하면 관동은 도관(都關, 산동성 濮縣)이어야 맞는다.

68 고(告)란 고관이 휴가를 받을 일이 있을 때에 이를 보고하는 것이고, 황제가 이를 다시 주어야 휴가를 정식으로 얻을 수 있는데, 한대에는 고관이 병이 들어 받을 수 있는 이 휴가 기간은 3개월이다. 이 기간이 지나면 자동으로 면직

성제 수화 원년(癸丑, 기원전 8년)

1   봄, 정월에 천하를 크게 사면하였다.

2   황상은 승상 적방진(翟方進)·어사대부 공광(孔光)·우장군(右將
軍) 염포(廉襃)·후장군(後將軍) 주박(朱博)을 불러서 금중(禁中)에 들
어오게 하고 의논하였다.
  "중산왕과 정도왕 가운데 누구를 마땅히 후사로 삼아야 할까?"
  적방진·왕근·염포·주박은 모두 생각하였다.
  "정도왕은 황제 동생의 아들입니다.《예(禮)》에서 말하였습니다. '형
제의 아들은 아들과 같다. 그 후사가 된 사람은 그를 위하여 아들이 된
다.' 정도왕이 마땅히 후사로 하여야 합니다."
  공광만 홀로 생각하였다.
  "《예(禮)》에서는 후사를 세우는 데는 가까운 사람으로 한다고 하였
습니다.《상서(尙書)》〈반경(盤庚)〉에서 은(殷)의 왕이 되는 예(例)는 형
이 죽으면 동생이 이어받았습니다. 중산왕은 먼저 돌아가신 황제의 아
들이며, 황제의 친동생이니, 마땅히 후사로 삼아야 합니다."
  황상은 '중산왕은 황제의 재목이 아니며, 또 예로 보아서도 형제는
동시에 종묘(宗廟)에 들어갈 수 없다.'는 것으로 공광이 논의한 것을 좇
지 아니하였다.
  2월 계축일(9일)에 조서를 내려서 정도왕 유흔(劉欣)을 세워서 황

  되는데, 보통으로는 황제가 특별히 연기조치를 해준다. 이것을 사고(賜告)라
  고 하는데 이 경우에 황제는 사고하지 않았다.

태자로 삼고, 중산왕의 외숙(外叔)인 간대부 풍참(馮參)을 의향후(宜
鄕侯)로 삼으며 중산국에 3만 호를 더 붙여 주어서 그 마음을 위로하
고,[69] 집금오(執金吾) 임굉(任宏)을 수대홍려(守大鴻臚)[70]로 하여 지
절(持節)로 정도왕을 징빙(徵聘)하게 하였다.

정도왕은 감사하면서 말하였다.

"신(臣)의 재질이 부족하여 태자의 궁을 빌어 충당하기에는 부족하
니, 신이 바라건대 국저(國邸)[71]에 머물 수 있게 하여주시면 아침저녁
으로 받들어 문안을 드리면서 성스러운 후사가 있으시기를 기다렸다
가 나라[정도국]로 돌아가서 번국(藩國)[72]을 지키고 싶습니다."

서신이 상주되자 천자는 회보하였다.

"알았다."[73]

무오일(14일)에 공광은 그 논의한 내용이 뜻에 맞지 않아서 정위(廷
尉)로 좌천되고, 하무(何武)를 어사대부로 삼았다.

---

69 중산왕이 대통을 계승하지 못하게 되어 원한을 가질까 걱정한 것이다.

70 수직(守職)이다. 수직은 본래의 직책을 가지고 있는 사람에게 임시로 그보다
더 높은 관직의 업무를 수행하게 하는 관리 임용 방법이다. 여기서 대홍려는
제후를 관장하는 직책인데, 임굉은 집금오가 본직이지만 당면한 업무를 위하
여 대홍려의 업무를 수행하게 하려고 수직을 임명한 것이다.

71 각 제후국에서는 중앙과 연락할 필요가 있을 때에 장안에 와서 머물 수 있는
저택을 마련하여 두고 있다. 이를 각 제후국별로 그 나라의 저택 즉 국저라고
하는데, 정도왕도 정도국의 국저를 장안에 갖고 있었다.

72 중앙 황실의 울타리가 되는 나라라는 뜻이다. 즉 제후국을 말한다.

73 그 편지를 보았고, 그 내용을 알았다는 말이지만 그 이면에는 그 편지에서 청
하는 것을 좇지 않는다는 의미를 갖고 있다.

3 애초에, 조서를 내려서 은(殷)의 후예를 찾게 하였는데, 분산되어 10여 개의 성(姓)[74]으로 되어 그 적통(嫡統)을 미루어 찾으려고 하였으나 찾을 수가 없었다.

광형(匡衡)과 매복(梅福)은 모두 공자의 세계(世系)에 책봉하여 탕(湯, 은의 시조)의 후예로 하여야 마땅하다고 생각하였는데, 황상은 이 말을 좇아서 공길(孔吉)을 책봉하여 은소가후(殷紹嘉侯)로 하였다. 3월에 주승휴후(周承休侯)와 더불어 모두 작위를 올려서 공(公)으로 삼고 채지는 각기 100리로 하였다.

4 황상이 옹에 행차하여 오치(五畤)에 제사를 지냈다.

5 애초에, 하무가 정위(廷尉)가 되어서 건의하였다.

"말기(末期, 말세, 즉 현재)의 풍속이 피폐한 것은 정치적인 일이 번거롭고 많아지고, 재상의 재목은 옛날 사람들을 좇아갈 수가 없으나 승상이 홀로 삼공(三公)의 일을 겸하고 있어서, 오랫동안 접어두고서 처리를 안 하고 있는 까닭입니다. 마땅히 삼공(三公)의 관직을 세워두어야 합니다."

황상이 이를 좇았다.

여름, 4월에 곡양후(曲陽侯) 왕근(王根)에게 대사마(大司馬)의 인수(印綬)를 내려주고, 관속을 두게 하며, 표기장군의 관직을 철폐하고,[75]

---

74 원래 은족의 성은 자성(子姓)이었다. 그 후에 송(宋)·공(孔)·화(華)·대(戴)·환(桓)·향(向)·악(樂) 등의 성으로 나뉘었다.

75 원래 무제도 대사마의 직을 두었지만 다만 최고라는 명예직일 뿐이었고, 선제 때에도 대사마를 부활시켰지만 아무런 권한과 책임이 없는 빈 명칭뿐이었다.

어사대부 하무를 대사공(大司空)으로 삼아 범향후(氾鄕侯)로 책봉하였
으며, 모두 봉록(俸祿)을 늘려서 승상과 같게 하여 삼공을 갖추었다.

6 가을, 8월 경술일(9일)에 중산효왕(中山孝王) 유흥(劉興)[76]이 죽
었다.

7 흉노의 차아(車牙) 선우가 죽고, 동생 낭지아사(襄知牙斯)를 오
주류약제(烏珠留若鞮) 선우[77]로 하였다. 오주류 선우가 서니, 동생 낙
(樂)을 좌현왕(左賢王)으로 삼고, 여(輿)는 우현왕(右賢王)이 되고, 한
에서는 중랑장 하후번(夏侯藩)과 부교위(副校尉) 한용(韓容)을 흉노에
파견하여 사절로 하였다.
  어떤 사람이 왕근에게 유세하였다.
  "흉노가 갖고 있는 조그만 땅이 한(漢)의 땅에 들어와서 장액군(張掖
郡, 감숙성 장액현)에 연결하면 기이한 재료와 화살대와 독수리 깃털이
생산되니, 만약에 이것을 얻는다면 변새(邊塞)는 아주 풍요로워지고,
국가는 토지를 넓히는 알맹이를 갖게 되며, 장군에게는 드러난 공로가
무궁하도록 드리워질 것입니다."
  왕근이 황상을 위하여 그것의 이로움을 말하였는데, 황상은 직접 선
우로부터 그것을 요구하고자 하였으나, 얻지 못하면 황제의 명령과 위

  그런데 그 해에 대사마를 실질적인 최고의 군사수장으로 설치하니 표기장군
  은 필요 없게 되었다.
76 성제의 동생인 중산왕이 죽자 그의 시호를 효왕으로 한 것이다.
77 차아 선우는 17대이고, 오주류 선우는 18대이다.

엄을 다치고 상하게 할 것이었다. 왕근은 바로 다만 황상이 지적하는 것을 하후번에게 알게 하고, 하후번이 말하는 것을 좇아서 이것을 요구하게 하였다.

하후번이 흉노에 이르러 이런저런 말을 하다가 선우에게 유세하였다.

"가만히 보건대 흉노의 조그만 땅이 한의 땅에 들어와 있어서 장액군에 연결되었으니 한에서는 세 명의 도위를 변새에 거주하게 하고 사졸(士卒) 수백 명이 추위로 고생을 하고 망을 보느라고 오랜 기간 수고를 하고 있는데, 선우께서 의당 편지를 올려서 이 땅을 바치고 바로 이것을 잘라내면 두 명의 도위와 사졸 수백 명을 줄일 수 있게 하여 천자의 두터운 은혜에 보답하면 그 보상은 반드시 클 것이오."

선우가 말하였다.

"이것은 천자의 말인가? 사자(使者)가 요구하는 것을 좇은 것인가?"

하후번이 말하였다.

"조서로 지시하였소. 그러나 저 하후번 역시 선우를 위하여 좋은 계책을 세웠을 뿐입니다."

선우가 말하였다.

"이것은 온우도왕(溫偶駼王)이 거처하는 곳이어서 그 생김새나 산물을 알지 못하니, 청컨대 사절을 파견하여 그것을 물어보도록 하여주시오."

하후번과 한용이 한으로 돌아온 다음에 다시 흉노에 사자(使者)로 갔고, 이르러서는 땅을 요구하였다.

선우가 말하였다.

"부형(父兄)에서 5세(世)[78]를 전해왔지만 한에서는 이 땅을 요구한 일이 없었는데, 나 낭지아사(襄知牙斯)에 이르러서 다만 요구하는 것은 무엇 때문이오? 이미 온우도왕에게 물어 보았는데, 흉노의 서쪽에 있는 제후들이 장막과 수레를 만드는데 모두 이 산의 재목을 올려다보고 있고, 또 먼저 돌아가신 아버지의 땅이니 감히 잃을 수 없지요."

하후번은 돌아오자 태원(太原, 산서성 태원시) 태수로 좌천되었다.

선우는 사신을 파견하여 편지를 올려서 하후번이 땅을 요구한 상황을 보고하였다. 조서를 내려서 선우에게 회보하였다.

"하후번이 멋대로 조서를 칭하면서 선우에게서 땅을 요구하였으니 법률로 보면 마땅히 사형에 처하여야 하나, 더욱 크게 사면한 것이 두 번[79]이어서 지금 하후번을 제남(濟南, 산동성 歷城縣) 태수로 옮겨 흉노와 맞대 있지 않도록 하였소."

8   겨울, 10월 갑인일(14일)에 왕근이 병으로 면직되었다.

9   황상은 태자로 이미 대종(大宗)[80]을 받들게 한 다음에도 사사롭게 가까이 하려고 생각하지 아니하였는데, 11월에 초효왕(楚孝王)의 손자인 유경(劉景)을 세워서 정도왕으로 삼았다.

태자는 감사하고 싶어서[81] 의논하였더니, 소부(少傅) 염숭(閻崇)이

---

78 14대 선우인 호한야 선우부터 18대 선우인 오주류 선우까지는 5대를 이어져 내려오고 있다.

79 이 해가 지나서 다음해에 애제가 즉위하여 크게 사면하였고, 또 다음 해에 연호를 고쳐서 사면하였다. 이러한 사실로 보아 하후번이 두 번 흉노에 사신으로 간 것은 건초(建初) 초로 보아야 할 것이다.

80 황제는 대종가(大宗家)의 적통이므로 유흔이 태자가 되었으므로 소종에서 대종으로 바뀐 것이다.

생각하였다.

"다른 사람의 후계자가 된 예(禮)로는 사사로운 부모를 생각할 수 없는 것이니, 감사의 표시를 할 수 없습니다."

태부(太傅) 조현(趙玄)이 생각하였다.

"마땅히 감사하여야 합니다."

태자는 이를 좇았다.

조서를 내려서 감사하는 상황을 묻고서, 상서는 조현을 탄핵하는 상주를 올려 소부(少府)로 좌천시키고, 광록훈 사단(師丹)을 태부(太傅)로 삼았다.

애초에, 태자가 어렸을 때에 왕(王, 정도왕 시절)의 조모인 부태후(傅太后)가 몸소 스스로 기르고 양육하였으며, 태자가 되기에 이르자, 부태후와 정희(丁姬)[82]에게 조서를 내려서 스스로 정도국의 저택에 머물고 서로 만나볼 수 없게 하였다.

얼마 후에 왕태후(王太后)는 부태후와 정희로 하여금 열흘에 한 번 태자의 집에 갈 수 있게 하려고 하였더니, 황제가 말하였다.

"태자는 정통을 이어받았으니, 마땅히 폐하(陛下)[83]를 공양하여야

---

81 초 효왕인 유효(劉囂)는 9대 선제의 아들이고, 태자가 된 유흔(劉欣)의 입장에서는 자기 혈통의 아버지인 정도국의 공왕(共王)인 유강(劉康)의 후사를 만들어준 것이다.

82 부태후는 정도공왕의 어머니였고, 정희는 정도공왕의 부인으로 태자의 생모이다.

83 여기서 폐하라고 함은 성제가 그의 어머니인 왕정군을 부르는 존칭인데, 한대에는 태후를 폐하라고 불렀다. 후대에는 대부분 전하라고 불렀으며, 태후가 조정에 나아가서 정치에 간여할 때에는 폐하라고 불렀다.

하고, 다시는 사사로이 가까이 해서는 안 됩니다."

왕태후가 말하였다.

"태자는 어리고 부태후가 그를 품어서 길렀소. 오늘날에 태자의 집에 가는 것은 유모(乳母)의 은정(恩情)으로일 뿐이오. 막기에는 충분하지 않소."

이에 부태후로 하여금 태자의 집에 갈 수 있게 하였지만 정희는 태자를 기르지 아니하였으므로 홀로 갈 수가 없었다.

대사마에 오른 왕망과 한계에 부딪친 유향

10   위위(衛尉)·시중인 순우장(淳于長)이 황상에게서 총애를 받아 신용하고 있음이 크게 보이자 귀함이 공경(公卿)들을 기울이게 되어 밖으로 제후·목(牧)·수(守)들과 관계를 맺고, 뇌물을 보내오고 상으로 내려준 것으로 거만(鉅萬)을 쌓아 놓고 성색(聲色)에서 지나쳤다.

허(許)황후의 언니인 허미(許孊)는 용락사후(龍雒思侯, 韓寶)의 부인으로 과부[84]로 살고 있었는데, 순우장은 허미와 사사로이 통정을 하고 이어서 취(取)하여 소처(小妻)로 삼았다. 허후는 이때에 장정궁(長定宮)[85]에 살고 있었는데 허미를 통하여 순우장에게 뇌물을 주고 다시 첩여(倢伃)가 되고자 하였다. 순우장은 허후의 금전과 승여·의복과 어물(御物)을 앞뒤로 받은 것이 1천여 만이었는데, 거짓으로 황상에게 말씀드려서 좌황후(左皇后)로 삼게 하겠다고 허락하였다.

허미가 장정궁에 들어갈 때마다 번번이 허미에게 편지를 주어서 허

---

84 용락후 한보가 죽자 그의 시호를 사후로 하였고, 따라서 허미는 과부로 있었다.

85 허황후란 황후였다가 조비연 때문에 폐위된 사람인데,《자치통감》에서는 여전히 '허후'라고 호칭하고 있다. 허황후가 폐위 되었을 때에 소대궁(昭臺宮)으로 옮겨 살게 하였으나, 몇 년 뒤에 장정궁으로 옮겨 살고 있었다.

후를 모욕하고 놀렸는데, 추악하고 가벼워서 못하는 말이 없었으며, 왕
래하고 편지를 보내며 뇌물을 받는 것도 매년 이어졌다.

그때에 곡양후(曲陽侯) 왕근이 보정(輔政)하였는데, 오래 병을 앓고
있어서 자주 해골(骸骨)하겠다고 하였다. 순우장은 외친(外親)[86]으로
서 9경의 자리에 있었으므로 차례로는 마땅히 왕근을 대신하여야 하였
다. 시중·기도위(騎都尉)·광록대부인 왕망(王莽)은 마음속으로 순우장
이 총애를 받는 것을 해치고자 하여 사사롭게 그 소문을 들었다.

왕망은 곡양후가 병든 것을 시중들다가 이어서 말하였다.

"순우장은 장군께서 오래 병들어 있는 것을 속으로 좋아하는 것으로
보이는데, 스스로 대신 보정하면서 의관(衣冠, 사대부와 귀족자제)에 대
하여서도 의논하며 관서에 두겠다고 까지 이야기를 합니다."

그의 죄와 허물을 모두 다 말하였다.

왕근이 화가 나서 말하였다.

"바로 그와 같은데 어찌하여 말하지 않았는가?"

왕망이 말하였다.

"장군의 뜻을 알지 못하였으니, 그러한 연고로 아직 감히 말을 하지
아니하였습니다."

왕근이 말하였다.

"빨리 가서 동궁(東宮, 왕태후가 살고 있는 곳)에게 이야기하라."

왕망이 태후를 알현하고자 청하고 순우장이 교만하고 사치하고 곡
양후를 대신하려고 하며, 사사롭게 장정(長定, 장정궁)에 사는 귀인(貴
人)[87]의 언니와도 간통하며 그 의복과 물건을 받는다고도 모두 말하였다.

---

86 순우장은 왕태후 언니의 아들이었다.

태후 역시 노하여 말하였다.

"아이[88]가 이 같은 경우에 이르다니! 가서 이 사실을 황제에게 말하라."

왕망이 황상에게 말하니, 황상은 태후와의 연고로 인하여 순우장의 관직을 면직시키고 죄를 다스리지는 않고 봉국(封國; 순우장의 봉국, 定陵侯國)으로 가게 하였다.

애초에, 홍양후(弘陽侯) 왕립(王立)이 보정(輔政)할 수 없자, 순우장이 깎아내리고 참람한 말을 한 것이라고 의심하여 늘 순우장을 원망하고 괴로워하였는데, 황상은 이것을 알았다. 순우장이 봉국으로 가게 되자 왕립의 사자(嗣子)인 왕융(王融)이 순우장에게 거기(車騎)를 달라고 청하니, 순우장은 진기한 보배를 왕융을 통하여 왕립에게 거듭 보냈다.

왕립은 이어서 봉사(封事)[89]를 올려서 순우장을 위하여 머물러 살게 하라고 요구하며 말하였다.

"폐하께서는 이미 글[詔文]에 의탁하여 황태후를 연고로써 처리한 것이라 하였으니, 진실로 다시금 다른 계책을 가져서는 안 됩니다."

이에 천자는 의심을 품고, 유사에게 내려 보내어 조사하도록 하였다. 이(吏, 刑吏)가 왕융을 체포하니 왕립은 왕융에게 자살하도록 하여 입을 막아 버렸다. 황상은 더욱 거기에는 커다란 간계를 갖고 있을 것이라고 의심하고 드디어 순우장을 체포하여 낙양의 조옥(詔獄)에 가두고 끝까지 다스리게 하였다.

순우장은 장정궁을 놀리고 모욕하면서 좌황후로 세우겠다는 모의를

---

87 허황후가 황후에서는 폐위되고 귀인이 되었다.

88 왕태후의 입장에서는 언니의 아들이므로 아이라는 표현을 하였다.

89 황제가 직접 뜯어보도록 한 상소문을 말한다.

하였다고 모두 자백하니, 죄는 대역죄에 이르러서 옥중에서 죽었다. 처자들은 그 죄에 연좌되어 합포(合浦, 광동성 합포현)로 귀양 가게 하였고, 모친인 왕약(王若)은 고향[魏郡, 하북성 大名縣]으로 돌아가게 하였다.

황상은 정위 공광(孔光)으로 하여금 지절(持節)을 받들고 폐후(廢后)에게 사약(死藥)을 내려 자살하게 하였다. 승상 적방진은 다시 탄핵하는 상주문을 올렸다.

"홍양후 왕립은 교활하고 부도(不道)하니, 청컨대 하옥시키십시오."

황상이 말하였다.

"홍양후는 짐의 외숙인데 차마 법률로 다스리지 못하겠고, 보내어 봉국(封國; 홍양국, 하남성 舞陽縣)으로 가게 하시오."

이에 적방진은 다시 왕립의 패거리인 후(後)장군 주박(朱博)과 거록(鉅鹿, 하북성 平鄕縣) 태수 손굉(孫閎)에 대하여 주문을 올려 모두 관직에서 면직시키고, 옛날의 광록대부인 진함(陳咸)과 함께 옛 군(郡)[90]으로 돌아가게 하였다. 진함은 자기 스스로 폐기되어 금고(禁錮)된 것을 알고 걱정을 하다가 죽었다.

적방진은 지혜와 능력에 여유가 있었고, 법률조문과 관리의 업무에 두루 능통하면서 유가(儒家)적인 우아함으로 겉치장을 하여서 화통하고 밝은 재상으로 불려서 천자가 그 그릇을 중하게 생각하였고, 또 임금이 갖는 아주 작은 뜻도 아주 잘 알아차려서 상주하는 일이 뜻에 맞지 않는 것이 없었다. 바야흐로 순우장이 용사(用事)하자 적방진은 홀로 순우장과 교제를 하고, 그를 칭찬하고 추천하였는데 순우장이 대역

---

90 주박은 두릉 사람이고, 손굉은 역시 경사의 세가이고, 진함은 패군 상(相) 사람이다.

죄로 죽게 되자, 황상은 적방진이 대신으로써 그를 위하여 가려주고 숨겨주었다 하니 적방진은 속으로 부끄러워서 마침내 상소하여 해골(骸骨)하기를 빌었다.

황상이 회답하였다.

"정릉후 순우장은 이미 그의 죄를 지고 죽었는데, 그대는 비록 왕래하였다고 하지만 전하는 말에 '아침에 허물을 지었다가 저녁에 고치면 군자(君子)는 이와 더불어 한다.'고 하지 않았소? 그대는 무엇을 의심하는 것이오? 그러니 마음과 뜻을 오로지 하나로 하여 의약 쓰는 일에 게으르지 말고 스스로를 잘 유지하시오."

적방진은 일어나서 일을 보는데 다시 순우장과 관계가 두텁던 경조윤 손보(孫寶)·우부풍 소육(蕭育)·자사(刺史)로 이천석 이상인 사람을 조목조목 상주하여 20여 명을 면직시켰다. 함곡(函谷, 함곡관) 도위인 건평후(建平侯) 두업(杜業)은 평소에 적방진과 사이가 좋지 않았었는데, 적방진이 주문을 올렸다.

"두업은 홍양후의 편지를 받고서 요청을 들어주었으니 불경죄를 지었습니다."

면직되고 봉국(封國; 두업의 봉국은 建平, 하남성 永成縣)으로 갔다.

황상은 왕망(王莽)이 처음으로 간악한 것을 발견해냈으므로 그가 충직(忠直)하다고 칭찬하였고, 왕근은 이어서 왕망을 천거하여 자기를 대신하게 하였다. 병인일[91]에 왕망을 대사마(大司馬)로 삼았는데, 나이가 그때에 서른여덟 살이었다. 왕망은 이미 같은 항렬 가운데 뽑혀서 네 명[92]의 아버지[숙부나 백부]를 이어서 보정(輔政)하게 되고 명예를

---

91 11월 1일은 신미일이므로 11월에는 병인일이 없다.

앞의 사람들보다 더 뛰어나고자 하여 드디어 자신을 이기는데, 게을리 하지 아니하였다.

여러 현량(賢良)을 초빙하여 연·사(掾·史)[93]로 삼아서 상을 내려주고 읍전(邑錢)[94]을 모두 선비들에게 향유하게 하였으나 더욱 검약(儉約)하였는데, 어머니가 병이 나자 공경(公卿)과 열후(列侯)가 부인을 보내서 문병을 하고 왕망의 처가 그들을 영접하면서 옷은 땅에 끌리지도 않았고 겉옷은 무릎을 가리니 이것을 본 사람들은 하인으로 여겼다가 물어보고서야 그가 부인인 것을 알았다. 그가 이름을 수식한 것이 이와 같았다.

11   승상 적방진과 대사공 하무(何武)가 주문을 올려서 말하였다.

"《춘추(春秋)》의 대의(大義)는 귀한 사람을 채용하여 천한 사람을 통치하는 것이지 비천한 사람으로 높은 사람에게 군림하게 하는 것이 아닙니다. 자사(刺史)의 지위는 하대부(下大夫)인데,[95] 이천석에게 군림하는 것은 경중(輕重)이 표준에 맞지가 않습니다. 신(臣)이 청컨대 자사를 폐지하시고 다시 주목(州牧)을 두셔서 옛날의 제도에 부응하게 하십시오."

12월에 자사를 철폐하고 다시 주목을 두고 녹질을 2천 석으로 하였다.

---

92 왕봉·왕음·왕상·왕근이다.

93 일반적인 관리를 말하는데, 왕망의 대사마부의 관리를 말한다.

94 봉읍에서 나오는 돈을 말한다.

95 녹질이 600석이다.

12 　건위군(犍爲郡)에서는 물가에서 옛날의 경(磬)[96] 16매(枚)를 얻었는데, 의론하는 사람들은 좋고 상서로운 것이라고 생각하였다. 유향(劉向)이 이로 인하여 황제에게 유세하였다.

"마땅히 벽옹(辟雍)을 일으키고 상서(庠序)[97]를 설치하시며 예악(禮樂)을 벌여 놓고 아송(雅頌)의 음악을 융성하게 하고, 읍양(揖讓)[98]의 모습을 왕성하게 하여서 천하를 교화하십시오. 이와 같이 하고서 잘 다스려지지 않는 것은 아직 없었습니다.

어떤 사람들이 말하였습니다. '예악을 다 갖출 수가 없다.' 예(禮)란 사람을 양육하는 것을 근본으로 하는 것인데 만약에 허물과 착오가 있다면 허물이 사람을 양육합니다. 형벌을 주는 것이 지나치다면 혹은 죽이거나 다치기에 이르는데, 오늘날의 형벌은 고요(皐陶)의 법이 아니고 유사가 청하여 법을 정하고 삭제하자면 삭제하고 가필하자면 가필하니, 이 시대의 힘써야 할 일을 구하는 것입니다.

예악(禮樂)에 이르러서는 감히 그리하지 못한다고 하니, 이는 사람을 죽이는 데는 감히 하였으나, 사람을 양육하는 데는 감히 하지 않는 것입니다. 그 조두(俎豆, 祭器)와 관현(管絃) 악기를 두는 사이에서 조금 다 갖추지 아니하였다 하여 이로 인하여 끊어버리고 시행하지 않으니 이는 조금 갖추어지지 아니한 것을 버려서 크게 갖추어지지 않게 한 것이니 현혹됨이 아주 심합니다.

---

96 석경이라 하여 돌로 된 악기이다.

97 벽옹은 천자의 학교이고, 상서는 하급 학교에 해당하는 교육기관이다.

98 읍은 두 손을 앞으로 모으고 허리를 약간 굽혀서 겸손함을 보이는 모습을 말하고, 양은 양보를 말한다.

　무릇 교화하는 것을 형법과 비교한다면 형법이 가벼운 것인데, 이는 소중한 것을 버리고 경미한 것을 급하게 처리하는 것입니다. 교화하는 것은 이에 믿는 바로 다스리는 것이고 형법은 이러한 통치를 돕기 위한 것입니다. 지금에 믿는 것을 버리고 그 돕는 것을 홀로 세우고 있으니 태평의 시대에 이르지 못하는 까닭입니다. 경사(京師)에서부터 패역하고 효순(孝順)하지 못한 자손들이 있어서 대벽(大辟)에 빠지기에 이르러서 형벌을 받아 죽는 사람이 끊이지를 않는 것은 오상(五常)의 도(道)[99]를 익히지 않음으로 말미암은 것입니다.

　무릇 1천 년간의 쇠퇴해진 주(周)를 잇고, 흉포한 진(秦)의 남은 폐단을 계승하여 백성들은 점차로 나쁜 풍속에 젖게 되고 심히 탐욕스럽고 험악한 말을 하게 되어 의리(義理)를 익히지 못하고 커다랗게 교화함을 보이지 아니하고 다만 형벌만을 가지고 몰아가려고 하면 끝내 이미 고치지 못합니다.”

　황제는 유향의 말을 공경들에게 내려 보내어 논의하게 하였더니 승상과 대사공이 벽옹(辟雍)을 세우자고 주문을 올려서 청하였고, 장안성(長安城)의 남쪽에 땅을 재고 표지를 세웠지만 아직 시작하지도 않았는데 그만두었다. 그때에 또 어떤 사람이 말하였다.

　“공자는 포의(布衣)였는데도 제자 3천 명을 양성하였는데, 지금 천자의 태학에는 제자[100]가 적습니다.”

　이에 태학의 제자 수를 3천 명으로 하였으나, 1년여 만에 다시 옛날대로 회복시켰다.

---

99 인(仁)·의(義)·예(禮)·지(智)·신(信)을 말한다.

100 박사제자를 말하는 것인데, 원제 때(기원전 44년)에 이미 1천 명으로 증가시켰다.

유향은 스스로 황상에게 신임을 얻었다고 보았으니, 그러므로 항상 종실을 드러내서 말하고, 왕씨(王氏)와 자리에 있는 대신들을 비난하였는데, 그 말이 대부분 침통하였으며, 지성(至誠)에서 우러나온 것이었다. 황상은 자주 유향을 등용하여 구경이 되게 하려고 하였지만 번번이 왕씨 때문에 자리에 있는 사람들과 승상과 어사들의 지지를 받지 못하니, 그러므로 끝내는 승진하지 못하고 대부(大夫)의 지위에 앞뒤로 30여 년간 머물다가 죽었다.[101] 그 뒤 13년에 왕씨가 한을 대신하였다.＊

---

101 왕망의 신(新)이 9년에 세워졌으므로 유향은 기원전 4년에 죽었을 것이다.

권033

한기25

태후들의 암투와 부태후

성제 수화 2년(甲寅, 기원전 7년)

1 봄, 정월에 황상이 감천(甘泉)에 행차하여 태치(泰畤)에서 제사를
지냈다.

2 2월 임자일(23일)에 승상 적방진이 죽었다.

그때에 형혹(熒惑)이 심수(心宿)를 지키니[1] 승상부의 의조(議曹)[2]
인 평릉(平陵, 섬서성 함양시) 사람 이심(李尋)이 적방진에게 주기(奏
記)[3]하여 말하였다.

---

1 심수(心宿)는 명당(明堂)에 해당하는 별자리인데, 형혹성이 심(心)을 지키면
제왕 된 사람은 이를 싫어한다. 화(火)는 형혹성을 말하고, 형혹성은 천자의
이치(理致)이다. 비록 밝은 천자를 가지고 있다 하여도 반드시 형혹성이 있는
곳을 본다. 뜻은 별자리가 이러한 상태이면 황제가 곧 죽게 된다는 것을 의미
하는 것으로 해석하였다.

2 각 관청에는 모두 의조가 있는데, 이 부서에서는 논의를 담당한다.

3 재상이 황상에게 올릴 주문을 기록하는 것을 말한다.

"재이(災異)와 변고(變故)가 아주 가까이 다가오니 커다란 견책이 날로 증가되는데, 어떻게 쫓겨나 죽는 것을 지킬 수 있겠습니까? 합부(闔府, 승상부)의 300여 명 가운데 오직 군후(君侯)께서 그 가운데에서 선택하셔서 더불어 절조(節操)를 다하여서 흉조(凶兆)를 돌리십시오."

적방진은 이를 걱정하였으나 나갈 곳을 알지를 못하였다. 마침 낭관 분려(賁麗)가 별자리를 잘 알았는데, 대신이 마땅히 이것을 감당해야 한다고 말하였다. 황상이 마침내 적방진을 불러서 보았다.

돌아와서 아직 이끌어 결정을 못하였는데 황상은 드디어 책서(冊書)를 내려 보내서 정사가 잘 다스려지지 않고 재해가 아울러 다가오고 백성들이 궁해진 것을 견책하고 나무라면서 말하였다.

"그대를 자리에서 물러나게 하고자 하여도 오히려 아직은 차마 못하니, 상서령으로 하여금 그대에게 좋은 술 10석(石)과 살찐 소 1마리를 올리도록 하사하는데, 그대가 신중하게 처리하시오."[4]

적방진은 그날로 자살하였다.

황상은 이 사건을 비밀로 하고 9경(卿)을 파견하여 책서(策書)로 인수(印綬)를 보냈으며, 승여(乘輿)와 비기(秘器)[5]를 하사하였는데, 소부(少府)에서 제공하도록 하고 기둥과 난간을 모두 흰 천으로 감싸게 하였다. 천자가 친히 임석하여 조문한 것이 자주 있었고, 예(禮)로 내려준 것이 다른 재상들의 고사(故事)보다 특별하였다.

---

4 천상의 이변으로 황제 자신에게 닥칠 화란(禍亂)을 재상에게 옮기려고 한 것이다. 술과 소는 제물(祭物)로 쓰일 물건이므로 결국 자살할 것을 암시하는 것이다.

5 장례에 쓰일 물건들이다.

❖ 신 사마광이 말씀드립니다.

"안영(晏嬰)이 말을 한 일이 있습니다. 즉, '천명(天命)은 의심하
지 않으니 그 명령을 둘로 하지 않는다.'[6] 화(禍)와 복(福)이 이르
는 것을 어떻게 옮길 수 있겠습니까? 옛날에 초(楚)의 소왕(昭王)
과 송(宋)의 경공(景公)은 재앙을 차마 보좌하는 경(卿)에게 옮기
지 못하고 말하였습니다. '복심(腹心)에 있는 병을 옮겨서 이를 팔
다리에 둔다고 무슨 이로움이 있겠는가?'[7]

그 재앙을 빌어 옮길 수 있어도 어진 군주는 오히려 차마 하지
않는 것인데 하물며 할 수 없는 것에서야! 적방진의 죄가 사형에
이르지 아니하였는데 이를 죽여서 큰 변고를 감당하게 하였다면
이는 하늘을 속인 것이고, 적방진이 죄를 지어 마땅히 형을 받아
야 함에도 그가 주살된 것을 은폐하고 그의 장례를 후하게 치르게
하였으니 이는 사람들을 속인 것인데, 효성제(孝成帝)는 하늘과
사람을 속이려 하였으니 끝내는 아무런 소득이 없었고, 천명을 모

---

6 안자(晏子)가 제후(齊侯)인 양혜(穰彗)에게 한 말이다. 안영(?~기원전 500년)
   은 제(齊)의 영공·장공·경공을 섬겨 경(卿)이 되었다. 제 경공에게 부역을 가
   볍게 하고, 형벌을 줄이며, 신하들의 말을 들으라고 권고하였다.

7 《춘추좌전》의 애공 6년 조에 실린 말이다. 하늘의 구름이 마치 붉은 새 같이
   되어서 해를 감싸고 날기를 사흘이나 계속하였다. 이에 초자(楚子)가 사정을
   주의 태사(太史)에게 물었더니 주의 태사가 말하였다. '그것은 큰 화가 왕에
   게 온다는 것이니 만약에 법술을 사용하면 그 화를 영윤[재상]이나 사마에게
   옮길 수 있다.'고 하자, 이렇게 말한 것이다. 사마천의 《사기》에 보면, 송 경공
   때에 화성이 심수성에 접근하자 별자리를 보는 사성(司星)이 '재상에게 옮길
   수 있다.'고 하였을 때에 재상이나 백성들에게 옮길 수 없다고 하였다.

른 것이라고 말할 수 있습니다."

3 3월에 황상이 하동에 행차하여 후토에 제사를 지냈다.[8]

4 병술일(18일)에 황제가 미앙궁에서 붕어(崩御)하였다.[9]

황제는 평소 강건하고 질병이 없어서 이때에 초사왕(楚思王) 유연(劉衍)과 양왕(梁王) 유립(劉立)이 와서 조현하였으며, 다음날 아침에 인사를 하고 떠나려고 하였는데, 황상은 자면서 백호전(白虎殿)에 휘장을 제공하였고, 또 좌장군 공광(孔光)에게 벼슬을 주어 승상으로 삼고자 하여 이미 후인(侯印)을 새겼고, 찬문(贊文)[10]을 썼다.

어두워져 밤이 되어서도 평상시처럼 좋았는데, 새벽에 바지를 입고 일어나려고 하다가 이어서 옷을 떨어뜨리고 말을 할 수가 없었고, 주루(晝漏)는 10각(刻)으로 올라 왔는데[11] 붕어하였다. 백성들 사이에서 지

---

8 이 기사는 통감필법에 의거하면 실릴 위치가 맞지 않는다. 이 사건이 3월에 일어났고 날짜를 모른다면 3월의 마지막에 정리하여야 하며 날짜를 안다면 날짜를 밝혀야 하였다. 다만 다음 기사가 18일의 기사이므로 원래에는 18일 이전에 있었던 일로 날짜까지 기록하였으나, 뒤에 가서 이 날짜가 전해지지 않는 것일 수도 있다. 이 경우에는 이 기사는 성제가 살아 있을 때의 기사이고, 다음 18일 기사는 죽은 기사이므로 사정으로 보아 18일 이전의 기사가 확실하므로 날짜가 전해지지 않는 것이다.

9 이때에 성제의 나이는 마흔여섯 살이었다. 성제는 스무 살에 즉위하여 26년 간 재위하였으며 기록 속에 나오는 황제의 죽음 가운데 폭사(暴死)한 첫 번째의 기록이다.

10 벼슬을 내리기 위해 쓰는 글을 말하며 찬(贊)은 승진을 말하므로 찬문은 책서에 승진하는 글을 쓴 것이다.

11 이때에는 누각(漏刻, 물시계)을 다루는 도(度)에는 주루와 야루(夜漏)가 있었

껄이는 소리는 모두 조소의(趙昭儀)에게 죄를 돌렸다. 황태후는 대사
마 왕망에게 조서를 내려서 어사·승상·정위를 섞어서 처리하게 하여
황제가 기거한 것과 병이 발생한 상황을 묻게 하였는데, 조소의는 자살
하였다.[12]

❖ 반표(班彪)[13]가 찬(贊)하여 말하였습니다.

"신(臣)의 고모(姑母)는 후궁(後宮)으로 충당되어 첩여(婕妤)[14]
가 되어서 부자와 형제가 유악(帷幄, 황제의 침실)에서 시봉(侍奉)하
였는데, 자주 신(臣)에게 말하였다.

'성제는 용태와 의장(儀仗)을 잘 정돈하는데, 수레에 올라서도
바로 서고 얼굴을 돌리지도 아니하고 급하게 말을 하지도 않으며,
친히 가리키지도 않고 조회에 임석하여서도 연묵(淵嘿, 말없이 조용
함)하여, 존엄하기가 신(神)과 같아서 엄숙한 천자의 모습이었다.

고금의 책을 널리 보고 곧은 말을 용납하여 받아들였으며 공경

다. 이때는 3월이어서 주루는 58각(刻)이며 시간이 지남에 따라서 물에 떠
있는 누전(漏箭)이 올라오도록 되어 있고, 10각은 누전이 10각을 가리켰다는
말이다.

12 이것으로 한 조정 가운데 조씨의 세력은 거세 되기 시작하였다.

13 반표(3년~54년)는 후한대의 역사가로 《사기후전(史記後傳)》 수십 편을 지었
고, 그의 아들 반고가 그 일을 이어서 《한서(漢書)》를 썼는데, 그 딸이 뒤를 이
어 완성하였다.

14 황제와 황태후에게 총애를 받았던 반첩여일 것이다. 반첩여는 후에 허황후와
함께 황제로부터 총애를 잃었으며, 이는 성제 홍가 3년(기원전 18년)의 일이다.

(公卿)들은 주의(奏議)로 진술할 수 있었다. 승평의 시대를 맞이하여 위아래 사람들이 서로 화목하였다. 그러나 주색(酒色)에 빠지게 되니 조씨(趙氏)는 안을 어지럽히고 외가에서는 조정을 멋대로 하여, 가히 '아아'라고 하게 되었다.'

건시(建始, 성제의 연호) 이래로 왕씨들이 처음으로 나라의 운명을 장악하고 애제(哀帝)와 평제(平帝)도 단명하니 드디어 왕망이 제위(帝位)를 찬탈하였는데, 대개 그의 위엄과 복록으로 내려온 것은 차츰 차츰 이루어진 것이다."

5   이날로 공광은 대행(大行)[15] 앞에서 승상·박산후(博山侯)의 인수(印綬)를 받았다.

6   부평후(富平侯) 장방(張放)은 황제가 붕어하였다는 소식을 듣고 사모(思慕)하며 곡(哭)하고 울다가 죽었다.

❖ 순열(荀悅)[16]이 논(論)하였습니다.

"장방이 황상을 사랑하지 않은 것은 아니지만 충성심을 갖고 있지는 않았다. 그러므로 사랑하면서도 충성심이 없다는 것은 인(仁)의 도적(盜賊)인 것이다."

---

15 황제가 죽고 아직 장사 지내지 아니한 상태를 말하며, 황제의 영구(靈柩)가 있는 앞이라는 말이다.
16 역사가로 편년체 역사서인《한기(漢紀)》의 작자이다.

7   황태후는 조서를 내려서 남·북교(南·北郊)를 장안에서 옛날처럼 지내라[17]고 하였다.

8   여름, 4월 병오일(8일)에 태자가 황제의 자리에 올라서 고제묘(高帝廟)에 배알(拜謁)하고,[18] 황태후를 높여서 태황태후로 하고, 황후를 황태후로 하였다. 천하를 크게 사면하였다.

애제(哀帝)[19]가 처음 서서 몸소 검약을 실행하여 여러 비용을 줄이고, 모든 정사는 자기에게서 출발하여 나오도록 하여 조정에서는 화합하여 지치(至治)가 되기를 희망하였다.

9   기묘일[20]에 효성황제를 연릉(延陵)에 장사 지냈다.

10   태황태후는 부태후(傅太后)와 정희(丁姬)에게 명령하여 열흘에

---

17 고대에는 천자가 동지에는 수도의 남교에 있는 원구(圜丘)에서 하늘에 제사를 지내고, 하지에는 수도의 북교에 있는 방택(方澤)에서 땅에 제사를 지냈다. 그런데 성제 영시 3년(기원전 14년)에 성제가 이 제도를 철폐하였다.

18 이때에 유흔(劉欣)의 나이는 스무 살이었고 13대 황제가 된 것이다.

19 13대 황제 유흔의 시호가 애제이다. 보통 현재의 황제를 가리킬 때에는 황상, 혹은 황제라는 용어를 사용하고 이미 죽은 사람일 경우에만 시호로 호칭하는데, 애제 유흔은 아직 죽지 않았는데 시호를 호칭한 것은 통감필법에 맞지 않는다.

20 통감필법으로 보면 이날은 4월 기묘일이어야 하는데, 4월 1일이 기해일이므로 4월에는 기묘일이 없다. 호삼성의 주에는 성제는 죽은 지 54일 만에 장사 지냈다고 되어 있으며, 성제가 죽은 날은 3월 병술(18일)이므로 이날로부터 54일이면 5월 기묘일이라고 하여야 맞는다. 그러므로 기묘 앞에 5월이 누락된 것으로 보이고, 5월 기묘일은 11일이다.

한 번씩 미앙궁에 오도록 하였다.

조서를 내려서 승상과 대사공에게 물었다.

"정도공왕(定陶恭王) 태후[21]는 의당 어느 곳에 거처하여야 하오?"

승상 공광은 평소에 부태후의 사람됨이 세고 강하며 권모술수에 장기가 있으며, 황제가 강보에 싸여 있으면서부터 양육하고 기르며 도(道)를 가르쳐서 성인(成人)에 이르게 하였으며, 황제가 서는 데에도 또한 힘이 되었다[22]는 소식을 들었는데, 공광은 부태후가 정사에 간여할 것을 걱정하여 황제와 더불어 아침저녁으로 서로 가까이 있는 것을 바라지 않았으니, 바로 의논을 내서 생각하였다.

"정도태후의 숙소는 의당 궁궐을 개축하여야 합니다."

대사공 하무가 말하였다.

"북궁(北宮)에 거처할 수 있습니다."

황상은 하무의 말을 좇았다. 북궁에는 자방복도(紫房複道)가 있는데 미앙궁과 통하여 있어서 부태후는 과연 이 복도(複道)를 통하여 아침저녁으로 황제가 있는 곳에 가서 존호(尊號)로 불러 주며 그의 친척들을 귀하고 아껴주기를 청하여 황상으로 하여금 곧은길[23]로 갈 수 없게 하였다.

---

21 정도왕 유강(劉康)은 애제의 친부이며, 공왕은 유강이 죽은 다음에 붙인 시호이다. 부태후는 정도왕의 어머니이며 애제의 할머니인 것이다. 정희는 정도왕의 부인으로 애제의 생모이다.

22 애제가 된 유흔이 정도왕이었을 때인 성제 연원 4년(기원전 9년)에 성제에게 조근 왔을 때 부태후가 따라와서 성제의 조황후에게 뇌물을 주었다.

23 종법제도에서 보면 중앙 황실의 황태후에게 필적할 수 있는 봉국의 태후는 있을 수 없는데, 봉국인 정도국의 태후인 자기에게 높은 칭호를 붙여달라고 하므로 황제로서 곧은길을 가기 어렵게 한 것이다.

고창후(高昌侯) 동굉(董宏)이 가리키는 것을 바라보고 편지를 올려서 말하였다.

"진(秦) 장양왕(莊襄王)의 어머니는 본래 하씨(夏氏)였는데, 화양부인(華陽夫人)이 아들로 삼았고, 즉위하기에 이른 뒤에는 모두 태후[24]로 불렀습니다. 의당 정도공왕후를 세워서 제태후(帝太后)로 삼아야 합니다."

이 일을 유사에게 내려 보내니 대사마 왕망과 좌장군·관내후·영상 서사인 사단(師丹)이 동굉을 탄핵하는 주문을 올려서 말하였다.

"황태후의 지극히 높은 이름은 천하에 하나로 통일되어 있는 것을 알고, 또 망해버린 진(秦)을 인용하여 비유로 들었으니 성스러운 조정을 오도(誤導)하고, 마땅히 할 말이 아니었으니 크게 부도(不道)합니다."

황상이 새로 섰으므로 겸손하고 양보하여 왕망과 사단의 말을 채택하고, 동굉은 면직시켜 서인(庶人)으로 만들었다. 부태후는 크게 화가 나서 황상에게 요구하며 반드시 존호(尊號)를 불러 달라고 하려 하였다. 황상이 마침내 태황태후에게 보고하였고 조서를 내려서 정도공왕을 높여서 공황(恭皇)이라고 하였다.

11　5월 병술(19일)일에 황후로 부씨(傅氏)를 세웠는데, 부태후의 사촌동생인 부안(傅晏)의 딸이었다.

---

24 이 사건은 진 효문왕 원년(기원전 250년)에 있었고, 그 내용은 《자치통감》 권6에 실려 있다.

12   조서[25]를 내려서 말하였다.

"《춘추》에서는 '어머니는 아들로 인하여 귀하게 된다.'[26]라고 되어 있다. 마땅히 정도태후를 높여서 공황태후(恭皇太后)라고 하고, 정희 (丁姬)는 공황후(恭皇后)로 하며, 각기 좌우첨사(左右詹事)를 두고, 식 읍은 장신궁(長信宮)과 중궁(中宮)[27]과 같게 한다."

부(傅, 부태후)의 아버지를 추존(追尊)하여 숭조후(崇祖侯)로 하고, 정(丁, 정희)의 아버지를 포덕후(襃德侯)로 하고, 외숙인 정명(丁明)을 책봉하여 양안후(陽安侯)로 삼고, 외숙의 아들인 정만(丁滿)을 평주후 (平周侯)로 삼고, 황후의 아버지인 부안을 공향후(孔鄕侯)로 삼고, 황태 후의 동생인 시중·광록대부인 조흠(趙欽)을 신성후(新城侯)로 삼았다. 태황태후는 대사마 왕망에게 조서를 내려서 집으로 돌아가서 황제의 외가를 피해 있게 하니, 왕망이 상소를 올려서 해골하기를 빌었다.

황제는 상서령을 파견하여 왕망에게 일어나 일을 하도록 조서를 내 리고, 또 승상 공광, 대사공 하무, 그리고 좌장군 사단과 위위(衛尉) 부 회(傅喜)를 파견하여 태황태후에게 말하였다.

"황제가 태후께서 조서를 내렸다는 소식을 듣고 아주 슬퍼하였습니 다. 대사마가 바로 일어나지 않으면 황제도 감히 바로 청정(聽政)을 하 지 못합니다."

태후는 마침내 다시 왕망으로 하여금 일을 보게 하였다.

---

25 보통 황제가 내리는 것이지만 이 경우에는 내용을 보건대 태황태후인 왕정군 이 내린 것으로 보인다.

26 《춘추공양전》은공 원년(기원전 722년)에 보이는 말이다.

27 장신궁에는 성제의 어머니이며 원제의 할머니인 왕태후[왕정군]가 거주하며, 중궁에는 원제의 후인 조비연이 살고 있었다.

13 성제(成帝)의 시대에는 정성(鄭聲)[28]이 아주 심하여 황문(黃門)의 명창(名倡)인 병강(丙彊)과 경무(景武) 같은 무리들은 세상에서 부유하게 되어 드러났고, 귀척(貴戚)[29]들이 인주(人主)와 더불어 여악(女樂)을 가지고 다투기에 이르렀다.

황제는 스스로 정도왕 시절의 이러한 것을 싫어하고, 또한 성격도 음악을 좋아하지 아니하여서 6월에 조서를 내려서 말하였다.

"공자도 말하지 아니하였는가? '정성을 방출하라. 정성은 음란 하느니라.'[30] 그러니 악부관(樂府官)[31]을 철폐하며, 교제악(郊祭樂)과 옛날 병법(兵法)에 있는 무악(武樂)은 경전 가운데 있으니, 정(鄭)과 위(衛)의 음악이 아닌 것은 따로 다른 관부에 소속시켜라."

---

28 주 말기에 정(鄭)에서 유행하는 음악은 아주 음탕하였는데, 이를 두고 음탕한 음악을 정(鄭)의 소리라는 의미로 정성(鄭聲)이라고 한다.

29 왕씨의 5후와 순우장 같은 사람을 가리키는 말이다.

30 《논어》에 실려 있다.

31 악부(樂府)는 무제 원수 3년(기원전 120년)에 설치되어 음악에 관한 것을 총괄하도록 하였으며, 그 내용은 《자치통감》 권19에 실려 있다.

무릇 철폐되어 줄어든 것이 반이 넘었다.

그러나 백성들이 조금씩 물들어온 지가 오래되었고, 또 아악(雅樂)을 만들어서 변화시키지 못하니, 호걸과 부자들과 관리와 백성들은 빠져있어서 태연자약하였다.

14 왕망은 중루(中壘)교위 유흠(劉歆)이 재주와 덕행을 갖고 있다고 추천하여 시중으로 삼았는데, 조금씩 승진하여 광록대부가 되고, 귀히 여기고 총애하자, 이름을 유수(劉秀)로 바꾸었다.

황상은 다시 유수로 하여금 오경(五經)을 관장하게 하여 아버지[32]가 전에 하였던 사업을 마치도록 하였는데, 유수는 이에 여러 책을 모아서 그 칠략(七略)을 상주하니,《집략(輯略)》이 있고,《육예략(六藝略)》이 있고,《제자략(諸子略)》이 있고,《시부략(詩賦略)》이 있고,《병서략(兵書略)》이 있고,《술수략(術數略)》이 있고,《방기략(方技略)》이 있었다. 무릇 이 책은 6략(略)[33] 38종(種)이고, 596가(家)의 1만3천269권이었다.

그것은 제자(諸子)를 서술하면서, 나누어 9류(流)로 하였는데, 유가(儒家)라 하고, 도가(道家)라 하고, 음양가(陰陽家)라 하고, 법가(法家)

---

32 유흠의 아버지인 유향(劉向)이 성제 하평 3년(기원전 26년)에 도서를 편집정리하기 시작하였으며 그 내용은《자치통감》권30에 실려 있다.

33 7략 가운데《집략》은 여러 도서의 제요를 싣고, 나머지 6략은 책을 분류하여 같은 종류를 모아 정리하였다. 그러므로 7략에서《집략》을 빼면 6략이 된다.《6예략》에는 유가의 6경에 관한 책,《제자략》에는 유가학파가 아닌 다른 학파의 책,《시부략》에는 굴원·순황(荀況)·양웅 등의 저작,《병서략》에는 권모술수·무기·전략·전술에 관한 책,《술수략》에는 천문·역법·점복·음양오행에 관한 책,《방기략》에는 의학·신선에 관계된 책을 모았다.

라 하고, 명가(名家)라 하고, 묵가(墨家)라 하고, 종횡가(縱橫家)라 하고, 잡가(雜家)라 하고, 농가(農家)라 하였으며, 생각하였다.

"9가(家)는 모두 왕도(王道)가 이미 쇠미하여지고, 제후들이 힘써 정치를 하는데서 일어났으며, 이때에 군주와 세주(世主)들은 좋아하고 싫어하는 방책이 달랐으니, 이리하여 이 9가들의 학술이 벌떼처럼 일어나서 나란히 만들고, 각기 한쪽만을 이끌어내어서 그 좋은 점을 숭상하면서 이것을 가지고 달려가서 유세하여 제후들에게 영합하려고 하였다. 그들의 말은 비록 다르지만 비유하건대, 물과 불이 서로 상극이지만 또한 상생(相生)도 되는 것이었고, 인(仁)과 의(義), 경(敬)과 화(和)는 상반되기도 하지만 모두 상성(相成)하는 것이었다. 《역(易)》에서 말하였다. '천하는 한 곳으로 돌아가지만 다른 길로 가며, 일치하지만 백가지 생각을 한다.'

지금 다른 학설가(學說家)가 좋은 것으로 하는 것을 추구하고, 끝까지 연구하여 그것이 가리키는 것을 밝힌다면, 비록 가리고 단점을 갖고 있다고 하지만 그 요체는 합쳐서 돌아가니, 역시 《6경(經)》의 지파(支派)이거나 말류(末流)인데, 그 사람들로 하여금 밝은 임금과 성스러운 군주를 만나게 하였더라면 그들이 잘라내고 보충하는 바를 찾아내어 모두 성군의 고굉(股肱) 같은 인재가 되었을 것이다.

중니(仲尼, 공자)가 말씀하시기를, '예(禮)를 잃어버렸다면 이것을 들에서 찾을 수 있을 것이다.'라고 하였다. 바야흐로 지금은 성인에게서 떨어진 지 오래되었고 도술(道術)은 빠지고 없어졌으니 다시 찾아볼 곳이 없어졌으나 저 9가(家)라는 것은 들에서 찾는 것보다는 오히려 낫지 않겠습니까? 만약에 6예(藝)의 학술을 닦을 수 있어서 이 9가의 말을 보아서 단점은 버리고 장점을 취한다면 만 가지 방략에 다 통할 수 있을 것이다."

15 하간혜왕(河間惠王)³⁴ 유량(劉良)은 헌왕(獻王)³⁵의 덕행을 닦을 수 있어서, 그의 모태후(母太后, 王太后)가 죽자 복상(服喪)하는 것을 예(禮, 喪禮)대로 하니, 조서를 내려서 만호(萬戶)를 더 책봉하여 얹어주고, 종실의 모범으로 삼으려 하였다.

16 애초에, 동중서(董仲舒)가 무제에게 유세하였다.

"진(秦)은 상앙(商鞅)의 법을 사용하여 정전제(井田制)를 폐지하여³⁶ 백성들이 매매할 수 있게 하여 부유한 사람들은 전지가 천맥(阡陌)을 이었고,³⁷ 가난한 사람들은 송곳을 꽂을 땅도 없게 되었습니다. 읍(邑)에는 임금 같은 높임을 갖는 것이 있고, 마을[里]에는 공후(公侯) 같은 부유함³⁸을 갖는 것이 있게 되었는데, 힘없는 백성들이 어찌 피

---

34 하간왕 유량이 죽은 후에 혜왕이라는 시호가 내려졌다.

35 하간헌왕 유덕(劉德)은 품행과 도덕에서 이름이 났다. 이에 무제는 아악을 바치기도 하였다. 이 사건은 무제 원광 5년(기원전 130년)《자치통감》권18에 실려 있다. 하간혜왕은 헌왕의 6세손이다.

36 이 사건은 주 현왕 19년(기원전 350년)에 일어났고, 그 내용은《자치통감》권2에 실려 있다.

37 천맥에 대한 해설은 여러 가지이나 농경지의 경계선을 말한다.《풍속통의》설명으로는 경작지에서 남북으로 난 경계선을 천(阡)이라고 하고, 동서로 난 경계선을 맥(陌)이라고 한다고 하였지만, 하동에서는 동서로 된 것을 천, 남북으로 난 것을 맥이라고도 하였다. 여기서는 부자가 그 경계선을 넓혀서 넓은 토지를 점유한 것을 말한다.

38 읍에는 임금으로 높임을 받는 사람이 생겨나고, 마을에는 공후같이 부유한

곤하지 않을 수가 있겠습니까?

옛날의 정전법은 비록 갑자기 실행하기는 어렵다고 하더라도 의당 조금은 옛날 것에 가깝도록 하여서 백성들의 명전(名田)[39]을 제한하여 부족한 사람들에게 채워주고 병탄할 수 있는 길을 막아야 하고, 노비(奴婢)를 없애고 멋대로 죽일 수 있는 위력(威力)을 제거하고, 부세 거두는 것을 얇게 하며 요역(徭役)을 줄여서 백성들의 힘을 넉넉하게 만들고, 그런 다음에 훌륭한 정치를 할 수 있습니다."

황상이 즉위하자 사단(師丹)이 다시 건의하였다.

"지금은 여러 세대의 평화를 이어받아서 힘 있고 부유한 이민(吏民)들은 자산이 수거만(數鉅萬)[40]이고, 가난하고 약한 사람은 더욱 곤란해졌으니 의당 대략이라도 제한하여야 합니다."

천자가 그것을 의논하라고 내려 보냈는데, 승상 공광(孔光)과 대사공 하무(何武)가 주청(奏請)하였다.

"제후왕·열후(列侯)·공주(公主)들의 명전(名田)에서부터 각기 제한을 두고, 관내후(關內侯)와 이·민(吏·民)의 명전은 모두 30경(頃)을 넘을 수 없고, 노비는 30인을 초과하지 못합니다. 기한은 3년으로 다하며, 범하는 자는 관부(官府)로 몰입합니다."

이때에 농지나 주택, 노비(奴婢)의 값이 떨어지게 되자, 귀척(貴戚)과 가까운 사람들이 모두 불편해하니, 조서를 내려서 '또 다음까지 기

사람이 생겨났다는 것이다. 새로운 호강이 탄생한 것을 형용한 것이다.

39 점전(占田)과 같은 말이다. 명전은 개인 명의로 토지를 소유한다는 의미이고, 점전은 개인이 점유하는 전지라는 의미이다.

40 아주 많다는 의미이다.

다리라.'라고 하고 드디어 묵혀두고 시행하지 아니하였다.

또 조서를 내렸다.

"제(齊)의 삼복관(三服官)과 제관(諸官)[41]이 기라(綺羅)에 수를 놓는 일은 완성하기 어렵고, 여공(女工)들을 해치는 물건이니, 모두 중지하고 수송하여 오는 것을 없이하라. 임자령(任子令)[42]과 비방저기법(誹謗詆欺法)을 철폐하라. 액정궁(掖庭宮)에 있는 사람으로 나이가 서른 살 이하[43]는 내보내어 이를 시집보내고, 관노비로 쉰 살 이상인 사람은 면하게 하여 서민으로 삼으라. 이(吏)로 300석 이하에게 녹봉을 더해 주라."

17 황상이 미앙궁에 술자리를 마련하니 내자령(内者令)[44]이 부태후를 위하여 유악(帷幄)을 벌려 놓았는데, 태황태후의 좌석 옆에 앉게 하였다. 대사마 왕망이 점검하며 다니다가 내자령을 책망하였다.

"정도태후는 번국(藩國)[45]의 첩(妾)인데, 어찌하여 지존(至尊, 태황태후)과 나란히 자리를 할 수 있겠는가?"

치우고 다시 좌석을 설치하였다.

---

41 황실에서 소요하는 옷을 만드는 곳을 말한다.

42 이천석이 임직 기간 3년을 채우면 친동생이나 아들 가운데 1명을 낭관으로 추천할 수 있도록 한 법령이다.

43 궁녀 가운데 서른 살 이하를 내어 보낸다는 말은 잘 이해되지 않는다. 그렇게 된다면 궁중에는 젊은 궁녀는 없고 모두 서른 살 이상의 궁녀만 남게 되는 것이다. 오히려 인정으로 보아서 서른 살 이상을 궁중에서 내어 보내어 시집 갈 수 있도록 한 것으로 보아야 할 것이다. 따라서 '서른 살 이하'는 '서른 살 이상'의 잘못으로 보아야 할 것이다.

44 궁정 내에서 일을 보는 사람이다.

45 정도태후는 현재 황제의 조모이지만 원래는 정도국의 왕비였다.

부태후가 이 소식을 듣고 크게 화가 나서 이 연회에 참여하지 않으려고 하면서 왕망에게 거듭 원망함을 갖게 되었고, 왕망은 다시 해골하기를 빌었다. 가을, 7월 정묘일(1일)에 황상은 왕망에게 황금 500근과 안거(安車) 사마(駟馬)[46]를 하사하고 파직시켜 집에 가게 하였다.

공경대부들은 대부분 이를 칭찬하고, 황상도 마침내 은총(恩寵)을 덧붙여 주었으며, 중황문(中黃門)을 두어서 왕망의 집을 위하여 급사(給使)를 하도록 하였다.[47] 그리고 열흘에 한 번씩 음식을 내려주었다. 또 조서를 내려서 곡양후 왕근(王根)·안양후 왕순(王舜)·신도후 왕망·승상 공광·대사공 하무에게 채읍을 더 보태어 주었는데, 각기 차등 있게 하였다. 왕망을 특진(特進)·급사중으로 삼아서 삭망(朔望)[48]에 조회에 나오게 하였는데, 조현하는 예의는 삼공(三公) 같이 하였다. 또 홍양후 왕립(王立)을 경사로 돌아오게 하였다.[49]

부태후의 사촌동생인 우장군 부희(傅喜)는 학문을 좋아하였고, 생각과 행동도 훌륭하였다. 왕망이 이미 파직되어 물러나니 많은 사람들이 부희에게 희망을 돌렸다.

애초에, 황상이 외척들에게 관작을 주는데, 부희는 혼자서 겸양한 태

---

46 안거는 말 한 마리가 끄는 작은 수레로 옛날에는 수레는 서서 타게 되어 있었는데, 이 수레는 앉을 수 있게 만들었기 때문에 편안한 수레라는 뜻이고, 안거사마는 네 마리의 말이 끄는 수레이다.

47 궁정의 시종을 말한다. 그런데 이 궁정의 시종에게 왕망의 집에 가 있으면서 그 집 일을 보게 한 것이다.

48 1일과 15일이다.

49 왕립이 그의 봉국으로 쫓겨 간 것은 1년 전인 성제 수화 원년(기원전 8년)의 일이고, 그 내용은 《자치통감》 권32에 실려 있다.

도를 가지며 병이 있다고 하였고, 부태후가 처음 정사에 간여하여 자주 이를 간(諫)하니, 이로 말미암아서 부태후는 그로 하여금 보정(輔政)을 하게 하고 싶지가 않았다. 경오일(4일)에 좌장군 사단을 대사마(大司馬)로 삼고 고향정후(高鄕亭侯)에 책봉하고, 부희에게는 황금 100근을 하사하고 우장군의 인수(印綬)를 올리고 광록대부로서 병을 요양하게 하고, 광록훈인 회양(淮陽) 사람 팽선(彭宣)을 우장군으로 삼았다.

대사공 하무와 상서령 당림(唐林)이 모두 편지를 올려서 말하였다.

"부희의 행동은 의롭고 잘 수양하였으며 깨끗하며 충성스럽고 나라를 걱정하니 내조에서 보필할 신하입니다. 지금 병으로 눕자 하루아침에 집으로 돌아가게 하였으니, 많은 사람들이 실망을 하고 모두 말하였습니다. '부씨 가운데 현명한 사람인데, 논의하는 것이 정도태후의 뜻에 맞지 않으니 그러므로 물러났다.' 많은 관료 가운데 나라를 위하여 이를 한탄하지 않는 사람이 없습니다.

충신은 사직을 보위하는 사람인데, 노(魯)는 계우(季友) 때문에 어지러워지거나 다스려졌고, 초(楚)는 자옥(子玉)때문에 가벼워지거나 무거워졌으며, 위(魏)는 무기(無忌) 때문에 부딪치는 것을 꺾었으며, 항우(項羽)는 범증(范增) 때문에 존망(存亡)하였습니다. 백만 명의 무리도 한 명의 현명한 사람과 같지 못하니, 그러므로 진(秦)에서는 천금의 돈을 뿌려서 염파(廉頗)를 이간질시켰고, 한(漢)은 만금을 흩어서 아부(亞父)를 멀어지게 하였습니다.[50] 부희가 조정에 서는 것은 폐하의 빛

50 ①노에서 17대 장공이 죽은 다음에 17·18·19대로 이어지는 가운데 벌어진 일련의 혼란 속에서 계우는 정통성을 지키는 일을 하였다. 즉 17대 장공이 죽자 장공에게는 형이 1명 있었고, 동생은 계우를 포함하여 2명이 있었는데, 장공의 아들을 군주로 세우지 않으려는 다른 형제들의 움직임 속에서도 끝까

이 빛나는 것이며, 부씨의 스러지거나 일어날 것이 달려있습니다."

황상은 스스로 또한 그를 중히 여겼으니 그러므로 곧 다시 나오게
하여 채용하였다.

18 건평후(建平侯) 두업(杜業)이 편지를 올려서 곡양후 왕근(王根)·
고양후 설선(薛宣)·안창후 장우(張禹)를 헐뜯고 주박(朱博)을 추천하
였다. 황제는 어려서 왕씨의 교만이 왕성하다는 것을 들어 알고 있어서
마음속으로 좋게 생각할 수가 없었지만 처음으로 섰으니, 그러므로 또
그들을 우대하였었다.

그 뒤 한 달이 넘자 사예(司隸)교위 해광(解光)이 주문을 올렸다.

"곡양후는 먼저 돌아가신 황제의 산릉(山陵)도 다 완성되지 아니하
였는데, 공공연히 액정(掖庭)의 여악(女樂)과 오관(五官)[51]인 은엄(殷
嚴)과 왕비군(王飛君) 등을 초빙하여 데려다가 술자리를 마련하고 노
래하고 춤췄으며, 왕근의 조카인 성도후 왕황(王況, 왕상의 아들)에 이르
러서도 역시 옛날 액정의 귀인을 초빙하여 데려다가 처(妻)로 삼았으

지 장공의 아들을 군주로 세웠다. ②진(晉)은 초와 싸워서 승리하였으나, 초
에 자옥(子玉, 成得臣)이 있었기 때문에 진 문공이 걱정에 싸였으나, 초에서
그를 죽이자 비로소 진 문공은 웃었다. ③위무기(魏無忌)에 관한 사건은 진
장양왕 원년(기원전 249년)에 있었고, 그 내용은《자치통감》권6에 실려 있다.
④범증과 항우의 일은 고제 연간(기원전 206년, 204년)에 있었고, 그 내용은
《자치통감》권9에 실려 있다. ⑤염파에 관한 사건은 난왕 55년(기원전 260년)
에 있었고, 그 내용은《자치통감》권5에 실려 있다. ⑥항우로 하여금 범증을
의심하게 한 사건은 고제 3년(기원전 204년)에 있었고, 그 내용은《자치통감》
권10에 실려 있다.

51 황제의 비빈으로 계급은 12급이다.

니, 모두 신하로서의 예의를 갖추지 못한 것이며, 크게 불경한 것이며, 부도(不道)하였습니다."

이에 천자가 말하였다.

"먼저 돌아가신 황제께서는 왕근과 왕황 부자(父子)에 대한 대우가 지극히 두터웠는데 지금 마침내 은혜를 저버리고 의(義)를 망각하였다."

왕근은 일찍이 사직을 세우는 정책52을 세웠으므로 봉국으로 돌아가 있게 하고, 왕황은 면직시켜서 서인으로 삼고 옛날 군[魏郡 元城]으로 돌아가게 하였다. 왕근과 왕황의 아버지인 왕상이 천거하여 관리가 된 사람은 모두 파직시켰다.

19   9월 경신일(25일)에 지진이 있었는데, 경사(京師)에서 북쪽의 군국(郡國)까지 30여 곳에서 일어나서 성곽을 파괴시키고, 무릇 400여 명을 압살(壓殺)하였다.

황상은 이러한 재이(災異)를 가지고 대조(待詔) 이심(李尋)에게 물었더니, 대답하였다.

"무릇 해라는 것은 많은 양성(陽性)의 우두머리이며, 인군(人君)을 표상합니다. 군주가 도(道)를 닦지 않으면 해는 그 도(度)를 잃어서 어두워지고 빛을 잃게 됩니다. 최근에 해는 더욱 정기(精氣)를 갖지 못하여서 광명한 빛은 침탈(侵奪)되어 색을 잃었으며, 사악한 기운이 무지개처럼 자주 나타났습니다. 소신(小臣)은 안의 일은 알지 못하지만 가만히 해를 가지고 폐하(陛下)를 본다면 뜻과 행동에 있어서 애초보다

---

52 성제를 후사로 결정하는 과정에서 왕근이 정도왕의 아들인 애제를 후사로 삼도록 건의하였다. 이 사건은 성제 원연 4년(기원전 8년)에 있었고, 그 내용은 《자치통감》 권32에 실려 있다.

쇠약해진 것이 많습니다.

오직 폐하께서 양명하고 튼튼한 덕(德)을 잡으시고 강한 뜻으로 법도를 지키고, 여알(女謁)과 사신(邪臣)의 자태를 듣지 말고, 여러 보모나 유모들의 감언과 비속한 말로 하는 부탁도 잘라서 듣지 말고, 억지로라도 대의(大義)를 세우십시오. 조금 차마 못하는 것을 끊어 버리고, 아주 부득이함이 있다면 재화를 내려줄 수는 있지만 관직을 사사롭게 할 수는 없으니, 진실로 황천(皇天)이 금하는 것입니다.

신(臣)이 듣건대, 달이라는 것은 많은 음기(陰氣)의 우두머리인데, 비후(妃后)·대신(大臣)·제후를 상징합니다. 최근에 달이 자주 변하였는데, 이것은 모후(母后)가 정치에 간여하여 조정을 어지럽히고 있는 것이니, 음기와 양기가 모두 상하여 양쪽이 서로 편하지 아니한데, 밖의 신하들은 조정의 일을 몰라 가만히 천문(天文)을 믿어 보니 바로 이와 같고, 가까운 신하들은 이미 의지하기에는 부족합니다. 오직 폐하께서 친히 현명한 선비들을 찾으시어, 악한 것을 강하게 함이 없게 하고 사직을 높이고 본 조정을 높여 강하게 하십시오.

신이 듣건대, 오행은 수(水)를 기본으로 삼는데, 물은 공평한 것을 표준으로 삼고, 왕도가 공정하고 잘 닦여 밝으면 100개의 하천이 순리대로 되고 경락(經絡)도 통하지만, 치우친 무리들이 기강을 잃으면 물이 넘쳐서 실패합니다. 지금 여수(汝水)와 영수(潁水)[53]에는 물이 넘쳐흘러서 빗물과 함께 백성들에게 해를 입히고 있으니, 이것이 바로《시경(詩經)》에서 말한 바, '100개의 하천이 비등(沸騰)한다.'[54]인데, 허물은

---

53 여수와 영수는 모두 황하의 지류이다.
54 《시경》〈소아〉 10월지교에 나오는 시이다.

황보(皇甫) 경사(卿士)[55]에 무리에게 있습니다. 오직 폐하께서 외척대신들을 조금 억누르십시오.

신이 듣건대, 땅의 도리[地道]는 온유하고 조용하여 음기(陰氣)의 정상적 뜻입니다. 최근에는 관동지방에서 자주 지진이 일어났으니, 마땅히 양기(陽氣)를 높이고 음기를 억제하여서 그 허물을 구하여 주고, 뜻을 굳건히 하고 위엄을 세워야 하고, 사사로운 길을 닫아 끊고 영준(英俊)한 인재를 선발하여 올리며, 책임 맡은 직책을 다하지 못하는 사람을 물리쳐서, 본 왕조를 강하게 하여야 합니다. 무릇 근본이 강하면 정신은 충동을 꺾는데, 근본이 약하면 재앙을 불러서 흉사(凶事)를 이르게 하고 사악한 꾀에 능욕당합니다.

듣건대, 과거에 회남왕이 모의를 하였을 때에 그들이 어려워했던 것은 오직 급암(汲黯)에 있었고 공손홍(公孫弘) 등은 말할 거리도 못된다고 생각하였습니다.[56] 공손홍은 한의 유명한 재상이어서 오늘날까지도 그와 비교할 사람이 없지만 그러나 오히려 가볍게 보였는데 하물며 공손홍 같은 무리도 없는 상황에서야! 그러므로 말하였습니다. 조정에 사람이 없어지면 도적이 난을 일으키고 가볍게 하는 바이니, 그 도는 자연스럽습니다."

---

55 황보 경사는 주 왕실의 총애를 받는 여자 집안이다.

56 이 사건은 무제 원수 원년(기원전 122년)에 있었고, 그 내용은 《자치통감》 권19에 실려 있다.

황하 치수책과 애제의 새 조치

20　기(騎)도위 평당(平當)이 사자가 되어 하제(河隄)를 관장하게[57]
하니, 주문을 올려서 말하였다.

　"9하는 지금 모두 메워져 없어졌습니다. 경의(經義)를 살펴 보건대 치
수(治水)에는 하천을 터놓고 개천을 깊게 파는 것은 있으나, 제방(隄防)
을 만들어 막고 메운다는 말은 없습니다. 황하는 위군(魏郡, 하남성 臨漳
縣)의 동쪽으로는 넘쳐서 둑이 터지는데, 물의 자취를 분명하게 찾기가
어렵고,[58] 사해의 많은 사람들은 속일 수도 없습니다. 마땅히 개천을 준
설하고 하천을 소통시킬 수 있는 사람을 널리 구하여야 합니다."

　황상이 그 말을 좇았다.

　대조(待詔) 가양(賈讓)이 주문을 올려서 말하였다.

　"하천을 다스리는 데는 상·중·하의 대책이 있습니다. 옛날에 나라를
세우고 백성을 살게 하며 땅의 강역(疆域)을 정리하는데 반드시 하천이

57　황하 치수 총관리책임자이다.

58　이러한 일은 성제 홍가 4년(기원전 17년)에 일어났고, 이 내용은 《자치통감》 권
　　31에 실려 있다.

나 못이 나뉜 곳을 남겨두고 물의 세력이 미치지 못하는 곳을 헤아려 보았습니다. 큰 하천은 막는 일이 없으니 작은 물이 들어올 수 있게 하여 비탈진 곳을 막아서 연못을 만들고, 가을 물은 많이 그 쉴 곳을 얻게 하고 좌우로 흐르는 물이 넓고 완만하게 하여 급박하지 않게 합니다.

무릇 땅에 개천이 있는 것은 마치 사람에게 입이 있는 것과 같고, 흙을 다스려서 그 개천을 막는 것은 마치 아이가 우는 것을 그치게 하려고 그 입을 막는 것과 같으니, 어찌 급히 그치지 않겠습니까마는 그러나 그것은 죽는 것을 서서 기다릴 수 있을 것입니다. 그러므로 말하였습니다. '개천을 잘 만드는 사람은 그것을 터서 물길이 나게 하는 것이며, 백성들을 잘 다스리는 사람은 그들을 펼쳐서 말을 하도록 하는 것이다.'[59]

대개 제방을 만든 것은 가까이는 전국(戰國)시대에 시작되었는데, 많은 하천을 막아서 각기 스스로 이롭게 하는 것이었습니다. 제(齊)는 위(魏)와 조(趙)와 더불어 하(河, 황하)로 경계를 삼았고, 조와 위는 한편이 산에 이어져 있으나[60] 제는 지대가 낮았으므로 제방을 하(河, 황하)에서 25리 떨어져서 쌓았으며, 하수(河水)가 동쪽으로 내려가다가 제(齊)의 제방에 막히게 되면 서쪽으로 가서 조와 위로 범람하는데, 조와 위도 역시 하(河, 황하)에서 25리 떨어져서 제방을 쌓았으니 비록 그것은 바르지는 않지만 물은 오히려 유동하는 바가 있었습니다.

때로 이르렀다가 가버리면 비옥하고 기름진 흙을 쌓아 놓아서 백성들은 여기에서 농사를 짓고, 혹 오랜 기간 아무런 해(害)를 입지 않았

---

59 《국어》에 실려 있다. 소공이 여왕에게 간한 말이다.

60 산으로 경계를 삼았다는 말이다.

다면 조금씩 집을 짓게 되고 드디어 취락도 이루어집니다. 홍수가 때로 닥쳐서 물로 휩쓸어 버리면 다시 제방을 쌓아서 스스로를 구하게 되고 조금씩 그 성곽을 옮겨서 수택(水澤)을 밀쳐놓고 그곳에 살게 되니, 물에 빠지는 것은 스스로 그것이 마땅한 것입니다.

지금의 제방은 좁은 곳은 물에서 수백 보(步) 떨어져 있고, 먼 곳은 수 리(里) 떨어져 있는데, 옛날부터 있던 큰 제방 안에는 다시 몇 겹이 있으며 백성들은 그 사이에 살고 있으니, 이것이 모두 앞의 시대에 밀쳐놓은 것입니다. 하(河, 황하)는 하내(河內, 하남성 沁陽縣)의 여양(黎陽, 하남성 浚縣)에서부터 위군(魏郡, 하남성 臨漳縣)의 소양(昭陽, 준현의 동북쪽)에까지 이르는데, 동쪽과 서쪽에는 서로 돌로 제방을 만들어 놓아서 급한 물결이 부딪쳐서 돌아오게 되어 있어서 100여 리 사이에 하(河, 황하)의 물길은 두 번 서쪽으로, 세 번 동쪽으로 흘러서 압박하여 좁은 것이 이와 같으니 안정될 수가 없습니다.

지금 상책을 실행하신다면 기주(冀州, 하북성의 남부)의 백성들 가운데 물로 충격을 받는 사람들을 옮기고, 여양의 차해정(遮害亭)[61]에서 제방을 터서 하(河, 황하)를 내버려 두어 북쪽으로 가서 바다로 들어가게 하고, 하(河, 황하)의 서쪽은 대산(大山, 태행산맥)에 가깝고, 동쪽으로는 금제(金隄)에 가까이 있어서 형세는 멀리갈 수 없어서 범람하여도 1개월 정도면 스스로 안정됩니다.

비난하는 사람은 장차 말할 것입니다. '만약에 이와 같다면 성곽과 전려(田廬)[62]와 무덤을 파괴하는 것이 1만을 헤아리게 될 것이니 백성

---

61 여양에서 서남쪽으로 25㎞ 지점에 있는데, 이곳이 바로 금제이다.

62 주거지와 농지가 멀리 떨어져 있어서 농번기에 농지가 있는 곳에서 머물 수

들이 원망할 것입니다.' 옛날에 대우(大禹)가 치수하면서 산릉(山陵)이 길을 막으면 이를 허물어 버렸으니, 그러므로 용문(龍門, 용문산)을 뚫었고, 이궐(伊闕, 이궐산)을 뚫었으며, 저주(底柱, 저주산)를 자르고 갈석(碣石, 갈석산)[63]을 깨뜨려서 천지(天地)의 고유한 면모를 훼손하고 잘라버렸는데, 이것이 바로 인공으로 만든 것[64]을 어찌 충분히 말할 만하겠습니까?

지금 하(河, 황하)에 연해 있는 지역은 10개의 군(郡)[65]인데, 제방을 다스리는 비용은 매년 또 1억이지만 그것이 크게 터지기에 이르면 파괴되는 것은 헤아릴 수 없습니다. 만약에 몇 년간 황하를 다스리는 비용을 내어서 이사시킨 백성들을 직업을 갖게 하고, 옛날 성인의 법도를 준수하여 산천의 위치를 확정하며 신(神)과 인간이 각기 그가 있어야 할 곳에 머무르면서 서로 간섭하지 아니하게 하고, 또 위대한 한(漢)은 사방으로 만 리를 통제하고 있는데, 어찌하여 물과 더불어 한 자의 땅을 가지고 다투겠습니까? 이러한 공로는 한 번 세워지면 황하는 안정

있도록 만든 집을 말한다.

63 하남성 낙양시의 남쪽으로 15km 되는 지점에 용문산이 있는데 이를 이궐산이라고도 부른다. 이것은 향산과 평행하여 있는데 중간에 절벽을 두고 마주하고 있다. 저주산은 삼문산이라고도 하는데 하남성 섬현의 황하 중류에 있다. 갈석산은 하북성 창여현 경계 지역에 있다.

64 인공으로 만든 것이란 앞에서 염려하는 사람들이 말하는 무덤이나 전려, 성곽 같은 것을 말한다.

65 하남군(河南郡, 하남성 낙양시), 하내군(河內郡, 하남성 沁陽縣), 동군(東郡, 하남성 濮陽縣), 진류군(陳留郡, 하남성 진류현), 위군(魏郡, 하남성 임장현), 평원군(平原郡, 산동성 평원현), 천승군(千乘郡, 산동성 高苑縣), 신도군(信都郡, 하북성 冀縣), 청하군(淸河郡, 하북성 천하현), 발해군(渤海郡, 하북성 滄縣)이다.

되고 백성들은 편안하여 천년을 가도 근심거리가 없을 것이니, 그러므로 이것을 최상의 대책이라고 하는 것입니다.

만약에 마침내 기주 땅에서 운하를 많이 뚫어서 백성들로 하여금 전지에 관개할 수 있게 하고 물이 노한 것을 분산시켜서 줄인다면 비록 성인의 방법은 아니지만 그러나 역시 실패한 것을 구제해줄 수 있는 방책입니다. 기구(淇口)⁶⁶의 동쪽에서 시작하여 돌로 제방을 쌓고 수문(水門)을 많이 벌려 놓습니다. 의논하는 사람들이 하(河, 황하)는 큰 강인데 통제하기가 어려울 것이라고 의심할까 걱정이지만 형양(滎陽)에 있는 운하로써 충분히 이를 점쳐볼 수 있습니다.

기주에 있는 운하의 물이 처음 다하면 당연히 이 수문을 바라보게 되고, 여러 운하는 모두 왕왕 이것을 끌어들여 가질 것인데, 가뭄이 들면 동쪽으로 내려가는 수문을 열어 기주로 물을 대주고, 홍수가 나면 서쪽에 있는 높은 문을 열어서 하류(河流)를 분산하여 백성들의 농경지를 다스리면 하(河, 황하)의 제방도 역시 완성됩니다. 이것이 진실로 나라를 부유하게 하고 백성들을 편안하게 하며, 이로움을 일으키고 해로움을 없애는 것이고 수백 년을 지탱하게 될 것이니, 그러므로 이것을 중간 대책이라고 하는 것입니다.

만약에 마침내 옛날부터 있던 제방을 보수하여 완전하게 하려고 하여 낮은 곳에 보태어 늘리고, 엷은 곳을 배(倍)로 한다면 수고하는 비용이 끝이 없을 것인데, 자주 그 해로움을 당할 것이니, 이것이 제일 하급(下級)의 대책입니다."

---

66 기수가 황하로 들어가는 입구를 말하는데, 하남성 준현 서쪽으로 40km 지점에 있다. 이곳은 지형적인 이유로 인하여 중요한 전장(戰場)이었다.

21 공광(孔光)과 하무(何武)가 주문으로 말하였다.

"질훼(迭毀)[67]의 차례는 마땅히 때로 정하여야 하니,[68] 청컨대 여러 신하들과 더불어 섞여 논의하게 하여주십시오."

이에 광록훈 팽선(彭宣) 등 53인이 모두 생각하였다.

"효무황제는 비록 공열(功烈)이 있다 하더라도 친진(親盡)[69]하였으니 마땅히 헐어야 합니다."

태복(太僕) 왕순(王舜)과 중루교위(中壘校尉) 유흠(劉歆)이 논의하여 말하였다.

"《예기(禮記)》를 보면, 천자는 7묘(廟)[70]를 둔다고 하였습니다. 이 7이라는 것은 바른 법으로 정해진 수이며, 항상 있어야 하는 수입니다. 종(宗)은 이 수 가운데 들어가지 않으니 종(宗)은 변수(變數)입니다. 진실로 공덕을 가지고 있으면서 이를 종(宗)으로 한다면 미리 숫자를 만들어 놓을 수는 없을 것입니다. 신(臣)은 어리석으나, 효무황제의 공열

---

67 옛날에 황제를 칭한 황제 가운데 고조, 증조, 조, 부의 4묘를 현재 황제의 친묘라 하고 이 4대를 벗어나면 친진(親盡)이라 하고, 이 경우에 그에 해당하는 신주는 태조의 사당에 넣고 그 사당을 헐고 친사당을 바꾸는데 이것을 질훼(迭毀)라고 한다.

68 원제 때에 우공이 훼묘(毀廟)를 건의하였고, 위현성과 광형도 그 설을 뒤따랐다. 그들은 태조 이후 5묘로 한정하고 그 친묘는 4로 하는데 친진하면 질훼하도록 하자고 하였다. 그런데 성제 때까지 끝내 확정하지를 못하였다.

69 애제에게는 무제는 7대조이다. 그러므로 친히 묘제를 지내야 할 범위를 벗어났다는 것이다.

70 《예기》에는 천자 7묘는 3소(昭)·3목(穆)과 태조묘를 합하여 7묘이다. 태조의 신위를 중앙에 봉안하고, 2·4·6세의 신위를 그 좌측에 봉안하는데 이것이 소(昭)이며, 3·5·7세의 신위를 그 오른쪽에 두는데 이것이 목(穆)이다.

(功烈)이 저렇게 많고, 효선황제가 그를 높인 것이 이와 같은데[71] 마땅히 훼손시켜서는 안 된다고 생각합니다."

황상이 그 논의한 것을 보고서 제(制)[72]로 말하였다.

"태복 왕순과 중루교위 유흠이 논의한 것이 옳다."

22 하무의 후모(後母)는 촉군(蜀郡)에 있어서 관리를 파견하여 돌아오도록 영접하게 하였는데, 마침 성제(成帝)가 붕어하자 관리는 도로에서 혹 도적을 만날까 두려워하니 후모는 머무르며 중지하였다. 좌우에 있는 어떤 사람이 하무가 부모를 섬기는 것이 돈독하지 못하다고 비난하였고 황제도 역시 대신들을 바꾸고 싶어서 겨울, 10월에 하무를 책서로 면직시키고 열후로서 봉국에 가게 하였다. 계유일(9일)에 사단(師丹)을 대사공(大司空)으로 삼았다.

사단은 황상이 성제의 정치를 고친 것이 많은 것을 보고 마침내 상서하여 말하였다.

"옛날에는 양암(諒闇)[73]하는 시기에는 말을 하지 않고, 총재(冢

---

71 예컨대 태종·고종·세종 같이 죽은 황제에 대하여 그 덕을 존중하여 붙인 것이다. 선제가 무제에게 세종의 묘호를 세운 기록은 《자치통감》 권24에 보인다.

72 진 시황이 천하를 통일하고 황제에 대한 용어를 대폭 바꾸었다. 과거에 쓰이던 왕(王) 대신에 황제(皇帝)라고 하였고, 과거에 명(命)이라고 하던 것을 제(制)라고 하였으며, 과거에 영(令)이라고 하던 것을 조(詔)라고 하였으며, 고(孤)라고 하던 것을 짐(朕)이라고 하였는데, 이 내용은 《자치통감》 권7에 실려 있다.

73 양암은 양음(凉陰)이나 양음(亮陰)으로 쓰기도 하는데 그 의미는 두 가지로 쓰인다. 하나는 천자나 제후가 상중(喪中)일 경우를 말하는 것이고, 다른 하나는 상을 치르는 장소를 말하기도 한다.

宰)[74]에게 보고를 듣게 하고 3년 동안은 아버지의 일을 고치지 않는다고[75] 하였습니다. 전에 대행(大行)[76]의 영구(靈柩)가 영당(靈堂)에 있는데, 신(臣) 등과 친속들에게 관작(官爵)을 주셔서 빛나게 하여 모두 귀하고 총애 하였으며 외숙을 책봉하여 양안후(陽安侯)로 하시고, 황후의 존호를 아직도 확정하지 못하였는데, 미리 그 아버지를 책봉하여 공향후(孔鄕侯)[77]로 하셨습니다.

시중 왕읍(王邑)과 사성(射聲)교위 왕한(王邯)[78] 등을 내보냈습니다. 조서를 자주 내려 보내어 정사(政事)를 바꾸시는 것이 갑작스럽게 이루어지며 차츰 차츰 하는 것이 없었습니다. 신은 멋대로 대의(大義)를 밝혀 진술할 수는 없고 다시 일찍이 작위를 굳게 사양할 수는 없습니다마는 서로 좇아서 헛되이 후작으로 책봉된 것을 받게 되니 폐하의 허물만 더욱 늘어나게 하였습니다.

최근에 군국(郡國)에서는 땅이 움직이고 물이 나오는 일이 많고, 인민(人民)을 흘러가 죽게 하였으며, 해와 달이 밝은 빛을 내지 못하고 5성(星)[79]이 갈 길을 잃어버리니 이는 모두 행동거지가 중용을 잃었

---

74 주(周) 때의 관직이름으로 6경 가운데 제일 위에 있는 직위이다.

75 《서경(書經)》에 나오는 말이다. 하의 23대 제왕인 고종(高宗)은 3년 동안의 복상기간 중에 침묵하고 말을 하지 아니하였다고 한다.

76 황제가 사망하여 아직 장사를 지내지 않은 상태를 대행이라고 한다.

77 양안후는 황제의 외숙인 정명(丁明)이며, 공향후는 황제의 장인인 부안(傅晏)이다.

78 이 두 사람은 모두 태황태후인 왕정군의 친족이다.

79 금성[西方太白星], 목성[東方歲星], 수성[北方辰星], 화성[南方熒惑星], 토성[中央鎭星]이다.

고, 호령(號令)이 고정되지 아니하며 법도가 이치를 잃고, 음과 양이 혼탁하여 나타난 반응입니다.

신이 엎드려 생각하건대, 사람의 정(情)은 아들이 없다면 나이가 비록 60세~70세라도 오히려 널리 취(娶)하고 널리 구합니다. 효성황제께서는 천명(天命)을 깊이 보시고 지극한 덕을 갖추었다는 것을 훤히 알고, 장년(壯年)[80]으로서 자기를 이기시고 폐하를 세워서 후계자로 삼았습니다.

먼저 돌아가신 황제께서 갑자기 천하를 버리게 되고 폐하께서 그 몸을 이으시니 사해(四海)가 안녕하였으며, 백성들도 두려워하지 않았는데, 이는 먼저 돌아가신 황제의 성스러운 덕택이어서 마땅히 하늘과 사람을 합친 공로에 해당합니다.

신이 듣건대 '하늘의 위엄은 얼굴 앞에서 지척(咫尺)도 떨어져 있지 않다.'[81]고 하였습니다. 바라건대 폐하께서 먼저 돌아가신 황제께서 폐하를 후계자로 세우신 뜻을 깊이 생각하시고 또 자기 자신을 이기고 몸소 실천하셔서 많은 아랫사람들의 순종하고 교화됨을 살펴주시기를 원합니다. 천하라는 것은 폐하의 집안인데, 폐부(肺腑)에 해당하는 사람들이 왜 부귀하지 못할까 걱정을 하고, 마땅히 급하게 이와 같이 하지 말아야 하니, 그것은 장구하게 가지 못합니다."

사단의 편지가 수십 차례 올라갔는데, 대부분이 절실하고 곧은 말이었다.

부태후의 사촌동생의 아들인 부천(傅遷)은 좌우에 있으면서 더욱이

---

80 성제가 애제를 후계로 삼을 때에 성제의 나이는 마흔다섯 살이었다.

81 《춘추좌전》 기원전 65년에 나오는 말이다. 제 환공이 재공(宰孔)에게 한 말이다.

기울어지고 사악하여 황상이 이를 싫어하여 관직에서 면직시켜서 그
의 고향으로 돌려보냈다. 부태후가 노하니 황상은 부득이하여 다시 부
천을 머무르게 하였다.

승상 공광과 대사공 사단이 주문으로 말하였다.

"조서가 앞뒤로 내리신 것이 상반(相反) 되었으니 천하에서 의혹을
갖게 되어 믿을 바가 없게 되었습니다. 신(臣)이 청컨대 부천을 고향으
로 돌려보내시어 간사스러운 무리를 소제하십시오."

끝내 보낼 수 없었고 다시 시중으로 삼았다. 그것은 부태후의 압력
을 받은 것인데, 모두가 이와 같은 것이었다.

23   의랑(議郎) 경육(耿育)이 상서하여 진탕(陳湯)[82]이 억울하다고
호소하였다.

"감연수(甘延壽)와 진탕은 성스러운 한(漢)을 위하여 깊고 멀리 가서
위엄(威嚴)을 드날렸으며, 국가에 여러 해 동안 쌓인 치욕을 깨끗이 씻
어냈고, 먼 지역에 있는 기속되지 않은 임금을 토벌하고 만 리 밖에 있
는 제압하기 어려운 호로(胡虜)들을 잡았으니 어찌 비교할 것이 있겠
습니까?

먼저 돌아가신 황제께서 이를 가상(嘉賞)하게 여기시고 이어서 밝은
조서를 내려서 그 공로를 드러내고 연호(年號)를 고쳐 역서(曆書)에 내
려서 이를 무궁하게 전하였습니다. 이 일에 호응하여 남군(南郡)에서
는 백호(白虎)를 바치고, 변방에는 경비를 없애게 되었습니다.

마침 먼저 돌아가신 황제가 병환으로 누웠지만 그러나 오히려 내린

---

82 성제 영시 2년(기원전 15년)에 진탕은 변방으로 귀양 갔다.

뜻을 잊지 않고 자주 상서로 하여금 승상에게 책망하여 물으시면서 그 공로를 세우도록 재촉하였는데, 다만 승상 광형(匡衡)만이 배척하여 주지 않고서 결국 감연수와 진탕을 수백 호(數百 戶)로 책봉하니,[83] 이 것이 공신들과 전사(戰士)들이 실망하게 된 이유입니다.

효성황제는 대업을 세운 기초를 이어 정벌한 위엄을 타고서 병혁(兵革)을 움직이지 않아서 국가는 무사하였으나 대신들이 사악한데로 기울어져서 군주의 위엄을 오로지하고자 하여 공로를 세운 사람을 배척하고 질투하여 진탕으로 하여금 한 덩어리의 흙처럼 구속된 죄수가 되게 하니, 스스로 밝힐 수가 없었고 끝내 아무런 죄도 없이 늙은 몸으로 버려졌습니다.

돈황(敦煌)은 바로 서역으로 통하는 길목에 해당하는데 위엄 있는 이름을 가진 절충(折衝)의 신하로 하여금 선종(旋踵)하여[84] 몸에 이르게 하여서 다시 질지(郅支)가 남긴 야만인들의 웃음거리가 되었으니 진실로 슬퍼할만 합니다.

오늘날에 이르러서 밖의 만족(蠻族)들에게 간 사자 가운데 아직은 일찍이 질지 선우를 주살하였던 이야기를 진술하여 한의 강성함을 선양하지 않은 사람이 없습니다. 무릇 한 사람의 공로를 원용하여 적을 두렵게 하는 것인데, 한 사람의 몸을 내버려서 참소하는 사람들을 즐겁게 하였으니 어찌 애통하지 않습니까?

또 편안하면서는 위험함을 잊지 않는 것이고, 강성하면서는 반드시

---

83 이에 관한 일은 원제 경녕 원년(기원전 33년)에 있었고, 이 내용은 《자치통감》 권29에 실려 있다.

84 호삼성은 '죄가 그 몸에 미친 것을 말한다.'고 해석하였다.

쇠약할 것을 염려하는 것인데, 지금 국가는 본디 문제(文帝)가 여러 해 동안 절검하면서 쌓아 놓은 부유한 저축을 다 없게 하였고 또 무제(武帝)가 추천하게 하여 받아들여 뛰어나게 적을 사로잡았던 신하도 없어졌고, 오직 진탕 한 사람만 있을 뿐입니다.

설사 다른 세상에 있어서 폐하에게는 이르지 못한다고 하더라도 오히려 국가에서 그의 공로를 추록(追錄)하고 그의 묘에 봉토를 얹어 주어 뒤에 오는 사람들에게 권고하기를 바랄 것입니다. 진탕은 다행하게도 그 자신이 성스러운 세상을 만나게 되었고 공로를 세운 것도 아직 오래 된 것이 아닌데, 도리어 사악한 신하들의 말을 듣고 채찍으로 때려서 먼 곳으로 쫓아냈고 도망하고 나뉘어 숨어살게 하니 죽더라도 처(處)할 곳을 없게 하였습니다.

멀리 내다볼 수 있는 사람은 헤아려 보지 않는 사람이 없는데, 진탕의 공로는 여러 세대를 지나도 따라갈 수 없다고 생각하고 진탕의 허물은 인정상 갖고 있는 것인데 진탕이 오히려 이와 같이 되었으니, 비록 다시 뼈와 근육이 터지고 잘려서 형해(形骸)를 드러난다고 하여도 오히려 다시 입술과 혀 놀림에서 제약을 받고, 질투하는 신하들에게 잡힐 호로(胡虜)일 뿐입니다. 이것은 신이 국가를 위하여 더욱 우려하는 까닭입니다."

편지가 상주되니, 천자는 진탕을 돌아오게 하였는데, 장안에서 죽었다.

아들을 죽였던 성제와 부태후의 위세

애제 건평 원년(乙卯, 기원전 6년)

1　봄, 정월에 북지(北地, 감숙성 寧縣)에 운석(隕石) 16개가 떨어졌다.

2　천하를 사면하였다.

3　사예교위 해광(解光)이 주문으로 말하였다.

"신이 듣건대 허미인(許美人)과 옛날의 중궁사(中宮史)인 조궁(曹宮)⁸⁵은 모두 효성황제의 은전(恩典)을 받아서 아들을 낳았는데, 아들은 숨겨져서 보이지 않습니다. 신(臣)이 이(吏, 관리)를 파견하여 조사하고 물어 보고 모두 그 진상을 찾아냈는데, 원연 원년⁸⁶에 조궁은 임

85　중궁(中宮)은 황후가 거처하는 궁으로 이때에는 조(趙)황후가 살았다. 사(史)는 여사(女史)라는 말로 시(詩)에 능통한 사람으로 중궁에 소속하면서 황후를 돕는 사람을 말한다. 조궁은 중궁사로 있다가 성제에게 보여 임신하게 된 것이다.

86　원연은 성제의 연호 가운데 하나인데, 원연 원년은 기원전 12년이다.

신을 하였고 그 해 10월에 조궁은 액정에 있는 우관영(牛官令)[87]의 집에서 낳았습니다.

중황문(中黃門) 전객(田客)이 조서의 기록을 갖다가 액정옥승(掖庭獄丞) 적무(籍武)에게 주고서 붙잡아서 폭실옥(暴室獄)[88]에 두게 하였습니다. '사내아이인지, 계집아이인지, 누구의 아이인지도 묻지 마라.'고 하였습니다. 조궁은 말하였습니다. '내 아이의 포(胞, 胎를 싼 옷)를 잘 수장(收藏)하시오. 승(丞, 掖庭獄丞)께서는 이 아이가 어떠한 아이인지를 알 것이오.'

그 뒤 사흘이 지나서 전객이 조서의 기록을 가져다 적무에게 주며 물었습니다. '아이가 죽었는가?' 적무가 대답하였습니다. '아직 죽지 않았소.' 전객이 말하였습니다. '황상과 소의(昭儀, 조소의)가 크게 화가 났는데 어찌하여 죽이지를 않소!' 적무가 머리를 조아리며 울며 말하였습니다. '아이를 죽이지 않으면 죽게 될 것을 스스로 알고 있지만 이를 죽여도 또한 죽게 됩니다.'[89]

바로 전객을 통하여 봉사(封事)[90]를 올려서 말하였습니다. '폐하께

---

87 우관령(牛官令)은 궁중의 가축을 관리하는 기관의 우두머리의 집을 말한다.

88 중황문(中黃門)은 관질이 비(比)백석인 금중의 시종관이고, 조서의 기록이란 일반적인 조서와 다른 일종의 황제가 직접 쓴 비밀 명령서 같은 것으로 보이며, 액정옥승(掖庭獄丞)은 궁정에 있는 감옥을 관리하는 실무 책임자에 해당하는 직책이고, 폭실옥(暴室獄)은 궁중의 부인이 질병에 들었을 때에 이 방에 있게 하고, 황후나 귀인도 죄를 지었을 때에 이 방에 넣도록 되어 있다.

89 이 아이를 안 죽이면 죽이라는 명령을 어긴 것이므로 죽게 되고, 죽인다면 황제의 아들을 죽였으므로 죽게 된다는 말이다.

90 황제가 직접 보도록 봉함을 한 주문을 말한다.

서는 아직도 뒤를 이을 후사(後嗣)가 없는데 아들이란 귀천이 없으니, 오직 유의하여 주십시오.' 주문이 들어가자 전객은 다시 조서의 기록을 들고 어린아이를 가져다가 중황문 왕순(王舜)에게 맡겼습니다.

왕순은 조서를 받고 어린아이를 궁전(宮殿)으로 받아들이고, 아이를 위하여 유모(乳母)를 고르고 말하였습니다. '아이를 잘 기르면 또 상을 받겠지만, 누설하게 해서는 안 되오.' 왕순은 관비(官婢) 장기(張棄)를 선택하여 유모(乳母)로 삼았습니다.

뒤에 사흘이 지나서 전객이 다시 조서의 기록과 약(藥, 독약)을 가져다가 조궁에게 마시게 하였습니다. 조궁이 말하였습니다. '과연 자매에게 천하를 멋대로 하게 하려는 구나! 내 아이는 남자이며, 이마에 장발(壯髮)[91]이 있는데, 효원황제와 같습니다. 지금 아이는 어디 있습니까? 그를 험하게 하여 죽었단 말인가! 어떻게 장신(長信, 왕태후 왕정군)으로 하여금 이를 듣게 할 수 있습니까?' 드디어 약을 마시고 죽었습니다.

장기가 아이를 기르는바 되었는데, 11일에 궁장(宮長, 궁녀를 총괄하는 직책) 이남(李南)이 조서를 가지고 와서 아이를 데려 갔지만, 갖다 둔 곳을 모르겠습니다.

허미인은 원연 2년(기원전 11년)에 아들을 임신하고 11월에 출산하였습니다. 소의(昭儀, 조소의)가 황제에게 말하였습니다. '늘 나를 속이고 중궁(中宮)[92]에서 왔다고 말씀하셨습니다. 바로 중궁에서 오셨다면

---

91 장발(壯髮)이라는 용어는 현재 사용하지 않는 것이다. 안사고는 이마의 앞에서 아래로 내려오면서 생긴 것이고 오늘날의 규두(圭頭)라고 하였다. 그러나 구체적으로 알기는 쉽지 않고, 다만 규두가 이마의 앞쪽 좀 볼록 나온 부분을 가리키는 것이라면 이마의 앞쪽 볼록 나온 부분에서 자란 큰 머리카락을 말하는 것 같다.

허미인의 아이는 어디에서 생겨난 것입니까? 허씨를 결국 복위(復位)
시키려는 것입니까?' 원망하고 화가 나서 손으로 스스로를 때리고 머
리로 벽과 문틀을 박으면서 침상에서 스스로 땅에 떨어지면서 울고 눈
물을 흘리며 밥도 먹으려 하지 않고 말하였습니다. '지금 저를 어디에
두시려고 하시는지 저는 돌아가고자 할 뿐입니다.'

황제가 말하였습니다. '지금 고의로 이를 알렸는데 도리어 화를 내
고 있으니 특별히 이해할 수가 없다.'[93] 황제도 밥을 먹지 아니하였습
니다. 소의가 말하였습니다. '폐하께서 스스로 옳다고 하며 먹지 않는
것은 무엇 때문입니까? 폐하께서 일찍이 스스로 말씀하시기를, 약속[94]
을 하였으니, 너에게 잘못을 짓지 않겠다고 하셨습니다. 지금 미인(美
人, 허미인)이 아들을 갖게 되어서 끝내 약속을 저버렸으니 무엇이라 말
씀하시겠습니까?'

황제가 말하였습니다. '조씨로 인하여서 허씨를 다시 세우지 않겠다
고 약속하니, 천하로 하여금 조씨의 위에 나갈 사람은 없을 것이니 걱
정하지 마라.' 뒤에 조서를 내려서 중황문 근엄(靳嚴)으로 하여금 허미
인이 있는 곳에서 아이를 데려다가 돗자리로 된 바구니에 넣어서 식실
(飾室)[95]의 발이 늘어진 곳의 남쪽에 두고 가라고 하였습니다.

황제와 소의가 앉아서 어자(御者, 시중드는 사람) 우객자(于客子)로

---

92 황후가 사는 곳인데, 이때에는 조소의의 언니인 조황후가 살고 있었다.

93 이 말로 보아 성제는 과거의 황후였던 허미인과 접촉을 갖고 있었던 듯하며,
　허미인이 아들을 낳자 직접 이를 조소의에게 알린 것 같다.

94 아마도 약속의 내용은 허미인과 관계를 끊겠다는 것으로 보인다.

95 실내용 금은을 둔 방을 말하는데 여기서는 조소의의 방을 말한다.

하여금 그 바구니를 덮은 것을 풀어놓으라고 하였고, 조금 있다가 황제는 우객자와 어자들로 하여금 다 나가게 하고 스스로 문을 닫고 홀로 소의와 있었습니다.

잠시 후에 문을 열고 우객자를 불러서 그 바구니를 봉함하게 하고 조서의 기록으로 중황문 오공(吳恭)으로 하여금 가져다가 적무에게 주게 하고 말하게 하였습니다. '적무에게 알리는데, 바구니 속에 죽은 아이가 있으니 은폐된 곳에 매장하고 다른 사람으로 하여금 알게 하지 마라.' 적무는 옥루(獄樓)[96]의 담장 아래를 파고서 그 속에 묻었습니다.

그 외에 약을 마시어 다치고 떨어뜨리게 한 것[97]이 무수한데 모두 4월 병진일(18일)의 사면령을 내리기 전에 있었습니다. 신이 삼가 생각하건대, 영광(永光) 3년[기원전 41년]에 남자 충(忠) 등이 장릉(長陵, 유방의 능묘) 부부인(傅夫人)의 무덤을 파헤친 일이 있는데, 일이 있고서 다시 큰 사면이 있었지만 효원황제가 조서를 내려서 말하였습니다. '이는 짐(朕)이 사면할 수 있는 것에 해당하지 않는다.' 끝까지 추궁하여 전부 복주(伏誅)하였습니다.

천하에서는 모두 마땅하였다고 여겼습니다. 조소의(趙昭儀)는 성스러운 왕조를 기울여 어지럽혔고 친히 후계자를 죽였으므로 가속들도 엎어서 천주(天誅)를 당해야 합니다. 그러나 동산(同産) 친속[98]들은 모두 존귀(尊貴)한 지위에 있어서 유악(帷幄)이 아주 가까이 있어서 천하에서는 마음이 떨리고 있으니 청컨대 이 일을 끝까지 추궁하여 밝히

---

96 액정옥이 있는 건물을 말한다.

97 낙태시킨 것을 말한다. 성제의 아기를 가진 후궁들에게 취한 일들이다.

98 어머니를 같이 하는 친족들을 말한다. 즉 친형제자매를 말한다.

십시오."

승상 이하가 법을 올바르게 논의하였는데, 황제는 이에 신성후(新成侯) 조흠(趙欽)과 조흠의 조카인 함양후(咸陽侯) 조흔(趙訢)은 면직시키셔서 서인(庶人)으로 만들고, 가속들을 요서군(遼西郡)으로 귀양 보냈다.

의랑(議郎) 경육(耿育)이 상소하였다.

"신이 듣건대 황제의 후사(後嗣)를 잇는데, 계통을 잃어서 적자(嫡子)를 폐하고 서자(庶子)를 세우는 것은 성인(聖人)이 법으로 금하는 것이고, 옛날이건 오늘날이건 지극히 경계하는 것입니다.

그러나 태백(太伯)은 역(歷)을 보고 적사(嫡嗣)라는 것을 알고 뒤로 멈칫멈칫 물러나며 굳게 양보하고 몸을 오(吳)과 월(粤)에 의탁하였으니, 임시로 변통하여 만든 것이지 늘 있는 법도로 생각할 수 없고, 자리를 왕계(王季)에게 주어 성스러운 후사[文王]를 높여 끝내 천하를 차지하게 하고[99] 자손들이 대업을 이어서 700~800년을 가게 하니 공로는 삼왕(三王)[100] 가운데 으뜸이며 도덕을 가장 잘 갖추었는데, 이로써 명호(名號)를 추존(追尊)[101]하여 태왕(太王)에 이르게 하였습니다. 그러므로 세상에는 반드시 비상(非常)의 변통(變通)이 있게 마련이고, 그런 다음에 가서 비상(非常)의 꾀도 있게 마련입니다.

---

99 태백은 오(吳)의 시조이다. 역(歷)은 왕계(王季) 즉 주 문왕의 아버지다. 태백은 주의 적장자였으나, 왕계가 현명함을 알고 오로 도망하여 주의 왕위를 왕계에게 돌아가게 하였고, 왕계의 아들인 문왕은 주의 기초를 닦게 하였으며, 결국 그의 아들인 무왕은 은을 무너트리고 천하를 장악하였다.

100 하의 우, 은의 탕, 주의 무왕을 말한다.

101 무왕이 은을 정벌하고 천하를 차지한 다음에 왕계를 태왕으로 추존하였다.

효성황제는 스스로 후계자를 때에 맞추어 세우지 못한 것을 알고, 비록 끝에 가서 황제의 아들을 둔다고 하더라도 만세(萬歲) 후에는 나라를 유지할 수 없을 것인데, 권력의 칼자루는 여자 주인[102]에게 통제될 것이며, 여자 주인의 교만함이 왕성하면 바라는 것이 끝이 없을 것이고, 어린 군주는 유약(幼弱)하여 대신을 부리지 못하며, 세상에 주공(周公)같은 포부를 가진 신하가 없다면 아마도 사직을 위태롭게 할 것이고 천하를 기울여 어지럽게 될 것이라는 것을 알았습니다.

폐하께서 현명하고 성스럽고 밝게 통하는 덕과 어질고 효성스러우며 자애로운 은덕을 갖고 있다는 것을 아시고, 혼자만이 아는 현명함을 가슴에 품고 속으로 자기 몸에서 단절하였으니, 그러므로 후궁들이 점차 관(館)에 나가는 것을 폐지하여 미사(微嗣, 힘없는 후사)로 닥칠 뿌리를 잘라 버렸고,[103] 마침내 폐하에게 자리에 나가도록 하여서 종묘를 안정시키고자 하였습니다.

어리석은 신(臣)은 이미 안위(安危)를 깊이 있게 원용하여 금궤(金櫃)와 같은 계책[104]을 정할 수는 없고, 또 성스러운 덕을 미루어 넓게 하여 먼저 돌아가신 황제의 뜻을 서술할 줄 모르면서 마침내 도리어 궁궐 안쪽에서 벌어진 일을 뒤집어 조사하여 사사로운 사생활을 들어내서 먼저 돌아가신 황제가 유혹에 기울어지는 허물을 무고하여 욕하

---

102 황후나 황태후를 말한다.

103 성제가 일찍 후사를 두지 못하게 되자 늦게 아들을 두어 황제권을 제대로 유지할 수 없게 될 수가 있으므로 미리 이러한 사태를 막고자 일부러 후사를 둘 수 있는 길을 스스로 막았다는 것이다. 이것은 마치 오의 태백과 같은 훌륭한 일이라는 의미로 말한 것이다.

104 장구하게 갈 수 있는 계책을 말한다.

며, 총애하는 첩이 질투하는 것을 듣고 사람을 주살하고, 현명하고 성
스러우며 멀리를 내다보는 밝은 지혜를 크게 잃었다고 하니 도리어 먼
저 돌아가신 황제가 나라를 걱정한 뜻을 깎아내리는 것입니다.

무릇 커다란 덕을 가진 사람을 평가하면서 세속적인 것에 구애받지
아니하고 큰 공로를 세우는 것은 많은 사람의 뜻에 영합하지를 않는 것
이니, 이것이 마침내 효성황제가 지극하게 생각한 것이며 수많은 신하
들 보다 만만 배나 깊이 생각하였다고 하는 까닭이고, 폐하의 성스러운
덕은 무성하여 황천(皇天)의 뜻에 부합되는 까닭인데, 어찌 당시의 용열
하고 두어 말들이 그릇 정도인 신하들이 따라갈 수 있는 것이겠습니까?

또 군주나 아버지의 아름다움을 널리 포양(襃揚)하고 좇으며, 이미
지나간 허물을 고치고 없애는 것은 옛날부터 오늘날까지 관통하는 뜻
입니다. 일은 당하였을 때에 굳게 다투는 것은 아니고, 아직 그러하지
아니하였을 때에 화(禍)를 막아야 하는데, 각기 가리키는 것에 따라서
아부하고 좇고 있고 안가(晏駕)[105]한 후에 존호(尊號)가 이미 확정되
었고, 만 가지 일들이 이미 끝났는데, 마침내 이르지 못한 것을 뒤에 조
사하여 그윽한 속에 묻혀 있는 허물을 들춰내려고 하니 이는 신(臣)이
깊이 아파하는 것입니다.

바라건대 유사(有司)에게 내려 보내어 의논하게 하여 바로 만약에
신(臣)이 말하는 것과 같다면 의당 천하에 선포하셔서 모두가 먼저 돌
아가신 황제의 성스러운 뜻을 일으킨 것을 알게 하십시오. 그렇지 아니
하면 헛되이 비방하는 논의가 올라가서 산릉(山陵, 성제의 능묘)에 이를
것이고, 아래로는 후대로 내려갈 것이며, 멀리 수많은 만족(蠻族)에게

---

105 죽은 황제를 말하는데, 여기서는 성제를 말한다.

소문이 들어갈 것이고, 가까이는 해내에 전부 퍼질 것이어서 이는 먼저
돌아가신 황제가 뒷일을 의탁한 뜻이 전혀 아닙니다.

대개 효(孝)라고 하는 것은 아버지의 뜻을 잘 펼치는 것이고 다른 사
람의 일을 잘 마무리하는 것이니, 오직 폐하께서 살펴보십시오."

황제도 역시 태자가 된 것은 자못 조태후의 힘을 입은 것이었으므로
106 드디어 그 일을 끝까지 추구하지 아니하였다. 부태후는 조태후에
게 은혜를 입었고, 조태후도 또한 마음을 모으고 있었으니, 그러므로
태황태후와 왕씨들은 모두 이들을 원망하였다.

4   정유일(4일)에 광록대부 부희(傅喜)가 대사마가 되고 고무후(高武
侯)로 책봉되었다.

5   가을, 9월 갑진일(15일)에 운석(隕石)이 우(虞, 하남성 虞城縣)에
2개가 떨어졌다.

6   낭중령(郎中令) 107 냉포(冷褒)와 황문랑(黃門郞) 단유(段猶) 등이
다시 주문으로 말하였다.

"정도공황태후(定陶共皇太后)와 공황후(共皇后)는 모두 다시 정도
(定陶)라는 번국(藩國)의 명칭을 끌어다가 큰 명호(名號) 앞에 붙여서
는 안 되며, 거마(車馬)와 의복(衣服)도 마땅히 모두 황(皇)이라 불리는

---

106 이 일은 성제 원연 4년(기원전 9년)에 있었고, 그 내용은 《자치통감》 권32에
   실려 있다.

107 궁정의 금위사령관에 해당하는 직책이다. 원부(原父)는 이 시기에 낭중은 있
   었으나 낭중령은 없었다고 되어 있으므로 령(令)이 덧붙여진 것일 수도 있다.

뜻에 걸맞게 하고, 이(吏)이천석 이하를 두어서 각기 그 직책을 담당하게 하고, 또 마땅히 공황(共皇)을 위하여 경사(京師)에 묘(廟)[108]도 세워야 합니다."

황상이 다시 그것을 의논하라고 내려 보내니 많은 아랫사람들은 대부분 그 지시를 좇아서 말하였다.

"어머니는 아들 때문에 귀하게 되는 것이니 마땅히 존호(尊號)를 붙여서 효도를 두텁게 하십시오."

오직 승상 공광·대사마 부희·대사공 사단은 안 된다고 생각하였다. 사단이 말하였다.

"성스러운 제왕(帝王)이 예(禮)를 만들면서 법을 천지(天地)에서 취하였습니다. 높고 낮은 것은 하늘과 땅의 자리를 바르게 하기 위한 것이었으니 어지럽게 할 수 없습니다. 지금 정도(定陶)공황태후와 공황후에게 정도공(定陶共)이라는 명호(名號)를 붙이는 것은 어머니가 아들을 따른 것이며, 지어미가 남편의 명호를 좇는다는 뜻입니다.[109]

관청을 세우고 관리를 두며, 거마(車馬)와 의복에서 태황태후[110]와 나란히 한다면, 높은 자리는 둘이 없다는 뜻을 밝히는 것이 아닙니다. 정도공황(定陶共皇)이라는 시호가 이미 앞서 확정되었으므로 뜻으로 보아서 다시 고칠 수가 없습니다.

---

108 현 황제인 유흔(劉欣)의 아버지는 정도왕 유강(劉康)이다. 그의 아들이 황제가 되어 경사에 있으므로 그를 위한 사당도 경사에 두어야 한다는 뜻이다.

109 정도공황태후인 부(傅)씨는 자기의 남편인 원제가 죽고 아들인 유강이 정도왕이 되자 아들을 따라서 정도국으로 내려갔으며, 정도공황후는 정도왕 유강의 부인인 정희(丁姬)이며 현재 황제인 유흔의 생모이다.

110 원제의 부인이며 성제의 어머니인 왕정군을 말한다.

《예기》에는 아버지가 사(士)였고, 아들이 천자가 되었다면 천자로서 제사를 지내고 그 시(尸)는 사(士)의 복장을 입는다[111]라고 되어 있습니다. 아들은 아버지에게 작위를 줄 수 없다는 뜻이며 부모를 존경하는 것입니다. 다른 사람의 뒤를 이은 사람은 그 사람을 위하여 아들이 되는 것이니, 그러므로 뒤를 이은 사람을 위하여 참최(斬衰)[112] 3년의 복(服)을 입고 그를 낳아준 부모를 위하여서는 복상기간을 1년으로 내려서 본조(本祖)[113]를 높이고 정통(正統)을 중시하는 뜻을 밝혔습니다.

효성황제의 성스러운 은혜는 깊고 머니, 그러므로 공왕(共王)을 위하여서도 후사(後嗣)를 세워서 제사를 이어 받들도록 하였고 공황(共皇)으로 하여금 장(長)이 되게 하여 한 개의 번국(藩國)의 태조(太祖)[114]로 삼았으니, 만세(萬世)를 지나도 훼손(毀損)되지 않은 것이며, 그 은혜와 의미는 다 갖추어져 있습니다.

폐하께서는 이미 먼저 돌아가신 황제를 몸으로 이으셔서 대종(大宗)

---

111 《예기(禮記)》 상복소기에 나오는 말이다. 옛날에는 제사를 지낼 때에 반드시 산 사람 하나를 청하였다가 제사의 대상이 된 죽은 사람이 살았을 때에 입었던 옷을 입게 하고 죽은 사람을 대신하여 제사를 받게 하였다. 이 사람을 시(尸)라고 한다. 후에 가서는 이렇게 번거로운 절차 대신에 화상이나 위패로 대신하게 하였다.

112 사람이 죽은 다음에 입는 상복의 종류는 죽은 사람과의 관계에 따라서 다섯 가지로 나눈다. 그 가운데 참최가 제일 중한 상복이다. 죽은 사람의 아들과 결혼하지 않은 딸과 며느리는 이 상복을 입는다.

113 사위(嗣位)를 계승한 입장에서의 조상을 말한다.

114 성제 수화 원년(기원전8년)에 성제는 애제를 태자로 선택하고 나서 공왕을 위하여 초효왕인 유효(劉囂)의 손자인 유경(劉景)을 정도왕으로 정하여 현 황제인 애제의 생부인 정도왕 유강의 후사를 잇게 하였다. 또한 유강을 정도국이라는 번국의 창시자로 삼아서 정도국의 태조가 되게 하였다.

의 중요한 위치를 가졌으며, 종묘(宗廟)와 천지(天地)·사직(社稷)의 제사를 이으니 뜻으로는 다시 정도공황을 받들어 그의 사당을(廟, 사당)에 들어가서 제사를 지낼 수가 없습니다. 이제 경사(京師)에 사당을 세우고 신하들로 하여금 그곳에 가서 제사를 지내게 하면 결국 주인이 없게 되는 것입니다. 또 친진(親盡)[115]하면 마땅히 훼손(毀損)하는 것인데, 공연히 일국의 태조(太祖)라는 끊이지 않을 제사를 받는 자리를 떠나서 주인도 없고, 마땅히 훼손될 수밖에 없는 올바르지 아니한 예(禮) 자리로 나아가게 하니[116] 공황(共皇)을 높이고 두텁게 하는 것이 아닙니다."

사단은 이로 말미암아서 황상의 뜻에 점점 맞지 않게 되었다.

마침 어떤 사람이 상서(上書)하여 말하였다.

"옛날에는 거북[龜]과 조개껍질[貝]을 가지고 돈으로 썼는데 오늘날에는 전(錢)으로 이것을 바꾸었으니, 백성들은 이것으로 인하여 가난해졌으므로 마땅히 화폐를 바꾸어야 합니다."

황상이 사단에게 물으니 사단은 고칠 수 있다고 대답하였다. 글을 유사에게 내려 보내어 의논하게 하였는데 사람들은 모두 전(錢)을 쓰기 시작한 것이 오래 되었으므로 갑작스럽게 바꾸기는 어렵다고 하였다.

사단은 노인이라 앞서 그가 전에 하였던 말을 잊어버리고 공경들이

---

115 제사를 지내는 경우에 친히 정을 느끼는 정도가 지난 것을 친진(親盡)이라고 한다.

116 현재 황제인 애제의 생부인 유강의 사당을 경사에 두어서 제사를 지낸다고 하여도, 세월이 지나가게 되어 친정(親情)이 다하면 제사를 지내지 않게 된다. 그러나 유강의 사당을 그냥 정도에 둔다면 정도국에서는 태조의 위치이므로 계속하여 제사를 받을 수 있다는 뜻이다.

의논한 대로 다시 좇았다. 또 사단은 자기가 이(吏, 官吏)로 하여금 상주문을 쓰게 하였고, 이(吏)는 사사롭게 그 초안(草案)을 써 놓았었는데, 정씨(丁氏)와 부씨(傅氏)의 자제들이 이 소식을 듣고, 다른 사람을 시켜서 편지를 올려서 고(告)하였다.

"사단은 봉사(封事)를 올렸는데, 길에 다니는 사람들조차 그 편지를 두루 갖고 다닙니다."

황상이 장군(將軍)과 중조신(中朝臣)[117]들에게 물었더니, 모두 대답하였다.

"충신은 드러나지 않게 간(諫)합니다. 대신이 상주한 사건은 마땅히 누설되어서는 아니 되니 의당 정위(廷尉)에게 내려 보내서 처리하십시오."

사건이 정위에게 내려가니 사단을 대불경죄(大不敬罪)[118]로 탄핵하였으나 사건이 아직 다 결말이 나지 않았는데, 급사중·박사인 신함(申咸)과 계흠(炔欽)이 상서하여 말하였다.

"사단은 경전(經典)과 덕행에서 그와 비교할 곳이 없는 사람이며, 근세의 대신들 가운데서도 능히 사단과 같은 사람은 적습니다. 비분한 마음을 드러내어 봉사(封事)를 상주하였는데, 깊고 멀리 생각하고 염려하지 못하고 주부(主簿)로 하여금 쓰게 하였으니 누설되게 한 허물은 사단에게 있는 것은 아닌데 이것으로 그를 폄하(貶下)하여 내쫓는다면 아마도 많은 사람의 마음을 만족시키지 못할까 걱정입니다."

황상은 신함과 계흠을 각기 2등급[119]씩 강등시켰고 드디어 사단을

---

117 궁정에서 일하는 관리이다.
118 사면 받지 못하는 10대 죄 가운데 한 가지이다.

책서(策書)로 면직시키며 말하였다.

"짐은 오직 그대의 지위가 높고 맡은 임무가 무겁다고 생각하며, 속일 생각을 품고 나라를 미혹(迷惑)하면서 나가고 들어오는 것에서 명령을 위반하고 반복하여 다른 말을 하니 심히 그대를 부끄럽게 생각한다! 그대가 일찍이 스승의 자리를 의탁한 일[120]이 있어서 차마 아직은 이(理, 법관, 정위)에게 고문하게 하지 않는데 그러니 대사공과 고락후의 인수(印綬)를 올려 보내고, 파직하고 돌아가시오."

상서령 당림(唐林)이 상소하였다.

"가만히 살펴보건대, 대사공을 면직시키는 책서는 대단히 깊고 통절(痛切)하였습니다. 군자(君子)가 글을 쓰면서 현명한 사람을 위하여 감추어 두는 것입니다. 사단은 경전(經典)에서는 세상 유학자들의 종사(宗師)이고 덕행(德行)에서는 나라의 황구(黃耉, 노인)이며, 친히 성스러운 몸을 가르쳤고 지위는 삼공(三公)에 있는데, 연루된 것은 미미하며 해내에서는 아직 그에게 커다란 허물을 보지 못하였습니다.

사건은 이미 지나가 버렸는데, 작위를 면제시킨 일은 대단히 무거우니, 경사(京師)에 있는 아는 사람들은 모두 마땅히 사단의 작읍(爵邑)을 회복시켜야 한다고 생각하고 있으니 봉조청(奉朝請)을 하게 하여 주십시오. 오직 폐하께서 많은 사람들의 마음을 살펴주셔서 스승이 되는 신하를 위로하고 보답하십시오."

황상이 당림의 말을 좇아서 조서를 내리고 사단을 사면하고 작위를 관내후(關內侯)로 하였다.

---

119 이들은 녹질이 600석이었으므로 400석으로 떨어진 것이다.
120 유흔이 태자였을 때에 사단이 태자태부의 직책을 맡았다.

황상은 두업(杜業)의 말을 채용하여 주박(朱博)을 불러 보고 집안에서 불러내어[121] 다시 광록대부로 삼았다가 경조윤(京兆尹)으로 승진시켰다. 겨울, 10월 임오일(13일)에 주박을 대사공으로 삼았다.

7   중산왕(中山王) 유기자(劉箕子)[122]는 어려서부터 생병(眚病)[123]이 있었는데, 할머니 풍태후(馮太后)가 스스로 기르면서 자주 재액(災厄)을 풀어 달라고 기도하였다. 황상은 중랑알자(中郞謁者) 장유(張由)를 파견하여 의사를 데리고 가서 그를 치료하게 하였다.

장유는 평소에 광역병(狂易病)[124]을 갖고 있었는데 병이 나서 화를 내면서 떠나서 서쪽 장안으로 돌아갔다. 상서(尙書)가 문서로 장유가 멋대로 떠난 상황을 책망하니 장유는 두려웠고, 이어서 무고(誣告)로 중산태후(中山太后)가 황상과 부태후(傅太后)를 저주하였다고 말하였다. 부태후(傅太后)와 풍(馮)태후는 나란히 원제(元帝)를 섬겼는데, 그에게 추후로 원한을 품고 있으므로[125] 이로 인하여 어사(御史) 정현(丁玄)을 파견하여 조사하게 하였고 수십 일이 지나도 아무런 소득이 없었다.

---

121 주박은 원래 후장군이었는데 순우장의 사건에 휘말려 재상인 적방진에게 탄핵을 받아 성제 수화 원년(기원전 8년)에 면직되었다. 그 다음 해에 두업이 건의한 일이 있다.

122 원제인 유석의 손자이며 중산효왕인 유흥의 아들이다.

123 백내장 계통의 눈병이다.

124 일종의 정신착란증이다.

125 부태후와 풍태후는 모두 원제의 첩여(捷伃)였는데 이들이 궁중 암투 과정에서 부태후[부첩여]가 졌다.

다시 중알자령(中謁者令) 사립(史立)으로 하여금 이 문제를 처리하
도록 하였는데 사립은 부태후의 지시를 받아서 후작에 책봉될 것을 바
라고서 풍태후의 여동생인 풍습(馮習)과 동생의 부인인 군지(君之)를
다스렸는데, 죽은 사람이 수십 명이었고, 무고하는 주문을 올려서 말하
였다.

"저주하는 기도를 올려서 황상을 시해하고 중산왕을 세우려고 모의
하였다."

풍태후를 책망하면서 물었으나 승복하는 말을 하지 않았다.

사립이 말하였다.

"곰이 전각으로 뛰어오르려 하자 얼마나 용감하였는데,[126] 지금 어
찌하여 그렇게 겁먹는단 말이오?"

태후(太后, 풍태후)가 돌아와서 좌우에 있는 사람들을 돌아보고 말하
였다.

"이 사건은 궁중 안에 있는 말인데 이(吏)가 어떻게 이를 알고 썼는
가? 나를 빠뜨리려고 하는 증험이다."

마침내 약을 먹고 자살하였다.

의양후(宜陽侯) 풍참(馮參)과 군지·풍습과 그의 지아비·아들이 서
로 연좌되어 혹은 자살하고 혹은 법으로 복주(伏誅) 되었으니, 무릇 죽
은 사람이 17명이었다. 많은 사람들 중 그들을 가련해 하지 않는 사람
이 없었다.

---

126 풍태후가 첩여 시절에 원제와 함께 있는데 곰이 우리를 뛰쳐나오자 부첩여
[부태후]를 비롯한 많은 사람들이 도망하였지만 풍첩여는 황제를 막고 곰과
대치하였던 일이 있다. 이 사건은 소건 원년(기원년 38년)에 있었고, 그 내용은
《자치통감》 권29에 실려 있으며, 30여 년 전의 사건이다.

사예(司隷) 손보(孫寶)가 주문으로 풍씨 사건을 다시 처리하자고 청하니, 부태후가 크게 화가 나서 말하였다.

"황제는 사예를 두고 주로 나를 살피게 한 것이구려! 풍씨가 배반한 사건은 분명한데 고의로 도발하여 나의 악함을 드러내려고 하니 나는 마땅히 이것엔 연루되겠구나."

황상은 마침내 지시를 좇아서 손보를 감옥으로 내려 보냈다.

상서복야(尙書僕射) 당림(唐林)이 이를 가지고 다투었는데, 황상은 당림을 붕당을 만들었다는 명목으로 돈황(敦煌, 감숙성 돈황현)의 어택장후(魚澤障候)[127]로 좌천시켰다. 대사마 부희(傅喜)와 광록대부 공승(龔勝)이 굳게 다투었더니 황상은 태후(太后, 부태후)에게 말을 하여 손보를 내보내어 복관(復官)시켰다. 장유는 먼저 고해 바쳤다고 하여 작위를 하사하여 관내후로 하고, 사립은 중태복(中太僕)으로 승진되었다.＊

---

127 어택장은 돈황의 서쪽에 있는 보루이며, 어택장후는 이 보루의 초관(哨官)에 해당하는 직책이다.

애제 건평 2년(丙辰, 기원전 5년)

1　봄, 정월에 견우(牽牛)[1]에 패성(孛星)이 나타났다.

2　정씨(丁氏)와 부씨(傅氏)[2]의 종족들이 교만하고 사치스러우면서 모두 부희(傅喜)가 공손하고 검약한 것을 질투하였다. 또 부태후는 존호로 불려서 성제(成帝)의 모친[3]과 똑같이 존중받기를 요구하였는데, 부희는 공광·사단과 함께 고집하며 안 된다고 하였다. 황상은 대신들의 올바른 의논을 어기기가 어려웠고, 또 안으로는 부태후(傅太后)의 다그침을 받았지만 어기면서 해를 이어갔다.

부태후가 크게 화를 내니, 황상은 부득이하여 먼저 사단을 면직시

1　견우성은 여섯 개가 있는데 하늘의 관문과 교량 역할을 하며 희생에 관한 일을 주관한다.

2　부씨는 황제 애제의 할머니인 부태후의 친정식구들이고, 정씨는 애제의 어머니인 정태후의 친정식구들이다.

3　태황태후인 왕정군을 말한다.

켜서 부희를 느껴서 움직이려고 하였지만 부희는 끝까지 순종하지 아니하였다. 주박(朱博)과 공향후(孔鄕侯) 부안(傅晏)은 연결하여 함께 존호(尊號)의 문제를 매듭지으려고 꾀하면서 자주 연현(燕見)하였으며, 봉사(封事)를 올려서 부희와 공광을 단점으로 헐뜯었다. 정축일(丁丑)[4]에 황상은 드디어 책서(策書)로 부희를 면직시키고 후(侯)로서 집에 가게 하였다.

어사대부(御史大夫)라는 관직은 이미 철폐되었지만,[5] 의논하는 사람들은 대부분 옛날과 오늘날의 제도가 다르며, 한(漢)은 천자로 불리는 직위에서부터 아래로 좌사(佐史)에 이르기까지 모두 옛날의 것과 다른데,[6] 다만 삼공(三公)만 고쳤으므로 직책과 그 맡은 일을 분명하게 구분하기가 어렵고 혼란을 다스리는데 아무런 이익이 없다고 생각하였다.

이에 주박이 주문으로 말하였다.

"옛날 일에, 군국(郡國)의 태수나 재상 가운데 가장 우수한 사람을 골라서 중이천석(中二千石)으로 삼고, 이들 중이천석 가운데서 선발하여 어사대부를 뽑고, 직책을 잘 맡은 사람을 승상으로 삼았다고 하였으니, 직위의 차례에는 순서가 있어서 성스러운 덕을 존중하고 나라의

---

4 정월 1일이 무자일이므로 정월에는 정축이 없다. 다만《한서(漢書)》에 의하면 이날은 정미(丁未)일이고, 정미일은 20일이므로 정축은 정미의 잘못으로 보인다.

5 성제 수화 원년(기원전 8년)에 어사대부라는 관직을 철폐하고 대사공을 두었다. 이 일은《자치통감》권32에 실려 있다.

6 한나라의 관직은 두식(斗食)과 좌사(佐史)에서 끝난다. 한나라는 대체로 진(秦)을 이어받아서 황제에서부터 백관의 명칭이 옛날의 것과 다르다.

재상을 중하게 여긴 것입니다.

지금 중이천석으로 아직 어사대부를 거치지 아니하고 승상이 되어서 권위는 가볍게 되었으니 이는 나라의 정치를 중시하는 것이 아닙니다. 신(臣)은 어리석으나, 대사공의 관직은 철폐하고 어사대부라는 직책을 다시 설치할 수 있는데 옛날의 제도를 준행하는 것이라고 생각합니다. 신이 바라건대 어사대부[7]로서 힘을 다하여 많은 관료를 통솔하게 하여주십시오."

황상이 이를 좇았다.

여름 4월, 무오일(2일)에 주박에게 바꾸어 벼슬을 주어 어사대부로 하였다. 또 정(丁) 태후의 오빠인 양안후 정명(丁明)을 대사마·위장군으로 삼고 관속을 두게 하며, 대사마에게 붙인 관호(冠號)는 예전과 같게 하였다.

3 부태후는 또 스스로 승상과 어사대부에게 조서를 내려서 말하였다.

"고무후(高武侯) 부희(傅喜)[8]는 아랫사람에게 붙어서 윗사람을 속였고, 옛 대사공인 사단과 더불어 같은 마음으로 배반하여 명령을 방기(放棄)하고 종족을 훼손(毁損)하였으니, 봉조청(奉朝請)[9]은 마땅치 않으니, 보내어 봉국(封國)으로 가게 하라."

---

7 이때에 주박은 이미 삼공의 하나인 대사공의 직책을 갖고 있었으므로 어사대부의 직책을 갖는다는 것은 한 단계 낮은 직책을 갖겠다는 것이다.

8 부희는 부태후의 사촌동생이었다.

9 현직에 있지 않으나 작위를 가진 사람에게 황제가 조회에 나오도록 초청하는 것을 봉조청이라고 한다.

4   승상 공광(孔光)은 먼저 돌아가신 황제 시절부터 후계자를 의논할
때에 다른 의견을 갖고 있어서 틈이 벌어져 있었는데, 또 부태후의 지시
를 거듭 거슬렀으니,[10] 이로 말미암아서 부씨 성을 가진 사람으로 자리
에 있는 사람들과 주박은 표리(表裏)[11]를 이루어서 함께 공광을 헐뜯
으며 참소하였다.

을해일(19일)에 책서(策書)로 공광을 면직시키고 서인으로 만들었
다. 어사대부 주박을 승상으로 삼아 양향후(陽鄕侯)로 책봉하고, 소부
(少府) 조현(趙玄)이 어사대부가 되었다. 임석하여 연등(延登)[12]하여
책서를 받는데, 종이 울리는 것 같은 큰 소리가 났으며 전(殿)에 있는
낭이(郞吏)[13]들로 계단에 있는 사람들이 모두 들었다.

황상이 황문시랑인 촉군(蜀郡, 사천성 성도시) 사람 양웅(揚雄)과 이
심(李尋)에게 물었다. 이심이 대답하였다.

"이것은 바로 《홍범(洪範)》에서 말한 바의 고요(鼓妖)라는 것입니다.
스승에게 배운 법에서는 인군(人君)이 말을 듣지 아니하고, 많은 사람
에게 미혹(迷惑)되어서 헛된 이름으로 승진시키게 되면 소리는 있으나
형체는 없는데, 발생한 곳을 알지 못한다고 하였습니다.

---

10 이 일은 성제 수화 원년(기원전 8년)에 있었고, 그 내용은 《자치통감》 권32에
   보인다.
11 부씨들은 내조에서 공광을 참소하였으며, 주박은 외조에서 공광의 흠집을
   잡았다.
12 연등은 이어서 올라간다는 말로 이는 전각에 오른다는 뜻이다. 승상이나 어
   사대부를 제수할 때에 처음으로 이 자리에 임명되는 사람이 있는 경우에 황
   제는 친히 그 사람을 맞이하여 전(殿)에 올라가서 조서를 내린다.
13 낭은 낭관 즉 궁정의 금위관이고, 이(吏)는 기타의 관원이다.

《전(傳)》[14]에서 말하였습니다. '세(歲)·월(月)·일(日)의 중간이라면 정경(正卿)이 이를 받는다.' 지금은 4월이고 하루 가운데 진시(辰時)와 사시(巳時)에 이상한 일이 있었으니, 이것은 중간입니다.[15] 정경은 정권을 잡은 대신을 말합니다. 의당 승상과 어사[16]를 물러나게 하여 하늘의 변화에 순응하십시오. 그러나 비록 물러나게 하지 않는다고 하더라도 1년을 넘기지 못하고 스스로 그 허물을 받을 것입니다."

양웅도 역시 생각하였다.

"고요(鼓妖)는 듣기를 잃은 것의 상징입니다. 주박은 사람됨이 강하고 단단하며 권모술수가 많으므로 장수로 삼는 것은 마땅하지만 재상으로 삼는 것은 마땅치 않은데, 아마도 흉악하고 급한 질병으로 하늘의 노함을 나타낼까 걱정입니다."

황상이 듣지 아니하였다.

주박이 이미 승상이 되니 황상은 드디어 그의 건의를 채용하여 조서를 내려서 말하였다.

"정도공황(定陶共皇)의 칭호에는 마땅히 더 이상 정도(定陶)라는 칭호를 붙이지 말고, 공황태후는 제태태후(帝太太后)라 하고 영신궁(永信宮)이라고 칭하며, 공황후(共皇后)는 제태후(帝太后)로 하며 중안궁(中安宮)이라고 칭하고, 공황(共皇)을 위하여 침묘(寢廟)를 경사에 세우는데, 선제(宣帝)의 부친인 도황고(悼皇考)의 제도[17]에 비추어 시행하라."

---

14 해설한 것을 전(傳)이라고 한다. 여기서는 《홍범》을 해설한 것이다.

15 한 해를 셋으로 나누면 4월은 이 해의 중간이고, 하루를 셋으로 나누면 진(辰)과 사시(巳時)가 중간에 해당하므로 종소리가 난 시점은 화를 입을 사람이 정경이라는 말이다.

16 주박과 조현을 말한다.

이에 네 명의 태후[18]에게는 각기 소부(少府)와 태복(太僕)를 두었는데, 녹질은 중이천석으로 하였다. 부태후는 높여진 후에 더욱 교만하여져서 태황태후와 말을 하면서 '구(嫗)'[19]라고 하기에 이르렀다. 그때에 정씨(丁氏)와 부씨(傅氏)들은 1~2년 사이에 갑자기 일어나서 더욱 번성하니, 공경(公卿)이나 열후(列侯)가 된 사람이 아주 많았는데, 그러나 황제는 권력을 많이 빌려주지는 않았으므로 그 세력은 성제(成帝) 때의 왕씨와 같지 아니 하였다.

5 　승상 주박(朱博)과 어사대부 조현(趙玄)이 주문으로 말하였다.

"전의 고창후(高昌侯)인 동굉(董宏)이 제일 먼저 칭호를 높이는 논의를 하였는데, 관내후 사단이 탄핵하는 주문을 올려서 면직되어 서인이 되었습니다.[20] 그때는 천하가 참최(參衰)와 조복(粗服)[21]을 입었으

---

17 선제는 태자였다가 황제에 오르지 못한 여태자 유계(劉系)로서 여태자의 동생으로 황제 위에 오른 소제 유불능의 후계자가 되어 황제 위에 올랐다. 선제가 황제에 오르자 여태자에게 시호를 도(悼)라고 하였고, 선제 지절 4년(기원전 66년)에는 존호를 다시 황고라고 하고 황고묘를 세웠다.

18 성제의 어머니인 태황태후 왕정군과 그 부인인 황태후 조비연, 그리고 애제의 할머니인 부태후와 어머니인 정희가 새로이 제태태후와 제태후가 되었으므로 네 명의 태후가 되었다.

19 왕정군은 원제의 정비이고 부태후는 원제의 첩여였다. 그리고 왕정군의 아들은 황제가 되어 성제가 되었으나, 부태후의 아들은 정도왕으로 제후였던 것이다. 그러므로 그 신분이 원래 현격한 차이가 있었음에도 '구(嫗)', 즉 할멈이라는 칭호를 썼으므로 원래의 신분대로라면 이는 대단히 불경스러운 용어였다. 그러나 지금 똑같이 중앙황실의 태후가 되었다고 하여 평배에서 쓰는 용어를 썼던 것이다.

20 이 일은 수화 2년(기원전 8년)에 있었고, 그 내용은 《자치통감》 권33에 실려 있다.

므로 정치를 사단에게 위탁하였는데 사단이 존호(尊號)의 의미를 널리 포양(襃揚)하려고 깊이 생각하지 아니하고 망령된 칭호에 대한 설(說)을 가지고 존호를 억누르고 폄하(貶下)하였으며 효도를 훼손하였으니 그 충성되지 못함이 막대합니다.

폐하께서는 어질고 성스러우셔서 밝히 존호를 확정하였으니 동굉은 충성스럽고 효성스럽다는 명목으로 고창후를 회복시키고 사단은 사악한 반역을 갑자기 드러냈으니 비록 사면령을 받았지만 작읍(爵邑)을 갖게 하는 것은 마땅하지가 않으니, 청컨대 없애서 서인으로 만드십시오."

주문이 옳다고 하였다.

또 주문을 올렸다.

"신도후(新都侯) 왕망(王莽)은 전에 대사마였는데, 존존(尊尊)[22]하는 의미를 널리 펴지 아니하고 존호를 억누르고 폄하하였으며, 효도하는 마음을 훼손하였으니,[23] 마땅히 잡아서 드러내서 주륙(誅戮)하여야 합니다. 다행하게도 사면령을 받았다 하더라도 작토(爵土)를 소유하는 것은 마땅하지가 않습니다. 청컨대 없애서 서민으로 삼으십시오."

황상이 말하였다.

"왕망은 태황태후와 친척인 까닭에 없앨 수가 없고 보내어 봉국으로 가게 하라."

---

21 성제가 죽은 지 얼마 되지 않은 복상기간이다.

22 높은 사람을 높인다는 유가의 원칙을 말하는 것이다. 여기서는 부태후를 높여야 한다는 의미로 쓰였다.

23 이 일은 수황 2년(기원전 8년)에 있었고, 그 내용은 《자치통감》 권33에 실려 있다.

평아후(平阿侯) 왕인(王仁, 왕담의 아들)의 경우에 이르러서는 조소의(趙昭儀)의 친척을 숨겨주었으므로 모두 보내어 봉국으로 가게 하였다.

천하에는 왕씨(王氏)에게 억울해 하는 사람이 많았다. 간대부(諫大夫) 양선(楊宣)이 봉사(封事)를 올려서 말하였다.

"효성황제는 종묘의 중함을 깊이 생각하시고 폐하(陛下)의 지극한 덕을 칭찬하여 서술하고 천자(天子)의 순서를 있게 하였으니, 성스러운 정책은 깊고 멀었으며 은덕은 지극히 두텁습니다. 오직 먼저 돌아가신 황제의 뜻을 생각하신다면 어찌 폐하로서 자신을 대신하게 하였으니 동궁(東宮)[24]을 받들어 잇지 않습니까?

태황태후의 춘추는 일흔이며, 자주 걱정과 마음 상하는 일[25]을 겪으셨고, 친속들에게 칙령을 내려서 목을 움츠리고 정씨(丁氏)와 부씨(傅氏)들을 피하게 하니, 길을 지나는 사람들이 이 때문에 눈물을 흘리는데, 하물며 폐하께서는! 높은 곳에 올라가서 먼 곳을 바라보면서 다만 연릉(延陵, 성제의 능)에게 부끄럽지 않겠습니까?"

황제는 그 말에 깊이 감동을 받아서 성도후(成都侯) 왕상(王商)의 둘째 아들인 왕읍(王邑)을 다시 책봉하여 성도후로 삼았다.[26]

6　　주박이 또다시 주문으로 말하였다.

"한가(漢家)의 옛날 일에는 부자사(部刺史)를 두었는데, 녹질은 낮았지만[27] 상은 후하게 받았으니, 모두 공로를 세우기를 권하자 즐겨서 나

---

24 태황태후 왕정군은 동궁에 거주하므로 동궁이라고 호칭한다.

25 왕정군은 부군인 원제의 상을 당하였고, 다시 아들인 성제의 상까지 겪었다.

26 수화 2년(기원전 7년)에 왕상의 아들인 왕황이 죄를 지어 후작을 빼앗겼다.

아갔습니다.

전에 자사를 철폐하고 바꾸어서 주목(州牧)을 설치하였는데,[28] 그 녹질은 진(眞)이천석[29]이었고 지위는 9경 다음이어서 9경 가운데 결원이 생기면 우수한 사람으로 보충하였으며, 그 중간 정도의 재주가 있는 사람은 억지로 자기 자신을 지킬 뿐이니, 아마도 공로나 효과가 점점 쇠락하여 간사한 짓이 일어나는 것을 금하지 못하였습니다. 신이 청컨대 주목을 철폐하고 옛날처럼 자사를 설치하십시오."

황상이 이 말을 좇았다.

7 6월 경신일(5일)에 제태후 정씨(丁氏)가 붕어하였고, 조서를 내려서 정도(定陶, 산동성 정도현) 공황(共皇)의 묘원(墓園)으로 돌려보내어 장사지내도록 하고, 진류(陳留, 하남성 진류현)와 제음(濟陰, 산동성 정도현) 근처에 있는 군국(郡國)에서 5만 명을 동원하여 땅을 뚫고 흙을 돋우도록 하였다.

8 애초에, 성제 때에 제(齊) 사람 감충가(甘忠可)가《천관력(天官曆)》과《포원태평경(包元太平經)》12권을 거짓으로 만들어서 '한가(漢家)는 천지의 커다란 종말을 만났으니 마땅히 하늘에서 다시 명(命)을 받

---

27 무제 이후에 천하를 13부(部)로 나누고 이 부에는 자사를 두었는데 이 자사의 녹질은 600석이다. 이 부는 주(州)와 일치하여 주자사라고 불렸다.

28 성제 수화 원년(기원전 8년)에 자사제도를 철폐하고 주목제도를 두었으며, 이 내용은《자치통감》권32에 실려 있다.

29 한대의 관직은 받는 녹질을 기준으로 삼는데, 이천석에는 ①중(中)이천석, ②이천석, ③비(比)이천석이 있다. 이천석은 진(眞)이천석으로 불리기도 하였다.

아야 한다.'고 하였고 이것을 발해(渤海, 하북성 滄縣) 사람 하하량(夏賀良) 등에게 가르쳤다.

중루(中壘)교위 유향(劉向)이 주문으로 '감충가가 귀신을 빌려서 황상을 속이고 많은 사람들을 현혹시키고 있다.'고 하니 하옥시키고 자복하도록 다스리다가, 아직 판결하지 않았는데 병들어 죽었다. 하하량 등이 다시 사사로이 서로 가르쳤다.

황상이 즉위하자 사예교위 해광(解光)과 기(騎)도위 이심(李尋)이 하하량 등을 이야기하여 모두 대조황문(待詔黃門)[30]으로 하였다. 이들을 자주 불러서 보니 펼쳐 설명하였다.

"한(漢)의 역수(曆數)는 중도에 쇠미하니 마땅히 다시 명(命, 천명)을 받아야 합니다. 성제께서는 천명(天命)에 부응하시지 않으셨으니, 그런고로 후사가 끊겼습니다.

지금 폐하께서는 오랜 질병을 갖고 있는데, 변이(變異)한 사건이 누차에 일어나는 것은 하늘이 사람에게 견책을 하면서 알려 주는 것이니, 의당 급히 연호를 고치셔야 마침내 해가 갈수록 더욱 오래 사시고 황자(皇子)가 탄생하며 재이(災異)가 사라집니다. 도(道)를 얻고서도[31] 실천을 못하면 허물과 재앙이 또한 없는 곳이 없을 것이니, 장차 홍수가 나타나고 화재(火災)가 또 일어나서 인민들을 싹 쓸어버릴 것입니다."

황상은 오랫동안 병으로 누워 있어서[32] 그것이 유익하기를 희망하

---

30 대조는 재주나 기술로 초빙되었으나 아직 정식 관리가 되지 않은 사람을 말하고, 황문은 금문(禁門)을 말한다.

31 자기들이 하늘의 도를 이미 알려주었다는 말이다.

32 애제는 즉위하면서부터 위비(痿痺)에 걸렸다고 하는데, 이는 수족이 떨리는 등 각기병 같은 것으로 보이며, 그 말년이 되면서 점점 심각하였다.

고 드디어 하하량 등의 의견을 좇아서 조서를 내려서 천하를 크게 사면하고 건평 2년을 태초(太初)³³ 원년으로 하고, 칭호(稱號)를 '진성유태평황제(陳聖劉太平皇帝)'라 하였고 누각(漏刻)을 120개³⁴로 하여 잤다.

9   가을, 7월에 위성(渭城, 섬서성 함양시)의 서북쪽 들판의 영릉정(永陵亭)이 있는 부분을 초릉(初陵)³⁵으로 만들었는데, 군국의 백성들을 옮기지 못하게 하였다.

10   황상이 이미 연호를 고치고 1개월여가 되어도 질병으로 누운 것은 그대로였다. 하하량 등은 다시 정치적인 일을 망령되게 변경시키고자 하였으나 대신들이 다투며 허락할 수가 없다고 생각하였다. 하하량 등이 주문으로 말하였다.

"대신들은 모두 천명(天命)을 알지 못하니 의당 승상과 어사를 물러나게 하시고, 해광(解光)과 이심(李尋)으로 보정(輔政)하게 하십시오."

황상은 그의 말은 효험이 없다고 생각하여 8월에 조서로 말하였다.

---

33 《자치통감》에는 바꾼 연호를 '태초'라고 기록하였다. 그러나 송기가 《한서(漢書)》 왕망전을 고증한 것을 보면 신비한 예언서를 해석하고서 "연호는 마땅히 '태초원장(太初元將)'으로 하여야 하는데 훗날의 사람들은 이처럼 넉 자로 된 연호를 이해하지 못하고 '원장'이라는 두 글자를 삭제하여 버렸다."고 하였다. 그런데 당대(唐代)에 쓰인 《한서》의 판본을 보면 여전히 '태초원장'으로 되어 있다. 이러한 사정으로 볼 때에 사마광이 본 것은 당판본의 《한서》가 아닌 것인지, 혹은 스스로 이 두 글자를 삭제한 것인지 모르겠다.

34 시간을 재는 물시계인데 그 눈금이 옛날 것은 100개로 되어 있으나 이제 120개로 바꾸었다.

35 황제가 생전에 자기의 능을 만드는데, 이것을 초릉이라고 한다.

"대조(待詔) 하하량 등이 건의하기를 연호를 고치고 칭호를 바꾸며 누각(漏刻)을 늘리면 영원히 국가[황제]를 편안하게 할 수 있다고 말하였는데, 짐은 도(道)를 믿는 것이 돈독하지 못하여 그 말을 지나치게 들었던 것은 백성들이 복을 얻기를 바라는 것이나 끝내는 아무런 좋은 감응이 없었다.

무릇 허물을 짓고 고치지 아니하면 이것을 허물이라고 말하는 것이다. 지난 6월 갑자일(9일)의 조서는 사면한 것 말고는 모두 이를 폐기한다.[36] 하하량 등이 도를 배반하고 많은 사람을 현혹하였으니 간사한 태도는 마땅히 끝까지 추궁하여야 할 것이다."

모두 하옥(下獄)시켰다가 복주(伏誅)하였다. 이심과 해광은 사형에서 한 등급 감하여 돈황군(敦煌郡, 감숙성 돈황현)으로 귀양 가게 하였다.

11 황상이 병으로 누워 있어서 전 시대에 일찍이 만들었던 여러 신(神)의 사당(祠堂)을 복구하였는데,[37] 무릇 700여 곳이며, 1년 동안에 3만7천 회[38]의 제사를 지냈다고 말하였다.

12 부태후가 부희를 원망하는 마음이 그치지 아니하여, 공향후(孔鄕侯, 傅晏)로 하여금 승상 주박(朱博)에게 바람을 잡게 하고서 주문(奏文)으로 부희의 후작(侯爵)을 벗기게 하라고 하였다. 주박은 어사대부

---

36 연호를 태초원장으로 고친 것과 황제의 칭호를 진성유태평황제라고 한 것을 전부 폐기한다는 뜻이다.
37 성제 건시 2년(기원전 31년)에 광형 등이 건의하여 여러 신단을 철폐시켰다.
38 하나의 사당에서 1년에 네댓 번의 제사를 지낸다.

조현과 이를 상의하니, 조현(趙玄)이 말하였다.

"이 사건은 이미 먼저 결정된 것이니, 없었던 것으로 하는 것이 마땅치 않겠습니까?"

주박이 말하였다.

"이미 공향후 문제를 허락하였소. 필부(匹夫)끼리 서로 하겠다고 하여도 오히려 서로 죽을 수 있는 것인데, 하물며 지존(至尊)인 경우에야! 나 주박은 오직 죽음이 있을 뿐이오."

조현도 바로 허락하였다.

주박은 다만 부희만을 배척하는 주문을 올리는 것이 나쁘다고 생각하여서 옛 대사공인 범향후(氾鄉侯) 하무(何武)도 전에 또 허물에 연좌되어 면직되어 봉국에 가 있었는데,[39] 사건이 부희와 비슷하여 바로 아울러 주문으로 말하였다.

"부희와 하무는 전에 자리에 있으면서 모두 정치에서는 무익(無益)하였는데, 비록 이미 물러나서 면직되었지만 작위와 봉토로 책봉되었으니, 마땅한 바가 아닙니다. 청컨대 모두 벗겨서 서인으로 삼으십시오."

황상은 부태후가 평소에 일찍이 부희에게 원한을 갖고 있다는 것을 알고 있어서 주박과 조현이 뜻을 이어받은 것이라고 의심하고 바로 조현을 불러서 상서로 오게 하여 상황을 물어 보니, 조현이 자백하는 말을 하였다.

조서로 말하였다.

"좌장군 팽선(彭宣)은 중조(中朝)[40]에 있는 사람들과 섞어서 문초하

---

39 이 일은 수화 2년(기원전 7년)에 있었고, 그 내용은 《자치통감》 권33에 실려 있다.

40 한대에는 외조와 중조가 있었는데 외조는 주로 문관이며, 중조는 궁정에 근

라."

팽선 등이 탄핵하는 주문으로 말하였다.

"주박·조현·부안(傅晏)은 모두 부도(不道)하고 불경(不敬)하였으니, 청컨대 그들을 불러서 정위(廷尉)의 조옥(詔獄)[41]으로 보내십시오."

황상은 조현의 죽을죄를 3등급 감하도록 하고, 부안의 호구 4분의 1을 삭감하도록 조치하였고, 알자(謁者)에 지절(持節)을 임시로 주어서 승상을 불러서 정위에게 보내려고 하였는데, 주박은 자살하니 봉국은 없어졌다.

13　9월에 광록훈 평당(平當)을 어사대부로 삼았는데, 겨울, 10월 갑인일(1일)에 승상으로 승진시켰고 겨울철이었으므로 또 작위를 하사하여 관내후로 하였다.[42] 경조윤인 평릉(平陵, 섬서성 함양시)의 왕희(王喜)[43]를 어사대부로 삼았다.

무하는 사람과 무관계통이다. 그런데 주박과 조현은 문관이었고 그 수장이었으므로 문관들로 신문하게 하지 않으려고 무관인 좌장군과 중조에 있는 관리들로 처리하게 한 것이다.

41　황제의 명령으로 형사문제를 처리하는 것이다.

42　겨울에는 보통 봉읍을 갖춘 작위를 하사하지 않는다. 다만 관내후는 한대의 작위 가운데 19급인데, 후작의 칭호는 있으나 경기 지역에 거주하며 봉읍이 없기 때문에 준후작이라 할 수 있다.

43　다른 자료에는 희(喜)가 가(嘉)로 되어 있는 것도 있는데, 다음 해의 기사에는 가(嘉)로 되어 있다.

병약한 애제

14 황상은 정(丁)씨와 부(傅)씨들을 조아관(爪牙官)⁴⁴에 두려고 하여 이 해에 책서(策書)로 좌장군인 회양(淮陽) 사람 팽선(彭宣)을 면직시키고 관내후로 집에 가 있게 하고 광록훈 정망(丁望)을 대신 좌장군으로 삼았다.

15 오손(烏孫)의 비원치(卑爰疐)⁴⁵가 흉노의 서쪽 변경을 침략하여 도적질하자 선우가 병사를 파견하여 그들을 쳐서 수백 명을 죽이고 1천여 명을 약취(略取)하고 소와 가축을 몰고 갔다. 비원치는 두려워서 아들 추록(趨逯)을 파견하여 흉노에 인질로 삼게 하니 선우가 받아들이고 그 상황을 보고하여 왔다. 한(漢)에서는 사자를 파견하여 선우를 책망하여 나무라고 비원치의 인질로 보낸 아들을 돌려보내라고 명령하니 선우⁴⁶가 이 조서를 받고 돌려보냈다.

---

44 조(爪)는 손톱이며, 아(牙)는 이빨이다. 그러므로 조아관이란 황제의 조아 역할을 할 수 있는 관직, 즉 황실을 보호하는 직책에 있는 무관을 말한다.

45 오손 소국왕인 말진장의 동생이다. 이에 관한 기사는 성제 원연 2년(기원전 11년)에 실려 있다.

애제 건평 3년(丁卯, 기원전 4년)

1 봄, 정월에 광덕이왕(廣德夷王)[47]의 동생인 유광한(劉廣漢)을 세워서 광평왕(廣平王)으로 삼았다.

2 제태태후[48]가 거주하는 계궁(桂宮)의 정전(正殿)에 화재(火災)가 있었다.

3 황상이 사자를 시켜서 승상 평당(平當)을 불러서 그를 책봉하려고[49] 하였는데, 평당은 병이 중하여 응하지 아니하였다. 가족들 가운데 어떤 사람이 평당에게 말하였다.

"억지로라도 일어나 후(侯)의 인수(印綬)를 받아서 자손들을 위할 수는 없습니까?"

평당이 말하였다.

"내가 큰 자리에 있으면서 이미 소찬(素餐)[50]의 책임을 지고 있는데, 일어나 후의 인수를 받았다가 돌아와 누웠다가 죽는다면, 죽더라도

---

46 18대 선우인 오주류약제(烏珠留若鞮)이고 오손으로 흉노에 온 인질을 돌려보낸 것이다.

47 광덕왕 유운객(劉雲客)은 성제 홍가 2년(기원전 19년)에 책봉되었으나 2년 뒤에 죽었으며 후사가 없었다. 죽은 후에 시호를 이왕이라 한 것이다.

48 부태후를 말한다.

49 지난 10월 1일에 승상에 임명되었으나 겨울이어서 작위를 주지 아니하였는데 봄이 되었으므로 작위를 주려는 것이었다.

50 시록소찬의 책임이라는 말로 밥만 먹고 아무 일도 못하는 책임을 말한다.

죄가 남을 것이다. 지금 일어나지 않는 것이 자손을 위한 것이다."

드디어 편지를 올려서 해골하기를 청하니 황상은 허락하지 않았다. 3월 기유일(28일)에 평당이 죽었다.

4   패성(孛星)이 하고(河鼓)[51] 근처에 나타났다.

5   여름, 4월 정유일(17일)에 왕가(王嘉)가 승상이 되고, 하남(河南, 하남성 낙양시) 태수 왕숭(王崇)이 어사대부가 되었다. 왕숭은 경조윤이었던 왕준(王駿)의 아들이다.

왕가는 당시의 정치적 조치가 가혹하고 급하여서 군국(郡國)의 태수와 재상들에게 자주 변동이 있었다고 생각하여 마침내 상소하였다.

"신(臣)이 듣건대 성스러운 군왕의 공로는 사람을 얻는데 있다고 하였으니, 공자는 말하였습니다. '인재를 얻기가 어려우니 그것이 그렇지 아니한가?'[52] 그러므로 '뒤를 이어서 제후로 세우면서 현명함을 닮도록 한다.'[53]라고 하였습니다.

비록 전부 현명할 수 없다고 하더라도 천자는 신하를 고르고 경(卿)을 세워 임명하여서 그를 보필하게 하는 것입니다. 그 봉국(封國)에 거주하면서 여러 세대 동안 존중받고, 그렇게 된 다음에 사민(士民)의 많은 사람들이 귀부(歸附)하는 것이며, 이리하여 교화(敎化)를 행하여야

---

51 하고성이다. 이 별은 견우성의 북쪽에 있는데, 대성(大星)은 상장(上將)이고, 좌·우성은 좌·우장이다.

52 《논어》에 나오는 말이다.

53 《예기(禮記)》〈교특생편〉에 나오는 말이다.

다스리는 공로가 이룩됩니다.

지금 군(郡)의 태수는 옛날의 제후들보다 중한데,[54] 과거에 현명한 인재를 선택함에 있어서 현명한 인재를 얻기가 어려워 쓸 만한 사람을 발탁하였으니, 혹 죄수와 형도(刑徒) 가운데서도 뽑았습니다.

옛날에 위상(魏尙)은 사건에 연좌되었지만 문제(文帝)가 풍당(馮唐)의 말에 감동을 받아서 사자를 파견하여 부절(符節)을 가지고 그의 죄를 사면하게 하고 벼슬을 주어 운중(雲中) 태수로 삼자 흉노들이 그를 꺼렸습니다.[55] 무제(武帝)는 형도들 가운데서 한안국(韓安國)을 발탁하여 벼슬을 주어 양(梁, 하남성 商丘市)의 내사(內史)로 삼으니 골육지간이 편안하게 되었습니다.[56]

장창(張敞)이 경조윤이 되고서 죄를 지어서 면직되게 되었는데, 교활한 관리가 알고 장창에게 범접하였지만, 장창이 그를 잡아서 죽였고, 그 집안에서 스스로 신원(伸冤)하고, 사자(使者)가 그의 죄를 보고하고, 장창이 사람을 적살(賊殺) 하였다고 탄핵하였고, 체포하기를 올렸지만 내려 보내지 않아서 면제될 수 있게 하였으며, 열흘 남짓 동안 망명하였는데, 선제(宣帝)는 장창을 징소(徵召)하여 벼슬을 주어 기주(冀

---

54 주(周) 초기에 공작은 땅이 사방 100리, 자작과 남작은 사방 50리를 다스렸으나, 한대에는 군의 면적이 1천 리였고 그 안에는 수십 개의 커다란 성이 있었다.

55 이 사건은 문제 14년(기원전 166년)에 있었던 일로, 그 내용은 《자치통감》 권14에 실려 있다.

56 이 사건은 제6대 경제 때의 일인데 7대 무제가 한 일이라고 한 것은 왕가(王嘉)의 착오이다. 《한서》〈한안국전〉을 보면, 한안국이 법에 저촉되어 죄를 졌는데, 양의 내사에 결원이 생기자 한에서는 사자를 감옥에 보내서 한안국을 내사로 제수하니 형도 가운데서 꺼내 이천석이 되게 하였다.

州, 하북성의 중부) 자사로 하였고 끝내 그의 쓰임을 얻었습니다.[57]

앞의 시대에 이 세 사람을 사사로이 생각한 것이 아니고, 그들의 재주와 그릇이 공가(公家, 국가)에 유익할 것을 탐낸 것입니다.

효문제 시대에 이(吏)로서 관부에 머물던 사람 가운데 혹 그 자손들에게까지 그 관직의 명칭을 연장시키기도 하였으니, 창씨(倉氏)와 고씨(庫氏) 같은 것은 창고(倉庫)를 담당하던 이(吏)들의 후예이고, 이천석의 장리(長吏)도 역시 자기의 관직(官職)을 편안하게 생각하고 즐겁게 일을 하였으니, 그런 다음에 가서야 윗사람과 아랫사람이 서로 바라보면서 구차하게 살아가려는 생각을 없앤 것입니다.

그 다음에 조금씩 변하여서 공경(公卿)에서부터 그 이하의 사람들은 서로 독촉하고 급하게 구는 것을 전하게 되고 또 자주 정치적인 일을 고쳤으니, 사예(司隸)와 부자사(部刺史)[58]들은 들어내서 탄핵하고 세세한 것을 가혹하게 처리하면서 숨겨진 사사로운 것도 들어가게 되어 이(吏)는 관직에 몇 달 있게 되면 바로 물러나니, 옛 사람을 환송하고 새로운 사람을 영접하여 길에는 서로 엇갈리고 있습니다.

중간 정도의 재주를 가진 사람은 억지로라도 자리를 보존하려고 하며, 하등의 재주를 가진 사람은 위험을 품고[59] 속으로 돌아보게 되니,

---

57 이 사건은 선제 감로 원년(기원전 53년)에 있었는데, 그 내용은《자치통감》권 27에 실려 있다.

58 사예(司隸)는 사예교위로 경기 지역 위수총사령관에 해당하는 직책인데, 그의 관할 지역은 삼보, 즉 수도 장안시[京兆]·서장안시[右扶風]·북장안시[左馮翊]와 삼하, 즉 하동군[산서성 夏縣]·하내군[하남성 武陟縣]·하남군[하남성 洛陽市]과 홍농군[하남성 靈寶縣]이며, 부자사(部刺史)는 무제 때에 설치하였고 후에는 대부분 자사라고 하였다.

한가지로 사사로운 일을 운영하려는 사람이 많았습니다. 이천석은 더욱 가볍고 천하게 되어 이민(吏民)들은 그들을 업신여기고 쉽게 대하였는데, 혹 어떤 사람은 그들이 작은 허물을 졌다는 증거를 갖고 있다가 증가시켜서 죄를 만들어 가지고 사예와 자사에게 말하거나 혹은 편지를 올려서 이 사실을 고(告)해 바치니, 많은 사람들은 그것이 쉽게 위태로워진다는 사실을 알아서 조금만 마음에 들지 않으면 바로 배반하는 마음을 갖게 합니다.

전에 산양(山陽, 산동성 金鄕縣)에서 망명한 형도(刑徒)인 소령(蘇令) 등이 종횡무진으로 다녔지만[60] 이사(吏士)들 가운데 어려운 곳에 나아가서 엎드려 절개를 가지고 의를 위하여 죽을 사람이 없었으니 이는 태수와 재상[봉국의 재상]의 권위를 일찍부터 빼앗겨서입니다.

효성황제는 이를 후회하여 조서를 내려서 이천석이 고의로 방종(放縱)하지 않았다면 사자(使者)를 파견하여 금(金)을 하사하고 그 뜻을 두텁게 위로하였으니, 진실로 국가에 급한 일이 있게 되면 이천석에게서 방법을 가져 와야 하는 것이라고 생각한 것이며, 이천석은 위태롭고 어려운 가운데서도 존중되어 마침내 아랫사람을 부릴 수가 있었습니다.

효선황제는 백성들을 잘 다스리는 관리를 아꼈는데, 탄핵하는 장주(章奏)가 있다고 하여도 궁중에 보류하여 두었다가 사면을 만나서 한꺼번에 풀어주었습니다. 옛날 일에 의하면, 상서(尚書)는 글을 아래로 내려 보내는 일이 아주 드물었지만, 백성들을 번거롭고 시끄럽게 하며

---

59 항상 죄를 얻을까 두려운 생각을 품고 있다는 말이다.
60 이 사건은 성제 영시 3년(기원전 14년)에 일어난 것으로 《자치통감》 권31에 실려 있다.

증거를 찾아 가두어서 처리하여 어떤 사람은 옥중에서 죽게 되니, 장주문에는 반드시 '감히 이를 고(告)합니다.'라는 글자가 반드시 있어야 마침내 아래로 내려 보냈습니다.

오직 폐하께서는 현명한 사람을 선택하는데 정신을 두시고, 좋은 것을 기억하시고, 허물을 잊으시고, 신하를 받아들여 참고 다 갖추었느냐를 가지고 책망하지 마십시오. 이천석·부자사(部刺史)·삼보(三輔)의 현령(縣令)들 가운데는 재능도 있고 직책을 잘 감당하는 사람이 있으니, 사람의 정리로 보아 허물과 모자라는 것이 없을 수 없을 것이므로 의당 넓게 하고 생략할 수 있으며, 힘을 다하는 사람으로 하여금 권고를 받게 하십시오. 이것이 바야흐로 지금의 급한 업무이며 국가의 이로움입니다.

전에 소령(蘇令)이 일어나자 대부(大夫)를 파견하여 쫓아가서 상황을 묻게 하려고 하였는데 때로 대부를 보았지만 시킬만한 사람이 없어서, 주질(盩屋 섬서성 周至縣) 현령(縣令) 윤봉(尹逢)을 징소(徵召)하여 벼슬을 주어 간대부로 삼아서 그를 파견하였습니다.

지금 여러 대부들 가운데 재능을 가진 사람이 아주 적으니, 마땅히 미리 성취할 수 있는 사람을 양성한다면 그 선비들은 어려운 일을 만나서도 죽음을 아끼지 않을 것인데, 일을 만나서 갑자기 구하려고 하니 조정을 밝혀줄 까닭이 없습니다."

왕가는 이어서 유자(儒者)인 공손광(公孫光)과 만창(滿昌)을 추천하였고, 유능한 관리인 소함(蕭咸)과 설수(薛脩)에 이를 수 있었는데, 모두 옛날에 이천석으로 명성을 가졌고 칭찬을 받았던 사람들이어서 천자는 이를 받아들여서 채용하였다.

6 6월에 노(魯) 경왕(頃王)의 아들인 부향후(部鄕侯) 유민(劉閔)을 세워서 왕[61]으로 삼았다.

7 황상은 병으로 누워서 안정되지 않았다. 겨울, 11월 임자일(5일)에 태황태후로 하여금 조서를 내려서 감천(甘泉, 섬서성 淳化縣)의 태치(泰畤)와 분음(汾陰, 산서성 榮河縣)의 후토사(后土祠)를 복구하게 하고 남교(南郊)와 북교(北郊)를 철폐하였다. 황상은 또 감천과 하동(河東; 분음)에 친히 갈 수가 없어서 유사를 파견하여 일을 시행하고 사당(祠堂)에 예를 지냈다.

8 무염(無鹽, 산동성 東平縣)의 위산(危山)에서 흙이 스스로 뒤집어져서 풀을 덮었는데, 마치 치도(馳道)의 모양처럼 되었고, 또 호산(瓠山)의 돌이 한 바퀴 돌아서 섰다. 동평왕(東平王) 유운(劉雲)[62]과 왕후(王后) 알(謁)이 스스로 그 돌에 가서 제사를 지내고 돌아와서 돌을 다듬어서 마치 호산에 세워진 돌처럼 해놓고 배초(倍草)를 묶어 놓고 아울러 그곳에 제사 지냈다.

하내(河內, 하남성 武陟縣) 사람 식부궁(息夫躬)과 장안(長安) 사람 손총(孫寵)이 서로 함께 모의하여 이 사실을 고하였다.

"이것은 봉후(封侯)를 차지하려는 계책입니다."

---

61 노 공왕의 증손인 경왕 유봉(劉封)은 그의 아들인 문왕 유준(劉晙)에게 전하여 주었는데, 유준이 죽고 나서 후사가 없었다. 부향(部鄕)은 오향(部鄕)으로 되어 있는 판본도 있다.

62 원제의 아들인 동평왕 유우(劉宇)의 아들이다.

이에 중랑(中郎) 우사담(右師譚)과 더불어 중상시(中常侍)[63] 송홍
(宋弘)을 통하여 변란(變亂) 사건으로 올려서 고(告)하였다.

이때에 황상은 병이 들어서 대부분 싫어하여 사건을 유사에게 내려
보내어 왕후인 알(謁)을 체포하여 하옥시키고 조사하고 처리하자, 자
복하였다.

"제사를 지내서 황상을 저주하고, 유운을 위하여 천자가 되기를 구하
였으며, 돌이 일어난 것이 선제가 일어난 것[64]의 징표라 여겼습니다."

유사(有司)가 왕(王, 동평왕)을 주살하도록 청하였는데, 조서를 내려
서 폐위하여 방릉(房陵, 호북성 房山縣)으로 귀양 가게 하였다.

유운은 자살하고, 알(謁)과 외삼촌인 오굉(伍宏)과 성제의 외삼촌인
안성공후(安成共侯)[65]의 부인인 방(放)은 모두 기시(棄市) 되었다. 사
건이 어사대부 왕숭(王崇)[66]에게까지 연루되어 대사농으로 좌천되었
다. 손총을 발탁하여 남양(南陽, 하남성 南陽市) 태수로 삼고, 우사담은
영천(潁川, 하남성 禹縣)도위가 되었으며, 송홍과 식부궁은 모두 광록대
부·좌조(左曹)·급사중이 되었다.

---

63 중랑은 궁정의 금위관에 해당하고, 중상시는 침궁의 수종환관이다.

64 이 일은 소제 원봉 3년(기원전 78년)에 있었고, 그 내용은 《자치통감》권23에
   실려 있다.

65 안성후는 왕숭(王崇)인데 죽은 후에 공후라는 시호를 붙였다. 이 사람은 어사
   대부인 왕숭과는 다른 사람이다.

66 왕정군의 왕씨 집안은 아니다.

부마도위를 편애한 애제

애제 건평 4년(戊午, 기원전 3년)

1   봄, 정월에 크게 한재(旱災)가 들었다.

2   관(關, 函谷關)의 동쪽에 사는 백성들이 아무런 연고도 없이 놀라서 분주하게 뛰어다니며, 짚단이나 혹은 딱따기 한 개를 잡고 돌아가면서 서로 주면서 말하였다.

"서왕모(西王母)[67]의 계획을 실행하라."

길에서 서로 지나치고 마주치고 하여 많으면 1천여 명에 이르렀는데, 어떤 사람은 머리를 풀어헤치고 맨발로 다니고, 어떤 사람은 밤중

---

67 서왕모는 중국 고대신화에 나오는 법술(法術)이 높은 미모의 선녀로 서방의 선산(仙山)에 살고 있다고 되어 있다. 그가 장생불사의 선약을 가지고 와서 하 왕조의 6대 왕인 후예(后羿)에게 주었는데 그의 처인 항아(嫦娥)가 훔쳐 먹고 달로 달아나서 살고 있다는 것이다. 또 주 왕조의 5대 목왕(穆王)도 일찍이 신성한 마차를 타고 당시 수도인 호경에서 하룻밤 사이에 3천km를 달려서 곤륜산에 도착하여 서왕모를 만났다는 이야기도 있다.

에 관문(關門)을 부러뜨리고 혹은 담장을 넘어 들어가며, 혹은 거기(車騎)를 타고 바쁘게 달리다 역전(驛傳)에 두어 전하게 하니 군국(郡國) 26개를 거쳐 경사(京師)에 이르렀는데, 금지시킬 수가 없었다.

백성들은 또 마을의 골목이나 천맥(阡陌, 논 밭길)에 모여서 놀이 기구를 설치하고 노래하고 춤추면서 서왕모에게 제사를 지냈는데, 가을에 이르러서야 마침내 그쳤다.

3   황상은 부태후의 사촌동생이자 시중(侍中)·광록대부인 부상(傅商)을 책봉하려고 하였는데, 상서복야인 평릉(平陵, 섬서성 함양시)의 정숭(鄭崇)이 간하였다.

"효성황제가 친외숙 다섯 명에게 후작을 책봉하였더니 하늘이 붉고 노랗게 되었으며 낮에도 어두워지고 해 가운데에서 검은 기운이 돌았습니다.[68] 공향후(孔鄕侯, 傅晏)는 황후(皇后)의 아버지이고, 고무후(高武侯, 傅喜)는 삼공(三公)이어서 책봉하였는데, 오히려 인연을 갖고 있었습니다.

지금은 아무런 연고 없이 다시 부상을 책봉하려는 것은 제도를 파괴하고 어지럽히는 것이며, 하늘과 사람의 마음을 어기는 것이고, 부씨(傅氏)에게 복이 되는 것이 아닙니다. 신이 바라건대 이 몸과 목숨을 가지고 나라의 허물을 받겠습니다."

정숭은 이어서 조서의 초안을 가지고 일어났다.

부태후가 크게 노하여 말하였다.

---

68 이 일은 성제 건시 원년(기원전 32년)에 일어난 사건이고, 그 내용은 《자치통감》 권30에 실려 있다.

"어디에 천자가 있단 말이냐! 마침내 도리어 한 명의 신하에게 통제되다니!"

2월 계묘일(28일)에 황상은 드디어 조서를 내려서 부상을 책봉하여 여창후(汝昌侯)로 삼았다.

4   부마(駙馬)도위·시중인 운양(雲陽, 섬서성 淳化縣) 사람 동현(董賢)은 황상에게 총애를 받아서 나가게 되면 참승(參乘)[69]하며, 들어와서는 좌우에서 시중을 드는데, 상으로 받은 것이 거만(鉅萬)이었고 귀함은 조정을 진동시켰다. 항상 황상과 더불어 눕고 일어났는데, 일찍이 한 번은 낮잠을 자면서 옆에 있는 황상의 옷소매를 깔고 자니, 황상이 깨어 일어나고 싶었지만 동현이 아직 깨지를 않았고 동현을 움직이게 하고 싶지가 않아 마침내 소매를 자르고 일어났다.[70]

또 동현의 처에게 조서를 내려서 전중(殿中)에서 통인적(通引籍)을 갖게 하여 동현의 숙소에 머물게 하였다. 또 동현의 누이동생을 불러서 소의(昭儀)로 삼았는데 그 지위는 황후의 다음이었다. 소의와 동현과 그의 처는 아침저녁으로 오르내리면서 나란히 좌우에서 시봉(侍奉)하였다.

동현의 아버지 동공(董恭)을 소부(少府)로 삼고 작위를 내려서 관내후로 하였다. 장작대장(將作大匠)[71]에게 조서를 내려서 동현을 위하여

---

69 황제가 수레를 탈 때에 황제의 옆에서 황제를 시종하기 위하여 함께 타는 것을 말한다.

70 이것이 고사가 되어 동성(同性) 간의 애정을 형용할 때에 단수지벽(斷袖之癖)이라는 고사성어가 생겼다.

71 토목건축 관계를 맡은 총책임자이다.

북궐(北闕) 아래에 큰집을 짓게 하였는데, 중전(重殿)과 동문(洞門)[72]의 토목공사는 최고의 기교를 끝까지 다 부렸다. 무고(武庫)의 금병(禁兵, 궁중에 필요한 무기)과 상방(上方)의 진기한 보배를 하사하였다. 그들이 골라 놓은 물건 가운데 상등 급의 것은 모두 동씨의 집에 있었고, 승여(乘輿)와 입는 것에 버금가는 것이었다.

동원비기(東園秘器), 주유(珠襦), 옥갑(玉匣)[73]에 이르러서는 미리 동현에게 하사하니 갖추어지지 않은 것이 없었다. 또 장작대장으로 하여금 동현을 위하여 의릉(義陵)[74]의 옆에 무덤을 만들게 하였는데, 안에는 편방(便房)[75]을 만들고 단단한 백목(柏木)으로 머리 부분이 안을 향하게 하고 밖으로 요도(徼道, 작은 길)를 만들었으며 둘레에 있는 담장은 수 리(里)에 달하였고, 묘궐(墓闕, 묘원의 문)과 부시(罘罳)[76]도 대단히 화려하였다.

정숭(鄭崇)은 동현이 귀하고 총애를 받는 것이 도를 지나치자 황상에게 간언(諫言)을 하였는데, 이로 말미암아서 거듭 죄를 얻게 되어 자주 직무와 관련된 일을 가지고 문책을 받으니 목에 종기가 나는 병이

72 중전(重殿)은 앞뒤로 전각이 겹쳐 있는 것을 말하고, 동문(洞門)은 궁궐의 문에 상당한 문이며, 이는 모두 천자의 제도를 참월(僭越)한 것이다.
73 동원은 소부에 소속된 관청의 이름인데 왕공귀족들의 묘 안에 넣을 필요한 물건을 만드는 곳이다. 이러한 기능에서 출발하여 도원비기는 관을 만드는 나무를 말하게 되었다. 주유는 구슬을 단 저고리를 말하고, 옥갑은 옥으로 만든 갑(匣)을 말하지만, 모두 황실의 명기(冥器)이다.
74 애제가 미리 만들어 놓은 자기의 능묘를 말한다.
75 무덤 안에 잠시 편히 쉴 수 있는 방을 말한다.
76 궁문 밖에 있는 담장 또는 대나무로 막은 병풍 같은 칸막이나 또는 휘장을 말한다. 여기서는 동현의 묘의 대문 옆의 치장을 말한다.

생겨 해골(骸骨)하고자 하였으나, 감히 하지 못하였다.

상서령 조창(趙昌)은 망령되고 아첨하기를 좋아하였으며 평소에 정숭을 해치고자 하였는데, 소원(疏遠)하게 된 것을 알아보고 이어서 주문으로 말하였다.

"정숭이 종족들과 내통하고 있는데 간사한 일을 하는지 의심스러우니, 청컨대 이를 다스리십시오."

황상은 정숭을 나무라면서 말하였다.

"그대 집의 문은 마치 시장바닥 같은데, 어찌하여 주상(主上)에게 이를 금하라고 하는가?"

정숭이 대답하였다.

"신의 집 대문이 시장바닥 같은 것은 신의 마음이 물과 같은 것입니다. 바라건대 조사하여 주십시오."

황상이 이 말을 듣고 화가 나서 정숭을 하옥시켰다.

사예도위 손보(孫寶)가 상서하여 말하였다.

"상고하건대, 상서령 조창이 상주하여 복야(僕射) 정숭을 하옥시키고 이를 처리하는데 태장으로 치고 고문을 하여 거의 죽게 되었으나 끝내는 한 마디도 얻지 못하였으며, 도로에서는 그것이 억울하다고 합니다. 의심하건대 조창과 정숭은 속으로 조그만 틈새가 있는데, 조금씩 스며들어 서로 모함하였습니다. 궁중의 추기(樞機)를 담당하는 근신(近臣)들이 억울하게 참소를 입는다는 것은 국가를 훼손하게 하여 비방거리가 되는 것이 적지 아니합니다. 신이 청컨대 조창을 다스려서 많은 사람들의 마음을 풀어 주게 해주십시오."

편지가 상주되자 황상이 조서를 내려서 말하였다.

"사예도위 손보는 아랫사람에게 아부하여 윗사람을 속였는데, 봄철에[77] 속이고 비방하는 일을 저질러서 드디어 그의 간사한 마음을 드러 냈으니, 대체로 나라의 적(賊)이다. 손보를 면직시켜서 서인(庶人)으로 삼으라."

정숭은 끝내 옥중에서 죽었다.

5   3월에 제리(諸吏)·산기(散騎)·광록훈인 가연(賈延)이 어사대부가 되었다.

6   황상은 동현을 후(候)로 만들고 싶었으나 아직 연고가 없었는데, 시중 부가(傅嘉)가 황상에게 권고하여 식부궁(息夫躬)과 손총(孫寵)이 동평(東平, 동평왕)을 고발[78]한 본래의 문서를 정하면서 송홍(宋弘)을 빼버리고는 다시 말을 바꾸어서 동현을 통하여 소식을 들었다[79]고 하 게 하여 그 공로로 그를 후로 만들고자 하여 먼저 작위를 주어 관내후 로 하였다. 조금 있다가 황상은 동현 등을 책봉하고 싶었으나 마음으로 승상 왕가(王嘉)를 꺼리게 되어 마침내 먼저 공향후 부안(傅晏)으로 하 여금 조서를 가지고 가서 승상과 어사에게 보여 주게 하였다.

이에 왕가는 어사대부 가연(賈延)과 더불어 봉사(封事)를 올려서 말 하였다.

"가만히 살피건대, 동현 등 세 사람에게 처음으로 작위를 하사하니,

---

77 봄은 사면하는 계절이다.
78 애제 건평 3년(기원전 4년)에 일어난 사건이다.
79 본래는 중상시인 송홍이 고발한 것인데 이를 빼버리고 동현을 통하여 황제가 이 소식을 들었다고 하는 것이다.

많은 사람들이 흉흉하였는데, 모두가 말하기를, '동현은 귀하여 그 나머지는 아울러 은혜를 입은 것이다.'라고 하여 지금까지도 아직 흘러 다니는 말이 해소되지 않았습니다.

폐하께서 동현 등에게 어질게 은혜를 베푸시는 것이 끊임이 없는데, 마땅히 동현 등의 본래의 주문을 드러내어 이를 공경(公卿)·대부(大夫)·박사(博士)·의랑(議郎)들에게 물어보시고, 고금(古今)의 사례에 합치되는지를 살피시며, 그 의미를 분명하게 바로잡고, 그런 연후에 마침내 작위와 봉토를 더하여 주어야 합니다. 그렇지 않으면 많은 사람들의 마음을 크게 잃을 것이며 해내에서 목뒤를 끌어당기며 의논할 것입니다.

그 사건을 드러내서 평가하게 되면 반드시 마땅히 책봉하여야 한다고 말하는 사람이 있어서, 폐하가 좇는 바에 있게 될 것이니, 천하가 비록 기뻐하지 않는다고 하여도 그 허물은 나누는 바가 되어 폐하에게만 있게 되지 않습니다. 전에 정릉후(定陵侯) 순우장(淳于長)을 처음 책봉하면서 그 일 역시 의논을 거쳤는데,[80] 대사농 곡영(谷永)이 순우장에게 마땅히 봉작(封爵)하여야 한다고 하였더니 여러 사람들이 허물을 곡영에게 돌렸으므로 먼저 돌아가신 황제께서는 홀로 그 비난을 받지 아니하였습니다.

신 왕가와 신 가연은 재주가 모자라서 직책을 제대로 수행하지 못하니 죽더라도 그 책임이 남을 것이지만 지시하신 것에 순응하고 거스르지 않아야 잠시라도 몸을 용납하실 수 있을 것인데, 감히 그렇게 못하는 까닭은 두터운 은혜에 보답하려고 생각하기 때문입니다.'"

---

80 이 일은 성제 영시 2년(기원전 15년)에 일어난 사건이고, 그 내용은 《자치통감》 권31에 실려 있다.

황상은 부득이 하였고 또 이 때문에 중지하였다.

7 여름, 6월에 제태태후(帝太太后, 부태후)를 높여서 황태태후(皇太太后)로 하였다.

8 가을, 8월 신묘일(19일)에 황상이 조서를 내려서 공경(公卿)들을 나무랐다.

"옛날 초(楚)에 자옥득신(子玉得臣)이 있게 되니 진(晉) 문공(文公)은 그 때문에 옆 자리에 앉았고,[81] 근래의 사건에는 급암(汲黯)이 회남왕(淮南王)의 모의를 깨뜨렸다.[82] 지금 동평왕 유운(劉雲) 등이 천자를 시해하고 역란(逆亂)을 일으킬 모의를 도모하기에 이렀으니 이는 공경(公卿) 같은 고굉(股肱)의 신하들이 그 마음을 다하고, 밝은 눈과 귀로 그 싹이 아직 나타나기 전에 소멸시키도록 힘쓰지 못한 연고이다.

종묘의 신령들에 의지하고 시중인 부마도위 동현 등이 발각하여 보고하여 모두 그 죄를 뒤엎었다.《서경(書經)》에서 말하지 아니하였는가? '덕으로 그 선한 일을 빛내 주라.'고. 그러니 동현을 책봉하여 고안후(高安侯)로 하고, 남양(南陽) 태수 손총(孫寵)을 방양후(方陽侯)로 하며, 좌조(左曹)인 광록대부 식부궁(息夫躬)을 의릉후(宜陵侯)로 하고, 우사담(右師譚)에게 작위를 내려서 관내후로 하노라."

---

81 진 문공이 초와 성복(城濮)에서 싸워서 승리하였으나 초에 아직도 자옥득신, 즉 성득신(成得臣)이 있다고 하니까 걱정하는 빛을 띠었다.

82 이 사건은 무제 원수 원년(기원전 122년)에 일어난 일이다. 그러나 급암은 다만 회남왕을 가볍게 보지 말라는 말만 하였을 뿐이었다. 이 내용은《자치통감》권19에 실려 있다.

또 부태후의 친동생인 부정운(傅鄭惲)의 아들인 부업(傅業)을 책봉하여 양신후(陽信侯)로 하였다. 식부궁은 이미 아주 가까이 있어서 자주 알현하고 일을 이야기하였는데, 의논하면서 피하는 일이 없었고, 공경대신들을 두루 헐뜯는 상소를 올렸다. 여러 사람들이 그의 입을 두려워하여 그를 만나면 눈을 옆으로 돌렸다.

9   황상이 중황문(中黃門)으로 하여금 무고(武庫)의 병기를 꺼내어서 앞뒤로 10여 차례나 동현과 황상의 유모인 왕아(王阿)의 집으로 보내게 하였다. 집금오(執金吾)[83] 무장륭(毋將隆)이 주문으로 말하였다.

"무고에 있는 병기는 천하의 공용(公用)입니다. 국가가 무기를 갖추고 잘 수선하고 만드는 것은 모두 대사농의 돈으로 계산합니다. 대사농의 돈으로는 스스로 승여(乘輿)에서부터 공양할 것을 공급하지 아니하고, 공양(供養)하고 수고한 사람에게 하사하는 것은 마찬가지로 소부(少府)에서 지출됩니다. 대개 본래 저장되어 있는 것으로 지엽적인 용처에 공급하지 않으며, 백성들의 힘으로 부화(浮華)한 경비에 제공하지 않는 것이니 공사(公私)를 구별하여 바른 길을 보이십시오.

옛날에 제후와 방백(方伯)은 정벌(征伐)을 오로지할 수 있었는데도 마침내 먼저 부월(斧鉞)을 하사하였고, 한가(漢家)에서는 변방에 있는 관리의 직책과 임무는 구적(寇賊)을 막는 것이어서 역시 무고의 병기를 하사하였지만, 모두 일을 맡은 다음에야 이를 받습니다. 《춘추》의 뜻을 보면 집안에는 갑옷을 두지 않는 법인데, 왜냐하면 신하의 위신을 억누르고 사사로운 세력을 줄이기 위한 것입니다.

---

83 수도 장안의 경비 책임자에 해당하는 직책이다.

지금 동현 등은 편하게 아끼면서 함께 노는 신하이며, 사사롭게 은혜를 받는 미천한 첩인데, 천하가 공용하는 것을 그들의 사사로운 집안에 공급하는 것은 국가의 위엄 있는 무기를 덜어서 그들의 집에 제공하여 갖추게 하였으니, 백성들의 힘이 함께 노니는 신하에게 나누어진 것이며, 무기를 미천한 첩의 집에 설치한 것이니, 마땅하지 않은 일을 만들어 세워서 교만하고 참람한 짓을 넓혀 주는 것을 사방에 보여주는 것이 아닙니다. 공자가 말하였습니다. '어찌하여 삼가(三家)의 묘당(廟堂)에서 이를 취(取)한단 말인가?'[84] 신이 청컨대 무고로 환수하게 하여주십시오."

황상이 기뻐하지 아니하였다.

얼마 후에 부태후가 알자(謁者)를 시켜서 집금오의 관비(官婢) 8명을 싸게 사들였는데, 무장륭이 주문으로 말하였다.

"값싸게 사셨으니, 청컨대 공평한 값으로 바꾸어 주십시오."

황상은 이에 승상과 어사에게 제조(制詔)를 내려서 말하였다.

"무장륭의 직위는 9경인데, 이미 조정에서 미처 못 하는 문제를 광정(匡正)하는 일은 없으면서 도리어 영신궁(永信宮, 부태후가 머무는 곳)과 싼지 비싼지 하는 값을 가지고 다투는 주청을 하였으니, 덕화와 풍속을 상하게 하였다. 무장륭은 전에 나라를 편안하게 하였던 말을 하였기에 패군(沛郡, 강소성 패현) 도위(都尉)로 좌천시킨다."

애초에, 성제 말년에 무장륭은 간대부였는데, 일찍이 봉사(封事)를 올려서 말하였다.

---

84 《논어》에 나오는 말이다. 삼가란 노(盧)에서 실권을 쥐고 있던 세 명의 대부인 중손(仲孫), 숙손(叔孫), 계손(季孫)을 말하는데, 이들은 주(周)의 천자만 사용할 수 있는 음악인 옹(雍)을 사용하였다.

"옛날에 제후에서 선발하여 들여와 공경으로 삼아서 그의 공덕을 포상(襃賞)하였으니, 마땅히 정도왕[85]을 징소(徵召)하여 국저(國邸, 定陶國의 국저)에 있게 하여 만방을 진정시키십시오."

그런 연고로 황상은 그 말을 생각하여서 그를 용서한 것이다.

10   간대부인 발해(渤海, 하북성 滄縣) 사람 포선(鮑宣)이 상서하여 말하였다.

"가만히 보건대 효성황제 시절에 외척들이 권력을 쥐고 사람들마다 사사로운 사람을 이끌어다가 조정을 꽉 채워서 현명한 사람이 들어가는 길을 방해하였고, 천하를 탁하고 어지럽게 하였으며, 사치스러움은 커서 절도가 없었고 백성들을 곤궁하게 하니, 이로써 일식이 또 10번 있었고, 혜성(彗星)이 네 차례 나타났습니다.[86] 위태롭고 망하게 될 징조를 폐하가 친히 보신 것인데, 지금 어찌하여 오히려 전보다 더 늘었단 말입니까?

지금 백성들은 일곱 가지의 없어질 것을 가지고 있습니다. 음양(陰陽)이 화합하지 못하여 수재와 한재가 일어나고 있으니 첫 번째 잃게 할 것입니다. 현관(縣官, 관부, 조정)이 무겁게 책임을 지우고 다시 조세(租稅)를 부과하니 이것이 두 번째 잃게 하는 것입니다. 탐욕스러운 이

---

85 지금 황제인 유흔(劉欣)은 정도왕으로 있다가 성제의 후사가 되었는데 이는 아직 황제에 오르기 전에 있었던 일을 말한다.

86 일식은 《자치통감》 권32에 실린 것으로 원연 2년(기원전 11년) 조에 설명하였고, 건시 원년(기원전 32년)에 패성이 영실에 있었고, 원연 원년(기원전 12년)에 패성이 동정에 있었고, 후에 신성(晨星)이 나타나서 13일 있었고, 또 서쪽에 보였으니, 이것이 네 번이다.

(吏, 관리)들이 공권(公權)을 아울러 가지고 빼앗는 것이 그치지 않으니 이것이 세 번째 잃게 하는 것입니다. 크고 강대한 성(姓)을 가진 사람들이 야금야금 갉아먹으면서 만족할 줄 모르니 이것이 네 번째의 잃게 하는 것이고, 가혹하게 구는 이(吏)들이 요역(徭役)으로 농사짓고 뽕잎 딸 시절을 잃게 하니 이것이 다섯 번째 잃게 하는 것입니다. 부락에서 북소리가 울리고 남자와 여자가 차열(遮列)되니[87] 여섯 번째 잃게 하는 것입니다. 도적들이 겁탈하고 약탈하여 백성들의 재물을 빼앗으니 이것이 일곱 번째 잃게 하는 것입니다.

일곱 가지 잃게 하는 것은 그래도 괜찮지만 또 다시 일곱 가지의 죽을 일이 있는데, 가혹한 관리가 때려죽이니 첫 번째 죽을 일이고, 감옥에서 다스리는 것이 깊고 각박하니 두 번째 죽을 일이고, 죄 없이 억울하게 함정에 빠지니 세 번째 죽을 일이고, 도적들이 가로질러 나타나니 네 번째 죽을 일이고, 원수가 서로 죽이니 다섯 번째 죽을 일이고, 해마다 흉년이 들어서 배고프고 주리니 여섯 번째 죽을 일이며, 시절과 절기마다 전염병이 도니 일곱 번째 죽을 일입니다.

백성들은 일곱 가지 잃어버릴 것을 가지고 있지만 하나도 얻을 것이 없으니 나라가 편안하기를 바란다고 하여도 진실로 어려울 것이며, 백성들은 일곱 가지의 죽을 일을 갖고 있지만 하나라도 살 일을 갖고 있지 못하니 형벌로 조치하기를 바라지만 진실로 어렵습니다. 이는 공경(公卿)과 수상(守相, 태수와 봉국의 재상)들이 탐욕스럽고 잔인하여서 만들어진 풍조가 가져온 것이 아니겠습니까?

---

87 북치는 소리가 들리면 도적이 들었다는 것으로 여기는데, 모두 몰아 넣어가지고 체포하는 것을 말한다.

여러 신하들은 다행히 높은 관직을 얻어서 많은 녹봉을 먹고 있지만 어디에 힘없는 백성들에게 측은한 마음을 보내 폐하를 도와서 교화를 흘려보내는 사람이 있습니까? 생각은 오직 사사롭게 집안을 경영하려는데 있고, 빈객(賓客)을 핑계 대며 간사한 이익을 위할 뿐입니다. 구차한 얼굴을 하면서 뜻을 굽혀 좇는 사람을 현명하다고 하고 손을 모으고 아무 말도 안하고서 시록(尸祿)[88]하는 사람을 지혜롭다고 하니, 신(臣) 포선 등과 같은 사람은 어리석습니다.

폐하께서 바위굴 속에서 신(臣)을 발탁하였으니, 진실로 터럭만큼이라도 유익한 일을 하기 바라는데, 어찌 헛되이 신으로 하여금 대관(大官)으로 아름다운 것을 먹고 고문(高門, 고문전; 전각의 명칭)의 땅을 중히 여겨야 하겠습니까?

천하는 황천(皇天, 하늘)의 천하입니다. 폐하께서는 위로는 황천(皇天)의 아들이시고 아래로는 여민(黎民)의 부모이니, 하늘을 위하여 백성을 목양(牧養)하여야 하고, 이를 마땅히 동일하게 보아야 〈시구(尸鳩)〉의 시(詩)[89]와 합치되는 것입니다. 지금 가난한 백성들은 야채를 먹는 것도 싫어하지 않고 의복도 또 구멍이 난 옷을 입고 있으며, 부자(父子)·부부(夫婦)가 서로 보호해 줄 수 없으니 진실로 코끝을 시큰거

---

88 직역하면 녹봉을 죽이는 사람이겠지만, 아무 일도 하지 않고 녹봉만 받는 사람을 일컫는 말이다.

89 이는 《시경》의 〈조국풍(曹國風)〉 편에 있는 시(詩)이다. '시구(尸鳩, 뻐꾸기)가 뽕나무에 있네. 그 새끼가 일곱인데, 숙인군자(淑人君子)인지 그 의태(儀態)는 하나 같네.'라는 내용이다. 이는 뻐꾸기가 그 새끼 일곱을 기르면서 고르게 하여 하나 같으니, 선인군자(善人君子)가 덕을 펼치고 은혜를 베푸는 것도 역시 당연하다는 뜻으로 해석하고 있다.

리게 합니다.

폐하께서 구원해 주지 않으면 장차 어디에 가서 그 목숨을 귀부하겠습니까? 어찌하여 다만 외척들과 총애하는 신하인 동현만을 기르면서 많이 상을 내려 주어서 억만을 헤아리게 하며, 그들의 노복인 시종과 빈객들로 하여금 술을 장으로, 고기를 콩잎으로 보게 하고, 창두(蒼頭)와 집 지키는 아이도 모두 부자가 되었으니, 하늘의 뜻은 아닐 것입니다.

여창후(汝昌侯) 부상(傳商)은 공로를 세운 것이 없는데 책봉되었습니다. 무릇 관작(官爵)은 폐하의 관작이 아니고 천하의 관작입니다. 폐하께서 그 관직에 맞지 않는 사람을 뽑았으니 그 관직은 그 사람에게 맞지 않는데, 하늘이 기뻐하고 백성들이 복종하기를 바라지만 어찌 어렵지 않겠습니까?

방양후 손총과 의릉후 식부궁은 말솜씨로는 많은 사람을 옮길 만하여 억지로 독립하도록 채용할 수 있지만 간사한 사람들의 영웅일 것이며, 세상을 현혹시키는데 더욱 극단일 것이니, 마땅히 때에 맞추어 파면하여 물리쳐야 하고, 외척 가운데 어린 아동들로 아직 경술(經術)을 통틀어 익히지 못한 사람은 모두 마땅히 쉬게 하고 스승에게 보내야 할 것입니다.

급히 옛날의 대사마인 부희(傳喜)를 징소(徵召)하여 외척을 관장하게 하고, 옛날의 대사공인 하무(何武)와 사단(師丹), 옛 승상인 공광(孔光)과 옛 좌장군인 팽선(彭宣)은 경술에서 모두 박사에게서 전수 받았으며, 지위도 모두 삼공(三公)을 지냈습니다. 공승(龔勝)이 사직(司直)이 되면 군국(郡國)에서는 모두 선거(選擧)를 신중히 할 것이니, 크게 일을 위임(委任)할 만합니다.

폐하께서는 전에 조금 참지를 못하시고 하무 등을 물리치셨는데, 해내에서 실망하였습니다. 폐하께서 오히려 공덕을 못 갖춘 사람을 아주 많이 포용하실 수 있으면서 일찍이 하무 등을 참을 수 없었습니까? 천하를 다스리는 것은 마땅히 천하의 마음을 써서 마음으로 삼아야 하고, 스스로 오직 생각만을 즐겁게 할 수 없을 뿐입니다."

포선의 말은 비록 심각하고 절실하였지만 황상은 포선이 명유(名儒) 여서 그를 우대하여 받아주었다.

흉노문제를 내정에 이용한 혼란

11   흉노의 선우(單于)가 편지를 올려서 5년[90]에 입조하기를 청하였
다. 이때에 황제는 병이 들었으므로 어떤 사람이 말하였다.

"흉노는 상류에서 오니, 다른 사람을 압도(壓倒)합니다. 황룡(黃龍)
과 경녕(竟寧) 시기에 선우가 중국(中國)에 입조하면서부터 번번이 커
다란 변고[91]가 있었습니다."

황상은 이로 말미암아서 그것을 곤란하게 생각하고 공경들에게 물
으니 역시 부고(府庫)의 금백(金帛)을 허비한다고 여기고 또 이를 허락
하지 않는 것이 좋겠다고 하였다.

선우의 사자(使者)가 돌아가겠다고 인사를 하고, 아직 출발하지 않
았는데 황문랑(黃門郎) 양웅(揚雄)이 편지를 올려서 간(諫)하였다.

"신(臣)이 듣건대 《육경(六經)》에서의 다스림이란 아직 혼란이 일어
나지 않았는데 하는 것을 귀하다 하고, 병가(兵家)에서의 승리란 아직

---

90 애제 건평 5년(기원전 3년)을 말하는 것이며, 이는 1년 뒤를 말한다.

91 황룡 원년(기원전 49년) 12월에 9대 효선제가 죽었고, 경녕 원년(기원전 33년)
5월에는 10대 효원제가 죽었다. 그런데 황룡 원년 정월에 흉노가 입조하였고,
경녕 원년 1월에 흉노가 입조하였으므로 이를 연결하여 생각한 것이다.

싸우지 않았는데 하는 것을 귀히 여기는데, 이 두 가지는 모두 미미(微微, 精妙)한 것이지만 그러나 큰일에서의 근본적인 것이니 살펴보지 않을 수 없습니다.

지금 선우가 편지를 올려서 조현하기를 요구하였는데 국가가 이를 허락하지 않고 사양한다니, 신이 어리석으나 한과 흉노는 이것으로부터 틈이 생긴다고 여깁니다. 흉노는 본래 오제(五帝)도 신하로 만들 수가 없었으며, 삼왕(三王)도 통제할 수가 없었으니, 틈이 생기게 해서 안 된다는 것은 아주 분명합니다. 신이 감히 멀리까지 올라가서 말씀 드리지 않겠지만 진(秦) 이후의 것을 인용하여 이를 설명하게 하여 주십시오.

진 시황의 강함과 몽념(蒙恬)의 위엄을 가지고 있었지만 그러나 감히 서하(西河)[92]를 넘보지 못하고 마침내 장성을 쌓아서 그것을 경계로 삼았습니다. 마침 한(漢)이 처음으로 일어났는데, 고조(高祖)의 위령(威靈)과 30만 명의 무리를 가지고 평성(平城, 산서성 大同市)에서 곤욕(困辱)을 치렀으며,[93] 그때에는 기이하고 속이는 모사(謀士)와 큰 계획을 세우는 신하가 아주 많아서 끝내는 그들이 벗어났던 까닭은 세상에서 얻어서 이야기하는 일이 없습니다.[94] 또 고후(高后, 여후) 때에는 흉노들이 오만하고 횡포하여 대신들이 권도(權道)를 가지고 그들에게 편지를 보냈고 그런 다음에 풀어졌습니다.[95]

---

92 황하의 상류로 감숙성 난주시를 경유하여 북쪽으로 올라간 그 일대를 말한다.

93 이 일은 고제 7년(기원전 200년)의 일로, 그 내용은 《자치통감》 권11에 실려 있다.

94 안사고는 스스로 벗어나는 계책은 그 일이 추악(醜惡)하였으니 그러므로 전하지 않은 것이라고 설명하였다.

95 이 일은 혜제 3년(기원전 192년)의 일로, 그 내용은 《자치통감》 권12에 실려 있다.

효문제 때에 이르러서는 흉노들이 북쪽의 변방을 침략하여 포악하여 척후(斥候)를 맡은 기병(騎兵)들이 옹(雍, 옹성, 섬서성 鳳翔縣)과 감천(甘泉, 섬서성 淳化현)에 이르자, 경사(京師, 長安)에서 크게 놀랐고, 세 명의 장군을 발동하여 극문(棘門)·세류(細柳)·패상(霸上)에 주둔하여 대비하게 하고서 몇 달이 되어서 마침내 철수하였습니다.[96]

효무제가 즉위하여 마읍(馬邑, 산서성 朔縣)의 권도(權道)를 설치하고 흉노를 유인하려고 하였으나, 헛되이 비용만 소비하고 군사를 수고롭게 하면서도 한 명의 야만인도 만나 볼 수가 없었는데, 하물며 선우의 얼굴인 경우에야![97]

그 후에 사직에 대한 계책을 깊이 생각하여 만년이나 갈 계책을 품고서 마침내 군사 수십만 명을 크게 일으키고 위청(衛靑)과 곽거병(霍去病)으로 하여금 군사를 지휘하게 한 것이 전후 10여 년이었고, 이에 서하(西河)에 배를 띄우고, 대사막을 끊고, 전안에서 격파하고 그들의 왕정(王庭)을 습격하고 그들의 땅으로 끝까지 나아가 쫓아가서 북쪽으로 몰아내며 낭거서산(狼居胥山, 대흥안령)에서 봉(封)을 하고, 고연산(姑衍山, 대흥안령 근처)에서 선(禪)을 하였고,[98] 한해(瀚海)에 다가가서 명왕과 귀인들을 포로로 잡은 것이 100을 헤아리게 되었는데, 이 이후

---

96 이 일은 문제 6년(기원전 158년)의 일로, 그 내용은《자치통감》권15에 실려 있다.

97 이 일은 무제 원광 2년(기원전 133년)의 일로, 그 내용은《자치통감》권17에 실려 있다. 결국 선우의 얼굴을 만나 본다는 것은 기대할 수 없는 것이라는 말이며, 현재 선우가 조현한다는 사실과 대비하여 말한 것이다.

98 봉선(封禪)을 말한다. 원래는 동쪽의 태산에서 봉선을 하는 것이지만, 이때에 서쪽에서 봉선을 한 것이다. 봉(封)은 산꼭대기에다 흙으로 원형의 단을 쌓고 하늘에 제사를 지내는 것이며, 선(禪)은 산 아래에 당을 네모나게 깎고 땅에 제사 지내는 것을 말한다.

로 흉노들은 떨고 두려워하여 더욱 화친하기를 요구하였지만 그러나 자기들이 신하라고 말하지는 않았습니다.

또 무릇 앞의 시대라고 하여 어찌 끝없이 들어가는 비용을 기울이고, 죄 없는 사람들을 부리며, 낭망(狼望)[99]의 북쪽을 쾌심(快心)으로 즐겼겠습니까? 한 번 수고를 하지 않고는 영구히 편안할 수가 없고, 잠깐 돈을 쓰지 않으면 영원히 편안하지 않을 것이라고 생각하였으니, 이리하여서 백만의 군사가 주린 호랑이의 입에서 꺾기는 것을 참고 부고(府庫)의 재물을 운반하여 노산(盧山)[100]의 골짜기를 채워 넣고도 후회하지 않은 것입니다.

본시(本始)[101] 초기에 이르러서 흉노들이 굳건한 마음을 갖고서 오손(烏孫)을 노략질하고 공주(公主)를 침해(侵害)하자 마침내 다섯 장수의 군사 15만의 기병을 발동하여 그들을 쳤는데, 그때에 수확한 것은 적었지만 다만 위풍당당한 무력을 선양하여 한(漢)의 군사가 우레나 바람 같다는 것을 밝혔을 뿐입니다. 비록 헛되이 가서 빈손으로 돌아왔지만 오히려 두 명의 장군을 주살하였으니,[102] 그러므로 북적(北狄)이

---

99 안사고는 흉노 지역의 지명이라고 하였으나, 호삼성은 낭분(狼糞)을 말려서 태워서 봉화를 올리는데, 그 연기를 바라보는 것을 말하는 것이라고 보았다. 그러므로 전쟁의 위험이 있는 지역을 말하는 것이다.

100 노산에 관해서는 여러 해석이 있다. 안사고는 흉노 가운데에 있는 산이라고 하였고, 호삼성은 위청이 죽었는데, 그 무덤을 노산처럼 만들었다고 하였고, 위청은 오직 사막을 가로질러 전안산(寘顔山)에 이르렀을 뿐인데, 그렇다면 전안산이 노산일까 생각하였고, 맹강(孟康)은 선우의 남정(南庭)이라고 하였다.

101 선제의 연호로 본시 원년은 기원전 73년이다.

102 이 일은 본시 3년(기원전 71년)에 있었고, 그 내용은 《자치통감》 권24에 실려 있다.

복종하지 않으면 중국은 아직 베개를 높이 베고 편안히 잠잘 수가 없습니다.

원강(元康)과 신작(神爵) 연간[103]에 이르러서는 커다란 덕화(德化)와 신 같은 밝음과 넓은 은혜가 널리 퍼졌고, 흉노 안에서 내란이 일어나서 다섯 선우가 다투며 자립하고 일축(日逐)과 호한야(呼韓邪, 單于)가 나라를 가지고 죽기로 귀부하여 엎드려 칭신하였는데, 그러나 오히려 그들을 기미(羈縻)[104]하였고 오로지 통제하려고 계산하지 않았습니다.

이로부터 뒤로는 조현하려고 하는 사람은 거절하지 아니하고, 하려 하지 않는 자는 억지로 시키지도 않았습니다. 왜 입니까? 외국의 천성은 분노하고 사납고, 모습은 우락부락하고 튼튼하여 기력(氣力)에 의지하고 있으니, 선(善)을 가지고 교화하기가 어렵고 악을 쉽게 배우는데, 그래서 강하게 하여도 굴복시키기 어렵고, 평화적으로 한다고 하여도 얻기가 어렵습니다.

그러므로 아직 복종하지 않았을 때에는 군사를 수고롭게 하여 멀리까지 나아가 공격하여 나라를 기울여서 재물을 다 써버리며, 엎어진 시체가 피를 흘려도 굳은 것을 깨뜨리고 적을 뽑아야 하니 그처럼 어렵습니다. 이미 복종한 다음에는 위로하고 안무하고 교환하고 접대하고 뇌물을 주면서 위의(威儀)를 가지고 굽어보고 올려 보아야 하니, 이처럼 준비하는 것입니다.

과거에 일찍이 대완(大宛)의 성(城)을 도륙(屠戮)하였고, 오환(烏桓)

---

103 원강은 선제의 연호이고, 원강 원년은 기원전 65년이고, 신작도 선제의 연호인데, 신작 원년이 기원전 61년이다.

104 말의 굴레와 소의 고삐를 말하는 것으로 중국의 북방 민족에 대한 외교정책으로 한편으로는 고삐로 조종하지만 먹이를 주어 달래기도 하는 것이다.

의 보루(堡壘)를 짓밟았으며, 고증(姑繒)의 성벽(城壁)을 탐색하였고, 탕저(蕩姐)가 있는 곳을 밟았고, 조선(朝鮮, 위만조선)의 정기(旌旗)를 잘랐으며, 양월(兩越)의 깃발을 뽑았는데,[105] 가까운 곳이면 순월(旬月) 간의 전역(戰役)에 불과하였고, 먼 곳이라고 두 계절을 거치지 않았으니, 진실로 이미 그들의 왕정(王庭)에서 밭을 갈았고 그들의 마을을 소제하고 군현을 그곳에 두며, 구름이 걷히고 멍석을 말아서 뒤에 아무런 재해가 없었습니다.

오직 북적(北狄)은 그렇지가 아니하니, 정말로 중국의 단단한 적이며, 세 방향에 있는 것과 비교하면 현격한 차이가 있어서 앞 시대에 그들을 중시한 것이 아주 심하였던 것이니, 아직은 바꾸어 가볍게 볼 수 없습니다.

지금 선우(單于)가 의(義)로 돌아오려고 하고, 정성스런 마음을 품고서 그 왕정(王庭)을 떠나서 앞에 벌려서 알현하려고 하니, 이는 전 시대에서 남겨주신 계책의 덕이며, 신령(神靈)들이 바라던 것이므로 국가가 비록 비용을 지출하여야 하나 부득이한 것입니다. 어찌하여 와서 엽인(厭人)[106]한다는 말로 거절을 하시고, 날짜를 기약함을 없이하여 소

---

105 대완을 정벌한 것은 무제 태초 3년(기원전 102년)이고, 그 내용은 《자치통감》 권21에 실려 있고, 오환의 일은 소제 원봉 3년(기원전 78년)에 있었고, 그 내용은 《자치통감》 권23에 실려 있고, 고증에 관한 일은 소제 시원 4년(기원전 83년)에 있었고, 그 내용은 《자치통감》 권24에 실려 있고, 탕저의 일은 원제 영광 3년(기원전 41년)에 있었고, 위만의 일은 무제 원봉 3년(기원전 108년)에 있었고, 그 내용은 《자치통감》 권21에 실려 있고, 양월에 관한 일은 무제 원정 6년(기원전 111년)에 있었고, 그 내용은 《자치통감》 권20에 실려 있다.

106 어떤 사람이 상유(上游)에서 오면 엽인한다는 말을 하였다. 엽인은 엽승(厭勝)의 뜻으로 쓰인 것이다. 엽승이란 비방으로 액운을 때우는 것을 말하는데,

원하게 만들고,[107] 과거에 베풀었던 은혜를 없애버리고 장차 다가올 간격을 열어 놓는단 말입니까?

무릇 의심하여 이들을 벌어지게 하면 한스러워하는 마음을 갖게 하며, 전에 하였던 말을 믿고 과거의 말씨를 따라서 한에 원한을 돌리고, 이어서 스스로 끊고 끝내는 북면(北面)할 마음을 없애게 할 것인데, 그들에게 위엄으로도 불가능할 것이고 그들을 타일러도 불가능할 것이니 어찌 커다란 걱정거리를 만들었다고 아니할 수가 있습니까?

무릇 눈 밝은 사람은 아직 형체가 없는 것에서 보는 것이며, 귀 밝은 사람이란 아직 소리가 없는 데서 소리를 듣는 것이니, 진실로 아직 그렇게 되지 않은 데서 먼저 처리하면 바로 병혁(兵革)을 사용하지 아니하여도 우환(憂患)이 생기지 않습니다. 그렇지 아니하여 한 번 틈이 생긴 다음에는 비록 지혜로운 사람이 안에서 마음을 수고롭게 하고 말을 잘하는 사람이 밖에서 수레바퀴 소리를 낸다고 하여도[108] 오히려 아직 일이 일어나지 않았을 때와 같지 아니합니다.

또 과거에 서역(西域)을 도모하면서 차사(車師, 차사국)을 제압하고 성곽도호(城郭都護)를 36국에 설치하였는데, 어찌 강거(康居)와 오손(烏孫)을 위하여 백룡퇴(白龍堆)를 넘어서 서변(西邊)을 친 것이겠습니

여기서는 흉노가 장안에 오려면 황하의 상류에서 내려오게 되니, 이 기운이 장안에는 비방이 된다는 것이다.

107 흉노가 조현하겠다는 요구에 회답을 하면서 날짜를 지정하지 않으면 결과적으로 흉노와는 소원하게 된다는 말이다.

108 원문은 곡격(轂擊)이라고 하였다. 이는 사자의 수레가 교차하며 달려 그 바퀴가 서로 부딪치는 것을 말하는데, 전체적으로는 외교 사절이 이리저리 분주하게 다니는 것을 형용한 것이다.

까? 이에 흉노를 제압하려는 것이었습니다. 무릇 100년 동안 이를 위하여 수고하였는데, 하루에 이것을 잃어버리는 것은 열을 써버리고 한 개를 아낀 것이니, 신(臣)은 가만히 나라를 위하여 불안하게 생각합니다. 오직 폐하께서 아직 혼란스럽지 않고, 아직 싸우지 않은데서 조금만 유의하셔서 변방의 백성들에게 다가올 화를 막으십시오."

편지가 올라가자 천자는 깨닫고 흉노의 사자를 불러 들여와서 선우에게 보내는 편지를 바꾸어서 이를 허락하였다. 양웅에게 백(帛) 50필과 황금 10근을 하사하였다. 선우가 아직 출발하지 않았는데 마침 병이 나서 다시 사신을 보내서 다음 해에 조현하기를 원하니, 황상이 이를 허락하였다.

12 동현이 귀하게 총애를 받는 것이 날로 왕성해지자, 정(丁)씨와 부(傅)씨가 그 총애 받는 것을 해쳤는데, 공향후 부안과 식부궁이 모의하여 자리에 앉아서 보정(輔政)하기를 구하였다.

마침 선우가 병이 나서 조현하지 아니하자 식부궁이 이를 이용하여 주문을 올렸다.

"선우는 마땅히 11월에는 변새(邊塞)에 들어와야 하지만 뒤에 가서 병이 났다고 해명하였는데, 의심하건대 다른 변고가 있습니다. 오손(烏孫)의 두 곤미(昆彌)는 약하고 비원치(卑爰疐)[109]는 강성하여 동쪽으로 선우와 연결하면서 아들을 보내어 입시(入侍)하게 하였으니,[110] 아

---

109 비원치는 오손국에서 도망한 장수이다. 이에 관한 사건은 성제 원연 2년(기원전 11년)에 있었고, 그 내용은 《자치통감》 권32에 실려 있다.
110 이 일은 애제 건평 2년(기원전 5년)에 있었고, 그 내용은 《자치통감》 권33에 실려 있다.

마도 그들이 합세하여 오손을 병탄할까 걱정이고, 오손이 병탄되면 흉노는 강성하여지고 서역이 위태롭습니다.

항복한 호족(胡族, 흉노)으로 하여금 거짓으로 비원치의 사자(使者)라고 하고 와서 편지를 올려서 천자의 위엄을 이용하여 선우에게 신(臣)의 시자(侍子)를 돌려보내게 하고 이어서 그 편지를 내려 보내어 흉노의 빈객(賓客, 사자)으로 하여금 이를 듣게 하면 이것은 이른바, '제일 좋은 것은 군사로 모의하는 것을 치는 것이며, 다음은 외교하는 것을 치는 것이다.'[111]라는 말일 것입니다."

편지가 올라가자 황상이 식부궁을 불러서 보고, 공경(公卿)과 장군들을 불러서 크게 논의하였다. 좌장군 공손록(公孫祿)이 생각하였다.

"중국은 항상 위엄과 신의를 가지고 이적(夷狄)을 품고 복종시켰는데, 식부궁은 거꾸로 속이려고 하여 믿을 수 없는 꾀를 진언하였으니, 허락해서는 안 됩니다. 또 흉노는 먼저 돌아가신 황제의 은덕에 의지하여 요새를 보위하면서 번신(藩臣)을 칭하였는데, 지금 선우가 질병으로 조하(朝賀)하는 일을 감당할 수가 없어서 사자를 파견하여 와서 스스로 진술하였으니 신하의 예를 잃지 아니하였습니다. 신 공손록은 이 몸이 죽더라도 흉노가 변경에서 걱정거리가 되는 일을 나타내지 않을 것임을 스스로 보증하겠습니다."

식부궁이 공손록의 말을 끌어내서 말하였다.

"신(臣)은 국가를 위하여 계책을 세운 것이며 미리 장차 그렇게 될 것을 꾀한 것이고 아직 그러한 일이 나타나기 전에 미리 도모한 것이

---

111 손무자(孫武子)의 말이다. 안사고는 '적에게 모의를 하는 사람이 있다는 것을 알고 이에 대응하여 그 하려는 것을 저지하면서 군사를 쓰지 않는 것이 귀한 것'이라고 하였다.

어서 만세를 위하여 염려한 것입니다. 그러나 공손록은 그의 견마(犬馬)로서 눈으로 보는 것을 보증한 것입니다.[112] 신과 공손록과 내용이 다른 논의이며 같은 날에 말할 것이 아닙니다."

황상이 말하였다.

"좋은 말이오."

마침내 여러 신하들을 흩어지게 하고 홀로 시부궁과 상의하였다.

식부궁이 이어서 건의하였다.

"재이(災異)가 여러 번 나타났으니 아마도 반드시 비상(非常)한 일이 있을까 걱정인데, 대장군을 파견하여 변경의 병사들을 살피도록 하고 무비(武備)를 정비함에 있어서 군의 태수 한 사람을 참수하여 위엄을 세우고 사방의 이적(夷狄)들을 놀라게 하고, 이어서 엽승(厭勝)으로 변이(變異)에 대응하십시오."

황상이 그러하겠다고 생각하고 승상 왕가(王嘉)에게 물었더니, 대답하였다.

"신이 듣건대, 백성들을 움직이는 것은 행동으로 하는 것이지 말로써 하는 것이 아니며, 하늘에 부응하는 것은 실제로 하는 것이지 글을 써서 하는 것이 아니고, 아래에 사는 백성들도 미천하고 자잘하지만 오히려 속일 수가 없는데, 하물며 상천(上天)의 신명(神明)을 속일 수가 있겠습니까? 하늘에서 변이를 보인 것은 임금을 경계하기 위한 것이고, 깨달아 올바로 돌려놓고 진실로 선을 행하기를 추진하며, 백성들의 마음이 즐겁고 하늘의 뜻을 얻게 하려는 것입니다.

---

112 공손록이 견마(犬馬)로 있는 상황, 즉 신하로 살아 있는 동안 보증한다는 말로 유한한 보증이라고 한 것이다.

변사(辯士)가 한 가닥만을 보고 혹은 망령되게 뜻을 별자리의 변화에 맞추어 설명하면서 허위로 흉노(匈奴)와 서강(西羌)의 재난이 있을 것이라고 만들어내어 간과(干戈)를 움직이려는 꾀를 내고 임시변통을 만들려는 것은 하늘의 도(道)에 부응하는 것이 아닙니다.

수상(守相, 태소와 봉국의 재상)이 죄를 졌다면 수레를 달려 대궐에 이르러서 두 팔을 결박하여 사형시켜야 하니, 두렵게 하는 것은 이와 같이 하는 것이지 변설을 하는 사람이 편안한 기틀을 흔들어 위험하게 만들고 입으로 변론하여 귀를 만족하게 하려는 것은 실로 좋을 수가 없습니다.

무릇 정치를 의론하는 사람은 그 아부하는 것과 기울어지고 위험하게 하는 것과 말로 혜택을 주는 것과 깊고 각박한 것에서 고통을 당합니다. 옛날에 진(秦)의 목공(繆公)은 백리해(百里奚)와 건숙(蹇叔)의 말을 좇지 아니하여서 그의 군사들을 패배하게 만들었고, 그래서 허물을 후회하고 자책하며 오도한 신하들을 원망하면서 누런 머리를 한 사람[노인]의 말을 생각하여 그의 이름을 후세에 드리워 놓았습니다.[113]

바라건대 폐하께서 옛날부터 경계하였던 것을 살피시고 반복하여 참고하시면 먼저 들으신 말을 위주로 함이 없을 것입니다."

황상은 듣지 않았다.＊

---

113 진의 목공은 정(鄭)을 습격하고자 하였는데, 건숙과 백리해가 간하였으나 듣지 않고 군사를 출동시켰다. 그런데 진(晉) 양공(襄公)이 효산(殽山)에서 그들을 대패시켰다. 목공은 돌아와서 후회하면서 진서(秦誓)를 지어서 후세 사람들이 읽게 하였다.

한기27

기회를 잡은 왕망의 처세

애제 원수 원년(己未, 기원전 2년)

1   정월 초하루 신축일에 조서를 내려서 장군과 중이천석 가운데 병법을 훤히 익힌 사람을 각기 한 사람씩 천거하라고 하였고, 이어서 공향후(孔鄕侯) 부안(傅晏)에게 벼슬을 주어 대사마·위(衛)장군으로 삼고, 양안후(陽安侯) 정명(丁明)을 대사마·표기(票騎)장군으로 삼았다.

2   이날 일식이 있었다. 황상이 공경(公卿)과 대부(大夫)들에게 조서를 내려서 마음을 다하여 과실을 진술하게 하고, 또 현량(賢良)과 방정(方正), 직언을 할 수 있는 사람을 각기 한 사람씩 천거하라고 하였다. 천하를 크게 사면하였다.

승상 왕가(王嘉)가 봉사(封事)를 올려 말하였다.

"효원황제는 대업을 이어받고서 온유하고 공손하며 욕심을 적게 가져서 도내(都內)[1]의 전(錢)이 40억이었습니다. 일찍이 상림원(上林苑)

---

[1] 대사농에 도내승령이라는 직책이 있다. 따라서 대사농의 부고를 말한다.

에 행차하였는데, 후관(後官, 후궁)인 풍(馮)귀인이 좇아서 수권(獸圈, 짐승들의 우리)에 이르렀으며, 맹수가 놀라서 나오자 귀인이 앞으로 나아가서 그것에 맞섰고,[2] 원제는 그의 의로움을 아름답게 생각하고 전(錢) 5만을 하사하였습니다.

액정(掖庭)에서 친척을 보고 상을 내려주면서 그 사람에게 많은 사람 가운데서 감사하지 말라고 부탁하였습니다. 공평함을 보이고 치우치는 것을 싫어하며, 인심을 잃는 것을 중히 여기며, 상으로 하사하는 것은 절약한 것입니다.

이때에 외척에는 재산이 천만인 사람도 적었으니, 그러므로 소부(少府)와 수형(水衡)[3]에는 현재하는 전(錢)이 많았습니다. 비록 초원(初元)과 영광(永光) 연간[4]에 기근(饑饉)을 만났으며, 그 위에 서강(西羌)의 변란[5]이 있어서 밖으로는 군사들을 받들어야 하였고 안으로도 빈민들을 진휼(賑恤)해야 하였지만 끝내 기울어지고 위태로워지는 걱정거리가 없었던 것은 부고에 저장하고 있는 것이 충실하여서입니다.

효성황제 시절에 간쟁(諫爭)하는 신하들은 대부분 연출(燕出, 미행)의 해로움을 말하였고, 여자에 대한 총애에서 오로지 아끼고 주색에

---

2 이 사건은 원제 건소 원년(기원전 38년)에 있었으며, 그 내용은 《자치통감》 권 29에 실려 있다. 여기서 풍귀인이라고 하였으나, 당시에는 풍첩여였다. 이때에 애제의 할머니인 부첩여와 원한 관계를 맺었으며, 이것은 애제가 즉위하고 건평 원년(기원전 6년)에 풍태후가 자살하는 단초가 되었다.

3 수리관계의 책임을 맡은 관청이다.

4 원제의 연호이다. 원초 원년은 기원전 48년이고, 영광 원년은 기원전 43년이며 영광 연호는 5년에서 끝난다.

5 이 일은 영광 2년(기원전 42년)에 일어난 사건이며, 그 내용은 《자치통감》 권 28에 실려 있다.

빠져서 품덕을 손해보고 연수(年數, 황제의 수명)을 상하게 하는데 이르러서는, 그 말이 아주 절실하였지만 그러나 끝내 원망하고 화를 내지 아니하였습니다.

총애하던 신하는 순우장(淳于長)·장방(張放)·사육(史育)이었는데, 사육은 자주 폄하(貶下)되어 물러났고 집의 재산은 1천만을 채우지 못하였으며, 장방은 쫓겨나서 그의 봉국(封國)으로 갔고, 순우장은 옥에서 매 맞아 죽었으니,[6] 사사로운 아낌으로 공의(公義)를 해롭게 하지는 않았으며, 그러므로 비록 안에서의 비난은 많았지만 조정은 편안하여 대업을 폐하에게 전해 주었습니다.

폐하가 봉국(封國)에 있을 때에는 《시(詩)》와 《서(書)》를 좋아하고 위로는 절검(節儉)을 하였고 징소(徵召)되어 오면서, 지나가는 도로에서 덕의 아름다움을 칭송하였으니, 이것이 천하가 마음을 돌리는 이유입니다. 처음으로 즉위하여 유장(帷帳)을 바꾸면서 비단에 수놓은 것을 없앴으며, 승여(乘輿)의 좌석 가장자리에는 증백(繒帛)뿐이었습니다.

공황(共皇)의 침묘(寢廟)는 근자에 마땅히 만들어야 하지만 백성들을 걱정하고 오직 용도가 모자라는 것을 생각하여서 의(義)를 가지고 은정(恩情)을 잘라내어 번번이 또 중지하고 쉬게 하여 지금 비로소 만들었습니다.

그러나 부마도위(駙馬都尉) 동현(董賢)은 역시 상림원 가운데에 관시(官寺, 관아)를 만들고, 또 동현을 위하여 대저택을 만들었는데, 문을 열면 바로 북궐(北闕)을 향하게 하고, 왕거(王渠, 관청 소유의 운하)를 끌

---

6 장방은 봉국으로 건 것이 아니고 군위로 강등되었으며, 순우장은 감옥에서 죽은 일은 수화 원년(기원전 8년)에 있었고, 이 내용은 《자치통감》 권32에 실려 있다.

어다가 정원과 연못에 물을 대고, 사자(使者)가 보호하며 짓는데 이졸
(吏卒)들에게 상을 내려 주는 것이 종묘를 짓는 것보다 심하였습니다.

동현의 어머니가 병환이 나자 장안주(長安廚)[7]에서 기도용 음식을
공급하였는데, 길을 지나는 사람들이 모두 먹고 마셨습니다.[8] 동현을
위하여 그릇을 만드는데, 그릇이 완성되면 주어(奏御, 황제에게 아룀)하
고 시행하는데, 혹 만든 물건이 좋으면 특별히 그 공인(工人)에게 하사
하였고, 종묘(宗廟)와 삼궁(三宮)[9]에 공헌(貢獻)하는 것도 오히려 이에
는 이르지 못하였습니다.

동현의 집안에 빈례(賓禮)나 혼례(賓婚)가 있어서 친척들이 만나 보
게 되면 여러 관청에서 나란히 공급하며[10] 창두(蒼頭)와 노비인 사람
에게 내려 주는 것이 10만 전이었습니다. 사자(使者)가 보호 감시하며
시중의 물건을 꺼내어 구입하여 많은 판매자들이 놀라 움직이고 길거
리에서 시끄럽게 떠들게 되며, 여러 신하들은 황송(惶悚)하고 당혹(當
惑)해 합니다.

조서를 내리시어 황제의 원지(苑地)를 철폐하고서 동현에게 2천여
경(頃)을 하사하니, 균전(均田)의 제도[11]는 이러한 것에서부터 타락하

---

7 수도 장안에 있는 관청의 주방을 말한다.

8 제사 지낸 음식이므로 여러 사람이 먹은 것이다.

9 태황태후가 거주하는 장신궁과 부태후가 사는 영신궁, 그리고 황태후 조비연
   이 사는 중안궁을 말한다. 정태후는 이미 죽었다.

10 관청별로 그 관청에서 장악하고 있는 업무에 해당하는 일을 맡는다.

11 관원들에게 전지의 상한선을 두게 한 한전제(限田制)는 좌장군인 사단이 성
   제 수화 2년(기원전 7년)에 실시하고자 하였으나, 실시를 못하였다. 그러나 이
   문구로 보아 조금 후에 실시한 것 같다.

고 파괴되었습니다. 사치하고 참람하고 방종하며 음양(陰陽)을 바꾸어 혼란시켜서 재이(災異)가 많아지고, 백성들은 와전된 말로 짚단을 잡고서 서로 놀라니, 하늘은 그 뜻에 현혹되어서 스스로 중지할 수가 없었습니다.[12] 폐하께서 평소에 인자하시고 지혜로우시며 신중하게 일을 처리하셨는데 지금에는 오히려 이렇게 커다란 거리끼는 일을 갖고 있습니다.

공자가 말하였습니다. '위태로워져도 잡아주지 못하고 넘어지려 하여도 붙들어 주지 못한다면 장차 저러한 재상을 어디에 쓰겠는가?'[13] 신 왕가(王嘉)는 다행하게도 자리를 차지하고 있었기에 가만히 속으로 슬프고 마음이 상하여도 어리석은 충성심을 믿을 수 있도록 전달할 방법이 없어서, 죽더라도 국가에 이익이 된다면 감히 스스로를 아끼지 않겠습니다. 오직 폐하께서 자신이 홀로 향하였던 것을 신중하게 처리하시고, 많은 사람들이 함께 의심하는 것을 살펴보십시오.

과거에 등통(鄧通)과 한언(韓嫣)이 교만하고 귀하여져서 절도를 잃어서 편안한 짓을 하며 만족하지 아니하였고, 소인들이 정욕(情欲)을 이기지 못하여 끝내는 죄를 짓는데 빠져서 나라를 혼란스럽게 하고 자기 자신을 망하게 하여 그 봉록을 끝까지 지키지 못하였으니,[14] 이른

---

12 애제 건평 4년(기원전 3년)에 서왕모를 믿는 일이 성행하였다.

13 《논어》에 나오는 말이다. 계씨(季氏)가 전유(顓臾), 염유(冉有), 계로(季路)를 치려고 하면서 공자를 만나 보았는데, 공자가 이 말을 가지고 그를 책망하였다.

14 5대 문제는 등통을 총애하여 그에게 구리광산 하나를 하사하고 돈을 주조하도록 하였다. 그런데 6대 경제가 즉위하자 그의 재산을 몰수하였고, 결국에 등통은 굶어 죽었다. 또 7대 무제는 한언을 총애하여 함께 눕고, 함께 일어날 정도였고, 궁궐을 마음대로 출입하였지만 뒤에 가서 황태후에게 주살되었다.

바 '그를 아껴 주는 것이 충분히 그를 해치기에 적당하게 된다.'라는 것입니다. 마땅히 앞 시대의 일을 깊이 살펴서서 동현에 대한 총애를 절제하여 그의 생명을 온전하고 편안하게 하십시오."

황상은 이로 말미암아서 점점 왕가를 좋아하지 아니하였다.

전 양주 자사(涼州刺史)인 두업(杜業)이 방정(方正)으로서 대책을 가지고서 말하였다.

"신이 듣건대 양(陽)은 높고 음(陰)은 낮은 것이 하늘의 이치입니다. 이리하여서 남자는 비록 비천하다고 하더라도 각기 그 집안의 양(陽)이고, 여자는 비록 귀하다고 하더라도 오히려 그 나라의 음(陰)입니다. 그러므로 《예기》에서는 '삼종(三從)'[15]의 뜻을 밝혀서 비록 문왕의 어머니가 덕을 갖고 있다고 하더라도 반드시 아들에게 매여 있습니다.

옛날에 정백(鄭伯)이 강씨(姜氏)가 바라는 것을 따르다가 끝내 숙단(叔段)이 나라를 찬탈하는 화를 가졌으며,[16] 주(周)의 양왕(襄王)은 안에서 혜후(惠后)의 어려움으로 압박을 받다가 정(鄭)으로 가서 살아야 하는 위기를 만났습니다.[17] 한(漢)이 일어나서는 여(呂)태후가 권력을

---

15 여자는 미혼에는 아버지의 뜻을 좇고, 결혼하면 지아비의 뜻을 좇으며, 지아비가 죽은 다음에는 아들의 뜻을 좇아야 한다는 말이다.

16 《좌전》에 실린 이야기이다. 정의 무강(武康)은 두 아들을 두었는데 맏아들이 장공(莊公)이고 둘째아들이 공숙단(共叔段)이다. 모친인 무강은 작은아들을 총애하여 맏아들인 장공에게 숙단을 경읍에 봉하라고 요구하였다. 이에 제중(祭仲)이 나라에 해가 되니 그렇게 하지 말라고 간하였으나, 어머니의 말을 거역하지 못하고 그대로 하였는데, 후에 숙단이 장공의 정나라를 공격하였다. 장공은 이를 쳐부수었지만 정에는 커다란 화를 준 것이다.

17 《사기》에 실린 사건이다. 주의 혜왕(惠王)에게는 두 아들이 있었는데, 맏아들은 양왕(襄王)이고 둘째아들은 숙대(叔帶)였다. 그런데 그들의 모친인 혜후

친척들에게 사사롭게 주어 사직이 거의 위태롭게 되었습니다.

가만히 살펴보건대 폐하께서는 검약하시고 몸을 바로 하셔서 천하와 더불어 다시 새롭게 시작하고자 하셨지만 그러나 좋고 상서로운 일이 아직 감응하지 않고, 일식과 지진이 있었습니다.《춘추(春秋)》의 재이(災異)를 살펴보면 현상을 지적하여 말을 하였습니다. 일식은 양에 음이 다가가는 것을 표명하는 것입니다. 곤(坤)은 땅을 본받은 것이니 흙이고 어머니여서 안정(安靜)한 것을 덕(德)으로 삼고 있지만 지진(地震)은 음도(陰道)를 본받지 않은 것입니다. 현상으로 점을 친 것은 아주 분명하니, 신(臣)이 감히 그 일을 솔직하게 말씀드리지 않겠습니까?

옛날에 증자(曾子)가 명령에 따른다는 의미를 물었더니,[18] 공자가 말하였습니다. '이 무슨 말인가?' 민자건(閔子騫)은 예(禮)를 지키면서 억지로 부모의 뜻을 좇지 않았고, 행동한 것이 이(理, 禮)에 맞지 않는 것이 없었던 사람이라고 칭찬하였으니,[19] 그러므로 그 사이를 이간시킬 수가 없었습니다.

지금 여러 외가의 형제들은 현명한지 불초(不肖)한지를 가림이 없이 나란히 유악(帷幄, 황제)을 시봉(侍奉)하며 여러 자리에 포진하고 있으니, 혹 군사를 관장하고 보위하고, 혹은 군사를 거느리고 주둔하면서 총애하는 마음을 한 집안에서 아울러 잡고 있어서 귀한 세력을 쌓은 것이 세상에서 보기 드물고 듣기도 드문 일입니다. 마침내 나란히 대사마(大

(惠后)는 숙대를 편애하였는데, 양공이 즉위하자 북적을 불러들여서 주를 정벌하게 하니 양왕이 정나라로 피하게 되었다.

18 《효경》에 부모의 명령에 따르라고 하였는데 '아버지의 명령을 따르면 효도라고 할 수 있는가'를 증자가 공자에게 물었더니, 공자는 그렇지 않다고 대답하였다.

19 《논어》에 나오는 말이다.

司馬)와 장군이라는 관직을 나란히 설치하기에 이르니, 황보(皇甫)가 비록 강성하였다고 하고, 삼환(三桓)이 비록 융성하여 노(魯)에서 삼군(三軍)[20]을 만들었다고 하더라도 이보다 심한 일은 없었습니다.

벼슬을 주는 날에는 어두워지고 일식이 나타났습니다. 앞뒤에 있지도 아니하고 일을 치르고 있는데 나타난 것은 폐하에게 겸손하여 혼자 전횡할 수 없다는 것을 밝힌 것이고, 지시하는 것[부태후의 지시]을 이어받은 것이 하나가 아니지만, 말하는 바면 번번이 들어주고 바라는 바면 그대로 따라 주었고, 죄악을 저지른 사람이 있어도 걸려들어 처벌받지 않았고 공로나 능력이 없는 사람이 관작을 받게 하니, 흐름은 점점 함부로 하는 것을 쌓게 되니 허물은 여기서 있어서 성스러운 조정에서 깨닫게 하고자 한 것입니다.

옛날에 시인(詩人)은 풍자하였고, 《춘추》에서 꺼리는 것으로 현상을 지적한 것이 이와 같은 것은 거의 다른 곳에 있지 아니합니다. 뒤에서 앞을 보면 분하여 이를 비난하지만, 자신이 행한 것에 이르러서는 스스로 거울에 비추어 보지 아니하니 옳다고 생각하지만 이를 계산해 보면 허물입니다.

바라건대 폐하께서 정성을 더욱 더 들여서 이어받아 처음 시작하실 때를 생각하고, 일할 때에 옛날에 있었던 여러 일을 상고하시고 아랫사람들의 마음을 만족시켜 주신다면 여민(黎民)과 많은 산사람들이 기뻐하지 않는 것이 없을 것이며, 상제(上帝)와 백신(百神)들도 위엄으로

---

20 황보는 주 왕조 초엽에 권세 있는 귀족이었으며, 또 노 15대 환공(桓公)에게는 아들이 맹손(孟孫)·숙손(叔孫)·계손(季孫) 등 세 명, 즉 삼환이 있었는데 이들이 노의 군대를 셋으로 나누어 각기 1군씩을 거느리고 노의 정권을 장악하였다.

노하였던 것을 거두어들이고 상서로운 복록(福祿)으로 보답할 것인데, 어찌하여 보답하지 않을까 의심하십니까?"

황상이 또 공광(孔光)을 징소하여 공거(公車)[21]로 오도록 하여 일식에 관하여 묻고 벼슬을 주어 광록대부로 삼고, 녹질은 중이천석으로 하고, 급사중(給事中)으로 하니, 지위의 차례는 승상 다음이었다.

애초에, 왕망(王莽)이 이미 봉국(封國)으로 돌아가서[22] 문을 걸어 잠그고 스스로를 지켰다. 그의 중자(中子, 둘째 아들)인 왕획(王獲)이 노비를 죽였는데, 왕망은 왕획을 아주 심하게 나무라고 자살하게 하였다. 봉국에서 3년을 있었는데, 이민(吏民)들이 편지를 올려서 왕망을 억울하게 되었다고 신원하는 사람이 100명을 헤아렸다.

이에 이르러서 현량(賢良)인 주호(周護)와 송숭(宋崇) 등이 대책(對策)으로 다시 왕망의 공덕을 깊이 있게 변명하니, 황상이 이에 왕망과 평아후(平阿侯) 왕인(王仁)을 징소하여 경사로 돌아와서 태후(太后, 태황태후)를 시봉(侍奉)하게 하였다.

3   동현은 일식의 변화를 이용하여 부안(傅晏)과 식부궁(息夫躬)의 정책[23]을 저지하니, 신묘일(11일)에 황상은 부안의 인수(印綬)를 거둬들이고 파직시켜서 집에 가게 하였다.

---

21 한대의 관청명이다. 위위에게 소속된 기구인데, 여기에서는 궁전의 사마문을 경위하는 일을 맡는다. 신하나 백성들이 황제에게 편지를 올리거나 황제가 사람을 징소할 때에 모두 이 공거에서 접대한다.

22 이 일은 건평 2년(기원전 5년)에 있었다.

23 흉노에 대한 정책을 말한다.

4　정사일(17일)에 황태태후 부씨(傅氏)가 붕어하였는데, 위릉(渭陵, 선제의 능묘)에 합장하고, 효원부황후(孝元傅皇后)라고 불렀다.[24]

5　승상과 어사가 식부궁과 손총(孫寵) 등의 죄와 허물을 상주(上奏)하니, 황상은 마침내 식부궁과 손총을 면직시켜서 봉국으로 가게 하였고, 또 시중(侍中)·제조(諸曹)·황문랑(黃門郎) 수십 명을 파직시켰다.[25]

포선(鮑宣)이 편지를 올려서 말하였다.

"폐하께서는 하늘을 아버지로 섬기고 땅을 어머니로 섬기시며 여민(黎民)을 자녀처럼 기르는데, 즉위한 이후로 아버지는 광명이 일그러졌고[일식], 어머니는 흔들려 움직였으며[지진], 자녀[여민]는 와언(訛言, 잘못 전해진 말)을 가지고 서로 놀라고 두려워하였습니다.

지금 일식이 '삼시(三始)'[26]에 나타났으니, 진실로 두렵다 할 것입니

24　부씨는 선제의 측실이어서 합장하는 것은 마땅치 않은 것이며, 정실인 살아 있는 태황태후의 입장에서는 대단히 가슴 아픈 일이었다.

25　대체적으로 부씨와 정씨인 관료들이다. 애제의 할머니인 부태후와 어머니인 정태후가 이미 죽었기 때문에 이렇게 처리할 수 있었다.

다. 소민(小民)들은 정삭일(正朔日, 정월 1일)에 기물만 손괴되어도 오히려 두려워하는데, 하물며 해가 일그러짐에 있어서이겠습니까!

폐하께서 깊이 안으로 자책(自責)하고 정전(正殿)을 피하고 직언(直言)을 천거하게 하여 과실(過失)을 찾으시며, 외척과 옆에서 밥만 축내는 사람들을 파직하여 물리치시고, 공광(孔光)을 불러 들여 벼슬을 주어 광록대부로 삼고, 손총과 식부궁의 허물과 죄악을 다 드러내셔서 관직에서 면직시켜 봉국으로 가게 하면 많은 사람들이 흡족해 하여 기뻐하지 않는 일이 없을 것입니다. 하늘과 사람은 같은 마음이니, 사람들의 마음이 기쁘면 하늘의 뜻도 풀어집니다.

마침내 2월 병술일(16일)에 백홍(白虹)이 해를 간범(干犯)하였고,[27] 계속하여 흐린데도 비는 내리지 않으니, 이것은 천하에 걱정거리가 맺어졌으나 아직도 풀리지가 않았다는 것이며, 백성들에게 원망함이 있는데 아직도 이것을 막지 못한 것입니다.

시중·부마도위인 동현(董賢)은 본래 가부(葭莩, 갈대) 정도의 가까움도 없었는데 다만 예쁜 모습과 아부하는 말로 스스로 나아갔고 상으로 하사 받은 것은 절도(節度)가 없어서 부고(府庫)에 쌓인 것을 다 소비하여 세 집을 병합하여도 오히려 아직 작다고 생각하고 다시 폭실(暴室)[28]을 헐어버렸습니다.

동현의 부자(父子)는 앉아서 천자의 사자(使者)를 부리고, 장작대장

26 일 년의 시작인 1월, 한 달의 시작인 1일, 하루의 시작을 말한다.
27 백홍은 해 근처에 흰 기운이 서리는 것을 말하는데 이것은 전쟁이 일어날 것을 상징하는 것이며, 이는 신하가 임금을 침범하는 것을 표시한다고 한다.
28 폭실은 궁정의 감옥인데 이것을 헐어버리고 그곳까지 동현의 집을 확장하였다는 말이다.

238 자치통감6 (권035)

이 집을 짓는데 밤중에 순라를 도는[29] 이졸(吏卒)을 모두 상으로 내려 주는 것을 받았고, 무덤[자기 조상의 무덤]에 가서는 모임이 있어도 번번이 태관(太官, 황실주방)이 공급하였습니다.

해내(海內)에서 공헌(貢獻)하는 것은 마땅히 한 명의 임금을 공양하여야 하는 것인데, 지금에는 도리어 모두 동현의 집으로 들어갔으니, 어찌 하늘의 뜻이며 사람들의 뜻이겠습니까? 하늘은 오랫동안 배반할 수 없는 것이어서 이처럼 그에게 후하게 한 것은 도리어 그를 해치는 것입니다.

진실로 동현을 애달프게 여기려면 마땅히 천지(天地)에 사과를 하여서 해내의 원한을 풀어주어야 하니, 면직시켜 봉국으로 보내고 승여(乘輿)와 기물들을 거두어 이것을 현관(縣官)[30]으로 돌려보내면, 부자(父子)는 그 성명(性命)을 끝까지 할 것이고, 그렇지 아니하면 해내에서 갖고 있는 원한으로 오랫동안 편안할 수 없습니다.

손총과 식부궁은 마땅히 그 봉국을 가지고 살게 해서는 안 되니, 모두 면제(免除)하여 천하에 보여줄 수 있어야 합니다. 다시 하무(何武) · 사단(師丹) · 팽선(彭宣) · 부희(傅喜)를 불러들이셔서 백성들로 하여금 확연하게 달라진 것을 보게 하여 하늘의 마음에 부응하여 커다란 정치를 세우시고 태평성대의 실마리를 여십시오."

황상은 큰 이변이 있을 것을 감지(感知)하고 포선의 말을 받아들여 하무와 팽선을 불러서 포선에게 벼슬을 주어 사예도위로 삼았다.

---

29 공사하는 것을 지키기 위하여 순라를 돌게 하였다.

30 임금이나 조정의 별칭이다.

6 　황상은 부태후가 유언으로 남긴 조서에 의탁하여 태황태후(太皇太后, 왕정군)로 하여금 승상과 어사에게 명령을 내려서 동현에게 채읍으로 2천 호를 더 늘려 주고, 공향후(孔鄕侯, 傅晏)와 여창후(汝昌侯, 傅商)와 양신후(陽新侯, 鄭業)에게 국읍(國邑)을 내려 주었다.[31]

왕가(王嘉, 승상)가 조서를 봉함하여 돌려보내고 이어서 봉사(封事)로 간(諫)하였다.

"신이 듣건대, 작록(爵祿, 작위와 녹질)과 토지는 하늘의 소유입니다. 《서경(書經)》에서 말하였습니다. '하늘은 덕을 가진 사람에게 명령하는데, 오복(五服)과 오장(五章)이 있다.'[32] 왕이 된 사람은 하늘을 대신하여 사람에게 작위(爵位)를 주는 것이니, 더욱 그것을 신중하게 하여야 합니다.

땅을 찢어서 책봉을 하는데, 그 마땅함을 얻지 못한다면 많은 사람들이 복종하지 않을 것이고, 음양을 느껴 움직이게 하니 그 해롭고 아픔이 아주 깊습니다. 지금 성스러운 몸[황제]은 오랫동안 편안하지 아니한데 이것은 신(臣) 왕가(王嘉)가 속으로 두려워하는 것입니다.

고안후(高安侯) 동현은 아부로 총애를 받는 신하인데, 폐하께서 작위(爵位)를 기울여서 그를 귀하게 만들어 주고, 재화를 다하여 그를 부유하게 만들어 주며, 지존(至尊)을 덜어서 그를 총애하여 군주의 권위는 이미 내보내고 부고(府庫)는 이미 다 없어졌지만 오직 부족할까 걱정합니다.

---

31 이 세 사람에게는 먼저 작위를 주었지만 국읍을 하사하지는 않았었다.

32 하늘은 덕을 가진 사람에게 그가 놓일 지위를 주는데, 그것은 천자·제후·경·대부·사 등 5등급인데, 그 등급에 따라서 옷의 문양이 각각 다르다.

재화는 모두 백성들의 힘으로 만들어진 것이어서 효문제는 노대(露臺)를 하나 만들려고 하였는데, 백금(百金)의 비용이 드는 것을 무겁게 생각하여 자기를 극복하고 만들지 않았습니다.[33] 지금 동현이 공적 부세(賦稅)를 흩어서 사사로운 은혜로 베푸는데 한 집에서 천금을 받기에 이르렀으니, 과거부터 내려오면서 귀한 신하 가운데 이런 사람은 일찍이 아직 없었으니, 소문이 사방으로 흘러 다녀서 모두가 같이 그를 원망합니다. 속담에서 말하였습니다. '천 사람이 손가락질을 하면 병이 들지 않아도 죽는다.' 신(臣)은 항상 이 때문에 마음이 떨립니다.

지금 태황태후가 영신태후(永信太后)[34]의 유조(遺詔)로 승상과 어사에게 조서를 내려서 동현에게 호구를 더해 주고, 세 후국(侯國)에 하사하였는데, 신 왕가는 가만히 당혹스럽습니다. 산이 무너지고 땅이 요동을 치며 일식이 삼조(三朝)에 일어났으니, 모두 음기(陰氣)가 양기(陽氣)를 침범한 것을 경계한 것입니다.

전에 동현에게는 두 번이나 책봉하였고, 부안(傅晏)과 부상(傅商)에게는 두 번 채읍을 바꾸어 주었으며,[35] 정업(鄭業)은 사사로운 것에 의지하여서 가로질러 요구하였으니,[36] 은혜가 이미 지나치게 후하였으

---

33 문제 후7년(기원전 157년)의 일이다. 문제는 노대를 만드는데 보통사람 10명의 재산에 해당하는 백금의 비용이 들어간다는 말을 듣고 그 건축을 중지시켰다. 이 내용은 《자치통감》 권15에 실려 있다.

34 부태후를 말한다. 영신궁에 거주하였기 때문에 영신태후라고 부르는 것이다.

35 동현에게 먼저 책봉한 것은 관내후였고, 다음에는 고안후였다. 부상은 먼저 숭조후를 이어받았고, 후에 여창후로 고쳐 책봉되었고, 부안은 먼저 황후의 아버지로 3천 호에 책봉되었다가 또 2천 호를 덧붙여 주었다.

36 애제 건평 4년(기원전 3년)의 이야기이다.

며, 자기 멋대로 구색(求索)하면서도 만족할 줄 모르니 심히 존존(尊尊)[37]의 뜻을 상하게 하여 천하에 보일 수가 없고 그 해로움이 아주 심합니다.

신하들이 교만하여 침해하고 속여서 음양(陰陽)이 그 절도를 잃었고 기(氣)가 감응하여 서로 움직이니 해로움이 몸[황제의 몸]에 미쳤습니다. 폐하가 병이 나서 누우니 오랫동안 편안하지가 못하였고, 후사도 아직 세워지지 않았으니 마땅히 만 가지 일을 올바르게 하도록 생각하고 하늘과 사람의 마음에 순응하여 복 받고 도움 받기를 구한다면 마침내 어찌 몸을 가볍게 하고 뜻을 내버리고 고조(高祖)께서 부지런히 하시고 고생하여서 제도를 내려 세우고 무궁하게 이것을 전하려고 하셨던 것을 생각하지 않겠습니까?

신이 삼가 조서를 봉함하고 감히 노출하여 들어내지 못하였는데, 죽음을 아껴서가 아니고 법대로 하지 못하여서 아마도 천하에서 이 소문을 들을까 두려우니 그러므로 스스로를 탄핵하지도 않는 것입니다."

애초에, 정위 양상(梁相)이 동평왕(東平王) 유운(劉雲)의 옥사를 처리할 때에 겨울철 달[38]이 되기까지는 아직 20일이 남아있어서 양상은 마음으로 유운의 옥사가 억울하다고 의심하면서 공사(供辭, 신문한 말)를 수식하여 만든 주문을 장안으로 전달하고 다시 공경(公卿)들에게 내려 보내어 다시 처리하게 하고자 하였다.

---

37 높은 사람을 높게 대우한다는 뜻이다. 그런데 지위가 낮은 이들에게 후대하므로 이는 존존의 의미를 해친 것이다.

38 1년을 네 계절로 나누는데, 한 계절은 3개월씩이며, 겨울은 10~12월까지이다. 그러므로 10월이 되기까지 20일이 남은 시점으로 말하고 있으므로 구체적으로는 9월 10일경으로 보인다.

상서령 국담(鞠譚)과 복야(僕射) 종백봉(宗伯鳳)은 허락할 만하다고 생각하였다. 천자는 양상 등이 모두 황상의 몸이 편안하지 못하여 안팎으로 관망하면서 두 마음을 가지고 다행히 유운이 겨울을 넘겨[39] 적을 토벌하여 주군의 원수를 대단히 미워하는 뜻을 갖지 않은 것이라고 보고 양상 등을 면직시켜서 모두 서인으로 삼았다.

뒤에 몇 달 있다가 크게 사면하니, 왕가가 추천하였다.

"양상 등은 모두 재능과 덕행을 갖고 있어서, 성스러운 왕께서 공로를 계산하여 허물을 면제하여 주신다면, 신은 가만히 조정을 위하여 이 세 사람[40]을 애석하게 생각합니다."

편지가 올라갔지만 황상은 마음을 평정시킬 수 없었다.

그 뒤 20여 일이 지나서 왕가는 동현에게 호수(戶數)를 더 늘려 주라는 일을 봉합하여 반송하면서 봉사(封事)를 올리니, 황상은 마침내 화를 내며 왕가를 불러서 상서(尙書)로 나오게 하여 나무라면서 물었다.

"양상 등은 전에 불충한 죄에 연루되어 죄악이 드러나서 보고하였는데, 그대는 그때에 번번이 이미 스스로를 탄핵하더니 지금에는 또 칭찬하는 말을 하였소. '조정을 위하여 이를 애석하게 생각한다.'고 한 것은 어떻게 된 것이오?"

왕가가 모자를 벗고 사죄하였다.

사건은 장군과 입조(入朝)한 사람들에게 내려 보내어 의논하게 하니, 광록대부 공광 등이 탄핵하였다.

"왕가는 나라를 미혹시키고 황상을 속였으므로 부도(不道)하니, 청

---

39 겨울을 넘기면 사형에서 1등급이 낮아져서 사형에서 면제된다.
40 양상과 이에 동조한 국담과 종백봉을 말한다.

컨대 알자(謁者)가 왕가를 불러서 정위(廷尉)의 조옥(詔獄)[41]에 가게
하십시오."

의랑(議郞) 공(龔) 등이 생각하였다.

"왕가가 일에 관하여 말한 것이 앞뒤가 맞지 않으니 마땅히 작토(爵
土)를 빼앗고 면직시켜서 서인으로 만드십시오."

영신궁의 소부(少府)인 맹(猛) 등이 생각하였다.

"왕가의 죄명(罪名)은 비록 법대로 처리하여야 하지만 대신인데 머
리카락을 묶고 형틀에 매달아 맨몸에 태장(笞杖)을 맞게 하는 것은 나
라를 중하게 생각하고 종묘를 포양(襃揚)하는 것이 되지 못합니다."

황상은 듣지 아니하고 조서를 내렸다.

"알자에게 지절(持節)을 주어서 승상을 불러 정위(廷尉)의 조옥에 가
게 하라."

사자(使者)가 이미 승상부에 도착하였는데 부(府, 승상부)의 연사(掾
史)[42]들이 눈물을 흘리면서 함께 약을 왕가에게 올렸지만 왕가는 이
를 마시려고 하지 않았다.

주부(主簿)가 말하였다.

"장상은 처리하는 것을 상대하여 억울함을 진술하지 않는 것이 이어
져 내려오는 고사(故事)인데,[43] 군후(君侯)께서는 마땅히 끌어서 결단

---

41 임금의 명령으로 죄인을 신문하는 것을 말한다.

42 승상부에 소속된 관리들이다.

43 경제 후원년(기원전 143년) 있었던 주아부(周亞夫) 사건 이후로 장군이나 재
상이 하옥되면 반드시 주살되었다. 그러기 때문에 체포되기 전에 자살하는
것이 일반적이었다. 그러나 무제가 공손하(公孫賀) 등을 처리할 때에는 신속
하게 체포하여 자살할 기회가 없었다.

하여야 합니다."

사자가 부(府, 승상부)의 문(門)에 높이 앉아 있으니 주부는 다시 앞으로 나아가서 약을 올렸다.

왕가는 약잔을 끌어당겨서 땅에다 내치고 승상부의 관속(官屬)들에게 말하였다.

"나 승상이 다행스럽게 삼공의 지위에 있으면서 직책을 받들다가 나라에 잘못하였으면 마땅히 도시(都市, 큰 시장)에서 엎어져서 형을 받아 많은 사람들에게 보여주어야 할 것이다. 승상이 어찌 아녀자이겠는가! 어찌 약을 마시고 죽으라고 말하느냐?"

왕가는 드디어 복장을 갖추고 나아가서 사자(使者)를 만나서 두 번 절하고 조서를 받았고, 이(吏, 小吏)들의 작은 수레를 타고서 덮개를 떼어버리고 관(冠)을 벗은 채로 사자를 좇아서 정위에게 갔다. 정위는 왕가의 승상과 신보후(新甫侯)의 인수를 거둬들이고, 왕가를 결박하여 태워서 도선조옥(都船詔獄)[44]으로 보냈다.

황상은 왕가가 산 채로 스스로 이(吏, 獄吏)에게 나아갔다는 소식을 듣고 크게 화가 나서 장군으로 하여금 내려가서 다섯 명의 이천석과 섞이어 다스리게 하였다.

이(吏, 옥리)가 왕가에게 비난하는 질문을 하니, 왕가가 대답하였다.

"사건을 처리하는 사람은 사실을 찾아내려고 생각하는 것이오. 가만히 보건대 양상 등은 전에 동평왕의 옥사를 처리하면서, 유운이 마땅히 죽어서 안 된다고 한 것이 아니고 공경들을 모으려 하여 중요하고

---

44 집금오의 휘하에는 중루령(中壘令)·시호령(寺互令)·무고령(武庫令)·도선령(都船令) 등 네 지휘관이 있는데, 그 가운데 도선령은 수군을 지휘하는 직책이다.

신중함을 보인 것이니, 진실로 그가 안팎을 돌아보거나 유운에게 아부하려는 흔적은 보이지 않아서 다시 다행스럽게 크게 사면함을 받게 한 것으로 보입니다.

양상 등은 모두 좋은 관리이고, 신(臣)이 가만히 나라를 위하여 현명한 사람을 아끼려는 것이었지 이 세 사람을 사사로이 한 것은 아니오."

옥리(獄吏)가 말하였다.

"진실로 이와 같다면 그대는 어찌하여 죄 받는 것을 오히려 당연한 것이라 여기고 나라에 빚을 졌다고 하였으니 헛되이 감옥에 넣은 것은 아니지요?"[45]

이(吏, 옥리)는 왕가를 침범하여 능욕하였는데, 왕가는 하늘을 우러러 탄식하며 말하였다.

"다행스럽게도 재상으로 충당될 수 있었지만 현명한 사람을 나아가게 하고 불초한 사람을 물러나게 할 수 없었으니 이로써 나라에 빚을 진 것이며 죽어도 그 책임이 남는다."

이(吏, 옥리)가 현명한 사람과 불초한 주인공의 이름을 물었다. 왕가가 말하였다.

"현명한 사람은 옛날의 승상이었던 공광과 옛날의 대사공이었던 하무인데, 나아가게 할 수 없었고, 악한 사람은 고안후(高安侯)인 동현 부자(父子)로 조정을 어지럽혔는데, 이들을 물러나게 할 수 없었소. 죄는 사형에 해당하니 죽는다 하여도 한이 없소."

왕가는 감옥에 갇히고 20여 일 먹지 아니하다 피를 토하고 죽었다.

---

45 옥리는 어떻게 하든지 왕가에게 죄를 주려고 왕가가 스스로 말한 내용, 즉
   '나라에 빚을 졌다.'는 말을 가지고 죄로 얽어매려고 한 것이다.

이미 그리하고서 황상은 그의 대답을 열람하고 왕가의 말을 생각해 보았고, 마침 어사대부 가연(賈延)이 면직되었는데, 여름, 5월 을묘일(17일)에 공광을 어사대부로 삼았다.

가을, 7월 병오일(9일)에 공광을 승상으로 삼고, 옛 봉국의 박산후(博山侯)를 회복시켜 주었고, 또 범향후(氾鄕侯) 하무를 어사대부로 삼았다. 황상은 마침내 공광이 전에 면직된 것은 그의 죄가 아니라는 것을 알고, 가까이 있는 신하가 공광을 헐뜯고 모자란다고 하였던 것[46]을 허물하고서 말하였다.

"부가(傅嘉)는 전에 시중이 되자 어질고 현명한 사람들을 헐뜯고 참소 하였으며, 대신들을 무고하고 모함하여서 준걸(俊傑)한 인재로 하여금 오랫동안 그 지위를 잃게 하였는데, 그러니 부가를 면직시켜 서인으로 만들고 옛 군(郡)으로 돌아가게 하라."

7 8월에 하무를 옮겨서 전장군(前將軍)으로 삼고, 신묘일(24일)에는 광록대부 팽선(彭宣)을 어사대부로 삼았다.

8 사예(司隷, 사예교위) 포선(鮑宣)이 승상을 꺾고 모욕한 것에 연루되었는데, 문을 닫아걸고 사자를 거절하고, 신하로서의 예의를 없앴는데, 사형에서 감형되어 발겸(髮鉗)에 처하여졌다.[47]

---

46 공광이 면직된 것은 건평 2년(기원전 5년)이고, 그 내용은 《자치통감》 권34에 실려 있다.
47 재상인 공광이 역대 황제의 능묘를 순찰하였는데 승사부의 관원들이 황제가 다니는 치도를 이용하다가 포선과 만나자 그들을 구속하고 그들이 타던 우마를 몰수하였다. 애제는 이것이 재상을 모욕한 것이라 하여 어사중승에게

9   대사마 정명(丁明)은 평소에 왕가(王嘉)를 중히 여겼는데, 그가 죽자 이를 가련하게 생각하니, 9월 을묘일(9일)에 책서(冊書)로 정명을 면직시키고 집에 가 있게 하였다.

10   겨울, 11월 임오일에 옛날 정도(定陶, 정도국)의 태부[48]이고 광록대부였던 위상(韋賞)을 대사마·거기장군으로 삼았다. 기축일[49]에 위상이 죽었다.

11   12월 경자일(6일)에 시중·부마도위인 동현을 대사마·위장군으로 삼았는데, 책서(冊書)에서 말하였다.

"너를 세워 공(公)으로 삼으니 한(漢)의 보필(輔弼)로 여긴다. 과거의 너의 마음을 아니 모든 일을 올바로 고치고 그 중용의 도를 잡으라."

이 해에 동현의 나이는 스물두 살이었는데, 비록 삼공(三公)이 되었다고 하나 늘 금중에서 급사(給事)하면서 상서(尙書)의 일을 관장하였으니, 백관들은 동현을 통하여 사건을 상주하였다.

아버지인 위위(衛尉) 동공(董恭)은 경(卿)의 자리에 있는 것이 마땅

넘겨 조사하게 하였다. 시어사가 포선을 체포하러 갔으나 포선은 문을 닫고 거절하였다. 발겸은 머리를 다 깎아버리는 형벌이다.

48 성제는 봉국의 태부(太傅)를 부(傅)로 고쳤으므로 여기서는 당연히 부(傅)로 써야 하나, 관습적으로 옛 관직명을 그대로 쓴 것 같다.

49 11월 1일은 병신일이므로 11월에는 임오(壬午)일과 기축(己丑)일이 없다. 다만 일반적으로 필사과정에서 혼동을 일으키기 쉬운 글자가 자(子)와 오(午), 기(己)와 을(乙)인 점을 감안하여 임오를 임자(壬子)의 오식이고, 기축을 을축(乙丑)의 오식으로 본다면 임자일은 17일이고, 을축일은 30일이다.

치가 않아서 옮겨서 광록대부와 녹질 중이천석으로 삼았고, 동생 동관신(董寬信)이 동현을 대신하여 부마도위가 되었다. 동씨(董氏)의 친속들은 모두 시중(侍中)·제조(諸曹)·봉조청(奉朝請)[50]이 되니, 총애를 받는 것이 정씨(丁氏)와 부씨(傅氏)를 뛰어넘었다.

애초에, 승상 공광이 어사대부이고 동현의 아버지인 동공은 어사(御史)여서 공광을 섬겼는데, 동현이 대사마가 되어 공광과 나란히 삼공(三公)이 된 것이다. 황상은 고의로 동현으로 하여금 사사롭게 공광을 방문하게 하였다.

공광은 평소에 공손하고 근신하였고, 황상이 동현을 높여 총애하고 있는 것을 알았다. 동현이 오게 되었다는 소식을 듣고, 공광은 경계를 하며 의관을 갖추고 문에 나아가서 기다리다가 동현의 수레로 바라보고 마침내 물러나 들어오고, 동현이 중문(中門)에 이르자 공광은 합문(閤門)으로 들어갔는데, 이미 수레에서 내리고 나자 마침내 나아가서 배알(拜謁)하고 영접하고 환송하는 것이 아주 근엄하였고, 감히 빈객으로서 균적(鈞敵)의 예의[51]로 대하지 아니하였다. 황상이 이를 듣고 기뻐하여 즉시 공광의 두 조카에게 벼슬을 주어 간대부와 상시로 삼았다. 동현은 이로부터 권력이 임금과 비슷하였다.

이때에 성제(成帝)의 외가인 왕씨(王氏)는 쇠퇴하여 오직 평아후(平阿侯) 왕담(王譚)의 아들인 왕거질(王去疾)만이 시중이고, 동생 왕굉(王閎)이 중상시였다. 왕굉의 장인인 중랑장(中郎將) 소함(蕭咸)은 예전의 장군인 소망지(蕭望之)의 아들인데, 동현의 아버지인 동공이 그

---

50 황제의 요청을 받아서 조회에 참가하는 사람을 말한다.
51 신분이 같은 사람끼리 대등하게 차리는 예의를 말한다.

를 사모하여서 아들 동관신을 위하여 소함의 딸을 며느리로 삼기를 요구하려고 하여 왕굉으로 하여금 이것을 말하게 하였다.

소함은 황공스럽고 감당할 수가 없어서 사사롭게 왕굉에게 말하였다.

"동공(董公)은 대사마이고, 책서(冊書)에서 '그 중용의 도를 지키라.'라고 하였는데, 이는 바로 요(堯)가 순(舜)에게 선양한 글인데, 삼공의 고사가 아니었지만, 긴 안목으로 보는 사람은 마음으로 두려워하지 않는 일이 없습니다. 이것을 어떻게 보통사람의 자식이 감당할 수 있겠습니까?"

왕굉의 성품은 지략(智略)이 있는 사람이어서 소함의 말을 듣고는 역시 깨닫고,[52] 마침내 동공에게 돌아가서 보고를 하면서 소함이 스스로 겸손하고 박덕(薄德)하다는 뜻을 깊이 있게 전달하였다.

동공이 한탄하면서 말하였다.

"우리 집안이 어찌하여 천하에 잘못을 저질렀는지 사람들에게 두려워하게 하는 것이 이처럼 되었구나."

속으로는 기쁘지 아니하였다.

뒷날에 황상이 기린전(麒麟殿)에서 연회를 베풀어서 동현의 부자와 친속들과 연회를 하면서 시중과 중상시가 모두 옆에서 시립(侍立)하고 있었는데, 황상이 술기운이 들자 조용히 동현을 보고서 웃으면서 말하였다.

"내가 요가 순에게 선양한 것을 본받으려고 하는데 어떠한가?"

---

52 왕굉은 자기의 장인인 소함이 그의 딸을 실제로 동씨네 집안으로 시집보내기 싫었다는 뜻을 깨달은 것이다. 왜 시집보내기가 싫었는지는 정확하지는 않으나 동씨와 결혼관계를 맺는 것이 결과적으로 위험할 것이라는 생각이었을 것이다.

왕굉이 나아가서 말하였다.

"천하는 고황제(高皇帝)의 천하이지 폐하의 소유가 아닙니다. 폐하께서는 종묘를 잇고, 마땅히 자손에게 전하여 무궁하도록 하여야 하니, 대업(大業)을 잇는 것이 아주 중한 것이므로 천자께서는 희언(戱言, 농담)을 하지 마십시오."

황상은 잠자코 있었으나 기뻐하지는 않았고, 좌우에서는 모두 두려워하였다. 이에 왕굉을 내보내어 낭서(郞署)로 돌아가게 하였다.

오래 있다가 태황태후[53]가 왕굉에게 감사하고, 다시 왕굉을 불러서 궁궐 안으로 돌아오게 하였다. 왕굉이 드디어 편지를 올려서 간하였다.

"신이 듣건대 제왕이 된 사람이 삼공(三公)을 세운 것은 삼광(三光)[54]을 본받은 것이니, 여기에 자리 잡을 사람은 마땅히 현명한 사람을 찾아내야 합니다. 《주역》에서 말하였습니다. '정(鼎, 세 발 달린 솥)은 다리를 자르면 공속(公餗, 음식)을 엎어버린다.'[55] 삼공은 그에 적당한 사람이 아니라는 것을 비유한 것입니다.

옛날에 효문황제는 등통(鄧通)을 총애하였지만 중대부(中大夫)에 지나지 않았으며, 무제는 한언(韓嫣)을 총애하였지만 상을 내려줄 뿐이어서 모두가 큰 지위에 있게 하지 않았습니다.

지금 대사마인 위장군 동현은 한조(漢朝)에 공로를 세운 것이 없고, 또 폐부(肺腑, 친척)로 연결된 것도 없으며, 또 이름 있는 행적이나 높은

---

53 이때에 태후는 태황태후인 왕정군만이 살아 있었다.

54 해와 달과 별을 말한다.

55 《주역》 정괘(鼎卦)의 구사(九四)에 있는 효사이다. 구사란 정괘의 밑에서부터 네 번째에 있는 양(陽)를 가리키는 것으로 그 효를 설명한 것이 효사이다.

품행으로 세상을 바로잡은 일도 없는데 승진하고 발탁된 지 몇 년 만에 정족(鼎足)[56]에 늘어서게 되어서 금위군(禁衛軍)을 관장하였고, 공로도 없는데 작위에 책봉되었고, 부자(父子)와 형제가 중간에서 발탁을 입게 되었고, 상으로 내려 준 것으로 탕장(帑藏, 황실의 창고)을 텅 비어 없게 하였으니, 만민이 시끄럽게 떠들고 도로에는 비난하는 말이 있는데, 진실로 하늘의 마음에 합당하지 않습니다.

옛날에 포(褒, 포국)의 신원(神蚖, 살무사의 신)이 변하여 사람이 되어서 실제로 포사(褒姒)를 낳고, 주국(周國)을 혼란하게 하였는데,[57] 아마도 폐하께서 과실이 있다는 비난을 받을까 걱정이며, 동현은 소인이어서 진퇴(進退)를 알지 못하는 화를 만날까 두려우며, 후세에 본받게 할 것이 아닙니다."

황상은 비록 왕횡의 말을 좇지 아니하였으며, 대부분 그 나이가 어리고 뜻이 강하다 하여 역시 죄를 주지 않았다.

---

56 정은 발이 세 개 달린 솥을 말하는데 이는 삼공, 즉 승상·어사대부·대사마를 의미하여 말한 것이다.

57 《국어(國語)》에 있는 내용이다. 하 말년에 두 마리의 용이 하의 왕정에 내려왔다. 그리고 '우리는 포의 두 임금이다.'라고 말하였다. 이에 하후(夏后)가 그들이 흘린 침을 저장하였는데, 은대, 주대에는 감히 드러나지 않았다. 그런데 주의 10대 여왕 말년에 그것을 열어 보니 그 침이 뜰에 흘렀는데 이것을 치울 수가 없었다. 궁녀가 이것을 밟았더니 아기를 잉태하게 되었고 여자아이를 낳았는데, 두려워서 이 아이를 하수구에 버렸다. 그런데 화살을 만들어 파는 노인에게 구제되어 포로 가게 되었다. 이 아이가 자라서 미녀가 되자 이름을 포사라 하였으며 포국의 임금이 주 12대 임금인 유왕에게 죄를 지었다가 포사를 헌납하고 용서를 받았다. 유왕은 신후를 버리고 포사를 왕후로 맞이함에 따라서 신후의 아버지가 유왕을 공격하고 주를 도륙하였다.

애제 원수 2년(庚申, 기원전 1년)

1 봄, 정월에 흉노의 선우(單于, 18대 烏珠留若鞮 선우)와 오손의 대
곤미(大昆彌)인 이질미(伊秩靡)가 모두 와서 조현하였는데, 한(漢)에서
는 영광으로 생각하였다.

이때에 서역[58]에는 무릇 50개의 나라가 있었는데, 역장(譯長)[59]에
서부터 장군·재상·후(侯)·왕까지 모두 한(漢)의 인수를 패용(佩用)하
니, 무릇 376명이었고, 강거(康居)·대월지(大月氏, 사마르칸트)·안식(安
息, 이란)·계빈(罽賓, 캐시미르)·오익(烏弋, 이란 남부)의 무리들은 모두
멀리 끊겨져 있어서 그 숫자 속에 들어있지 않았고, 그들이 와서 공헌
(貢獻)을 하면 서로 더불어 보빙(報聘)을 하였지만 총령(總領, 西域都
護)에게 감독받고 보고하지 아니하였다.

황룡(黃龍)[60] 연간 이래로 선우가 입조(入朝)할 때마다 그 상으로
내려준 수놓은 비단과 비단 이불은 번번이 앞의 것보다 후하게 덧붙여
주어서 그들을 위로하면서 접대하였다. 선우가 연회에서 알현하는데,
여러 신하들이 앞에 있으니, 선우는 동현이 나이가 어린 것을 이상하게
생각하고 통역으로 물었다.

황상이 통역으로 하여금 회보하게 하였다.

"대사마의 나이는 어리지만 대단히 현명한 사람이어서 그 자리에 있

---

58 신강 지역과 중앙아시아의 동부 지역을 말한다.
59 통역을 담당하는 책임자를 말한다. 서역의 여러 나라에는 모두 역장(譯長)이
   라는 관직을 두었다.
60 선제의 연호이며, 기원전 49년이 황룡 원년이다.

는 것이오."

선우가 마침내 일어나서 한(漢)이 현명한 신하를 얻게 된 것을 절하면서 축하하였다.

이때에 황상은 태세(太歲)가 엽승(厭勝)[61]하는데 있다고 생각하여 선우를 상림원의 포도궁(蒲陶宮)에 묵게 하고 선우에게 특별히 예경(禮敬)하라고 알리니, 선우는 이를 알고 기뻐하지 아니하였다.

2   여름, 4월 그믐 임신일에 일식이 있었다.

3   5월 갑자일(2일)에 삼공이 관할하는 직무를 바르게 나누었다. 대사마인 위장군 동현은 대사마가 되고, 승상 공광은 대사도(大司徒)가 되었으며, 팽선(彭宣)은 대사공(大司空)이 되었는데 장평후(長平侯)로 책봉되었다.

---

61 이 해는 경신(庚申)년이므로 태세는 신(申)이다. 신은 남방을 가리키는데, 지하에 있는 흉신(凶神)과 비슷하여서, 저주(咀呪)하는 방술로 살신(煞神)을 제압하여 이긴다고 생각한 것이다.

4　6월 무오일(26일)에 황제가 미앙궁에서 붕어하였다.[62]

황제는 효성황제의 세록(世祿, 정권)이 왕씨(王氏)에게로 간 것을 목
도하였는데, 즉위하자 누차 대신[朱博과 王嘉 등]들을 죽이면서 군주의
권위를 강하게 하여 무제와 선제를 본받으려고 하였다. 그러나 참소하
고 아첨하는 사람[趙昌, 董賢, 息夫躬]들을 아끼고 믿었으며, 충성스럽
고 곧은 사람[師旦, 傅喜, 鄭崇]을 미워하여 한의 대업은 이로부터 드디
어 쇠퇴하였다.

태황태후는 황제가 붕어하였다는 소식을 듣고 그날로 미앙궁에 어
가(御駕)로 가서 황제의 인새(印璽)와 인수(印綬)를 거둬들였다. 태후
는 대사마 동현을 동상(東箱)에서 불러서 보고 장례에 관한 일의 준비
와 계획을 물었는데, 동현은 속으로 두려워서 대답을 할 수 없어서 다
만 모자를 벗고 사죄하였다.

태후가 말하였다.

"신도후(新都侯) 왕망(王莽)은 전에 대사마로서 먼저 돌아가신 황제

─────────

62　애제는 스무 살에 즉위한 후 6년만인 스물여섯 살에 죽었다.

의 대행(大行)[63]을 받들어 보내었고 고사(故事)도 잘 익히고 있으니, 내가 왕망으로 하여금 그대를 돕게 하겠소."

동현이 머리를 조아리며 말하였다.

"참으로 다행입니다."

태후는 사자(使者)를 파견하여 달려가서 왕망(王莽)을 부르게 하고 상서(尚書)에 조서를 내려서 여러 군사를 발동하는 부절(符節)과 백관들이 상주하는 것과 중황문(中黃門)과 기문병(期門兵)을 모두 왕망에게 귀속하게 하였다. 왕망은 태후의 지시로 상서로 하여금 동현을 탄핵하게 하였는데, 황제가 병이 들어도 의약을 가까이하지 아니하였다 하여 동현을 궁전의 사마문 안으로 들어오는 것을 금지시키자, 동현은 해야 할 바를 알지 못하고 궁궐에 나아가서 모자를 벗고 맨발로 사죄하였다.

기미일(27일)에 왕망이 알자로 하여금 태후의 조서를 가지고 궁궐 아래에서 동현에게 책서를 내려 말하였다.

"동현은 나이가 어려서 아직 사리를 거치지 아니하는데, 대사마가 되어 여러 사람의 마음을 합하지 못하였으니, 대사마의 인수(印綬)를 거두고 파직시켜 집으로 돌려보내라."

그날로 동현은 그의 처와 함께 자살하였는데, 집에서는 두려워서 밤에 장사를 지냈다.

왕망이 그가 거짓으로 죽은 것이라고 의심하자, 유사(有司)가 동현의 관(棺)을 꺼내어 감옥에 가지고 가서 살펴보기를 주청하고 이어서 옥중(獄中)에 매장하였다.

---

63 황제가 죽고 아직 장례를 치르고 시호가 붙여지기 전에 부르는 것이다.

태황태후가 조서로 말하였다.

"공경(公卿)들은 대사마를 할 사람을 천거하라."

왕망은 옛날의 대사마였는데, 자리를 사양하여 정씨(丁氏)와 부씨 (傅氏)를 피하였으니,[64] 많은 사람들이 그를 현명하다고 생각하였고, 또 태황태후의 가까운 친척이므로 대사도 공광(孔光) 이하로부터 온 조정을 들어서 대부분의 관원들이 모두 왕망을 천거하였다.

다만 전장군(前將軍) 하무(何武)와 좌장군(左將軍) 공손록(公孫祿) 두 사람은 서로 모의하여 생각하였다.

"지난 시절 혜제(惠帝)와 소제(昭帝) 시대에 외척인 여씨(呂氏)와 곽 씨(霍氏)와 상관씨(上官氏)가 권력을 쥐게 되어 사직을 거의 위태롭게 하였습니다. 지금 효성제와 효애제가 계속하여 후사가 없는데, 바야흐 로 마땅히 근친 가운데 어린 군주를 골라서 세워야 할 것이니, 외척 대 신으로 하여금 권력을 쥐게 하는 것은 마땅하지가 않으며, 가까운 사람 과 먼 사람을 서로 엇갈리게 하는 것이 국가의 계책을 위하여 편리합 니다."

이에 하무는 공손록을 추천하여 대사마를 할 수 있다고 하고, 공손 록 역시 하무를 추천하였다. 경신일(28일)에 태황태후는 스스로 왕망 을 채용하여 대사마·영상서사로 삼았다.

태황태후는 왕망과 후사 세우는 문제를 논의하였다. 안양후(安陽侯) 왕순(王舜)은 왕망의 사촌동생이었는데, 그 사람됨이 수양하여 반듯하 였으며, 태황태후가 믿고 아끼는 사람이어서 왕망은 왕순으로 거기장 군(車騎將軍)으로 삼게 말하였다. 가을, 7월에 왕순과 대홍려(大鴻臚)

---

64 이 일은 수화 2년(기원전 7년)의 일로, 이 내용은《자치통감》권33에 실려 있다.

좌함(左咸)을 파견하여 지절(持節)을 가지고 중산왕(中山王) 유기자(劉箕子)를 영접하게 하여 후사로 삼았다.

왕망은 또 태황태후에게 말하여 유사에게 조서를 내렸는데, '황태후와 그 여동생인 소의(昭儀)[65]가 총애를 오로지하고 침실을 차단하고, 뒤를 이을 후사를 없어지게[66] 하였으므로 깎아내려서 효성황후로 하여 북궁(北宮)[67]으로 옮기게 하였고, 또 정도공왕태후(定陶共王太后, 共王 劉康의 모친)와 공향후(孔鄉侯) 부안(傅晏)은 마음을 같이 하고 꾀를 합하여 은혜와 근본을 배반하고 저버리며 오로지 불궤(不軌)한 일을 자행(恣行)하였으니, 효애황후[68]를 옮겨 물러나서 계궁(桂宮)에 가게 하고, 부씨와 정씨는 모두 관작에서 파면하여 고군(故郡)으로 돌아가게 하고, 부안은 처자를 거느리고 합포(合浦, 광동성 海康縣)로 이사하게 하라'고 하였다.

다만 조서를 내려서 부희(傅喜)를 칭찬하여 말하였다.

"고무후(高武侯) 부희는 태도와 성품이 단아하고 근엄하며 의논하는 것이 충성스럽고 곧았으니, 비록 옛날의 정도태후와 친척 간이었지만 끝내 지시하는 것에 순종하여 사악한 것을 좇지 아니하고 절개를 지켰는데, 이러한 연고로 쫓겨나서 봉국(封國)으로 갔다. 《전(傳)》에 말하지 아니하였는가? '세월이 춥고 난 다음에야 소나무와 측백나무가 뒤에 가서야 시든다는 것을 알 것이다.' 그러니 부희를 장안으로 돌아오게

---

65 성제의 황후인 조비연(趙飛燕)과 그의 동생인 소의 조합덕(趙合德)을 말한다.
66 이 일은 건평 원년(기원전 6년)의 일로, 그 내용은 《자치통감》 권34에 실려 있다.
67 유방시대에 지은 낡은 궁궐이다.
68 애제의 정처인 부씨(傅氏)이다.

하여 지위를 특진(特進)[69]으로 하고 봉조청(奉朝請)하게 하라."

부회는 비록 겉으로 보기에는 포상(襃賞)을 받았으나, 고립(孤立) 되니 걱정스럽고 두려웠는데, 뒤에 다시 그의 봉국으로 보내져서 수명(壽命)을 끝냈다.

왕망은 또 부태후의 칭호를 깎아내려서 정도공왕모(定陶共王母)라고 하고, 정태후(丁太后)의 칭호를 정희(丁姬)라고 하였다. 왕망은 또 동현의 부자는 교만하고 제멋대로 행동하였으며, 사치스럽고 참람(僭濫)하였으므로 재물을 거둬서 현관(縣官)[70]에 몰입(沒入)하기를 청하였고, 동현을 통하여 관직을 가진 여러 사람은 모두 면직시켰으며, 아버지인 동공과 동생인 동관신과 가족들을 합포로 귀양 보냈고, 어머니는 별도로 그의 고군(故郡)인 거록(鉅鹿, 하북성 平鄕縣)으로 돌아가게 하였다.

장안에 사는 민간인들이 시끄럽게 떠들었는데, 그 집을 보고 곡(哭)하였지만 거의 그 집의 물건을 훔쳐갔다. 현관(縣官)에서는 동씨 집안의 재산을 내어 팔았는데 무릇 43억이었다. 동현이 후하게 대하여 주었던 이(吏)인 패군(沛郡, 강소성 沛縣) 사람 주후(朱詡)는 스스로 탄핵하고 대사마부를 떠나서 관(棺)과 수의(壽衣)를 구매하여 동현의 시체를 거두어서 이를 장사 지냈는데, 왕망이 이 소식을 듣고 다른 죄를 가지고 주후를 쳐 죽였다.

---

69 부회가 그의 봉국으로 쫓겨 간 것은 건평 2년(기원전 5년)이고, 그 내용은《자치통감》권34에 실려 있으며, 봉조청이란 조회 때에 참석하는데, 삼공의 아래 후작의 위에 위치한 자리에 있게 된다.

70 보통은 관부나 조정이나 궁궐을 말하는데, 경우에 따라서는 황제를 지칭하기도 한다.

왕망은 대사도 공광이 명유(名儒)이며 세 임금의 재상이었고 태후가 공경하며 천하가 그를 믿으니, 이에 공광을 아주 대단히 높여 섬겼으며, 공광의 사위인 진한(甄邯)을 이끌어 시중·봉거(奉車)도위로 삼았다.

평소에 좋아하지 않았던 여러 사람들에게는 왕망이 모두 그 죄를 붙여 상주문의 초고(草稿)를 만들어서 진한으로 하여금 공광에게 갖다 주게 하고 태후가 지시한 것이라고 바람을 잡게 하였더니, 공광은 평소에 겁이 많고 신중하여서 감히 이를 상주(上奏)하지 아니할 수가 없었는데, 왕망은 태후에게 말하여 번번이 그 주문을 재가하게 하였다. 이에 하무와 공손록은 서로 칭찬하고 천거하였다고 탄핵되어 모두 면직되었는데, 하무는 봉국으로 갔다.

또 동굉(董宏)은 아들인 고창후(高昌侯) 동무(董武)의 아버지로 망령되고 사악하였다[71]고 상주하여 작위를 박탈하도록 주문을 올렸다. 또 주문으로 남군(南郡, 호북성 江陵縣) 태수 무장륭(毋將隆)은 전에 기주(冀州, 하북성 중부)목(牧)이었는데 중산(中山) 풍태후(馮太后)의 옥사를 처리하면서 억울하게 죄 없는 사람을 모함하였고, 관내후 장유(張由)는 골육을 무고(誣告)하였으며, 중태복(中太僕) 사립(史立), 태산(泰山) 태수 정현(丁玄)은 다른 사람을 모함하여 대벽(大辟)에 들어가게 하였고,[72] 하내(河內) 태수 조창(趙昌)은 정숭(鄭崇)을 참소하여 해를 끼쳤다고 하였지만[73] 다행하게도 사면령을 만나서, 모두 관직을 가지고 중

---

71 성제 수화 2년(기원전 7년)에 동굉이 정희(丁姬)를 제태후(帝太后)로 칭하라고 고청하였다.

72 이 일은 건평 원년(기원전 6년)의 일로, 그 내용은《자치통감》권33에 실려 있다.

73 이 일은 건평 4년(기원전 3년)의 일로, 그 내용은《자치통감》권34에 실려 있다.

원 지역에 머무는 것이 마땅하지 아니하므로 면직시켜서 서인으로 삼고 합포로 귀양 보냈다.

중산(中山, 중산태후 풍원)의 옥사는 본래 사립과 정현이 스스로 만들어서 이것을 이끌어갔던 것이고, 다만 무장륭과 더불어 연명으로 사건을 상주하였는데, 왕망이 젊어서 무장령을 흠모(欽慕)하여 더불어 교제하였지만, 무장령이 아주 부합하게 해주지를 아니하니 그러한 연고로 사건을 통하여 그를 물리친 것이다.

홍양후(紅陽侯) 왕립(王立)은 태후의 친동생인데, 비록 자리[관직]에 있지는 않았으나, 왕망은 삼촌으로서 속으로 그를 존경하고 꺼렸으니, 왕립이 조용하게 태후에게 이야기를 하게 되면 자기로 하여금 멋대로 하게할 수 없을까 두려워하여서 다시 공광으로 하여금 왕립의 죄악을 상주하게 하였다.

"예전에 정릉후였던 순우장이 대역죄를 범한 것을 알면서도 그를 위해 말하여서 조정을 오도하였고,[74] 뒤에는 관비(官婢)인 양기(楊寄)의 사사로운 아들을 황제의 아들이라고 말하여, 많은 사람들이 '여씨(呂氏)와 소제(少帝)[75]가 다시 나타났다.'고 하면서 분분하게 천하에서 의심하게 하였으나, 내세(來世)에 보여 주어 강보의 공로를 이루기가 어려웠으니,[76] 청컨대 왕립을 봉국으로 보내십시오."

---

74 다른 판본에는 이 다음에 그가 뇌물을 많이 받았다는 것이 들어가 있는 것도 있으며, 이 사건은 성제 수화 원년(기원전 8년)에 있었고, 그 내용은《자치통감》권32에 실려 있다.

75 여시는 유방의 황후인 여치를 말하고, 소제는 3대 황제인 유공과 4대 황제인 유홍을 말하는데, 이 두 사람은 모두 혜제 유영의 아들이 아니라는 것이다. 이 내용은《자치통감》권13에 실려 있다.

태후는 듣지 아니하였다.

왕망이 말하였다.

"지금 한가(漢家)는 쇠퇴하여 연이은 세대(世代)에 후사가 없는데, 태후께서 홀로 어린 군주를 대신하여 정사를 통괄하시니 진실로 두려울 만합니다. 힘은 공평하게 사용하는 것이 천하의 일을 먼저 하여도 오히려 좇지 않을까 걱정인데, 지금 사사로운 은정(恩情)을 가지고 대신들의 의논을 거역하니, 이와 같이 하면 많은 아랫사람들이 사악하게 기울고 어지러움은 여기에서부터 일어납니다. 마땅히 또 봉국으로 보내셨다가 안정된 다음에 다시 그를 징소(徵召)하십시오."

태후는 부득이하여 왕립을 봉국으로 보냈다. 왕망이 윗사람과 아랫사람을 옆구리에 끼고서 한 바는 모두 이러하였다.

이에 왕망에게 붙어서 순종하는 사람은 발탁되고, 거스르고 한스러워하는 사람은 주멸되니, 왕순(王舜)과 왕읍(王邑)은 심복이 되었고, 진풍(甄豐)과 진한(甄邯)은 공격하여 자르는 일을 주관하였으며, 평안(平晏)은 기밀에 관한 일을 관장하였고, 유수(劉秀)[77]는 문장을 관장하였고, 손건(孫建)은 조아(爪牙)가 되었다. 진풍의 아들인 진심(甄尋)·유수의 아들인 유분(劉棻)·탁군(涿郡, 하북성 탁현)의 최발(崔發)·남양(南陽, 하남성 남양시)의 진숭(陳崇)은 모두 재능으로 왕망에게 가까이하게 하였다.

왕망의 모습은 엄숙하였고 말은 방정하였지만 하고자 하는 것이 있으면 아주 미미하게 눈치를 채게 하였고, 무리들은 그 지시하는 뜻을

76 어린 주군을 보좌하여 세우는 공로를 이루기가 어려웠다는 말이다.
77 유흠(劉歆)이 이름을 유수로 고쳤다.

이어 받아서 드러내서 이를 상주하였고, 왕망은 머리를 조아리고 눈물을 흘리면서 굳게 미루고 사양하였는데, 위로는 태후를 현혹시키고, 아래로는 많은 사람들에게 신의를 보여 주었다.

5 8월에 왕망은 다시 황태후에게 말하여 효성황후와 효애황후[78]를 폐위하여 서인으로 만들고, 그의 묘원(廟園)으로 가게 하였다. 이날 두 사람은 모두 자살하였다.

6 대사공 팽선(彭宣)이 왕망이 권력을 오로지하니 마침내 편지를 올려서 말하였다.

"삼공은 정족(鼎足)을 이루어 군왕의 뜻을 이어받는 것인데 한 발이 책임을 지지 못하면 넘어져서 맛있는 알맹이가 엎어져 뒤죽박죽됩니다.[79] 신은 자질과 성품이 얕고 엷고 나이도 또 늙어서 자주 질병에 시달리고 어둡고 혼란하며 잊어버리니, 바라건대 대사공·장평후의 인수를 올리며 해골(骸骨)하여 향리에 돌아가서 골짜기의 구덩이를 채우게 하여 주십시오."

왕망은 태후에게 말하여 팽선을 책서(策書)로 면직시키고 봉국에 가도록 하였다. 왕망은 팽선이 물러나기를 요청한 것을 한스러워 하니, 그러므로 황금·안거(安車)·사마(駟馬)를 하사하지 아니하였다. 팽선은 봉국에서 몇 년간 살다가 죽었다.

---

78 효성황후는 성제의 정처인 조비연(趙飛燕)이고, 효애황후는 애제의 정처인 부씨(傅氏)다.

79 이 내용은《주역(周易)》정괘(鼎卦) 구사(九四)의 효사(爻辭)이다.

❖ 반고가 찬(贊)하였습니다.

"설광덕(薛廣德)은 현거(懸車)의 영광을 보유하였으며, 평당
(平當)은 멈칫멈칫 뒤로 물러나서 수치(羞恥)스러움을 갖게 되었
고,[80] 팽선은 위험함을 보고 중지하였는데, 억지로 이를 걱정하고
잃어버린 사람들과 달랐습니다."

7   무오일(27일)에 우장군(右將軍) 왕숭(王崇)을 대사공(大司空)으로
삼고, 광록훈(光祿勳)인 동해(東海, 산동성 염성현) 사람 마궁(馬宮)을 우
장군(右將軍)으로 삼고, 좌조(左曹)의 중랑장(中郎將)인 진풍(甄豊)을
광록훈(光祿勳)으로 삼았다.

8   9월 신유일(1일)에 중산왕이 황제의 자리에 오르고, 천하를 크게
사면하였다.
    평제(平帝)[81]의 나이는 아홉 살이어서 태황태후가 조정에 임석하였
고, 대사마 왕망이 정권을 잡았는데, 백관들은 총괄하여 왕망에게 보고
하였다.
    왕망의 권한이 날로 왕성하여지니 공광은 걱정스럽고 두렵고 나갈

---

80 설광덕(薛廣德)의 일은 원제 영광 원년(기원전 43년)에 있었고, 평당(平當)이
   책봉을 받으려 하지 않은 것은 애제 건평 3년(기원전 4년)의 일이다.
81 통감필법으로 보아 상(上) 혹은 제(帝)라고 해야 하며, 시호인 평제를 사용해
   서는 안 된다. 다만 이 해에 죽은 황제의 경우에는 사용하는 경우가 있으나,
   평제는 이 해에 죽거나 폐위된 일이 없으므로 이는 착오를 일으킨 것으로 보
   아야 할 것이다.

바를 몰라서 편지를 올려서 해골(骸骨)하기를 빌었는데, 왕망은 태후에게 말하여 황제가 어리므로 마땅히 사부(師傅)를 두어야 하니 공광을 제태부(帝太傅)로 옮기고 지위는 사보(四輔)[82]로 하고, 급사중은 숙위(宿衛)와 공양(供養)을 총괄하고, 궁궐 안에서 문호(門戶)를 살피고, 복장과 수레와 식물을 살피도록 하였다. 마궁(馬宮)을 대사도로 삼고, 진풍을 우장군(右將軍)으로 삼았다.

9   겨울, 10월 임인일(12일)에 효애황제를 의릉(義陵)에 장사 지냈다.[83]

---

82 《예기》에 고대의 천자는 네 명의 나이 많고 덕이 높은 보정(輔政) 대신을 두었다고 되어 있다.

83 죽은 지 105일 만에 장사 지낸 것이다.

효평황제 원시 원년(辛酉, 1년)

1 봄, 정월에 왕망(王莽)이 익주(益州, 운남성 宜良縣)에 바람을 잡아 요새 밖의 자칭 월상지(越裳氏)[84]로 하여금 거듭 통역을 하여 백치(白雉) 한 마리와 흑치(黑雉) 두 마리를 바치게 하였다.[85]

왕망이 태후에게 보고하여 조서를 내렸다.

"백치를 종묘에 천신(薦新)[86]하라."

이에 여러 신하들이 왕망의 공덕을 크게 칭송하여 말하였다.

---

84 월상의 정확한 위치는 분명하지 않지만 현재 베트남의 남부로 추측된다. 베트남의 남부는 익주군과 경계를 접하고 있지 않으나 왕망이 스스로 어린 황제를 보필하여 먼 곳에 사는 사람들까지 왕망의 공덕이 주공에 견줄 만하다고 현혹하기 위해서 날조한 것이다. 월상에 관한 일은 이미 원제 초원 2년(기원전 47년)의 사건에서 보인 일이 있고 그 내용은 《자치통감》 권28에 실려 있다.

85 치(雉)는 보통 꿩이라고 하나, 그 색깔은 희거나 검지 않다. 다만 여기서는 색깔에 관심을 둔 것이다.

86 새로운 수확물을 제물로 바치는 것을 말한다.

"주(周)의 성왕(成王) 시절에 백치(白雉)가 이르게 한 상서로운 일이 이르자 주공(周公)이 살아있는데도 주(周)를 위탁하는 호칭을 주었으니,[87] 왕망에게도 마땅히 안한공(安漢公)이라는 작호(爵號)를 내리고 호구 수를 더 늘려주어 작읍(爵邑)에 맞도록 하여야 합니다."

태후는 상서(尙書)에게 명령을 내려 그 일을 갖추게 하였다.

왕망이 상서하여 말하였다.

"신(臣)은 공광(孔光)·왕순(王舜)·진풍(甄豐)·진한(甄邯) 등과 함께 공동으로 정책을 결정하고 있으니, 지금은 바라건대 단지 공광 등의 공로에 상을 주시고, 신 왕망은 내버려두시어서 그들의 대열에 끼지 않게 하여 주십시오."

진한이 태후에게 아뢰자, 태후는 조서를 내려서 말하였다.

"'치우침도 없고, 무리를 만든 일도 없으니 왕도(王道)는 끝없이 넓다[88]'고 하였는데, 그대는 종묘를 편안하게 한 공로가 있음에도 골육(骨肉)인 연고로 감추고 나타내지 않을 수는 없으니, 그대는 사양하지 마라."

왕망은 다시 편지를 올려 굳게 여러 번 사양하고 병이 들었다고 말하고 일어나지 않으니, 좌우에서 태후에게 말하였다.

"의당 왕망의 뜻을 빼앗지 말고 다만 공광 등에게 조치하십시오."

왕망도 마침내 일어나려고 하였다.

2월 병진일(28일)에 태후가 조서를 내렸다.

---

87 이때의 군신들은 성왕(聖王)의 법에 신하가 만일 큰 공을 세우면 살아생전에 칭호를 하사하여야 한다고 하면서 주공의 고사를 인용하였던 것이다.

88 《상서(尙書)》〈홍범(洪範)〉에 나오는 말이다.

"태부(太傅)인 박산후(博山侯) 공광을 태사(太師)로 삼고, 거기장군 인 안양후(安陽侯) 왕순을 태보(太保)로 삼고, 모두 1만 호씩을 더 책봉 하고, 좌(左)장군인 광록훈(光祿勳) 진풍을 소부(少傅)로 삼아, 광양후 (廣陽侯)로 책봉하고, 모두에게 사보(四輔)[89]의 직책을 준다. 시중(侍 中)인 봉거(奉車)도위 진한은 승양후(承陽侯)로 책봉한다."

네 사람이 이미 상을 받았는데, 왕망은 오히려 아직 일어나지 않았다.

여러 신하들이 다시 말씀을 올렸다.

"왕망이 비록 사양할 수 있었지만 조정에서는 마땅히 표양하여야 하 니, 때에 맞추어 상을 주셔서 거듭 으뜸 되는 공을 밝혀서 문무백관과 백성들로 하여금 실망하지 않도록 하십시오."

태후가 마침내 조서를 내려 말하였다.

"대사마(大司馬)인 신도후(新都侯) 왕망을 태부(太傅)[90]로 삼아 사 보(四輔)의 일을 주관하도록 하며, 호(號)는 안한공(安漢公)이라 하고, 2만8천 호를 더 책봉하라."

이에 왕망은 황공하면서 부득이하여 일어나서 태부·안한공의 칭호 를 받고, 더하여 책봉한 일을 사양하고 돌려보내면서 말하였다.

"바라건대 백성들의 집이 흡족하기를 기다리고 그런 다음에 상을 더 하여 주십시오."

여러 신하들이 다시 다투니, 태후는 조서를 내려서 말하였다.

---

89 전의(前疑)·후승(後丞)·좌보(左輔)·우필(右弼)로 고대 군왕의 네 명에 고급 고문에 해당한다.

90 이때의 삼공은 태부(太傅)·태사(太師)·태보(太保)인데 태부가 가장 높다. 태 후는 공광과 왕순을 임명할 때, 태부의 자리를 남겨두었다가 왕망을 임명한 것이다.

"공이 스스로 백성들의 집이 넉넉해지기를 기대한다고 하니 이로 써 이를 허락하는데, 그래서 공의 봉록과 하사품은 모두 옛날의 두 배[91]로 하겠다. 백성들의 집이 넉넉하고, 사람들이 만족하면 대사도(大司徒)와 대사공(大司空)은 보고하도록 하라."

왕망은 다시 사양하고 받지 아니하고서 종실과 여러 신하들을 표상 하도록 건의하였고, 옛날 동평왕(東平王) 유운(劉雲)의 태자인 유개명 (劉開明)을 세워서 왕으로 삼았고,[92] 또 옛날 동평사왕(東平思王)[93] 의 손자인 유성도(劉成都)를 중산왕(中山王)으로 삼아서 효왕(孝王)의 뒤를 받들게 하고,[94] 선제(宣帝)의 이손(耳孫, 증손)인 유신(劉信) 등 36명을 모두 열후로 삼았다. 태복 왕운(王惲) 등 25명 모두에게 관내후 의 작위가 하사되었다.

또 여러 제후왕공, 열후(列侯), 관내후들로 하여금 아들은 없지만 손 자가 있고, 만약에 어머니를 같이하여 태어난 사람의 아들이 있다면 모 두 후사가 될 수 있도록 하고,[95] 종실 중에서 아직은 다하지 아니하였 지만 죄를 지어 끊겨진 사람들에게 원래의 속적(屬籍)을 회복시켜 주었

---

91 삼공(三公)의 봉록은 원래 1년에 1만 석인데 왕망에게만은 2만 석을 준다는 의미이다.

92 애제 건평 2년(기원전 5년)에 유운이 죽자 나라를 없앴는데 지금 그의 아들을 복위시킨 것이다.

93 이 사람은 선제의 아들인 유우(劉宇)인데 동평왕으로 있다가 죽은 다음에 시 호가 사왕이었다.

94 중산왕 유흥(劉興)의 아들인 유간(劉衎)이 이미 평제로 즉위하였기 때문에 유성도(劉成都)를 세워서 유흥의 뒤를 잇게 한 것이다.

95 한의 제도에 의하면 만일 적장자가 없으면 아들이 없는 것이고, 아들이 없으 면 곧 봉국이 취소되었다.

고, 천하의 관리 중에서 비(比)이천석 이상으로 나이가 늙어서 치사(致
仕, 벼슬에서 물러남)한 사람들은 옛날의 봉록을 셋으로 나누어 하나를
주는데 그 몸이 죽기까지 하도록 하였다. 아래로는 서민들의 홀아비나
과부에 이르기까지 은택을 베푸는 정치가 시행되지 않는 곳이 없었다.

왕망이 이미 이민(吏民)들에게 아첨하며 기뻐하게 하고, 또 전단(專
斷)하고자 하였는데, 태후가 늙고 정사를 싫어하는 것을 알고, 이에 은
밀히 공경들에게 바람을 넣어 상주하게 하였다.

"옛날에 이(吏)들이 공로로써 차례로 승진하여 봉록이 2천 석에 이
르게 되고, 주부(州部, 부자사)에서 천거한 무재(茂才)와 특이한 이(吏)
도 대부분은 합당하지 않으니, 의당 모두 안한공(安漢公)을 뵙도록 하
여야 할 것입니다. 또 태후의 춘추가 이미 높으니[96] 직접 작은 일을 살
피는 것은 마땅하지 않습니다."

태후로 하여금 조서를 내리게 하였다.

"지금부터 이후로는 오직 작위를 책봉하는 것은 마침내 보고하고,
나머지의 일은 안한공·사보(四輔)가 공평하게 결정하라. 주목(州牧),
이천석 그리고 무재(茂才)인 이(吏) 가운데 처음 제수 받고 일을 상주
하는 사람은 번번이 이끌려 들어가서 가장 가까운 관서(官署)에 이르
러 안한공을 마주하여 옛 관직을 살펴보고 새 직책에 대해서 묻고 그
에 합당한지를 알게 하라."

이에 왕망은 사람들에게 이어서 묻고 세밀하게 은혜를 베푸는 뜻을
알게 하고 후하게 덧붙여 보냈는데, 그가 지향하는 바에 부합되지 않으
면 드러내서 상주하여 이를 면직시키니 권한이 군주와 같았다.

---

96 이때 태후의 나이는 일흔한 살이었다.

2   희화관(羲和官)[97]을 설치하고 녹질을 2천 석으로 하였다.

3   여름, 5월 초하루 정사일에 일식이 있었다. 천하를 크게 사면하였다. 공경 이하의 관원들은 돈후한 사람과 직언할 수 있는 사람 각기 한 명씩을 천거하였다.

4   왕망은 황제의 외가인 위씨(衛氏)가 그 권력을 빼앗을까 두려워 태후에게 말하였다.

"전에 애제(哀帝)가 서고 은혜로운 뜻을 등지고 스스로 외가인 정씨(丁氏)와 부씨(傅氏)를 귀하게 하여 국가를 시끄럽고 혼란하게 하여 거의 사직을 위태롭게 하였습니다. 지금 황제는 어린 나이로 다시 대종(大宗)을 받들어 성제(成帝)의 후사가 되었으니, 마땅히 일통의 뜻을 밝혀서 전의 일을 경계하고 후대를 위하여 본받게 하여야 합니다."

6월에 진풍(甄豐)을 파견하여 새수(璽綬)를 받들고 바로 황제의 어머니 위희(衛姬)에게 벼슬을 주어 중산효왕후(中山孝王后)로 하고, 황제의 외할아버지인 위보(衛寶)와 위보의 동생인 위현(衛玄)에게 작위를 하사하여 관내후(關內侯)로 하였다. 황제의 여동생 세 명에게 호칭을 하사하여 군(君)[98]이라 하고, 모두 중산국(中山, 중산국, 하북성 定縣)에 머물게 하고 경사에 이를 수 없게 하였다.

---

97 희화관은 황제(黃帝)시대의 관직명으로 사보(四輔)를 설립한 것과 함께 복고적인 정책의 하나이다. 후에 왕망이 황제의 자리를 찬탈한 후에는 그 명칭을 대사농으로 바꾸었다.

98 세 명의 여동생은 곧 알신(謁臣)·피(皮)·격자(鬲子)인데, 각각 수의군(修義君)·승례군(承禮君)·존덕군(尊德君)으로 삼았다.

부풍(扶風) 공조(功曹)인 신도강(申屠剛)이 직언(直言)으로써 대책[99]
으로 말하였다.

"신이 듣건대 성왕(成王)은 연소하여 주공(周公)이 섭정(攝政)하였
는데, 아래에 있는 현명한 사람들의 말을 듣고 권력을 나누어 군왕의
총애가 널리 퍼지도록 하였으며, 행동하는 것이 천지에 순응하였고, 거
취에는 과실이 없었지만 그러나 가까운 곳에서는 소공(召公)이 기뻐하
지 않았고, 먼 곳에서는 네 나라에서 말이 유포되었습니다.[100]

지금은 성스러운 주군께서 비로소 강보(襁褓)를 면하였는데 즉위한
이후로 지친(至親)들과 나누어 떨어졌고, 외척들도 두절되어 은정(恩
情)이 통할 수 없습니다. 또 한가(漢家)의 제도에는 비록 영웅이나 현명
한 사람에게 맡기더라도 오히려 인척을 이끌어 주며, 가까운 사람과 먼
사람이 서로 엇갈리어서 간극(間隙)을 막아주니, 진실로 종묘를 편안
히 하고 사직을 중히 여긴 까닭입니다.

의당 빨리 사자(使者)을 보내서 중산(中山)태후를 불러들이고 별궁
(別宮)에 두고서 때때로 조현(朝見)하도록 하여야 할 것이고, 풍씨(馮
氏)와 위씨(衛氏) 두 가족을 불러들여서 잘라내어 한직(閑職)을 주어서
창을 잡고 몸소 궁정의 숙위(宿衛)를 받들게 하여서 걱정과 화(禍)가
일어날 단서를 제거한다면, 위로는 사직을 안정시키고 아래로는 보부
(保傅, 四輔)를 온전히 할 수 있습니다."

---

99 추천받은 사람들이 정부의 정책에 대한 의견을 서술하는 일종의 시험답안지
이다.

100 주공이 이미 정치를 성왕에게 돌려주고 물러나야 정상인데, 다시 재상이 되
자 소공이 이를 좋게 생각하지 않았다. 네 나라란 관(管), 채(蔡), 상(商), 엄
(奄)이다. 유포된 말이란 주공이 성왕에게 불리하다는 내용이었다.

왕망은 태후로 하여금 조서를 내리게 하였다.

"신도강(申屠剛)이 말한 것은 경전에 치우친 망령된 말로써 대의(大義)를 위반하였다."

파직시켜 고향으로 돌아가게 하였다.

5   병오일(20일)에 노경공(魯頃公)[101]의 8세손인 공자관(公子寬)을 책봉하여 포노후(襃魯侯)로 삼아서 주공(周公)의 제사를 받들게 하고,[102] 포성군(襃成君) 공패(孔霸)의 증손자인 공균(孔均)을 책봉하여 포성후(襃成侯)로 삼아 공자의 제사를 받들게 하였다.

6   조서를 내렸다.

"천하의 여자 죄수들 중에서 이미 판결된 사람은 집으로 돌아가고 고산전(雇山錢)[103]은 한 달에 300씩으로 하라. 다시 정부(貞婦)를 향(鄉)에서 한 명씩 회복시키라. 대사농(大司農) 부승(部丞) 13명은 한 사람이 한 주(州)를 맡아서 농업과 잠업을 권장하라."

7   가을, 9월에 천하의 형도(刑徒)를 사면하였다.

---

101 전국시대 노의 최후 제후로 기원전 249년에 초에 의해서 평민이 되었다가 후에 가(柯)에서 죽었다.

102 주의 성왕이 주공의 아들인 백금(伯禽)을 노의 제후로 임명하여 노의 제후는 주공의 후손이 된다.

103 당시에 여자 죄수들은 산에서 벌목을 하였는데, 이때에 사람을 고용하여 대신 벌목하게 하려는 것이었다. 이는 여자 죄수들에게 태후의 은덕을 부인들에게 베풀기 위해서였다.

정치를 오로지한 왕망과 흉노대책

평제 원시 2년(壬戌, 2년)

1   봄에 황지국(黃支國)[104]에서 물소를 바쳤다. 황지는 남해의 바다에 있는데 경사에서 3만 리 떨어졌다. 왕망이 위엄 있는 덕을 빛나게 하려 하였으니, 그러므로 그 왕에게 선물을 후하게 보내고, 사신을 파견하여 공물을 바치게 하였다.

2   월수군(越巂郡, 사천성 西昌縣)에서 황룡(黃龍)이 올라와서 장강(長江)에서 놀았는데, 태사 공광(孔光)과 대사도 마궁(馬宮) 등이 함께 말하였다.

"왕망의 공덕은 주공(周公)에 비교되니 마땅히 종묘에 고(告)하며 제사 지내야 합니다."

대사농 손보(孫寶)가 말하였다.

"주공은 으뜸가는 성인(聖人)이고, 소공(召公)은 큰 현인(賢人)이지

---

104 월남의 가장 남부 지역으로 월상(越裳)보다 더욱 멀다.

만 오히려 서로 좋아하지는 않았는데, 경전에 드러난 것은 두 사람이 서로 해치지는 않았습니다. 지금 바람과 비가 아직 때를 맞추지 못하고, 백성들은 아직도 넉넉하지 못한데 매번 한 가지 일이 있을 때에 여러 신하들이 같은 목소리로 그것이 아름답다고 하지 않은 사람이 없을 수 있습니까!"

그때에 대신들은 모두 안색이 변하였다. 진한(甄邯)이 즉시 승제(承制)[105]하여 의논하는 것을 철폐하였다.

마침 손보(孫寶)가 이(吏)를 파견하여 어머니를 영접하고 있었는데, 어머니가 길에서 병을 얻어 동생의 집에 머물고, 다만 처자만 보냈다. 사직(司直) 진숭(陳崇)이 손보를 탄핵하여 상주하였는데, 이 일을 삼공(三公)에게 내려 보내니 바로 심문하게 하였다. 손보가 대답하였다.

"나이가 일흔 살로 정신이 흐려서 모친을 공양하는 은정(恩情)은 쇠약해지고, 처자를 공양한 것이 글[상주문]과 같습니다."[106]

손보는 이 일에 걸려서 면직되고 집에서 끝마쳤다.

3 황제가 이름을 간(衎)[107]이라고 바꾸었다.

---

105 제(制)는 황제의 명령이며, 승제란 황제의 명을 받은 것을 말하며, 여기서는 태황태후 왕씨의 명령으로 보인다.

106 이것은 왕망의 의도를 이미 알았고 그래서 어떠한 이유로도 벗어날 수 없다는 것을 알아서 이렇게 대답한 것으로 보인다.

107 원래의 이름은 유기자(劉箕子)인데 유간(劉衎)으로 바꾼 것이다. 9대 황제인 선제도 황제에 등극하기 전에는 유병기(劉病已)였는데, 즉위한 뒤에 유순(劉詢)으로 바꾸었다. 이것은 황제의 이름은 피휘(避諱)하여야 하기 때문에 문자 생활에 자주 사용하는 글자를 자주 쓰지 않는 글자로 바꾸어 불편을 주지 않게 하려는 조치이다.

4 3월 계유일(21일)에 대사공 왕숭(王崇)이 병으로 사직하니 면직되어서 왕망을 피하였다.

5 여름, 4월 정유일(6일)에 좌(左)장군 진풍(甄豊)을 대사공으로 삼고, 우(右)장군 손건(孫建)을 좌장군으로 삼고, 광록훈(光祿勳) 진한(甄邯)을 우장군으로 임명하였다.

6 대효왕(代孝王, 劉參) 현손(玄孫)의 아들인 유여의(劉如意)를 세워서 광종왕(廣宗王)으로 삼고, 강도역왕(江都易王)의 손자인 우태후(盱台侯) 유궁(劉宮)을 광천왕(廣川王)으로 삼고, 광천혜왕(廣川惠王)의 증손인 유윤(劉倫)을 광덕왕(廣德王)으로 삼았다.[108] 한이 일어난 이래로 대공신의 후예인 주공(周共, 周勃의 玄孫) 등을 이어받아 책봉하여 모두 열후(列侯)와 관내후로 삼으니, 무릇 117명이었다.

7 군국(郡國) 가운데 크게 가물고 황충(蝗蟲)의 피해가 있었는데 청주(靑州, 산동성 지역)에서 특히 심하여서 백성들이 유랑하였다. 왕망은

---

108 효왕·역왕·혜왕은 모두 죽은 다음에 붙인 시호이다. 대국은 효왕의 손자인 유의(劉義)가 청하로 옮겨져 책봉되었는데, 이 나라가 후손에게 전해져서 유년(劉年) 때에 이르러, 즉 선제 지절 4년(기원전 66년)에 죄를 짓고 봉국이 철폐되었다. 지금에 이르러 유여의로 하여금 효왕의 뒤를 잇게 한 것이다. 강도국은 역왕인 유비(劉非)가 봉국을 아들 유건(劉建)에게 전해 주었는데, 무제 원수 2년(기원전 121년)에 모반하였다가 자살하였다. 지금 유궁(劉宮)으로 역왕의 뒤를 잇게 하였다. 광천국은 혜왕인 유월(劉越)이 선제 지절 4년에 그의 손자인 유문(劉文)으로 책봉하였으나, 유해양(劉海陽) 때, 즉 선제 감로 4년(기원전 50년)에 죄를 져서 철폐되었다. 지금 유륜으로 혜왕을 잇게 하였다.

태후에게 아뢰어 의당 무늬가 없는 의복을 입고, 자못 반찬의 수를 줄여서 천하에 보였다.

왕망도 이어서 편지를 올려서 전(錢) 1백만을 내고 토지 30경(頃)[109]을 바쳐서 대사농(大司農)에 붙여서 빈민들을 도와주게 하기를 원하였다. 이에 공경(公卿)들도 모두 흠모하며 이를 본받으니, 무릇 토지와 저택을 헌납한 사람이 230명이어서 사람 수에 따라서 백성들에게 주었다.

또 장안(長安)의 성(城) 안에 5개의 리(里)를 만들고, 주택 200채를 지어서 빈민들이 거주하게 하였다. 왕망이 군신들을 거느리고 태후에게 상주하였다.

"다행히 폐하의 덕택에 의지하여서 근자에는 바람과 비가 때를 맞추고, 감로(甘露)가 내리고, 신지(神芝, 영지)가 나타나며, 명협(蓂莢)[110]. 주초(朱草)·가화(嘉禾)의 아름다운 징조들이 나란히 이르렀습니다. 바라건대 폐하께서는 제왕(帝王)의 정상적인 의복을 입으시고, 태관(太官)의 법에 따른 음식을 회복하시어, 신하들로 하여금 각각 즐거운 마음을 가지고 공양을 준비하게 하십시오!"

왕망이 또 태후로 하여금 조서를 내리게 하였으나 불허하였다.

수재와 한재가 있을 때마다 왕망이 번번이 소식(素食)을 하니 좌우에서는 태후에게 보고하였다. 태후는 사자를 보내 왕망에게 조서를 내

---

109 1경은 100무이고, 1무는 4각(角)이며, 1각은 60보(步)인데, 1무는 대략 현재의 600㎡에 해당한다.

110 전설 속의 신비한 나무로 요(堯) 임금의 뜰에서 났다고 한다. 1일부터 하루에 잎이 하나씩 나다가 16일부터는 하나씩 떨어진다는 나무로, 이것에서 달력을 만들었다고 한다.

려서 말하였다.

"들건대 공이 채식을 한다니 백성을 걱정하는 것이 매우 깊소. 올 가을에는 다행히 풍년이 들었으니, 공(公)은 때맞추어 고기를 먹으면서 몸을 아껴서 나라를 위하시오."

8 6월에 거록(鉅鹿, 하북성 平鄕縣)에 운석 두 개가 떨어졌다.

9 광록대부인 초국(楚國, 강소성 徐州市)의 공승(龔勝)과 태중대부 (太中大夫)인 낭야(琅邪, 산동성 諸城縣)의 병한(邴漢)은 왕망이 정치를 오로지 하여서 모두 해골(骸骨)하기를 빌었다.

왕망이 태후로 하여금 책서로 이들에게 조서를 내리게 하였다.

"짐은 관직의 일을 가지고 대부들을 번거롭게 하는 것을 우려하였는데, 대부들은 수신(修身)하고 도(道)를 지키면서 높은 나이로 끝맺으라."

모두에게 우대하는 예물을 덧붙여 주고 그들을 보냈다.

10 매복(梅福)[111]은 왕망이 반드시 한 왕조를 찬탈할 것이라는 것을 알고, 하루아침에 처자를 버리고 떠났는데, 간 곳을 몰랐다. 그 후에 사람들 가운데 회계(會稽, 강소성 소주시)에서 매복을 본 사람이 있었는데, 성명을 바꾸고 오(吳) 지방의 저자거리에서 문졸(門卒)이 되었고 하였다.

11 가을, 9월 그믐 무신일에 일식이 있어서 천하의 형도를 사면하였다.

---

111 매복에 관한 일은 성제 영시 3년(기원전 14년)에 있었다.

12   집금오(執金吾)의 후(候)[112]인 진무(陳茂)를 보내서 강호(江湖)의
도적인 성중(成重) 등 200여 명에게 유세하게 하였는데, 모두 스스로
나오니 집으로 돌려보내 있던 곳에서 일하게 하였다. 성중이 운양(雲
陽, 섬서성 淳化縣)으로 옮겨가니 공전(公田)과 저택을 하사하였다.

13   왕망은 위엄 있는 덕망이 지극히 융성하다는 것으로 태후를 즐겁
게 하려고 하는 것이 전과는 달랐는데, 마침내 선우(單于, 18대 烏珠留
若鞮)에게 넌지시 알려 왕소군(王昭君)의 딸인 수복거차(須卜居次) 운
(云)[113]을 파견하여서 태후를 모시도록 하였고, 그래서 그에게 하사하
는 것이 아주 많아졌다.

14   차사후왕국(車師後王國)[114]에는 새로운 길이 있어서 옥문관(玉門
關)을 통하면 왕래하는 거리가 좀 가까워지기에[115] 무기(戊己)교위 서
보(徐普)가 이를 열고자 하였다. 차사후왕(車師後王) 고구(姑句)는 도
로에서 사신에게 공급하는 일로 마음이 편치 않았다. 서보는 그 경계를
분명하게 한 연후에 이를 상주(上奏)하고자 하여 고구를 불러서 이를

112 집금오는 수도 장안을 경비하는 군대에 해당하는 기관인데, 여기에는 두 명
     의 승과 후와 사마가 있었다.
113 왕소군이 흉노에 시집가서 성제 건시 2년(기원전 31년)에 두 딸을 낳았는데
     장녀인 운(云)은 수복거차가 되었고, 작은딸은 당위거차가 되었는데, 이 이야
     기는《자치통감》권30에 실려 있다.
114 차사후왕국은 무도곡을 도읍으로 하는데, 장안(長安)에서 약 8천950리 정
     도의 거리에 위치하며, 지금의 신강성 부원현이다.
115 새로운 도로는 백룡퇴(白龍堆) 사막을 돌아가는데, 거리가 거의 절반 정도로
     가깝다.

증명하게 하였는데 하려하지 않자, 그를 가두었다.

그의 처인 고자추(股紫陬)가 고구에게 말하였다.

"전에 차사전왕(車師前王)[116]이 도호(都護)사마에게 피살되었는데, 지금 오랫동안 구금되어 반드시 죽을 것이니 흉노에게 항복하는 것만 같지 못합니다."

즉시 말을 몰아 고창벽(高昌壁)[117]을 나아가서 흉노로 들어갔다.

또 거호래(去胡來)[118]의 왕 당두(唐兜)가 적수(赤水)의 강족(羌族)과 자주 서로 공격하였으나 이기지 못하고 도호(都護)에게 급한 상황을 알렸지만 도호 단흠(但欽)은 때에 맞게 구원하여 도와주지 못하였다. 당두는 곤란하고 급해서 단흠을 원망하며 동쪽으로 옥문관(玉門關)을 지키는데, 옥문관에서 받아들이지 않자 바로 처자와 백성 1천여 명을 거느리고 도망하여 흉노에 항복하였으며, 선우(單于)는 이들을 받아들여 좌곡려(左谷蠡)의 땅에 두고, 사신을 보내서 글을 올려 상황을 말하였다.

"신이 삼가 이미 받아들였습니다."

조서를 내려서 중랑장(中郞將) 한융(韓隆) 등을 파견하여 흉노에 사신으로 가서 선우를 책망하게 하였는데 선우는 머리를 조아리고 사죄하며 두 명의 포로[119]를 잡아서 사자에게 넘겨주었다. 조서를 내려서

---

116 차사전왕국은 교하성(交河城)에 도읍하고 있었는데, 장안(長安)으로부터 약 8천150리 정도의 거리에 위치하였으며, 지금의 신강 투루판현(吐魯番縣)이다.

117 5세기경에 감상(闞爽)이 이곳에 고창왕국을 건국하였는데 한때에는 고창벽 이라고 하였다.

118 양관에서 약 1천800리, 장안에서 약 8천950리 정도의 거리에 위치하고 있었 던 강족의 국가이다.

중랑장 왕맹(王萌)으로 하여금 서역(西域) 악도노(惡都奴)의 경계에서 기다리게 하였다. 선우는 사자를 파견하여 호송하면서 이어서 그 죄[119]를 용서해 주기를 청하였는데, 사신이 보고하였다.

왕망은 들어주지 않고, 조서를 내려서 서역 제국의 왕들을 만나서, 군대를 진열하고 고구와 당두를 죽여서 그들에게 보여주고,[121] 마침내 네 가지의 조항을 만들었는데, 중국인으로서 흉노로 도망한 사람, 오손(烏孫) 사람으로 도망하여 흉노에 투항한 사람, 서역제국 사람으로 중국의 인수(印綬)를 차고 흉노에 항복한 사람, 오환(烏桓) 사람으로 흉노에 항복한 자는 받아들일 수 없다고 하였다.

중랑장 왕준(王駿)·왕창(王昌)·부교위(副校尉) 진부(甄阜)·왕심(王尋) 등을 파견하여 흉노에 사신으로 보내며 네 가지 조항을 선우에게 주는데 섞어서 봉함하여 선우에게 주어서 받들어 수행하게 하였고, 이어서 옛날 선제(宣帝)가 만들어준 약속[122] 봉투는 회수하여 돌아오게 하였다.

이때에 왕망은 상주하여 중국으로 하여금 두 글자로 이름을 가질 수 없다고 하니[123] 이어서 사자로 하여금 선우에게 보내서 넌지시 의당

---

120 한을 배반한 죄이다.

119 고구와 당두를 말한다.

121 한을 배반하면 죽는다는 사실을 보여주려고 하였다.

122 옛날 선제는 흉노와 더불어 장성 이남 지역은 한이 점유하고, 장성 이북은 흉노가 점유하며, 항복한 사람이 있어도 받아들이지 않는다고 약속하였다. 그런데 왕망은 이 약속이 분명하지 않다고 하여 다시 네 가지의 조항을 만들고 이전의 약속들을 회수한 것이다.

123 주나라 초기에는 중국인의 이름은 모두 한 글자였는데 중기 이후부터 두 글

글을 올려 모화(慕化)하게 하고 한 글자로 이름을 개명하겠다고 한다면 한에서는 반드시 후한 상을 내릴 것이라고 하게 하였다.

선우가 이를 좇아서 상서하여 말하였다.

"신은 다행히 번신(藩臣)이 되어 가만히 태평성대에 성스러운 제도를 즐기고 있습니다. 신의 옛 이름은 낭지아사(囊知牙斯)인데 지금 삼가 이름을 고쳐서 지(知)라고 하고자 합니다."

왕망은 크게 기뻐하며 태후에게 아뢰고 사자를 파견하여 회답하여 유시하고, 후한 상을 내렸다.

15   왕망이 자신의 딸을 황제와 짝지어 황후가 되게 하여서 그 권력을 굳게 하고자 하여 상주하였다.

"황제가 즉위한 지 3년인데 장추궁(長秋宮)[124]이 아직 세워지지 않았고, 액정(掖庭)에는 잉첩(媵妾)이 아직 채워지지 않았습니다. 근래의 국가의 어려움은 본래 후사가 없는 데서부터이고, 배필을 찾는 방법이 옳지 않았으니, 청컨대《오경(五經)》을 참고하고 토론하여 후(后)를 취하는 예(禮)를 정하고, 12녀(女)[125]의 뜻을 바로잡아서 후사를 잇는 길

자의 이름이 점차로 출현하여 유학자들은 달갑게 생각하지 않았다.《춘추공양전(春秋公羊傳)》기원전 504년의 기록에서도 두 글자의 이름이 잘못되었다고 하였는데, 왕망이 이를 본받은 것이다.

124 '추(秋)'는 수확물을 거두는 때를 의미하고, '장(長)'은 오랫동안 지속된다는 의미로 황후의 궁궐을 가리킨다.

125《춘추공양전(春秋公羊傳)》에서 옛날에 천자는 12명의 여자를 거느린다고 하였고,《열녀전》에서는 천자는 12명의 여자를 거느리고, 제후왕은 9명, 대부는 3명, 사(士)는 2명의 여자를 거느린다고 하였다.

을 넓혀 이왕(二王, 은왕과 주왕)의 후손과 주공(周公)·공자(孔子)의 후손과 열후들 중에서 장안에 있는 정처(正妻) 소생의 여자들을 널리 채택하십시오."

일이 유사(有司)에 내려지자 많은 여자들의 이름을 올렸는데, 왕씨(王氏)의 여자들이 대부분 뽑힌 가운데 있었고, 왕망은 그들이 자기의 딸과 경쟁할까 두려워하여 즉시 말씀을 올려 말하였다.

"자신은 덕이 없고 자식도 재주가 아래 급이어서 많은 여자들과 나란히 채택되기에는 마땅하지 않습니다."

태후는 왕망의 말이 지극한 정성이라고 여기고, 이에 조서를 내려 말하였다.

"왕씨의 여자들은 짐의 외가이니 그들은 채택하지 마라."

서민·제생(諸生)·낭이(郎吏) 이상이 궁궐문을 지키면서 편지를 올리는 사람이 하루에 1천여 명이었고, 공경대부(公卿大夫)들 가운데서는 혹 궁정(宮廷)에 가고, 혹 문 아래에서 엎드려서 모두 말하였다.

"안한공의 성대한 공훈이 이와 같이 당당한데도, 지금 황후를 세우게 되어서 어찌하여 단지 공(公, 안한공)의 딸만 제외하니, 천하 사람들이 어떻게 그 명령에 순종하겠습니까! 바라건대 공(公, 안한공)의 딸로 천하 사람들의 어머니로 삼으십시오!"

왕망은 장사(長史) 이하를 나누어 보내서 각각 공경(公卿)과 제생(諸生)들에게 중지하도록 말하였지만 상서하는 사람들은 더욱 많아졌다. 태후는 부득이 하여 공경들의 말을 듣고, 왕망의 딸을 채택하도록 하였다. 왕망이 다시 스스로 아뢰었다.

"의당 널리 여러 여자를 선발하십시오."

공경들이 앞을 다투어 말하였다.

"여러 여자들을 채택하여서 정통(正統)을 두 명으로 하는 것은 마땅하지 않습니다."[126]

왕망은 마침내 말하였다.

"바라건대 딸을 만나 보십시오."*

---

126 공경들이 왕망의 딸이 황후가 되어야만 한다는 것을 말한 것이다.

예교지상주의와 황후에 오른 왕망의 딸

평제 원시 3년(癸亥, 3년)

1   봄에 태후가 장락궁 소부(少府)인 하후번(夏侯藩)·종정(宗正) 유굉(劉宏)·상서령 평안(平晏)을 파견하여 납채(納采)[1]하며 딸[왕망의 딸]을 보게 하였다. 돌아와서 상주하여 말하였다.

"공(公, 안한공)의 딸은 차츰차츰 덕화(德化)에 물들고, 요조(窈窕)의 용모를 가졌으며, 천서(天序)를 이어서 제사를 받들기에 마땅합니다."

태사 공광(孔光)·대사도 마궁(馬宮)·대사공 진풍(甄豐)·좌장군 손건(孫建)·집금오(執金吾) 윤상(尹賞)·행태상사(行太常事) 태중대부(太中大夫) 유수(劉秀) 그리고 태복령(太卜令)과 태사령(太史令)이 녹피(鹿皮) 모자와 흰색 의복을 입고, 예(禮)와 복서(卜筮)를 섞어서 모두 말하였다.

"징조는 금(金)과 수(水)가 만나 왕의 상(相)을 하고 있고, 괘(卦)는

---

1   혼례에는 다섯 의식이 있는데, 납채(納采)·문명(問名)·납길(納吉)·납징(納徵)·청기(請期)이다.

부모를 만나서 자리를 얻으니, 이른바 건강하고 강한 점괘이고 길(吉)함을 만날 부신(符信)입니다."

또 태뢰(太牢)[2]로 종묘에 책서로 고하였다.

유사가 상주하여 말하였다.

"고사(故事)에는 황후를 맞이할 때엔 황금 2만 근으로 하는데, 전(錢)으로는 2억입니다."

왕망은 깊이 사양하고 6천300만을 받고, 그 가운데 4천300만을 나누어서 11잉첩(媵妾)의 집과 구족(九族)[3] 가운데서 가난한 사람들에게 주었다.

2   여름에 안한공이 거복(車服)제도를 상주하였는데, 이민(吏民)들의 먹고 사는 것에서 장례·결혼·노비·토지와 주택·기계(器械)의 용품 등은 관직(官稷)[4]에서 세웠으며, 군국(郡國)·현읍(縣邑)·향취(鄉聚)에 이르러서는 모두 학관(學官)을 두었다.

3   대사도 사직(司直)인 진숭(陳崇)이 장창(張敞)의 손자인 장송(張竦)으로 하여금 주문의 초고를 만들게 하였는데, 안한공의 공덕을 대단히 칭송하여 생각하였다.

---

2 제사 용품으로 돼지와 양과 소 각각 한 마리씩을 사용하는 제사를 말한다.

3 위로 고조부터 아래로 현손까지의 범위 내에 있는 친척을 가리킨다. 여기서는 왕망의 구족을 말한다.

4 원래 한 초기에는 진의 사직 이외에 한의 사직을 세웠다. 그 후에 다시 관사(官社)를 세워서 하(夏)의 우(禹)를 배향하였지만 아직 관직(官稷)은 세우지 않았는데 이때에 관사의 뒤에 관직을 세웠다.

"의당 공(公, 안한공)의 나라를 주공(周公)과 같게 넓히고,[5] 공(公)의 아들을 세워서 백금(伯禽)[6]과 같이 하며, 하사한 물품 역시 모두 그와 같도록 하고, 여러 아들의 봉작도 모두 여섯 아들과 같게 하십시오."[7]

태후는 이것을 여러 명의 공(公)들에게 보여주었다. 여러 공들은 바야흐로 그 일을 의논하는데 마침 여관(呂寬)의 사건이 일어났다.

애초에, 왕망의 맏아들인 왕우(王宇)는 왕망이 위씨(衛氏)를 격리시킨 것[8]을 비난하였는데, 오랜 후에는 화를 입을까 두려워 곧 사사롭게 위보(衛寶)와 더불어 서신을 왕래하고, 위후(衛后)로 하여금 글을 올려서 은혜에 감사하게 하였고, 정씨(丁氏)와 부씨(傅氏)의 묵은 악을 진술하는 것을 통하여 경사(京師)에 이를 수 있기를 바랐다. 왕망은 태황태후에게 아뢰어 유사에게 조서를 내려서 중산효황후(中山孝王后)에게 포상하여 탕목읍(湯沐邑) 7천 호를 덧붙여 주었다.

위후(衛后)는 밤낮으로 눈물을 흘리며 황제의 얼굴을 보고자 하였는데, 호읍(戶邑, 탕목읍)만 더해주니, 왕우가 다시 글을 올리게 하여 경사에 갈 수 있기를 요청하게 하였다. 왕망은 들어 주지를 않았다.

왕우는 스승 오장(吳章)과 처남 여관(呂寬)과 함께 그 연고를 의논하였는데, 오장은 왕망에게 간할 수는 없으나 귀신을 좋아하니 변괴(變怪)한 일을 만들어서 그를 놀래 두렵게 할 수 있다고 하여, 오장이 비슷

5　성왕(成王)은 주공(周公)이 천하에 큰 공을 세웠다고 하여, 주공에게 곡부(曲阜)에 있는 사방 700리의 땅을 봉토로 주었다.

6　주공의 아들이다.

7　백금을 제외한 주공(周公)의 여섯 아들에게 책봉한 봉국은 범(凡)·장(蔣)·형(邢)·모(茅)·조(胙)·제(祭)이었다.

8　이 일은 평제 원시 원년(1년)에 있었고, 그 내용은 《자치통감》 권35에 실려 있다.

한 이야기를 미루어서 위씨에게 정치를 돌리게 하자고 하였다.

왕우는 즉시 여관으로 하여금 밤에 피를 가지고 가서 왕망의 집에 뿌리게 하였는데, 문리(門吏, 문지기)가 이것을 발각하고, 왕망이 왕우를 잡아서 감옥으로 보내니 약을 먹고 자살하였다. 왕우의 아내인 여언(呂焉)은 아이를 임신하고 있었는데, 감옥에 가두어 출산하기를 기다렸다가 아이를 낳자 그를 살해하였다.

진한(甄邯) 등이 이를 태후에게 아뢰자, 태후는 조서를 내려서 말하였다.

"공(公)은 주공의 위치에서 성왕(成王)을 보필하는 주인인데, 관숙(管叔)과 채숙(蔡叔)을 주살하는 일을 행하여 육친(肉親)을 가까이 함으로써 높은 사람을 높이는 것을 해치지 않았으니, 짐은 이를 대단히 가상히 생각한다!"

왕망은 위씨의 가족들을 모두 멸족시키고, 오직 위후(衛后)만 살게 하였다. 오장(吳章)은 요참(腰斬)되어 동시(東市)의 문에서 시체가 찢겼다.

애초에, 오장은 당시에 명유(名儒)였는데, 가르치는 것이 더욱 왕성하여 제자가 1천여 명이었다. 왕망은 악인의 당(黨)이라고 생각하여 모두 금고(禁錮)에 처하고 벼슬하지 못하게 하자 문인들은 모두 다른 스승으로 이름을 바꾸었다. 평릉(平陵, 섬서성 咸陽市) 사람 운창(云敞)은 이때에 대사도연(大司徒掾)이었는데, 스스로를 오장(吳章)의 제자라고 탄핵하고, 오장의 시체를 거두어 모아서 품에 안고 돌아가서 관(棺)에 넣어서 이를 장사 지내니 경사(京師)에서는 칭송하였다.

왕망은 이에 여관(呂寬)의 옥사(獄事)를 통하여 드디어 무리를 끝까지 다스리고, 평소에 싫어하는 사람들조차 이끌어다가 모두 주살하였

다. 원제(元帝)의 여동생인 경무장공주(敬武長公主)는 본래 정씨(丁氏)
와 부씨(傅氏)에게 붙어 있었다. 왕망이 정치를 오로지하기에 이르자
다시 왕망을 비난하는 의논을 하였고, 홍양후(紅陽侯) 왕립(王立)은 왕
망의 집안 웃어른[9]이었고, 평아후(平阿侯) 왕인(王仁)[10]은 본래 품성
이 강직하였는데, 왕망은 모두 태황태후의 조서로써 사신을 보내 압박
하여 지키면서 자살하게 하였다. 왕망은 태후에게 아뢰기를 공주(公主,
敬武長公主)가 갑자기 병으로 죽었다고 하니, 태후가 공주의 상사(喪
事)에 임석하고자 하자 왕망이 굳게 다투어 중지하였다.

진풍(甄豊)이 사자를 보내서 전거(傳車)[11]를 타고 위씨(衛氏)의 무
리들을 조사하여 처리하게 하니, 군국(郡國)의 호걸들과 한(漢)의 충직
한 신하들로 왕망에게 붙지 않는 사람들은 모두 무고하여 죄와 법으로
이를 죽였다.

하무(何武)·포선(鮑宣) 그리고 왕상(王商)의 아들인 악창후(樂昌
侯) 왕안(王安)[12]·신경기(辛慶忌)의 세 아들인 호강(護羌)교위 신통(辛
通)·함곡(函谷)도위 신준(辛遵)·수형(水衡)도위 신무(辛茂)·남군(南郡,
호남성 江陵縣) 태수 신백(辛伯)[13]이 모두 연좌되어 죽었다. 무릇 죽은

---

9 왕망의 숙부였다.

10 왕담(王潭)의 아들이다.

11 관리나 공문서를 전달하기 위하여 역(驛)에 수레를 준비하여 두는데, 이는
공무에 쓰이는 것이다.

12 하무(何武)는 왕망이 대사마(大司馬)에 추천하였으나 이를 거절하였고, 포선
(鮑宣)은 강직하여 남에게 굽히지 않는 성격으로 인해서, 왕상(王商)은 왕봉
(王鳳)의 모함을 받아서 피를 토하고 죽었고, 그의 아들인 왕안(王安)도 끝까
지 왕망에게 협조하지 않았기 때문에 각각 살해되었다.

사람이 수백 명이어서 해내가 떨었다.

북해(北海, 산동성 昌樂縣) 사람 봉맹(逢萌)이 친구에게 말하였다.

"삼강(三綱)이 이미 끊어졌으니[14] 떠나지 않으면 화(禍)가 장차 사람에게 이를 것이다."

즉시 모자를 벗어서 동도(東都)의 성문에다 걸고서 돌아가서는 가족들을 거느리고 바다를 건너서 요동(遼東, 요녕성 遼陽縣)에서 타향살이를 하였다.

왕망은 예(禮)에 밝은 소부(少府)의 종백봉(宗伯鳳)을 불러서 들어와 다른 사람의 후손이 되는 마땅함을 설명하게 하고, 공경(公卿)·장군(將軍)·시중(侍中)·조신(朝臣)들로 하여금 나란히 들으라고 말하였는데, 안으로는 천자를 단련하고 밖으로는 백성들의 논의를 잠재우려 하였다.

이보다 먼저 투후(秺侯) 금일제(金日磾)의 아들인 금상(金賞)과 도성후(都成侯) 금안상(金安上)의 아들인 금상(金常)이 모두 아들이 없어서 봉국(封國)이 끊겼는데,[15] 왕망은 금일제의 증손자인 금당(金當)과 금안상의 손자인 경조윤(京兆尹) 금흠(金欽)으로 하여금 봉국(封國)을 잇도록 하였다.

---

13 신경기(辛慶忌)는 원래 왕봉(王鳳)과 관계가 좋았고, 왕망도 그의 세 아들을 보고 모두 인재라고 여기며 가깝게 지내려고 하였다. 그러나 신무(辛茂)가 스스로 명신(名臣)의 후예라고 하여 왕망에게 협조하지 않았고, 진풍(甄豊)이나 진한(甄邯) 등에 대해서 냉담하게 대하였기 때문에 살해된 것이고, 신백(辛伯)은 신씨 가족의 일원으로 보아 함께 살해된 것이다.

14 왕망은 이미 숙부를 죽였으니 불효한 것이고, 아들을 죽였으니 자애롭지 못한 것이며, 황제의 고모할머니와 정직한 인사들을 많이 죽였으니 국가에 불충한 것이다.

15 실제로는 아들이 없어서가 아니라 적장자가 없었던 것이다.

금흠이 말하였다.

"금당이 마땅히 그의 아버지와 할아버지를 위해서 사당을 세우고[16] 대부(大夫)로 하여금 금상(金賞)의 제사를 주관하게 하십시오."

진한(甄邯)이 이때에 옆에 있다가 조정에서 금흠을 질책하고, 이어서 탄핵하는 주문을 올렸다.

"금흠은 조상을 업신여기고 불효하니 대단히 불경스럽습니다."

하옥(下獄)하니 자살하였다.

진한은 기강과 국체(國體)를 가지고 사사롭게 아부하는 바가 없었고, 충성과 효심이 더욱 두드러진다고 하여서 봉읍(封邑)에 일천 호를 더해주었다. 다시 금안상의 증손인 금탕(金湯)을 책봉하여 도성후(都成侯)로 삼았다. 금탕은 책봉을 받은 날에 감히 집으로 돌아가지 않아서 다른 사람의 후손 된 자가 해야 할 마땅함을 밝혔다.

4   이 해에 상서령인 영천(潁川, 하남성 禹縣) 사람 종원(鍾元)이 대리(大理)[17]가 되었다. 영천 태수인 능양(陵陽, 안휘성 石埭縣) 사람 엄후(嚴詡)는 본래 효행으로 관리가 되어서 연(掾)과 사(史)를 사우(師友)로 삼아서 혹시 허물이 있어도 번번이 덮어주면서 스스로를 책망하기만 하여 끝내 큰소리를 치지 않았다. 군(郡, 영천군)이 혼란에 빠졌다.[18]

---

16 금당은 금상의 동생인 금건의 손자인데, 여기서는 금당의 부친과 조부의 사당을 세우게 해 달라는 것으로, 금당이 적장자가 아닌 몸으로 이미 대종을 이었다면 그의 사적인 부친과 조부의 관계는 돌아보지 말아야 한다. 만약 금흠의 말대로 금당의 부친과 조부를 존중하면서 금일제의 뒤를 잇기는 하지만 금상의 뒤를 잇는 것은 아니게 된다.

17 애제 원수 2년(기원전 1년)에 정위를 대리로 개명하였다.

왕망은 사자를 파견하여 엄후를 불러들이는데, 속관 수백 명이 엄후를 위하여 조도(祖道)[19]를 마련하니, 엄후가 땅에 엎드려 통곡하였다. 연(掾)과 사(史)들이 말하였다.

"밝으신 부군(府君)께서 좋은 일로 불려 가는데 이렇게 하는 것은 마땅하지 않습니다!"

엄후가 말하였다.

"나는 영천(潁川)의 선비들을 슬퍼하는 것이지, 내 몸에 어찌 걱정거리가 있겠는가? 내가 유약(柔弱)하여 불려가니, 반드시 강직하고 용맹스런 사람이 대신 올 것이고, 대신하는 사람이 도착하면 장차 엎어져 쓰러지는 사람이 있을 것이니, 그러므로 서로 조문할 뿐이다!"

엄후가 이르자 벼슬을 주어 미속(美俗)사자로 삼았는데, 농서(隴西, 감숙성 臨洮縣) 태수 하병(何並)을 옮겨서 영천 태수로 삼았다. 하병이 군(郡, 영천군)에 이르자 종원의 동생인 종위(鍾威)와 양적(陽翟, 하남성 禹縣)의 경박스런 협객인 조계(趙季)와 이관(李款)을 잡아들여서 모두 죽이자 군(郡) 안에서는 무서워서 떨었다.

평제 원시 4년(甲子, 4년)

---

18 품성이 좋기만 하고 책임이 명백하지 않음으로써 정치를 행하기에는 적합하지 않음으로 풍속이 박절해진 것을 말한 것이다.

19 여행할 때 행로신(行路神)에게 제사 지내는 일로, 황제(黃帝)의 아들인 누조(累祖)가 여행을 좋아하여서 여행 중에 죽었기 때문에 후세 사람들은 그를 행로신으로 모셨다.

1 봄, 정월에 교외에서 고조(高祖)에게 제사를 지내는데 하늘에 배향하였고, 종묘에서 문제(文帝)에게 제사를 지내는데 상제(上帝)에게 배향하였다.

2 은소가공(殷紹嘉公)을 고쳐서 송공(宋公)이라 하고, 주승휴공(周承休公)을 정공(鄭公)이라고 바꾸었다.[20]

3 조서를 내렸다.
"부녀자로 자신이 법을 위반하지 않은 사람과 남자로서 나이가 여든 살 이상이나 일곱 살 이하에는 집이 부도(不道)의 죄에 연좌되거나 조서에 체포하도록 이름이 쓰이지 아니하다면 다른 사람은 모두 가두지 말고, 그 중에 마땅히 조사해야 할 사람은 바로 물어서 조사하라. 정해서 법령으로 만들도록 하라."

4 2월 정미일(7일)에 대사도 마궁(馬宮)과 대사공 진풍(甄豊) 등이 승여(乘輿)와 법가(法駕)[21]를 가지고 안한공[왕망]의 집에서 황후를 맞이하였는데, 황후의 새불(璽紱)을 주고[22] 미앙궁(未央宮)으로 들어갔다. 천하를 크게 사면하였다.

---

20 성제 수화 원년(기원전 8년)에 은(殷) 소가공(紹嘉公)을 책봉하였고, 주(周) 승휴후(承休侯)를 높여서 승휴공(承休公)으로 삼아 두 왕조의 제사를 지내게 하였다.

21 황제용 수레와 황제의 의장대를 말한다.

22 이때 평제의 나이는 열네 살이고 황후는 열세 살이었으며 새불의 새는 인새이고, 불은 인끈을 말한다.

5 태복 왕운(王惲) 등 8명을 파견하였는데, 각기 부사(副使)를 두게
하고 '가절(假節)'²³을 가지고 천하를 나누어 다니면서 풍속을 관찰하
게 하였다.

6 여름에 태보(太保) 왕순(王舜) 등과 이민(吏民) 중에서 상주(上奏)
한 자가 8천여 명인데 모두들 요청하였다.

"진숭(陳崇)의 말처럼 안한공(安漢公)에게 상을 더해주십시오."

주문이 유사(有司)에게 내려 보내지니, 유사가 청하였다.

"공(公, 안한공)에게 봉토를 덧붙이는데, 소릉(召陵, 하남성 郾城縣)과
신식(新息, 하남성 息縣) 두 현(縣)과 황우취(黃郵聚)와 신야(新野, 하남성
新野縣)의 전지로 하고, 이윤(伊尹)과 주공(周公)의 칭호를 채택하여서
공에게 재형(宰衡)²⁴을 덧붙여주고, 지위를 상공(上公)으로 하고, 삼공
(三公)이 일을 말하면서 '감히 이를 말합니다.'라고 하게 하고, 공의 태
부인(太夫人, 어머니)에게 칭호를 하사하여 공현군(功顯君)이라 하고, 공
의 두 아들을 책봉하여 왕안(王安)은 포신후(褒新侯)로 하고 왕림(王臨)
은 상도후(賞都侯)²⁵로 하며, 황후의 빙례(聘禮)에 3천700만을 더하여
합하여 1억으로 하여서 대례(大禮)를 밝히고, 태후가 전전(前殿)에 임
석하여 친히 책봉하여 벼슬을 주는데 안한공이 앞에서 절을 하고, 두 아

---

23 왕은 등은 사자이므로 부절을 갖고 있으나 부사는 이 부절 대신에 가절을 가
    지고 나간 것을 말한다.

24 이윤을 아형(阿衡)이라 하고, 주공을 총재(冢宰)라고 부르기 때문에 이 두 가
    지 칭호를 합치면 재형(宰衡)이 되는 것이다.

25 작위의 이름을 보면 왕망의 본래 봉지인 신도국에다 '포'자와 '상'자를 넣어서
    두 아들을 책봉하였다.

들은 뒤에서 절을 하여서 주공(周公)의 고사처럼 하십시오."[26]

왕망은 머리를 조아려 사양하고, 나아가서 주문으로 봉사(封事)를 올렸다.

"바라건대 다만 어머니의 칭호는 받겠으나, 왕안(王安)과 왕임(王臨)의 인불(印韍)과 칭호, 지위, 채읍은 돌려 드리겠습니다."

이 일이 내려가니, 태사 공광(孔光) 등이 모두 말하였다.

"상은 공에 비하면 부족하고, 겸손하고 절약하고 물러나 사양하는 것이 공의 평상시 절개이니 끝내 들어주지 마십시오. 충신의 절개는 역시 마땅히 스스로 굽혀야 하는 것이고 주상(主上)의 뜻을 펼치십시오. 마땅히 대사도·대사공이 부절(符節)을 가지고 승제(承制)하여 공(公)에게 조서를 내려서 빨리 들어와 일을 보게 하시고, 상서(尚書)에게 조서를 내려서 다시는 공이 사양하는 주문을 받지 말게 하십시오."

상주한 내용이 옳다고 하였다. 왕망은 마침내 일어나서 일을 보았는데, 다만 소릉(召陵)·황우(黃郵)·신야(新野)의 토지를 줄이는데 그쳤을 뿐이다.

왕망은 다시 더해준 납징전(納徵錢)[27]의 1천만을 태후의 좌우에서 시중드는 사람들에게 보냈다. 왕망은 비록 권력을 오로지하였지만, 그러나 허튼 소리로 태후를 아부하면서 섬겼고, 아래로는 측근에서 오랫동안 모신 사람들에게까지 온갖 이유를 들어 1천만 전에 달하는 뇌물을 주었다. 태후의 자매들을 높여서 모두 군(君)의 칭호를 내리고 탕목

---

26 성왕(成王)이 백금을 노(魯)에 책봉할 때, 주공은 앞에서 절을 하고 백금은 뒤에서 절을 하였다.

27 왕망의 딸이 황후가 되면서 빙례로 더 받은 3천700만 전을 말하는 것이다.

읍(湯沐邑)으로 생활하게 하였다.[28] 이러한 연고로 좌우에서는 밤낮으로 함께 왕망을 칭송하였다.

왕망은 또 태후가 부인이어서 깊은 궁궐 속에서 사는 것에 싫증낸다는 것을 알고 왕망은 오락을 즐기게 하여서 그 권력을 사려고 하였는데, 마침내 태후로 하여금 사계절에 거가로 사방을 순수(巡狩)하게 하고, 고아·과부·정절이 있는 여자를 보면 도착한 속현(屬縣)에서 번번이 은혜를 베풀고, 백성들에게도 돈이나 비단 혹은 고기와 술들을 하사하였는데, 매년 항상 하는 것으로 생각하였다. 태후의 옆에 있는 농아(弄兒, 심부름 하는 아이)가 병이 들어 바깥 숙소에 있었는데, 왕망은 친히 그를 살펴보았다. 그가 태후의 마음을 얻으려고 하는 것이 이와 같았다.

태보(太保) 왕순(王舜)이 주문으로 말하였다.

"천하에서는 공(公, 왕망)이 천승(千乘)[29]의 토지를 받지 않고 만금(萬金)의 돈을 사양하였다는 말을 듣고서 교화되지 않은 것이 없습니다. 촉군(蜀郡, 사천성 成都市)의 남자인 노건(路建) 등은 소송을 포기하고 부끄러워하며 돌아갔는데, 비록 문왕(文王)이 우국(虞國)과 예국(芮國)의 분쟁을 물리쳤다[30]고는 하지만 어찌 이보다 더하겠습니까? 의

---

28 군(君)은 여성의 작위로, 태후의 언니인 군협(君俠)은 광은군(廣恩君)으로, 군력(君力)은 광혜군(廣惠君)으로, 군제(君弟)는 광시군(廣施君)으로 삼았다.

29 서주시대에 제후의 영토는 사방 백 리에 전차가 천 대씩 있었다.

30 기원전 12세기 은 말기에 우국(虞國)과 예국(芮國) 간에 토지와 관련된 분쟁이 있었다. 그들은 주의 부락에 문왕이라고 하는 수장의 품덕이 대단히 높다는 말을 듣고서 둘이 함께 가서 중재를 요청하기로 하였다. 그러나 주의 부락에 들어서자마자 밭을 가는 농부들이 서로 밭의 모퉁이를 양보하고, 길을 가

당 천하에 회보하여 알려야 합니다."

이에 공광(孔光)은 더욱 두려워서 진실로 병이 들었다고 말하고 지위를 사양하였다. 태후가 조서를 내려서 말하였다.

"태사는 조현하지 말고 열흘에 한 번씩 입궁하도록 하는데, 궤장(几杖)을 마련해 놓고 17가지의 음식을 하사하니, 그러한 다음에 귀가하는데 관속들은 직책을 수행하는 것은 원래와 같이 하라."

는 행인들도 서로 양보하는 것을 목격하였다. 이것을 본 두 사람은 모두 "우리들은 진짜 소인배로서 군자의 집 문을 들어설 수가 없다."고 하면서 마침내 서로 화해하였다.

구석을 받은 왕망

7   왕망이 주문으로 명당(明堂)·벽옹(辟雍)·영대(靈臺)[31]를 세우고, 학자들을 위하여 만여 채의 건물을 지으니, 그 규모가 매우 융성하였다. 또《악경(樂經)》을 세워 박사의 인원을 늘리고, 경(經)에는 각기 5명씩 이었다. 천하에서 일예(一藝)에 정통하고, 교수하는 11명 이상 사람을 징소하고,《일예(逸禮)》·고서(古書)·천문·도참·종률(鐘律)·《월령(月令)》·병법(兵法)·《사편(史篇)》의 문자를 가지고 그 뜻을 관통하여 아는 사람은 모두 공거(公車)에 이르게 하였다. 천하에 특이한 재능을 가진 선비들을 망라하니 전후로 도착한 사람이 천을 헤아렸는데, 모두 궁중에서 기억하여 설명하게 하고, 잘못된 곳들을 바로잡게 하여 이설(異說)을 하나로 한다고 말하였다.

   또 하(河, 황하)를 다스릴 수 있는 사람을 부르니 100여 명을 헤아렸는데, 그 중에 대략 특이한 자는 장수(長水)교위인 평릉(平陵, 섬서성 咸陽市) 사람 관병(關並)이었고, 말하였다.

---

31 명당은 황제가 정사를 보는 곳이고, 벽옹은 일종의 국립대학이며, 영대는 천문대에 해당하는 관청이다.

"하(河, 황하)가 터지는 것은 대개 늘 평원(平原, 산동성 平原縣)과 동군(東郡, 하남성 濮陽縣)의 좌우인데, 그 지형이 내려가고 토질이 성기고 나쁩니다. 듣건대 우(禹)가 하수(河水)을 다스릴 때에 본래 이 땅을 비워놓고 물이 범람하는 것이 성(盛)하면 내보내서 넘치게 하고, 조금씩 스스로 말라버리게 하였으니, 비록 시기는 다르지만 오히려 이것에서 벗어날 수는 없습니다. 상고에는 알기 어렵지만 근래 진·한(秦·漢) 이후를 보면 하수는 조(曹, 도읍은 산동성 定都縣)와 위(魏, 도읍은 하남성 浚縣) 지역에서 터졌는데, 그 남북 간은 180리에 지나지 않습니다. 이 땅을 비워두고 관정(官亭)과 백성들의 집을 짓지 않게 할 뿐입니다."

어사(御史)인 임회(臨淮, 안휘성 肝眙縣) 사람 한목(韓牧)이 생각하였다.

"《우공(禹貢)》에 구하(九河)가 흐르는 곳에 이를 뚫은 것이 대략 기록되어 있는데 늘어놓아도 아홉이 될 수 없고, 다만 4~5개가 되니 마땅히 유익(有益)할 것입니다"

대사공(大司空)의 연리(掾吏)인 왕횡(王橫)이 말하였다.

"하수가 흘러서 발해(渤海) 땅으로 들어가는데 한목(韓牧)이 뚫고자 하는 곳보다 높습니다. 옛날에 하늘에서 계속해서 비가 내리고 동북풍이 불어 바닷물이 넘쳐서 서남쪽으로 나가서 수백 리(里)를 잠기게 하였으니 구하(九河)의 땅은 이미 바다에 침식되었습니다. 우(禹)가 하수를 다니면서 본래 서산(西山, 太行山)을 따라 동북쪽으로 내려와서 가게 하였습니다.

《주보(周譜)》에서는 '정왕(定王) 5년[32]에 하수가 옮겨졌다.'고 말하였으니, 오늘날 흐르는 곳은 우가 뚫은 것이 아닙니다. 또 진(秦)이 위

---

32 기원전 602년이다.

(魏)을 공격하면서[33] 하수를 터서 그 도읍으로 물을 대었는데, 터진 곳이 드디어 커져서 다시 메울 수가 없었습니다. 마땅히 오히려 평지에 사는 사람들을 모두 옮기고 다시 구멍을 뚫어서 서산(西山, 여양 서쪽의 여러 산) 기슭을 따라 높은 곳에 올라서서 동북쪽으로 가서 바다로 들어가게 하면 마침내 수재를 없앨 것입니다."

사공(司空)의 연리인 패국(沛國, 강소성 沛縣) 사람 환담(桓譚)이 그 논의를 주관하면서 진풍(甄豊)을 위하여 말하였다.

"무릇 이 몇 가지의 의견에는 반드시 옳은 것이 하나 있으니, 마땅히 자세히 생각하고 검사하면 모두 예견할 수 있습니다. 계책이 정해진 다음에 일을 시행하면 비용은 수억만에 지나지 않을 것이니, 역시 유랑생활을 하며 생업이 없는 여러 백성들에게 일하게 할 수 있습니다. 텅 빈 채 사는 사람들에게 일자리를 주었는데, 같이 의복과 양식도 감당해야 하니 현관(縣官)에서 의복과 양식을 공급받고 이를 위하여 일하면 마침내 두 쪽[국가와 백성]이 편하여 위로는 우(禹)의 공로를 계승하고 아래로는 백성들의 고충을 제거합니다."

이때에 왕망은 다만 텅 빈 말을 숭상하여서 시행한 것이 없었다.

8   군신들이 주문으로 말하였다.

"옛날에 주공은 섭정하면서 7년이 되어서야 제도가 마침내 안정되었습니다. 지금 안한공은 보정(輔政)하기 4년에 경영하기 20일 안에 커다란 공로를 끝내 이루었으니, 의당 재형(宰衡)의 지위를 승격시켜

---

33 진(秦)이 위(魏)을 공격하면서 하수를 터서 위의 도읍인 대량(大梁, 하남성 開封市)으로 물을 댄 일은 진 시황 22년(기원전 225년)의 일이고, 이 내용은 《자치통감》 권7에 기록되어 있다.

여러 제후 왕의 위에³⁴ 있게 하여야 합니다."

조서를 내렸다.

"좋다."

이어서 구석(九錫)의 법을 의논하게 하였다.³⁵

9　왕망이 주문으로 효선묘(孝宣廟, 효선황제의 사당)를 높여서 중종
(中宗)으로 하고, 효원묘(孝元廟, 효원황제의 사당)를 고종(高宗)으로 하
게 하였고, 또 주문으로 효선황고묘(孝宣皇考廟, 효선황제 아버지의 사당)
를 헐고 수리하지 못하게 하였고, 남릉(南陵, 문제의 어머니인 薄태후의
묘)과 운릉(雲陵, 소제의 어머니인 조씨의 무덤)을 철폐하고 현(縣)으로 삼
자고 하니, 주문이 옳다고 하였다.

10　왕망은 스스로 북쪽으로는 흉노(匈奴)를 교화시키고, 동쪽으로는
해외에서 이르며, 남쪽으로는 황지(黃支)를 품었는데,³⁶ 유독 서방에
서는 아직 더해지는 것이 없어서 중랑장(中郞將) 평헌(平憲) 등을 파견
하여 많은 금폐(金幣)를 가지고 요새 밖의 강족(羌族, 청해성 동부 거주)
을 유혹하여 땅을 바치고 내속(內屬)하기를 원하게 하였다.

---

34 이 이전에는 삼공(三公)의 위에 있었다.

35 구석의 법은 천자와 관련된 제도로서 아홉 개가 있는데 그 첫째는 수레와 말,
둘째는 의복, 셋째는 악기, 넷째는 붉은색의 대문, 다섯째는 경사진 계단, 여
섯째는 100명의 무장한 호위병, 일곱째는 커다란 깃발과 지휘용 무기, 여덟째
는 활과 화살, 아홉째는 제사 지낼 때 사용하는 좋은 술 등의 항목이 있다.

36 북으로는 흉노의 선우가 이름을 중국식의 한 글자로 바꾸고, 동쪽에서는 동
이(東夷)가 보물을 진상하고, 남쪽에서는 황지국이 서우(犀牛)를 바친 일을
말한다.

평헌 등이 주문으로 말하였다.

"강족의 강호(强豪)인 양원(良願) 등의 종족은 1만2천 명 가량인데, 내신(內臣)이 되고, 선수해(鮮水海, 청해호)·윤곡(允谷, 청해호의 부근)·염지(鹽池, 청해호의 부근)를 바치고, 평지의 아름다운 풀은 모두 한(漢)의 백성들에게 주고, 스스로는 험준한 곳에 거처하면서 번폐(藩蔽)가 되기를 원하였습니다.

양원에게 항복할 의사를 물었는데, 대답하였습니다. '태황태후가 성스럽고 밝으며 안한공은 지극히 인자하여 천하가 태평하고 오곡이 성숙하여서 혹 벼의 길이가 한 장(丈)이 넘고, 혹 하나의 속(粟)에서 세 개의 미(米)가 있고, 혹 파종하지 않았는데 저절로 싹이 나기도 하고, 혹 누에를 치지 않아도 스스로 만들어지기도 하며, 감로(甘露)가 하늘에서 내려오고 맛이 달콤한 샘물이 지하에서 솟아오르고, 봉황이 날아와 의식을 하고 신기한 새들이 내려와 모입니다. 4년 동안[왕망이 보정한 기간] 강족의 사람들은 병으로 고통스런 바가 없으니 그러므로 즐겨 내속(內屬)이 되기를 생각합니다.' 마땅히 때에 맞추어 작업하여 속국을 두고 보호하는 일을 관장하게 하십시오."

이 일을 왕망에게 내려 보내니, 왕망이 다시 주문으로 말하였다.

"지금 이미 동해(東海, 산동성 郯城縣)·남해(南海, 광동성 廣州市)·북해군(北海郡, 산동성 昌樂縣)이 있으니, 청컨대 양원(良願) 등이 바치는 땅을 받아들여서 서해군(西海郡, 청해성 海晏縣)으로 삼으십시오. 천하를 나누어 12개의 주(州)로 하여 옛날의 제도에 호응하십시오."

주문이 옳다고 하였다.

겨울에 서해군(西海郡)을 설치하였다. 또 법률에 50개의 조항을 늘려서, 범한 사람들은 모두 서해군으로 옮겼다. 옮겨진 사람이 천·만을 헤아리니, 백성들이 처음으로 원망하였다.

11 양왕(梁王) 유립(劉立)이 위씨(衛氏, 황제의 외가)와 왕래하였다는 것에 연루되어 폐위되고 남정(南鄭, 섬서성 南鄭縣)으로 귀양 갔는데, 자살하였다.

12 경사(京師)를 나누어, 전휘광(前輝光, 장안의 남부)과 후승렬(後丞烈, 장안의 북부) 두 군(郡)으로 하였다. 또 공경(公卿)·대부(大夫)·81원사(元士)의 관명(官名)과 직위의 서열 그리고 12개 주(州)의 이름과 경계선을 바꾸었다. 군국(郡國)에 소속된 것을 취소하고 신설하거나 변경하니 천하에는 일이 많아지고 이(吏, 관리)도 기억할 수 없었다.

평제 원시 5년(乙丑, 5년)

1 봄, 정월에 명당(明堂)에서 합제(祫祭)[37]를 지내는데, 제후왕(諸侯王) 28명과 열후(列侯) 120명과 종실의 아들 900여 명이 제사를 돕도록 불려왔다. 예(禮)를 마치고 모두에게 읍호를 더해주고, 작위와 금이나 비단을 하사하고, 녹질을 올려주거나 관리를 보충해주었는데,[38]

---

37 사당을 없앤 신주들은 모두 태조의 사당에서 모아 합식(合食)하는 제사이다. 안사고는 祫의 음은 합(合)이라고 하였다.

38 이미 책봉을 받은 사람은 식읍을 더해 주고, 작위가 없는 사람에게는 작위를 하사하고, 작위가 있는 사람에게는 금이나 비단을 하사하고, 봉록을 받는 사람에게는 봉록을 올려 주고, 관직을 받지 못한 사람에게는 관직을 내려 주었다.

각각 차등 있게 하였다.

2   안한공이 또 상주하여 장안의 남교(南郊)와 북교(北郊)를 회복시
키자고 하였다. 30년 동안 천지(天地)의 제사는 무릇 다섯 번이나 옮겨
졌다.[39]

3   조서를 내려서 말하였다.

"종실의 아들이 한(漢)의 처음부터 지금에 이르기까지 무릇 10여만
명이니, 군국(郡國)으로 하여금 각기 종사(宗師)를 두어 이들을 규찰하
게 하고 교육하게 하라."

4   여름, 4월 을미일(1일)에 박산간열후(博山簡烈侯) 공광(孔光)[40]
이 죽자 보내주어 하사한 것과 장례 치르며 보내는 것이 대단히 성대
하였는데, 수레가 만여 량(輛)이었다. 마궁(馬宮)을 태사[41]로 삼았다.

5   이민(吏民)들은 왕망이 신야(新野)의 토지를 받지 않은 것 때문에

---

39 무릇 다섯 번이나 옮겼다고 하는 것은 성제 건시 원년(기원전 32년)에 감천과
   분음에서의 제사를 폐지하고 장안의 남교와 북교에서 제사를 시행하고, 성제
   영시 3년(기원전 14년)에 다시 감천과 분음의 제사를 회복하고, 성제가 죽자
   (기원전 7년) 황태후가 조서를 내려 장안의 남북 교외에 제사를 회복하고, 애
   제 건평 3년(기원전 4년)에 감천과 분음의 제사를 다시 회복하고, 왕망이 이때
   다시 장안의 남북 교외의 제사를 회복하였으니 5번의 변경이다.

40 공광(孔光)은 박산후였는데, 죽은 다음에 시호를 간열후라고 하였다.

41 공광이 태사였으므로 그 후임에 임명된 것이다.

편지를 올린 사람이 총 48만7천572명이었고, 제후왕공(諸侯王公)·열후(列侯)·종실(宗室)들로 뵌 사람은 모두 머리를 조아리며 말하였다.

"안한공에게 빨리 상을 더해 주는 것이 마땅합니다."

이에 왕망이 상서를 올려 말하였다.

"여러 신료들과 백성들이 올린 주문 가운데에서 의논하도록 아래로 내려 보낸 것은 모두 보류하여 올리지 못하게 하고, 신(臣) 왕망으로 하여금 힘을 다해 예의(禮儀)와 악장(樂章)에 관한 제도들을 만들게 하여 주며, 일을 완성하면 바라건대 해골하여 고향으로 돌아가 현명한 사람이 갈 길[42]에서 피할 수 있게 해주시기 바랍니다."

진한(甄邯) 등이 태후에게 아뢰자, 조서를 내려서 말하였다.

"공은 매번 볼 때에는 번번이 눈물을 흘리고 머리를 조아리며 상을 받지 않기를 원하고 상을 바로 더해 주면 감히 그 자리에 담당하지 않겠다고 말한다. 바야흐로 제도 만드는 일이 아직 완성되지 않았고, 일은 공을 기다려서야 결정되니, 그러므로 또 공이 만들고 있다는 보고를 받고 있지만 그 일이 완성되어 여러 공(公)들이 보고하면 예전에 의논하였던 것을 고려해 보겠다. 그러니 구석(九錫)의 예의(禮儀)에 관한 제도는 빨리 상주하라!"

5월에 안한공 왕망을 구석으로 책명하였는데, 왕망은 머리를 숙이고 두 번 절하면서 녹불(綠韍)·곤면(袞冕)·의상(衣裳)·탕봉(瑒琫)·탕필(瑒珌)·구리(句履)·난로(鸞路)·승마(乘馬)·용기구류(龍旂九旒)·피변(皮弁)·소적(素積)·융로(戎路)·승마(乘馬)·동궁시(彤弓矢)·노궁시(盧

---

42 높은 자리에 오래 있는 것은 다른 현명한 사람이 나아갈 길을 막는 처사여서 현명한 사람이 나아갈 수 있도록 그 길에서 피하겠다는 뜻이며 이는 퇴직을 하겠다는 의미이다.

弓矢)를 받았고, 왼쪽에는 주월(朱鉞)을 세우고 오른쪽에는 금척(金戚)을 세웠으며, 갑옷과 투구 한 쌍·서창(秬鬯) 두 단지·규찬(圭瓚) 두 개·구명청옥규(九命靑玉珪) 두 개·주호(朱戶, 붉은색의 대문)·**납폐(納幣, 경사진 섬돌)**를 받고, 종관(宗官)·축관(祝官)·복관(卜官)·사관(史官) 등을 임명하고, 호분(虎賁) 300명이었다.[43]

6   왕운(王惲) 등 8명이 풍속을 사행(使行)하고 돌아와서 천하의 풍속이 가지런하고 거짓으로 군국(郡國)에서 만든 가요와 공덕송(功德頌)이 무릇 3만 글자였다고 말하였다.[44] 윤월(閏4월) 정유일(4일)에 희

---

43 녹불은 가죽으로 만든 녹색 제사 복장이고, 곤면은 천자가 입는 곤룡포와 곤룡모이며, 탕봉은 칼집의 윗부분에 하는 장식으로 황제는 옥, 제후는 황금으로 제작하였으며, 탕필은 칼집의 아랫부분에 하는 옥으로 만든 장식이다. 또, 구리는 제사 때에 신는 신발 앞부분의 장식으로 산 모양으로 3촌(寸)이 튀어나온 것이고, 난로는 난새와 봉황을 수놓은 천자가 타는 마차이며, 승마는 한 대의 수레를 끄는 네 필의 같은 색의 말이고, 용기구류는 교룡을 그려 만든 붉은 깃발과 그의 장식품이고, 피변은 사슴 가죽으로 만든 갓이다. 또, 소적은 피변을 쓸 때 입는 하얀색의 베로 만든 전투복이고, 융로는 황제가 타는 전투용 마차이며 승마는 네 필의 전투용 말이다. 동궁시는 붉은색의 활과 화살이고, 노궁시는 검은색의 활과 화살이며, 주월은 대문의 왼쪽에 세워 놓는 붉은색의 큰 도끼이고 금척은 오른쪽에 세워 놓은 금색의 큰 도끼이다. 서창은 옻 기장으로 만든 향기가 좋은 제사용 술이고, 규찬은 자루를 벽옥으로 만든 울창주를 담는 제사용 술그릇이며, 구명청옥규는 최고의 관직을 상징하는 청색의 옥으로써 '개(介)'자형으로 위는 날카롭고 아래는 사각형의 보석이다. 왕망이 받은 물건들은 이미 구석(九錫)을 능가할 정도로 많은 것이고, 고대의 제도와 완전하게 합치되지도 않는다. 그리고 평화적인 수단으로 정권을 이양 받을 때 구석을 이용하였기 때문에 이때의 상황은 이미 결정된 것이나 다름이 없다.

44 당시에 중국에서 사용하는 글자는 여전히 칼로 대나무에 글자를 새기는 죽간이 위주이니, 3만 글자라고 하는 것은 대단한 거작이라고 할 수 있다.

화관(羲和官) 유수(劉秀) 등 4명으로 명당(明堂)과 벽옹(辟雍)을 건립
하게 하고, 한(漢)으로 하여금 문왕(文王)의 영대(靈臺)와 주공의 낙양
(洛陽)과 똑같게 하도록 하였다. 태복(太僕) 왕운 등 8명의 풍속을 사행
(使行)하고, 덕화(德化)를 널리 알리고, 만국(萬國)을 똑같게 하니 모두
책봉하여 열후(列侯)로 하였다.[45]

이때에 광평(廣平)[46]의 재상인 반치(班穉)가 홀로 상서로운 조짐과
가요를 올리지 않았고, 낭야(琅邪, 산동성 諸城縣) 태수 공손굉(公孫閎)
은 공부(公府)에서 재해를 언급하였다. 진풍은 속관을 파견하여 두 군
(郡, 광평과 낭야)으로 달려가게 하여서 이민(吏民)들에게 넌지시 일러
서 탄핵(彈劾)하였다.

"공손굉은 헛되이 상서롭지 못한 것을 만들었고, 반치는 상서로운
조짐을 끊어서 성스러운 정치를 질투하고 해쳤으니, 모두가 부도(不
道)하다."

반치(班穉)는 반첩여(班倢伃)[47]의 동생이다.

---

45 위에서 말한 유수 등 4명에게 준 작위는 유수를 홍휴후(紅休侯), 평안(平晏)
을 방향후(防鄉侯), 공영(孔永) 녕향후(寧鄉侯), 손천(孫遷)을 정향후(定鄉侯)
로 책봉하였고, 왕운 등 8명에게 준 작위는 왕운에게 상향후(常鄉侯), 염천(閻
遷)에게 망향후(望鄉侯), 진숭(陳崇)에게 남향후(南鄉侯), 이흡(李翕)에게 읍
향후(邑鄉侯), 학당(郝黨)에게 정향후(亭鄉侯), 사은(謝殷)에게 장향후(章鄉
侯), 녹보(逯普)에게 몽향후(蒙鄉侯), 진봉(陣鳳)에게 노향후(盧鄉侯)를 책봉
하였다.

46 광평국은 무제 정화 2년(기원전 91년)에 하북성 계택현에 광간국(廣干國)을
두었다가 선제 오봉 2년(기원전 56년)에 다시 광평국이라 하였다.

47 성제 홍가 3년(기원전 18년)에 반첩여가 성제에 대한 행동을 보고 태후가 칭찬
한 일이 있었는데, 이 내용은 《자치통감》 권31에 실려 있다.

태후가 말하였다.

"미덕을 선양하지 않은 것은 마땅히 재해를 날조한 것과는 다르게 처벌하여야 할 것이오. 또 반치는 후궁 중에 현명한 가문 출신이므로 내가 슬퍼하는 바이다."

공손굉만 하옥시켜서 주살하였다.

반치는 두려워서 편지를 올려서 받은 은혜를 진술하고 사죄하며, 재상의 도장을 돌려보내고 들어와서 연릉(延陵, 성제의 능묘)의 원리(園吏)에 보임시켜 주기를 원하였는데, 태후가 이를 허락하였다.

7 왕망은 또 주문으로 시장에서는 두 가지의 가격이 없게 하고, 관청에는 옥사와 송사가 없게 하며, 읍에는 도둑이 없게 하고, 들에는 주린 백성들이 없게 하며, 길에서는 떨어진 물건이 있어도 줍지 않게 하고, 남녀는 다른 길로 다니게 하기 위한 제도를 시행하고, 범(犯)한 사람은 상형(象刑)[48]에 처하자고 하였다.

---

48 《서경(書經)》에서 보면 가장 무거운 상형은 위반한 사람에게 황색의 가장자리를 꿰매지 않은 옷을 입게 하고, 중등의 상형은 위반한 사람에게 짚신을 신게 하고, 가벼운 상형은 검은 베로 머리를 싸게 하도록 하고 있다. 그 외에 상형에 관해서는 여러 가지의 해석이 있으나 중요한 것은 상형이 일종의 상징적인 형벌로서 화목과 범죄자가 없다는 것을 표시하는 것이다.

독살된 평제와 가황제 왕망

8　왕망이 다시 상주하였다.

"공왕(共王)의 어머니인 정희(丁姫)는 이전에 신첩(臣妾)의 도(道)를 준수하지 않아서 무덤의 높이가 원제(元帝)의 산릉(山陵)과 같고, 제태후(帝太后)와 황태태후(皇太太后)의 새수(璽綬)를 품게 하고 장사 지냈습니다. 청컨대 공왕의 어머니인 정희의 무덤을 파서 그 새수를 빼내고 공왕의 어머니를 정도(定陶, 산동성 定陶縣)로 옮겨서 공왕의 무덤 옆에 매장하십시오."

태후는 이미 지나간 일이고 다시 팔 필요가 없다고 여겼다.

왕망이 이를 가지고 굳게 다투니 태후는 조서를 내려서 예전의 관을 가지고 개장(改葬)하게 하였다. 왕망이 상주하였다.

"공왕의 어머니와 정희의 관은 모두 이름난 재궁(梓宮)[49]이고 주옥(珠玉)으로 만든 옷[壽衣]은 번첩(藩妾, 번신의 부인)의 복장이 아닙니다. 청컨대 목관으로 대신하고 주옥으로 만든 옷을 벗기고, 정희를 잉첩(媵妾)의 차례로 장사 지내십시오."

49　향재(香梓)로 만든 관을 말한다.

주문이 옳다 하였다.

공경(公卿) 가운데 자리에 있으면 모두 왕망이 가리키는 것에 아부하여 돈이나 비단을 들이고, 자제(子弟)와 여러 유생과 사이(四夷)로 무릇 10여만 명을 파견하여 일할 도구들을 가지고 장작(將作)을 도와서 공왕의 어머니와 정희의 옛 무덤을 파니, 20일 사이에 모두 평탄하게 되었다. 왕망은 또 그곳에 가시나무를 둘러 심어서 대대로 경계로 삼도록 한다고 말하였다. 또 공황(共皇, 哀帝의 아버지)의 사당을 무너뜨려 파괴하고, 여러 만들자고 의논하였던 영포(冷褒)와 단유(段猶)[50]는 모두 합포(合浦, 광동성 海康縣)로 귀양 보냈다.

사단(師丹)을 불러서 공거(公車)로 오게 하여 작위를 내려서 관내후(關內侯)로 하고 고읍(故邑)을 식읍으로 하였다.[51] 몇 달이 되어 다시 사단을 책봉하여 의양후(義陽侯)로 하였는데, 한 달이 좀 더 지나서 죽었다.

애초에, 애제(哀帝) 때에 마궁(馬宮)은 광록훈(光祿勳)이었고, 승상·어사와 더불어 섞여서 부(傅)태후의 시호를 논의하여 효원부황후(孝元傅皇后)로 하였다. 왕망이 전에 논의한 사람들을 추가로 주살하게 되었는데 마궁은 왕망이 두텁게 여기는 바여서 홀로 미치지 않았다.

마궁은 속으로 부끄럽고 두려워서, 편지를 올려서 말하였다.

"신은 이전에 정도공왕(定陶共王)의 어머니의 시호를 의논하였는데, 지시하는 것을 바라보고 부화뇌동(附和雷同)하여 경전을 왜곡하고 논

---

50 영포와 단유에 관한 사건은 애제 건평 원년(기원전 6년)에 일어났는데, 그 내용은《자치통감》권33에 실려 있다.

51 사단은 영포와 단유 등이 의견을 제시하였을 때에 대사공을 맡고 있었는데, 반대하였기 때문에 파직되고 봉토와 작위도 취소되었다.

설을 치우치게 하여서 주상을 현혹하여 잘못하게 하였으니 신은 불충
(不忠)하였습니다. 다행히 마음을 씻고 스스로 새롭게 하였지만 진실
로 다시 대궐을 바라볼 면목이 없고, 다시 관부(官府)에 있을 마음이 없
으며, 다시 국읍(國邑)[52]을 가지고 먹는 것도 마땅하지 않습니다. 바라
건대 태사·대사도·부덕후(扶德侯)의 인수(印綬)를 올리고 현명한 자가
갈 길에서 피해 있고자 합니다.”

8월 임오일(20일)에 왕망이 태후의 조서를 가지고 마궁에게 책서(策
書)를 내려서 말하였다.

“사보(四輔)의 직무는 국가의 기강이며, 삼공(三公)의 책임은 정족
(鼎足)으로 군주를 이어받는 것인데, 만약 선명하고도 굳게 지키지 않
으면 자리에 있을 수가 없다. 그대의 말은 지극히 정성스럽고 그 글이
감히 지나치지 아니하였으니 짐은 이를 매우 중요하다고 생각한다. 그
대의 작읍을 박탈하지 않는데, 그러니 태사·대사도의 인수는 사자(使
者)에게 올리고, 후(侯, 扶德侯)로서 집으로 가라.”

9   왕망은 황후(皇后)에게 자손을 낳을 상서로움이 있어서 자오도
(子午道)[53]를 개통하였는데, 두릉(杜陵, 섬서성 長安縣)에서부터 곧바
로 남산(南山, 秦嶺)을 잘라서 한중(漢中, 섬서성 南鄭縣)에 이르는 지름
길이었다.

---

52 마궁은 부덕후에 책봉되어 낭야의 공유에 식읍을 가지고 있었다.
53 중국 고대의 법술서에서 자(子)는 북방을 가리키고, 오(午)는 남방을 가리키
   기 때문에 자오도란 남과 북을 연결하는 도로이다.

10   천릉후(泉陵侯) 유경(劉慶)이 편지를 올려서 말하였다.

"주(周)의 성왕이 어리고 연소하여서 주공(周公)이 섭정의 자리에 있었습니다. 지금 황제의 춘추가 젊으니 의당 안한공으로 하여금 천자의 일을 수행하게 하는데, 주공과 같이 하십시오."

군신(群臣)들이 모두 말하였다.

"의당 유경(劉慶)의 말대로 하여야 합니다."

11   이때에 황제의 춘추는 더욱 건장하였는데, 위후(衛后) 때문에 그러므로 원망하며 기뻐하지 않았다.[54] 겨울, 12월에 왕망이 납일[55]을 이용하여 초주(椒酒)[56]를 헌상하며 독을 술에다 넣었는데, 황제에게 병이 생겼다. 왕망이 책서(策書)를 지어 가지고 태치(泰畤)에서 기도를 하는데, 몸으로 대신하기를 원하며, 책서를 금등(金縢)에 넣어서 전전(前殿)에 두고서 여러 공(公)들에게 감히 말하지 못하게 칙령을 내렸다.[57]

병오일[58]에 황제가 미앙궁(未央宮)에서 붕어하였다.[59] 천하를 크게

---

54 평제의 어머니인 위후는 경사로 오지 못하고 있고, 그 가족들은 모두 죽거나 귀양 갔으므로 기뻐하지 않은 것이다.

55 음력으로 동지후 세 번째 무(戊)에 해당하는 날을 민간에서는 소세(小歲)라고 부르기도 하며, 자식들은 부모를 찾아뵙고 인사드리고 신료들은 군왕을 찾아뵙고 인사드리는 풍속이 있다.

56 후추를 넣은 술로써 사악한 귀신을 쫓아낸다고 한다.

57 주 무왕이 병이 나자 주공은 무왕을 대신해서 죽겠다는 내용의 기도문을 지어서 금궤에 담고, 아울러 '금등'이라는 글을 지어 이 일의 자세한 내막을 서술해 놓았다. 후에 어떤 사람이 이 일로 주공을 모함하자 주공은 금궤를 열어서 이 글들을 보여주자 오해가 풀렸다.

58 12월 1일은 신유일이므로 12월에는 병오일은 없다. 다만 흔히 오(午)와 자(子)

사면하였다. 왕망은 천하의 이(吏) 600석(石) 이상은 모두 삼년상(喪)을 입게 하였다. 상주하여 효성제(孝成帝)의 묘호를 높여서 통종(統宗)이라 하고 효평제(孝平帝)의 묘호를 원종(元宗)이라 하였다. 효평황제를 염하고 원복(元服)을 입혀서[60] 강릉(康陵, 장안에서 북쪽으로 30km 지점)에 매장하였다.

❖ 반고가 찬(贊)하였습니다.

"효평황제의 시대에는 정치는 왕망으로부터 나오고 선행을 표창하고 공로를 드러내서 스스로 높이는 것이 성대하였다. 그의 글을 보면 바야흐로 외부의 백만(百蠻)이 복종하지 않으려고 생각하는 일이 없었고, 아름다운 징조로 좋게 호응하니, 칭송하는 소리가 함께 일어났는데, 변고와 이상한 일들이 위에서 나타났고, 백성들이 아래에서 원망하는 것에 이르러서는 왕망도 역시 문식(文飾)할 수는 없었다."

12 장락궁의 소부(少府)인 평안(平晏)을 대사도로 삼았다.

13 태후가 군신들과 더불어 후사를 세우는 것을 논의하였다. 이때에

는 필사과정에서 혼돈되는 일이 있으므로 병오(丙午)가 병자(丙子)의 잘못일 수도 있으며, 병자일인 경우에는 16일이다.

59 평제는 아홉 살에 즉위하여 5년을 재위하였으며 향년 열네 살이었다.

60 원은 머리이므로 원복은 관(冠)을 말하는데, 원복을 입힌다는 말은 관례를 치른다는 말이고, 성인(成人)이 되는 것을 말한다.

원제의 세계(世系)가 끊어졌고, 선제의 증손들 가운데 현재 있는 왕이 5명[61]이고, 열후는 48명이었다. 왕망은 그들이 장성하였다는 것을 싫어하면서 말하였다.

"형제는 서로 후사가 될 수 없습니다."

이에 선제의 현손(玄孫)들을 모두 불러서 이를 선택하여 세웠다.

이달[12월]에 전휘광(前輝光, 북장안) 사효(謝囂)가 상주하기를, '무공(武功, 섬서성 武功縣) 현장 맹통(孟通)이 우물을 파다가 하얀 돌을 얻었는데, 위는 둥글고 아래는 네모이며, 붉은색의 글자가 돌에 붙어 있으며, 그 글은 "안한공 왕망에게 황제가 된다고 고하라."라고 되어 있다'고 하였다. 부명(符命)[62]이 일어난 것은 여기서부터 시작되었다.

왕망은 여러 공(公)들로 하여금 황후에게 말하게 하니, 황후가 말하였다.

"이는 천하를 속이는 것으로 시행할 수 없다."

태보 왕순(王舜)이 태후에게 말하였다.

"사정이 이미 이와 같이 되었으니 어찌할 수가 없는데, 이것을 막으려 해도 힘으로 중지시킬 수 없습니다. 또 왕망이 감히 다른 것을 가지려는 것이 아니고 단지 섭정이라고 칭하면서 그의 권력을 더욱 무겁게 하여 천하를 눌러 복종시키고자 할 뿐입니다."

태후는 마음속으로는 옳다고 생각하지 않으면서도 그러나 힘으로 제어할 수도 없어서 마침내 들어 허락하였다.

---

61 5명은 곧 회양왕(淮陽王) 유연(劉縯), 중산왕(中山王) 유성도(劉成都), 초왕(楚王) 유우(劉紆), 신도왕(信都王) 유경(劉景), 동평왕(東平王) 유개명(劉開明) 등이다.

62 천명에 부합하는 징조를 말한다.

왕순 등이 즉시 함께 태후로 하여금 조서를 내리게 하였다.

"효평황제(孝平皇帝)가 단명하여 붕어하였고, 이미 유사들을 시켜서 선제의 현손 23명을 장안으로 불러들여 마땅한 사람을 가려서 평제의 후사를 잇게 하려고 한다. 현손의 나이는 강보에 싸여 있는데, 지극한 덕을 가진 군자를 얻을 수 없다면 누가 이를 편안히 할 수 있겠는가? 안한공 왕망은 이미 삼세(三世)에 보정(輔政)하여 주공(周公)과는 시대는 다르지만 똑같다.

지금 전휘광 사효와 무공 현장 맹통이 붉은 돌의 징표를 올려 말하였는데, 짐이 그 뜻을 깊이 생각해 보았더니, '황제가 된다'고 한 것은 곧 황제의 일을 간섭하여 수행하라는 뜻이다. 그래서 안한공으로 하여금 천조(踐祚)하여 섭정을 행하게 하고자 하는데, 주공의 고사처럼 하게 하니 예의(禮儀)를 갖추어 상주(上奏)하라."

이에 여러 군신들이 상주하였다.

"태후의 성덕이 훤하게 빛나니, 하늘의 뜻을 깊이 보시고 조서를 내려서 안한공에게 섭정의 자리에 있게 하였습니다. 신들은 안한공에게 청하여 천조하여 천자의 불면(韍冕)을 입고 등 뒤에서 부의(斧依)를 창들의 사이에 세우고 남면하여 군신들을 조회를 받고 정사를 돌보게 하겠으며, 거복(車服)으로 출입하면서 경필(警蹕)하고,[63] 백성들과 신료들은 '신첩(臣妾)'이라 칭하는데, 모두 천자의 제도와 같이 하겠습니다.

교외에서 천지에 제사를 지내고, 명당(明堂)에서 종실에 제사를 지내며, 종묘에도 함께 제사를 지내며, 여러 신에게도 제사를 지내도록

---

63 불면(韍冕)에서 불은 예복을 말하고 면은 면류관이며, 부의(斧依)는 도끼를 그린 병풍을 말하고, 경필(警蹕)은 제왕이 출입하면서 사람들을 물리고 통행을 제한하는 것을 말한다.

하는데, 찬(贊)하여 '가황제(假皇帝)'라고 할 것이며, 백성들과 신하들
은 이를 '섭황제(攝皇帝)'라고 할 것이고, 스스로를 칭하면서는 '여(予)'
라고 하겠습니다. 평시에 조정의 일을 결정하고 항상 황제의 '조(詔)'를
'제(制)'라고 하겠습니다.

　황천의 마음을 받들어 따르고, 한실(漢室)을 보좌하며, 효평황제(孝
平皇帝)의 어린 후사를 보호하여 편안하게 하여 부탁한 뜻을 이루어
치국평천하(治國平天下)의 교화를 융성하게 하겠습니다. 그가 태황태
후와 제황후(帝皇后)를 알현하면서는 모두 신하의 예절로 돌리겠습니
다. 스스로 정교(政敎)를 궁가(宮家)에서 시행하겠으며, 국채(國采)[64]
는 제후의 예의와 고사와 같이 하겠습니다."

　태후가 조서를 내려서 말하였다.

　"좋다."

왕망[65] 거섭 원년(丙寅, 6년)[66]

---

64 궁가는 안한공 왕망이 사는 집을 궁궐로 하겠다는 말이고, 봉국(封國)은 그
　가 원래 책봉되었던 신도국이며, 채읍은 원래 받았던 무공현을 말한다.

65 왕망의 자는 거군(巨君)이고 효원황후 동생의 아들이다. 왕망의 부친은 왕만
　(王曼)이고 조부는 왕금(王禁)이다. 왕금은 무제 때 수의어사를 지낸 왕하(王
　賀)의 아들이다.

66 왕망(王莽)이 섭정(攝政)하면서 연호를 거섭(居攝)으로 바꾸었다. 《자치통감》
　에서는 이 부분에서 가황제에 오른 왕망의 연호를 기년으로 삼고 있다. 그렇
　다고 아직 신(新) 왕조를 세운 것은 아닌 점에서 독특한 상황이라고 할 것이
　다. 그렇다고 가황제라 하지 않고 그의 이름을 직접 썼다는 데서 왕망의 섭정
　을 긍정적으로 인정한 것은 아니다. 동시에 왕망이 신(新)을 세운 다음에도
　여전히 한기(漢紀)로 기록하여 신을 실제로 인정하지 않고 있다.

1   봄, 정월에 왕망이 장안의 남교에서 상제(上帝)에게 제사 지내고, 또 '영춘(迎春)'과 '대사(大射)'와 '양로(養老)'의 예를 행하였다.

2   3월 기축일(1일)에 선제의 현손인 유영(劉嬰)을 세워서 황태자(皇太子)로 삼고 유자(孺子)⁶⁷라고 호칭하였다. 유영은 광척후(廣戚侯) 유현(劉顯)⁶⁸의 아들이고 나이가 두 살이었는데, 점괘가 가장 좋다고 하여 이를 세웠다. 황후(皇后)를 높여서 황태후(皇太后)⁶⁹로 삼았다.

3   왕순(王舜)을 태부(太傅)로 삼고, 좌보(左輔)인 진풍(甄豊)을 태아(太阿)·우불(右拂)로 삼고, 진한(甄邯)을 태보(太保)·후승(後承)으로 삼았으며, 또 사소(四少)⁷⁰를 두었는데, 녹질은 모두 2천 석이었다.

4   4월에 안중후(安衆侯) 유숭(劉崇)이 재상 장소(張紹)와 모의하여 말하였다.

---

67 주공이 성왕을 보필할 때 관숙과 채숙이 유언비어를 유포하여 "공은 장차 유자에게 불리한 행동을 할 것이다"라고 말하였는데, 결과적으로 주공은 충성을 다하여 보필하였기 때문에 왕망은 여기에서 유자라는 칭호를 사용한 것으로 보인다.

68 전에 초 효왕(囂王)의 아들인 유훈(劉勳)을 광척후(廣戚侯)로 삼았었는데, 유현(劉顯)은 유훈의 아들이며, 광척후국은 패군(沛郡)에 있었다.

69 평제의 정처인 왕망의 딸은 열다섯 살에 황태후가 되어 세계에서 가장 나이가 어린 황태후가 되었다. 이후에 궁중에서 계속 이렇게 어린 황태후가 출현한 것은 중국의 역사상 조금도 이상한 일은 아니다.

70 사소(四少)는 소사(少師)·소부(少傅)·소아(少阿)·소보(少保)인데, 이런 관명은 모두 옛날의 것들로 당시의 사람들에게도 대단히 생소한 이름이었다.

"안한공 왕망은 반드시 유씨(劉氏)를 위태롭게 할 것인데, 천하가 그를 비난하지만 감히 먼저 거사하는 사람이 없으니, 이는 곧 종실(宗室)의 수치이다. 내가 종족을 거느리고 먼저 나선다면 해내에서 반드시 화답할 것이다."

장소 등을 따르는 사람 100여 명이 마침내 나아가서 완(宛, 하남성 南陽市)을 공격하였는데, 들어갈 수 없어서 패하였다.

장소의 사촌동생인 장송(張竦)은 유숭의 족숙(族叔)인 유가(劉嘉)와 더불어 대궐에 가서 스스로 귀부하였더니, 왕망은 그들을 용서하고 죄를 주지 않았다.

장송은 이어서 유가를 위하여 주문을 지어 왕망의 미덕을 칭송하였고 유숭에게 죄상을 주었다.

"바라건대 종실을 위하여 처음으로 부르짖고, 부자형제가 대나무 광주리를 지고 가래를 메고 남양(南陽)으로 달려가 유숭의 궁실을 파헤쳐서 물을 대서 옛날의 제도[71]와 같게 하고, 유숭의 사당에 이르러서는 의당 박사(亳社)[72]처럼 하여서 제후들에게 하사하여 영원한 감계(鑑戒)로 사용하고자 합니다."

이에 왕망은 크게 기뻐하며 유가(劉嘉)를 책봉하여 솔예후(率禮侯)로 하고, 유가의 일곱 아들에게는 모두 작위를 하사하여 관내후(關內

---

71 상고시대에는 봉국의 왕이 반란을 일으키면 주살을 당한 후에 물을 이용하여 그가 살던 곳을 가라앉혀 더러운 웅덩이로 만들어 버렸다.

72 박(亳)에 있는 은의 사당이며, 주의 문왕이 은을 멸망시킨 후, 은의 사당을 헐어버리고 그 안에 있던 제기 같은 물건들을 전국의 제후들에게 나누어줌으로써, 죽은 은의 영혼과 살아있는 후손들 간에 교감을 끊어서 선동하거나 반항하지 못하게 하였다.

侯)로 하였고, 후에는 또 장송을 책봉하여 숙덕후(淑德侯)로 하였다.

장안에서는 이 때문에 말하였다.

"책봉을 받으려고 한다면 장백송(張伯松)[73]을 지나쳐라. 힘써 싸우는 것이 교묘하게 상주하는 것만 못하다."

이후부터 모반하는 사람들은 모두 더러운 웅덩이라고 말하였다.

군신들이 다시 아뢰었다.

"유숭 등이 모의하여 반역한 것은 왕망의 권위가 가벼워서였으니, 의당 존중하여 천하를 진압하여야 합니다."

5월 갑진일(17일)에 태후가 왕망에게 조서를 내려서 태후를 조현하면서 '가황제(假皇帝)'를 칭하게 하였다.

5　겨울, 10월 초하루 병진일에 일식이 있었다.

6　12월에 군신들이 주문으로 안한공의 여사(廬舍)를 섭성(攝省)이라 하고, 관부(官府)를 섭전(攝殿)이라 하며, 집을 섭궁(攝宮)이라 하도록 청하였다. 주문이 옳다고 하였다.

7　이 해에 서강(西羌)의 방념(龐恬)과 부번(傳幡) 등은 왕망이 그들의 땅을 빼앗은 것을 원망[74]하여 배반하고 서해(西海, 청해성 海晏縣) 태수 정영(程永)을 공격하였는데, 정영이 달아났다. 왕망은 정영을 주살하고 호강(護羌)교위 두황(竇況)을 파견하여 이를 공격하였다.

---

73 백송은 장송의 자(字)이다.

74 평제 원시 4년(4년)에 청해호 주변에 서해군을 설립한 것을 말한다.

왕망 거섭 2년(丁卯, 7년)

1   봄에 두황 등이 서강(西羌)을 격파하였다.

2   5월에 화폐를 다시 만들었다. 착도(錯刀)[75]는 한 개의 값이 5천이
고, 계도(契刀)[76]는 한 개의 값이 500이며, 대전(大錢)[77]은 한 개의 값
이 50으로 오수전(五銖錢)과 나란히 사용하게 하였지만 백성들 대부분
은 몰래 주조하는 사람이었다. 열후(列侯) 이하에게는 금지하여서 황
금을 가질 수 없게 하고, 모두 어부(御府)에 보내어 값을 받도록 하였는
데, 그러나 끝내 값만큼 주지 않았다.

---

75 황금으로 만들었는데, 모양은 대전(大錢)과 비슷하여 안은 동그랗고 겉은 두
   껍고, '일도직오천(一刀直五千, 한 개의 칼의 값은 5천 전이다)'이라고 쓰여 있다.
76 계도(契刀)는 고리부분이 대전(大錢)과 같이 동그랗고 몸통부분은 칼과 같이
   생겼으며, 길이는 2촌(寸)이며, '계도오백(契刀五百)'이라고 쓰여있다.
77 대전(大錢)은 직경이 1촌(寸)2푼(分)이고 무게는 12수(銖)이고, '대전오백(大錢
   五百)'이라고 쓰여 있다. 본래 '錢'이란 천(泉)에서 유래하였으며 재화가 유포
   되는 것이 샘과 같다는 의미이다. '포(布)'란 재화가 유포된다는 의미이며, '도
   (刀)'는 칼날이 날카롭다는 '이(利)'에서 유래하였으며 '그것으로써 사람들에
   게 이익을 준다'는 의미이다.

옥새만 붙들고 있는 태황태후

3   동군(東郡, 하남성 濮陽縣) 태수 적의(翟義)는 적방진(翟方進)의 아들인데, 누나의 아들인 상채(上蔡, 하남성 上蔡縣)의 진풍(陳豊)과 모의하여 말하였다.

"신도후(新都侯, 왕망)가 천자의 지위를 쥐고서 천하를 호령하며, 고의로 종실의 어린아이를 뽑아서 '유자(孺子)'라고 하면서, 주공이 성왕을 보좌하였던 뜻에 의탁하고, 또 관망하다가 반드시 한가(漢家)를 대신할 것인데, 그것은 점차적으로 나타날 수 있을 것이다. 바야흐로 지금 종실은 쇠약하고 밖으로는 강력한 번국(藩國, 제후)이 없어서 천하가 머리를 기울여 복종하니, 국가의 어려움에 대항하여 막을 수 없다.

내가 다행히 재상의 아들 자리를 가졌고, 자신은 큰 군(郡)의 태수이어서 부자가 모두 한(漢)의 커다란 은혜를 입었으니, 의리상 마땅히 나라를 위하여 도적을 토벌하여서 사직을 편안히 하겠는데, 병사를 일으켜 서쪽으로 가서 부당하게 섭정하는 자를 주살하고, 종실의 자손을 뽑아서 보필하여 그를 서게 하고자 한다. 설령 때에 따라 천명을 이루지 못하여서 나라를 위해 죽고 이름이 묻힌다고 하여도 오히려 먼저 돌아가신 황제에게는 부끄럽지 않을 수 있다. 지금 이것을 발동하려 하는데 너는 나를 따르겠는가?"

진풍의 나이는 열여덟 살인데, 용감하고 씩씩하여서 허락하였다.

적의(翟義)는 마침내 동군(東郡)도위 유우(劉宇)·엄향후(嚴鄕侯) 유신(劉信)·유신의 동생인 무평후(武平侯) 유황(劉璜)[78]과 결합하여 모의하고 9월 도시일(都試日)[79]에 관(觀, 하남성 觀城縣)현의 현령의 목을 베고서 이어서 그들의 마차와 기병·군관과 병사를 챙기고서 다시 군(郡) 안에 있는 용감한 자들을 모집하여 부서를 나누어 거느렸다.

유신의 아들인 유광(劉匡)은 이때 동평왕이어서 마침내 동평(東平, 산동성 東平縣)의 군사까지 합하여 유신을 세워 천자로 하고 적의는 스스로 대사마·주천(柱天)대장군이 되며, 군국에 격문을 돌리면서 말하였다.

"왕망이 효평황제를 짐살하고 천자의 자리를 쥐고서 한실(漢室)을 끊으려고 하고 있다. 지금 이미 천자가 옹립되었으니 함께 천벌을 시행하자!"

군국에서 모두 진동하였다. 산양(山陽, 하남성 修武縣)에 이를 즈음에는 무리가 10여만이었다.

왕망이 이를 듣고서 당황하고 두려워서 먹을 수가 없었다. 태황태후가 좌우에 있는 사람들에게 말하였다.

"사람의 마음이란 서로 그리 멀지 않다. 내가 비록 부인이라고 하지만 역시 왕망은 반드시 이것으로 스스로 위험하게 되리라는 것을 알았다."

---

78 유신과 유황은 모두 동평양왕 유운의 아들이고, 엄향과 무평은 모두 동군에 있었다.

79 전체적으로 검열하는 날이라는 말인데, 한 때에는 매년 가을 입추에 지방관청에서 군사를 검열하였다.

왕망은 마침내 그의 무리와 친한 사람에게 벼슬을 주었는데, 경거(輕車)장군인 성무후(成武侯) 손건(孫建)을 분무(奮武)장군으로 삼고, 광록훈(光祿勳)인 성도후(成都侯) 왕읍(王邑)을 호아(虎牙)장군으로 삼고, 명의후(明義侯) 왕준(王駿)을 강노(强弩)장군으로 삼고, 춘왕성문(春王城門)교위[80]인 왕황(王況)을 진위(震威)장군으로 삼고, 종백(宗伯)[81]인 충효후(忠孝侯)인 유굉(劉宏)을 분충(奮衝)장군으로 삼고, 중소부(中少府)[82]인 건위후(建威侯) 왕창(王昌)을 중견(中堅)장군으로 삼고, 중랑장인 진강후(震羌侯) 두황(竇況)을 분위(奮威)장군으로 삼으니 무릇 7명인데, 스스로 관서(關西, 함곡관 서쪽)의 사람들을 가려서 교위(校尉)와 군리(軍吏)로 삼고,[83] 관동(關東, 함곡관 동쪽)의 병사들을 거느리고 급히 명령을 내려서 적의를 치게 하였다.

다시 태복(太僕) 무양(武讓)을 적노(積弩)장군으로 삼아서 함곡관(函谷關, 하남성 新安縣)에 주둔시키고, 장작대장(將作大匠)인 몽향후(蒙鄉侯) 녹병(逯並)을 횡야(橫埜)장군으로 삼아 무관(武關, 섬서성 商縣)에 주둔하게 하고, 희화(羲和)인 홍휴후(紅休侯) 유수(劉秀)를 양무(揚武)

---

80 춘왕은 장안성에서 동쪽으로 나가는 첫 번째 문으로 본래는 선평문이었는데 왕망이 이름을 춘왕문으로 고쳤다. 장안성에는 모두 12개의 성문이 있고 모두 성문교위가 관장하였다.

81 평제 원시 4년(4년) 이전에는 종정이었다.

82 왕망은 소부를 공공(共工)으로 고쳤는데, 여기서 중소부란 장락궁의 소부를 가리킨다. 그의 직무가 대개는 궁중에 있었기 때문에 중소부라고 하였다.

83 관서라고 함은 '관중(關中)'과 '경기(京畿)'와 '삼보(三輔)'지역으로 함곡관의 서쪽을 가리킨다. 관동(關東) 사람들을 지휘관으로 채용하지 않은 것은 반란군이 동쪽에서 오고 있어서 그들과 접촉하여 그들의 진영 앞에서 반란이 일어나는 것을 방지하기 위해서이다.

장군으로 삼아 완(宛, 하남성 南陽市)에 주둔하게 하였다.

삼보(三輔, 대장안 지역)에서는 적의가 일어났다는 소식을 듣고 무릉 (茂陵, 섬서성 興平縣)의 서쪽에서부터 견(汧, 섬서성 隴縣 남쪽)에 이르 기까지 23개 현(縣)에서 도적이 나란히 일어났다. 괴리(槐里, 섬서성 興 平縣의 경계)의 남자인 조붕(趙朋)과 곽홍(霍鴻) 등이 스스로 장군을 칭 하면서 관청을 공격하여 불 지르고 우보(右輔)도위와 태(鄠, 섬서성 武 功縣 서남) 현령을 살해하고, 서로 모의하여 말하였다.

"제장의 정예병사가 모두 동쪽으로 가고, 경사(京師)가 비어있으니 장안을 공격할 수가 있다!"

무리는 점점 많아져서 10여만에 이르렀고 불이 미앙궁(未央宮)의 전 전(前殿)에서 보였다. 왕망은 다시 위위(衛尉) 왕급(王級)에게 벼슬을 주어 호분(虎賁)장군으로 삼고, 대홍려(大鴻臚)인 망향후(望鄕侯) 염천 (閻遷)을 절충(折衝)장군으로 삼아 서쪽으로 가서 조붕 등을 공격하게 하였다.

상향후(常鄕侯) 왕운(王惲)을 거기(車騎)장군으로 삼아 평락관(平樂 館)에 주둔하게 하고, 기(騎)도위 왕안(王晏)을 건위(建威)장군으로 삼 아 성의 북쪽에 주둔하게 하고, 성문(城門)교위 조회(趙恢)를 성문(城 門)장군으로 삼아서 모두 병사를 챙겨서 스스로 대비하게 하였다. 태 보(太保)·후승(後承, 四輔의 하나)·승양후(承陽侯)인 진한(甄邯)을 대장 군으로 삼아 고조(高祖)의 사당에서 부월(斧鉞)을 받고 천하의 군사들 을 관장하였는데, 왼쪽에는 부절(符節)을 집고 오른쪽에는 부월을 잡 고서 장안성 밖에서 주둔하게 하였다. 왕순과 진풍을 밤낮으로 전중(殿 中)에서 순행하게 하였다.

왕망이 매일 유자(孺子)를 안고서 교묘(郊廟)에서 기도하고, 군신들을 모아놓고 말하였다.

"옛날에 성왕(成王)이 어려 주공이 섭정(攝政)하였는데, 관숙(管叔)과 채숙(蔡叔)이 녹보(祿父)[84]를 끼고서 반란을 일으켰다. 지금 또 적의(翟義)가 역시 유신(劉信)을 끼고서 반란을 일으켰다. 옛날부터 대성인도 오히려 이것을 무서워하였는데 하물며 신(臣) 왕망 같은 두소(斗筲)[85]인 경우에야!"

군신들이 모두 말하였다.

"이런 변고를 당하지 않았으면 성스러운 공덕이 빛나지 않을 것입니다!"

겨울, 10월 갑자일(15일)에 왕망이 《서경(書經)》에 의거하여 대고(大誥)[86]를 지어서 말하였다.

"아! 그것을 듣는 날, 종실(宗室) 중에 뛰어난 사람이 400명 있었고, 백성들 중에 의표를 바치기로 한 사람이 9만 명 있으니, 나는 공경하며 이에 끝까지 후사를 잇고 큰 공을 도모하겠다."

대부(大夫) 환담(桓譚) 등을 파견하여 길을 나누어서 천하에 마땅히 자리를 유자(孺子)에게 되돌려 줄 것이라는 뜻을 알리게 하였다.

제장들이 동쪽으로 가서 진류(陳留)의 치(菑, 하남성 考城縣)에 이르러 적의(翟義)와 만나 싸워서 이들을 격파하고 유황(劉璜)의 머리를 베

---

84 은의 마지막 왕인 주왕(紂王)의 아들이다.

85 문자대로라면 한 말들이 대그릇이라는 말이지만 재주가 작고 통이 작은 사람을 일컫는다.

86 주공이 동쪽으로 관숙과 채숙을 정벌하러 갈 때 '대고(大誥)'를 지었는데, 대고는 '글로 고한다', '선언한다'는 뜻이다. 왕망이 많은 부분을 주공에 비유하였기 때문에 여기서도 주공의 고사를 이용하였다.

었다. 왕망은 크게 기뻐하며 다시 조서를 내려서 먼저 거기(車騎)도위 손현(孫賢) 등 55명을 책봉하여 모두 열후로 삼았는데, 바로 군대 안에서 주었다. 이어서 천하를 크게 사면하였다.

이에 이사(吏士)들 중의 정예병이 마침내 어성(圉城, 하남성 杞縣)에서 적의를 포위하고 공격하여 12월에 이를 대파하였다. 적의(翟義)와 유신(劉信)은 군대를 버리고 도망하여 고시(固始, 하남성 淮陽縣)의 경계에 이르렀는데, 적의를 사로잡아 진(陳)의 큰 저자에서 갈기갈기 찢었지만, 끝내 유신을 잡을 수가 없었다.

왕망 시초 원년(戊辰, 8년)

1 봄에 지진이 있었다. 천하를 크게 사면하였다.

2 왕읍(王邑) 등이 경사로 돌아와 서쪽으로 가서 왕급(王級) 등과 함께 조붕(趙朋)과 곽홍(霍鴻)을 공격하였다. 2월에 조붕 등이 섬멸되어 여러 현(縣)이 쉬며 평정되었다. 군대를 돌려 떨치니, 왕망이 마침내 백호전(白虎殿)에서 술자리를 베풀고 장수들에게 노고를 치하하고 상을 내렸다.

진숭에게 조서를 내려서 군공(軍功)을 처리하게 하여 그 높고 낮음을 차례대로 하고, 주(周)의 제도에 의거하여 작위를 5등으로 하여[87] 공신

---

87 주대에는 공(公)·후(侯)·백(伯)·자(子)·남(男)의 다섯 단계의 작위가 있었지만 한(漢)에는 단지 왕(王)과 후(侯)만 있었다.

들을 책봉하여 후(侯)·백(伯)·자(子)·남(男)으로 삼으니, 무릇 395명이
었는데, 말하였다.

"모두가 분발하여 화를 내어 동쪽을 지향(指向)하고 서쪽으로 공격
하여서 강족(羌族)이 노략질하고 만족(蠻族)이 도적질하였지만 반란한
야만인과 역적들을 뒤따라 나타날 수 없게 하고, 시기에 맞도록 섬멸하
여 천하가 모두 복종하였다."

이런 공로로 책봉한다고 말하였다. 그들 중에서 관내후(關內侯)를
하사해야 하는 사람들에 대해서는 '부성(附城)'[88]이라고 이름을 바꾸
어 책봉하였는데, 또 수백 명이었다.

왕망은 적의(翟義)의 아버지인 적방진(翟方進)과 그의 선조들의 무
덤으로 여남(汝南, 하남성 汝南縣)에 있는 것들을 파내어 그 관구(棺柩)
를 불태우고, 삼족(三族)을 이멸(夷滅)하였는데 주살하는 것이 종족의
후사에까지 미쳤으며, 끝내 모두 한 구덩이에 묻고 가시나무와 다섯 가
지의 독으로 함께하여 이를 매장하였다.

또 적의(翟義)와 조붕(趙朋)과 곽홍(霍鴻)의 무리들의 시체들을 가
져다가 통로의 옆에 모아 놓고, 복양(濮陽, 하남성 濮陽縣)·무염(無鹽, 산
동성 東平縣)·어(圉, 산동성 杞縣)·괴리(槐里, 섬서성 興平縣)·주질(盩屋,
섬서성 盩屋縣) 등 무릇 다섯 곳에는 그 위에 표목(標木)을 세워서 써 놓
았다.

---

88 주 왕조 초기에는 봉국이 천자에 직속되어 있었지만 사방 50리가 채 안 되는
　너무 작은 봉국은 한두 개의 촌락에 불과하며, 성곽이 없고 성곽을 쌓을 능력
　도 없었다. 그들은 천자를 알현할 자격도 없이 다만 인근 봉국의 국군(國君)만
　을 친견할 수 있었는데, 이들을 '부용(附庸)' 혹은 '부용국(附庸國)'이라고 한다.
　이에 왕망은 '용(庸)'을 '성(城)'으로 바꾸어 '부성(附城)'이라고 하였던 것이다.

"반로역적경예(反虜逆賊鱷鯢)"[89]

적의 등이 이미 실패하자 왕망은 이에 스스로 위엄 있는 덕이 날로 융성해간다고 생각하고 드디어 진짜 즉위하는 일을 도모하였다.

3　군신들이 다시 상주하여 섭황제의 아들인 왕안(王安)과 왕림(王臨)의 작위를 올려서 공(公)으로 삼고, 형의 아들인 왕광(王光, 王永의 아들)을 책봉하여 연공후(衍功侯)로 하라고 하였다. 이때에 왕망은 돌아가서 신도국(新都國, 왕망의 채읍)에 있었는데 군신들이 다시 아뢰어 왕망의 손자인 왕종(王宗)을 책봉하여 신도후(新都侯)로 삼았다.

4　9월에 왕망의 어머니인 공현군(功顯君)이 사망하였다. 왕망은 스스로 섭정의 자리에 있으면서 천조(踐阼)하여 한(漢)의 대종(大宗)을 받들고 있은 다음이어서 공현군을 위하여 시최변(緦縗弁)에다 마환질(麻環絰)[90]을 덧붙였는데, 천자가 제후를 조문하는 복장과 같게 하였다. 무릇 한 번 애도하고 두 번 찾아보고, 신도후(新都侯) 왕종(王宗, 왕망의 손자)으로 하여금 상주가 되어 삼년 동안 복상하게[91] 하라고 말하였다.

89　이것은 반란과 역적의 고래들이라는 뜻인데, 경(鱷)은 수고래, 예(鯢)는 암고래를 가리킨다. 이들 큰 물고기들은 큰 해를 끼친다는 의미인데 이로써 반란군의 위력과 왕망이 두려워하였던 정도를 알 수 있다.

90　시최변(緦縗弁)과 마환질(麻環絰)은 상복을 말한다. 시(緦)는 시마복 즉 15승(升)에서 반을 제한 베로 만든 상복으로 최(縗)는 깃옷을 말하며, 변(弁)은 고깔을 말하며, 마(麻)는 베를 말하고, 환은 둥글게 두른 모습이며, 질(絰)은 머리와 허리에 두르는 띠를 말하는데, 전체적으로는 부모상을 당하였을 때 입는 참최복(斬縗服)과는 다른 것이다.

91　유가의 관습에 따르면 삼년상 중에는 손님을 맞을 수 없고, 공무를 처리하지

5   사위(司威)[92] 진숭(陳崇)이 상주하기를, 왕망의 형의 아들인 연공후(衍功侯) 왕광(王光)이 사사롭게 집금오(執金吾) 두황(竇況)에게 위탁하여 사람을 죽이게 하였는데, 두황은 잡아서 가두고 그를 법에 적용시켰다.

왕망은 크게 노하여 왕광을 심하게 질책하였다. 왕광의 어머니가 말하였다.

"너 스스로 보기에 장손(長孫)과 중손(中孫)[93] 중에 누가 더 중요한가!"

장손과 중손이란 것은 왕우(王宇)와 왕획(王獲)의 자(字)였다. 드디어 모자(母子)는 자살하였는데, 두황에게 이르니 모두 죽었다.

애초에, 왕망은 어머니를 모시고 형수를 봉양하며 조카를 돌본다고 이름이 났으나[94] 뒤에 이르러서는 어긋나고 사납게 행동하면서 공적인 의로움을 보이려고 하였던 것이다. 왕광(王光)의 아들인 왕가(王嘉)로 하여금 작위를 잇게 하여 후(侯, 衍功侯)로 삼았다.

6   이 해에 광요후(廣饒侯) 유경(劉京)이 제군(齊郡, 산동성 淄博市)의 새 우물을 말하였고, 거기(車騎)장군의 천인(千人)인 호운(扈運)이 파

___

않으며, 노동을 하지 않고, 부인과 동침할 수 없고, 밤낮으로 생각하면서 통곡해야 한다.

92 왕망이 신설한 관직으로 백관을 규찰하는 임무를 갖고 있다.

93 왕우(王宇)는 평제 원시 3년(3년)에 죽었고, 왕획(王獲)은 애제 원수 1년(기원전 2년)에 죽었다.

94 성제 영시 원년(기원전 16년)에 있었던 일로, 그 내용은 《자치통감》 권31에 실려 있다.

군(巴郡, 사천성 重慶市)의 돌 소를 말하였고, 태보(太保)의 속관인 장흥(臧鴻)이 부풍(扶風)의 옹(雍, 섬서성 鳳翔縣)의 돌을 말하니, 왕망은 모두 영접하여 받게 하였다.[95]

11월 갑자일(21일)에 왕망이 태후에게 상주(上奏)하여 말하였다.

"폐하께서는 지금 한이 '12세(世)'[96]에 '3·7'의 액운[97]을 만났는데, 하늘의 위엄 있는 명령을 이어받아 조서를 내려서 신(臣) 왕망에게 섭정(攝政)의 지위에 있도록 하였습니다. 광요후 유경이 상서하여 말하였습니다. '7월 중에 제군 임치현(臨淄縣, 산동성 淄博市) 창흥정(昌興亭)의 정장(亭長)인 신당(辛當)이 하룻밤 사이에 여러 번 꿈을 꾸었는데, 꿈속에서 말하였답니다. 「나는 천공(天公)의 사자이다. 천공이 나로 하여금 정장에게 알리게 하였다. 『섭황제는 마땅히 진황제로 삼으라.』고 하셨습니다.」 바로 나를 믿지 못한다면 이 정(亭)에 마땅히 새 우물이 있을 것이다.' 정장이 새벽에 일어나 정(亭)을 돌아보니 정말로 새 우물이 있었는데 땅으로 들어간 것이 또 100척이나 되었습니다.

11월 임자일(9일) 바로 동짓날에 파군의 돌 소가 세워지고, 11월 무오일(15일)에는 옹(雍)의 석문(石文)이 모두 미앙궁의 전전(前殿)에 이르렀습니다.

---

95 새 우물과 돌소 그리고 돌은 모두 신비한 모습을 가진 것으로 말한 것이다.

96 유방부터 유영(劉嬰)까지 모두 11세에 15명의 황제가 있었는데 왕망이 말하는 12세란 정확한 것은 아니다. 그러나 전통적인 사학자나 정치가들은 3대인 유공(劉恭), 4대인 유홍(劉弘), 9대인 유하(劉賀)를 제외하였는데, 왕망도 아마 그래서 12세라고 하였을 것이다.

97 도참설에서 말하는 3·7이라는 것은 '210년'을 말하는데, 한 왕조가 기원전 206년에 건국되어 이 해까지 모두 214년이 경과하였으며 이미 4년이 초과하였다.

신이 태보(太保)인 안양후(安陽侯) 왕순(王舜) 등과 함께 보았는데, 하늘에서 바람이 불면서 먼지가 그윽하여 어둡다가 바람이 멈추자 그 돌 앞에서 동부(銅符)와 백도(帛圖)[98]를 얻었으며, 글에는 '하늘이 황제의 부신(符信)을 알리니 올리는 자는 후(侯)로 봉하라'고 하였는데 기(騎)도위 최발(崔發) 등이 그것을 보고 설명하였습니다. '공자가 말하였습니다.『천명을 두려워하고 위대한 사람을 두려워하며, 성인의 말을 두려워하라.』'

신(臣) 왕망은 감히 이어 사용할 수는 없습니다! 신이 청컨대 함께 신기(神祇)와 종묘를 섬기면서 주문으로 '태황태후와 효평황후(孝平皇后)는 모두 '가황제'라 칭하였습니다. 그래서 천하를 호령하고, 천하가 주문으로 일을 말하면서 '섭(攝)'이라고는 말하지 아니하였으니, 거섭(居攝) 3년을 시초(始初) 원년(元年)으로 고치고, 물시계를 120도로 하여 천명에 부응하게 해주십시오.

신 왕망은 밤낮으로 유자(孺子)를 훌륭하게 양육하여 주(周)의 성왕과 더불어 덕(德)을 견주게 하고, 태황태후의 위엄 있는 덕을 만방에 널리 알릴 수 있도록 하며, 청년이 되기를 기다려서 이를 가르치겠습니다. 유자(孺子)가 원복(元服, 관례)을 덧붙이게 되면 유자의 명벽(明辟, 밝은 임금, 유자)에게 회복시키는 것이 주공의 고사와 같게 하겠습니다."

주문이 옳다고 하였다.

많은 사람들은 그가 부절의 명령을 받든 것으로 알고 가리키는 뜻대로 여러 공(公)들도 널리 의논하여 따로 주문을 올려 보내어서 진짜 즉

---

98 동부는 구리판에 새긴 부절이며, 백도는 비단에 그린 그림을 말하며, 그 내용은 대체로 왕망을 진 황제로 올려야 한다는 내용일 것이다.

위하는 차례를 보였다.

7 기문랑(期門郞) 장충(張充) 등 여섯 사람이 모의하여서 함께 왕망을 겁탈하고 초왕(楚王)[99]을 세우려고 하였다. 발각되어 주살되어 죽었다.

8 재동(梓潼, 사천성 梓潼縣) 사람 애장(哀章)이 장안에서 공부를 하고 있었는데, 본래 좋은 행실이 없었고 큰소리치기를 좋아하였는데 왕망이 섭정의 자리에 있는 것을 보고 즉시 구리로 궤짝을 만들어 두 군데를 봉해 놓고, 그 중 하나에는 '천제(天帝)가 인새(印璽)를 사용하는 금궤도(金櫃圖)'라고 쓰고, 다른 하나에는 '적제새(赤帝璽)인 모(某)가 황제에게 전하는 금책서(金策書)'라고 적어 놓았다. 여기에서 '모(某)'란 것은 고황제의 이름[유방]이다.

문서에는 왕망이 진(眞)황제가 될 것이니 황태후는 천명(天命)처럼 해야 한다고 말하였다. 도서(圖書)에는 왕망의 대신 8명을 모두 써 놓고, 다시 빛나는 이름인 왕흥(王興)과 왕성(王盛)을 가져왔는데, 애장(哀章)은 이를 이용하여 스스로 성명까지 끼워 넣어 모두 11명으로 하고, 모두 관직과 작위를 기록하여 보좌하게 하였다. 애장은 제군(齊郡)의 우물과 돌 소에 관한 일들을 듣고, 그날 어두워질 때에 노란 옷을 입고 궤짝을 지고서 고조(高祖)의 사당으로 가서 복야(僕射)[100]에게 주니 복야가 보고하였다.

---

99 이름은 유우(劉紆)이고 선제의 증손이다.
100 고조의 사당에는 '영(令)'과 '복야(僕射)'가 있다.

무진일(25일)에 왕망이 고조의 사당에 가서 절하고 금궤의 신선(神禪)을 받고,[101] 왕관(王冠, 제왕의 관)을 쓰고 태후를 배알하고 돌아와 미앙궁의 전전(前殿)에 앉아서 글을 내렸다.

"나는 부덕함을 가지고 황초조고(皇初祖考) 황제(黃帝)의 후예이고, 황시조고(皇始祖考) 우제(虞帝)의 묘예(苗裔)에게 의탁되었고, 태황태후의 말속(末屬)이다. 황천(皇天)의 상제(上帝)께서 융성하게 드러내어 크게 돕고, 천명을 이루어 순서를 잇는데, 부계(符契)·도문(圖文)·금궤의 책서(策書)는 천지신명이 조서를 알린 것이고, 나에게 천하의 백성들을 부탁하였다.

적제(赤帝)인 한씨(漢氏) 고황제(高皇帝)의 영혼도 천명(天命)을 받들어 금책(金策)의 글을 전하여 나는 매우 삼가고 두려워하면서 감히 공경하여 받아들이지 않겠는가!

무진일[당일]로 바로 정하여, 왕관을 쓰고 천자의 자리에 올라서 천하의 호칭을 '신(新)'[102]이라 정한다. 그래서 정삭(正朔)을 바꾸고, 의복의 색깔을 바꾸고, 희생물(犧牲物)을 고치고, 깃발을 바꾸고, 용구(用具)의 제도를 달리한다.

12월 초하루 계유일을 시건국(始建國) 원년 정월 초하루로 하고, 닭이 우는 것을 시간으로 하며,[103] 복장의 색깔은 덕(德)에 맞추어 황색을 올리고, 희생(犧牲)은 응당 바로 백색을 사용한다. 사신의 깃발은 모

---

101 신명(神命)에 따라서 한으로 하여금 왕망에게 황제의 자리를 선양(禪讓)하였음을 의미한다.

102 왕망의 봉지(封地)인 신도국(新都國)으로 인해 붙인 이름이다.

103 축시(丑時), 즉 밤 2시를 말한다.

두 순황색으로 하고, 그것에 '신사오위절(新使五威節)'이라고 써서 황천(皇天) 상제(上帝)의 위엄 있는 명령을 잇도록 하라."

왕망은 장차 진짜로 나아가려고 하면서, 먼저 여러 가지 상서로운 조짐들을 받들어 태후에게 아뢰자, 태후가 크게 놀랐다.

이때는 유자(孺子)가 아직 서지 않아서 옥새[傳國璽]는 장락궁(長樂宮)에 두고 있었다. 왕망이 즉위하게 되어 옥새를 청하자 태후는 옥새를 왕망에게 주려고 하지 않았다. 왕망은 안양후(安陽侯) 왕순(王舜)으로 하여금 가리켜서 권유하게 하였다. 왕순은 본래 삼가고 경계하여서 태후는 평소에 그를 아끼고 신임하였다.

왕순이 이미 태후를 알현하자 태후는 그가 왕망을 위하여 옥새를 청구하려고 온 것을 알고 그에게 노하여 욕하며 말하였다.

"네 녀석들 부자(父子)와 종족들은 한가(漢家)의 힘을 입어 부귀하기가 여러 세대 이어왔는데, 이미 보답한 것은 없고 다른 사람의 고아[후계자]를 부탁 받고서 편리한 기회를 틈타 그 나라를 빼앗으려고 하니, 다시는 은혜와 의로움을 돌아보지 않는구나. 이와 같은 사람이라면 개나 돼지도 그의 남긴 것[시체]을 먹지 않을 것인데, 천하에서 어떻게 형제를 갖겠는가?[104]

또 네가 스스로 금궤의 부명을 가지고 신(新)의 황제를 만들고 정삭(正朔)과 복제(服制, 복색의 제도)를 바꾸었으니, 역시 마땅히 스스로 옥새를 다시 만들어 이를 만세에 전할 것이지 이 망한 한의 상서롭지 못

---

104 천하에는 이런 사람은 없다는 것을 말하는 것이고, 이는 사람의 마음을 하나도 안 가졌다는 뜻으로 해석하기도 하며, 또는 천하 사람들이 장차 함께 그를 주살할 것이니 다시는 형제가 남지 못하게 될 것이라는 뜻으로 해석하기도 한다.

한 옥새를 무엇에 사용하려고 이를 구하려 하느냐! 나는 한가(漢家)의 늙은 과부로, 아침저녁으로 또 죽을 것이고, 이 옥새와 함께 장사 지내게 하고자 하니, 끝내 얻을 수 없을 것이다!"

태후가 이어서 울면서 말하자, 곁에 있던 장어(長御) 이하가 모두 눈물을 흘렸다.

왕순 역시 비통하여 스스로 억제하지 못하다가 한참이 지나서야 마침내 올려다보고 태후에게 말하였다.

"신(臣)들은 이미 말씀을 드릴 것이 없습니다. 왕망은 반드시 전국새를 얻고자 할 것이니 태후께서 어찌 끝까지 그에게 주지 않을 수 있겠습니까?"

태후는 왕순의 말이 간절한 것을 듣고, 왕망이 그를 협박하려 할 것을 두려워하여 마침내 한의 전국새(傳國璽)를 꺼내어 이를 땅에 던져서 왕순에게 주며 말하였다.

"나는 늙어서 이미 죽게 되었지만 우리 형제와 지금의 종족들이 없어질 것을 알겠다."

왕순이 이미 전국새를 얻고 나서 이를 상주하니, 왕망은 크게 기뻐하며, 마침내 태후를 위하여 미앙궁의 점대(漸臺)[105]에다 술자리를 베풀고 여러 사람들과 크게 풀어놓아 즐기게 하였다.

왕망은 또 태후의 한가(漢家)에서 부르던 옛 칭호를 고치고, 그 새수(璽綬)를 바꾸고자 하였으나 허락받지 못할까 두려워하였는데, 왕망의 먼 친척인 왕간(王諫)이 왕망에게 아첨하고자 하여 상서하여 말하였다.

---

105 미앙궁의 서남쪽에 창지(蒼池)라고 하는 인공호수가 있었는데, 이 호수의 안에 점대(漸臺)가 있었다.

"황천(皇天)이 한을 폐하여 없애고 신실(新室)을 세우도록 명령하였으니 태황태후는 존호로 호칭되는 것이 마땅치 않고, 한을 좇아서 폐하고, 천명을 받드십시오."

왕망이 그 편지를 태후에게 아뢰자 태후가 말하였다.

"이 말이 옳겠지."

왕망이 이어서 말하였다.

"이 사람은 패덕(悖德)한 신하이니, 그 죄는 마땅히 주살되어야 합니다."

이에 관군(冠軍, 하남성 鄧縣) 사람 장영(張永)이 부명(符命)이 새겨진 동벽문(銅璧文)을 헌납하였는데, 태황태후를 마땅히 '신실문모태황태후(新室文母太皇太后)'로 삼으라 하니, 왕망은 이에 조서를 내려서 이를 따르게 하였다. 이에 왕간(王諫)을 짐살하고, 장영(張永)를 책봉하여 공부자(貢符子)[106]라고 하였다.

❖ 반표(班彪)가 찬(贊)하였습니다.

"삼대(三代) 이래로 왕공(王公)이 시대를 잃는 데는 여자를 총애하지 않은 일이 드물다. 왕망이 흥기하게 되자, 효원후(孝元后)는 한의 4세대를 걸쳐서 천하의 어머니였으며, 국가의 봉양을 받은 것이 60년이었고, 군소(群小)[107]들이 권력을 세습하며 다시 국가

---

106 자(子)는 작위를 표시하는 것으로 자작을 말한다. 부명을 헌공한 자작이라는 뜻이다.

107 일설에는 여러 동생이라는 기록이 있다.

의 권력을 장악하며, 오장(五將)[108]과 십후(十侯)[109]가 마침내 신도(新都)를 만들었다.

지위와 칭호가 이미 천하에서 옮겨졌는데, 원후(元后)는 정성스럽게 하나의 옥새를 쥐고 왕망에게 주지 않으려고 하였으니 부인의 인(仁)이란 슬프다!"＊

---

108 오장이라는 것은 왕봉(王鳳), 왕음(王音), 왕상(王商), 왕근(王根), 왕망(王莽) 등 다섯 사람이 한의 군대 최고 지위인 대사마를 지냈음을 의미한다.

109 십후는 양평경후(陽平頃侯) 왕금(王禁), 왕금의 아들인 양평경후(陽平敬侯) 왕봉, 안성후(安成侯) 왕숭(王崇), 평아후(平阿侯) 왕담(王譚), 성도후(成都侯) 왕상(王商), 홍양후(紅陽侯) 왕립(王立), 곡양후(曲陽侯) 왕근(王根), 고평후(高平侯) 왕봉시(王逢時), 안양후(安陽侯) 왕음(王音), 신도후(新都侯) 왕망 등 열 명이 후작에 책봉되었음을 말한다.

원문

資治通鑑 卷031

【漢紀二十三】

起屠維大淵獻(己亥) 盡強圉協洽(丁未) 凡九年.

❖ 孝成皇帝上之下 陽朔 3年 (己亥, 紀元前 22年)

1　　春 三月 壬戌 隕石東郡八.

2　　夏 六月 潁川鐵官徒申屠聖等百八十人殺長吏 盜庫兵 自
稱將軍 經歷九郡. 遣丞相長史 · 御史中丞逐捕 以軍興從事 皆
伏辜.

3　　秋 王鳳疾 天子數自臨問 親執其手涕泣曰 "將軍病 如
有不可言 平阿侯譚次將軍矣！" 鳳頓首泣曰 "譚等雖與臣至
親 行皆奢僭 無以率導百姓 不如御史大夫音謹敕 臣敢以死保
之！" 及鳳且死 上疏謝上 復固薦音自代 言譚等五人必不可
用 天子然之. 初 譚倨 不肯事鳳 而音敬鳳 卑恭如子 故鳳薦

之. 八月 丁巳 鳳薨. 九月 甲子 以王音爲大司馬 · 車騎將軍
而王譚位特進 領城門兵. 安定太守谷永以譚失職 勸譚辭讓 不
受城門職 由是譚 · 音相與不平.

4 冬 十一月 丁卯 光祿勳于永爲御史大夫. 永 定國之子也.

❖ 孝成皇帝上之下 陽朔 4年 (庚子, 紀元前 21年)

1 春 二月 赦天下.

2 夏 四月 雨雪.

3 秋 九月 壬申 東平思王宇薨.

4 少府王駿爲京兆尹. 駿 吉之子也. 先是 京兆有趙廣漢 ·
張敞 · 王尊 · 王章 · 王駿 皆有能名 故京師稱曰 "前有趙 · 張
後有三王."

5 閏月 壬戌 于永卒.

6 烏孫小昆彌烏就屠死 子拊離代立 爲弟日貳所殺. 漢遣使
者立拊離子安日爲小昆彌. 日貳亡阻康居 安日使貴人姑莫匿

等三人詐亡從日貳 刺殺之. 於是西域諸國上書 願復得前都護 段會宗 上從之. 城郭諸國聞之 皆翕然親附.

7 　谷永奏言"聖王不以名譽加於實效 御史大夫任重職大 少府宣達於從政 唯陛下留神考察!"上然之.

1 　春 正月 癸巳 以薛宣爲御史大夫.

2 　二月 壬午 上行幸初陵 赦作徒 以新豐戲鄕爲昌陵縣 奉初陵.

3 　上始爲微行 從期門郞或私奴十餘人 或乘小車 或皆騎 出入市里郊野 遠至旁縣甘泉·長楊·五柞 鬪雞·走馬 常自稱富平侯家人. 富平侯者 張安世四世孫放也. 放父臨 尙敬武公主 生放 放爲侍中·中郞將 娶許皇后女弟 當時寵幸無比 故假稱之.

4 　三月 庚戌 張禹以老病罷 以列侯朝朔·望 位特進 見禮如丞相 賞賜前後數千萬.

5　　夏 四月 庚辰 薛宣爲丞相 封高陽侯 京兆尹王駿爲御史大夫.

6　　王音旣以從舅越親用事 小心親職. 上以音自御史大夫入爲將軍 不獲宰相之封 六月 乙巳 封音爲安陽侯.

7　　冬 黃龍見眞定.

8　　是歲 匈奴復株累單于死 弟且麋胥立 爲搜諧若鞮單于 遣子左祝都韓王呴留斯侯入侍 以且莫車爲左賢王.

1　　春 上行幸雲陽 · 甘泉.

2　　三月 博士行大射禮. 有飛雉集于庭 歷階登堂而雊 後雉又集太常 · 宗正 · 丞相 · 御史大夫 · 車騎將軍之府 又集未央宮承明殿屋上. 車騎將軍音 · 待詔寵等上言 "天地之氣 以類相應 譴告人君 甚微而著. 雉者聽察 先聞雷聲 故《月令》以紀氣.《經》載高宗雊雉之異 以明轉禍爲福之驗. 今雉以博士行禮之日 歷階登堂 萬衆睢睢 驚怪連日 逕歷三公之府 太常 · 宗正典宗廟骨肉之官 然後入宮 其宿留告曉人 具備深切 雖人道

相戒 何以過是！"後帝使中常侍鼂閎詔音曰"聞捕得雉 毛羽頗摧折 類拘執者 得無人爲之？"音復對曰"陛下安得亡國之語！ 不知誰主爲佞讇之計 誣亂聖德如此者！ 左右阿諛甚衆 不待臣音復讇而足. 公卿以下 保位自守 莫有正言. 如今陛下覺寤 懼大禍且至身 深責臣下 繩以聖法 臣音當先誅 豈有以自解哉！今卽位十五年 繼嗣不立 日日駕車而出 失行流聞 海內傳之 甚於京師. 外有微行之害 內有疾病之憂 皇天數見災異 欲人變更 終已不改. 天尙不能感動陛下 臣子何望！ 獨有極言待死 命在朝暮而已. 如有不然 老母安得處所 尙何皇太后之有！ 高祖天下當以誰屬乎！ 宜謀於賢智 克己復禮 以求天意繼嗣可立 災變尙可銷也."

3   初 元帝儉約 渭陵不復徙民起邑 帝起初陵 數年後 樂霸陵曲亭南 更營之. 將作大匠解萬年使陳湯爲奏 請爲初陵徙民起邑 欲自以爲功 求重賞. 湯因自請先徙 冀得美田宅. 上從其言果起昌陵邑.
夏 徙郡國豪桀貲五百萬以上五千戶於昌陵.

4   五月 癸未 隕石於杜郵三.

5   六月 立中山憲王孫雲客爲廣德王.

6   是歲 城陽哀王雲薨 無子 國除.

1 夏 四月 赦天下.

2 大旱.

3 王氏五侯爭以奢侈相尙. 成都侯商嘗病 欲避暑 從上借明
光宮. 後又穿長安城 引內灃水 注第中大陂以行船 立羽蓋 張
周帷 楫棹越歌. 上幸商第 見穿城引水 意恨 內銜之 未言. 後
微行出 過曲陽侯第 又見園中土山·漸臺 像白虎殿. 於是上
怒 以讓車騎將軍音. 商·根兄弟欲自黥·劓以謝太后. 上聞之
大怒 乃使尙書責問司隸校尉·京兆尹 知成都侯商等奢僭不軌
藏匿姦猾 皆阿縱 不舉奏正法 二人頓首省戶下. 又賜車騎將軍
音策書曰"外家何甘樂禍敗！而欲自黥·劓 相戮辱於太后前
傷慈母之心 以危亂國家！ 外家宗族強 上一身寖弱日久 今將
一施之 君其召諸侯 令待府舍！"是日 詔尙書奏文帝誅將軍
薄昭故事. 車騎將軍音藉藁請罪 商·立·根皆負斧質謝 良久
乃已. 上特欲恐之 實無意誅也.

4 秋 八月 乙卯 孝景廟北闕災.

5 初 許皇后與班倢伃皆有寵於上. 上嘗遊後庭 欲與倢伃同
輦載 倢伃辭曰"觀古圖畫 賢聖之君皆有名臣在側 三代末主

乃有嬖妾. 今欲同輦 得無近似之乎！"上善其言而止. 太后聞
之 喜曰"古有樊姬 今有班倢伃！"班倢伃進侍者李平得幸 亦
爲倢伃 賜姓曰衛.

其後 上微行過陽阿主家 悅歌舞者趙飛燕 召入宮 大幸 有女
弟 復召入 姿性尤醲粹 左右見之 皆嘖嘖嗟賞. 有宣帝時披香
博士淖方成在帝後 唾曰"此禍水也 滅火必矣！"姊‧弟俱爲
倢伃 貴傾後宮. 許皇后‧班倢伃皆失寵. 於是趙飛燕譖告許皇
后‧班倢伃挾媚道 祝詛後宮 罵及主上. 冬 十一月 甲寅 許后
廢處昭臺宮 后姊謁皆誅死 親屬歸故郡. 考問班倢伃 倢伃對曰
"妾聞'死生有命 富貴在天.'修正尙未蒙福 爲邪欲以何望！
使鬼神有知 不受不臣之愬 如其無知 愬之何益！ 故不爲也."
上善其對 赦之 賜黃金百斤. 趙氏姊‧弟驕妒 倢伃恐久見危
乃求共養太后於長信宮. 上許焉.

6   廣漢男子鄭躬等六十餘人攻官寺 篡囚徒 盜庫兵 自稱山
君.

1   秋 勃海‧淸河‧信都河水溢溢 灌縣‧邑三十一 敗官
亭‧民舍四萬餘所. 平陵李尋等奏言"議者常欲求索九河故迹
而穿之. 今因其自決 可且勿塞 以觀水勢 河欲居之 當稍自成

川 跳出沙土. 然後順天心而圖之 必有成功 而用財力寡."於
是遂止不塞. 朝臣數言百姓可哀 上遣使者處業振贍之.

2　　廣漢鄭躬等黨與寖廣 犯歷四縣 衆且萬人 州郡不能制. 冬
以河東都尉趙護爲廣漢太守 發郡中及蜀郡合三萬人擊之 或相
捕斬除罪 旬月平. 遷護爲執金吾 賜黃金百斤.

3　　是歲 平阿安侯王譚薨. 上悔廢譚使不輔政而薨也 乃復成
都侯商以特進領城門兵 置幕府 得舉吏如將軍.

　　魏郡杜鄴時爲郎 素善車騎將軍音 見音前與平阿侯有隙 卽
說音曰"夫戚而不見殊 孰能無怨! 昔秦伯有千乘之國而不能
容其母弟《春秋》譏焉. 周·召則不然 忠以相輔 義以相匡 同
己之親 等己之尊 不以聖德獨兼國寵 又不爲長專受榮任 分職
於陝 並爲弼疑 故內無感恨之隙 外無侵侮之羞 俱享天祐 兩
荷高名者 蓋以此也. 竊見成都侯以特進領城門兵 復有詔得舉
吏如五府 此明詔所欲寵也. 將軍宜承順聖意 加異往時 每事凡
議 必與及之. 發於至誠 則孰不說諭!"音甚嘉其言 由是與成
都侯商親密. 二人皆重鄴.

❖ 孝成皇帝上之下 永始 元年（乙巳, 紀元前 16年）

1　　春 正月 癸丑 太官凌室火. 戊午 戾后園南闕火.

2   上欲立趙倢伃爲皇后 皇太后嫌其所出微甚 難之. 太后姊子淳于長爲侍中 數往來通語東宮 歲餘 乃得太后指 許之. 夏四月 乙亥 上先封倢伃父臨爲成陽侯. 諫大夫河間劉輔上書 言 "昔武王‧周公 承順天地以饗魚‧鳥之瑞 然猶君臣祇懼 動色相戒. 況於季世 不蒙繼嗣之福 屢受威怒之異者虖！ 雖夙夜自責 改過易行 畏天命 念祖業 妙選有德之世 考卜窈窕之女 以承宗廟 順神祇心 塞天下望 子孫之祥猶恐晚暮！ 今乃觸情縱欲 傾於卑賤之女 欲以母天下 不畏于天 不愧于人 惑莫大焉！ 里語曰 '腐木不可以爲柱 人婢不可以爲主.' 天人之所不予 必有禍而無福 市道皆共知之 朝廷莫肯壹言. 臣竊傷心 不敢不盡死！" 書奏 上使侍御史收縛輔 繫掖庭秘獄 羣臣莫知其故. 於是左將軍辛慶忌‧右將軍廉襃‧光祿勳琅邪師丹‧太中大夫谷永俱上書曰 "竊見劉輔前以縣令求見 擢爲諫大夫 此其言必有卓詭切至當聖心者 故得拔至於此 旬月之間 收下秘獄. 臣等愚以爲輔幸得託公族之親 在諫臣之列 新從下土來 未知朝廷體 獨觸忌諱 不足深過. 小罪宜隱忍而已 如有大惡 宜暴治理官 與衆共之. 今天心未豫 災異屢降 水旱迭臻 方當隆寬廣問 襃直盡下之時也 而行慘急之誅於諫爭之臣 震驚羣下 失忠直心. 假令輔不坐直言 所坐不著 天下不可戶曉. 同姓近臣 本以言顯 其於治親養忠之義 誠不宜幽囚於掖庭獄. 公卿以下 見陛下進用輔亟而折傷之暴 人有懼心 精銳銷耎 莫敢盡節正言 非所以昭有虞之聽 廣德美之風！ 臣等竊深傷之 惟陛下留神省察！" 上乃徙繫輔共工獄 減死罪一等 論爲鬼薪.

3　初 太后兄弟八人 獨弟曼早死 不侯 太后憐之. 曼寡婦渠
供養東宮 子莽幼孤 不及等比 其羣兄弟皆將軍・五侯子 乘時
侈靡 以輿馬聲色佚游相高. 莽因折節爲恭儉 勤身博學 被服如
儒生 事母及寡嫂 養孤兄子 行甚敕備 又外交英俊 內事諸父
曲有禮意. 大將軍鳳病 莽侍疾 親嘗藥 亂首垢面 不解衣帶連
月. 鳳且死 以託太后及帝 拜爲黃門郎 遷射聲校尉. 久之 叔父
成都侯商上書 願分戶邑以封莽. 長樂少府戴崇・侍中金涉・
中郎陳湯等皆當世名士 咸爲莽言 上由是賢莽 太后又數以爲
言. 五月 乙未 封莽爲新都侯 遷騎都尉・光祿大夫・侍中. 宿
衛謹敕 爵位益尊 節操愈謙 散輿馬・衣裘振施賓客 家無所餘
收瞻名士 交結將・相・卿・大夫甚衆. 故在位更推薦之 游者
爲之談說 虛譽隆洽 傾其諸父矣. 敢爲激發之行 處之不慙惡.
嘗私買侍婢 昆弟或頗聞知 莽因曰"後將軍朱子元無子 莽聞
此兒種宜子 爲買之."卽日以婢奉朱博. 其匿情求名如此！

4　六月 丙寅 立皇后趙氏 大赦天下.

皇后旣立 寵少衰. 而其女弟絕幸 爲昭儀 居昭陽舍 其中庭
彤朱而殿上髹漆 切皆銅沓 黃金塗 白玉階 壁帶往往爲黃金釭
函藍田璧・明珠・翠羽飾之. 自後宮未嘗有焉. 趙后居別館 多
通侍郎・宮奴多子者. 昭儀嘗謂帝曰"妾姊性剛 有如爲人構
陷 則趙氏無種矣！"因泣下心妻惻. 帝信之 有白后姦狀者 帝
輒殺之. 由是后公爲淫恣 無敢言者 然卒無子.

光祿大夫劉向以爲王敎由內及外 自近者始 於是採取《詩》・

《書》所載賢妃·貞婦興國顯家及孽·嬖亂亡者 序次爲《列女傳》凡八篇 及采傳記行事 著《新序》·《說苑》凡五十篇 奏之 數上疏言得失 陳法戒. 書數十上 以助觀覽 補遺闕. 上雖不能盡用 然內嘉其言 常嗟歎之.

5　　昌陵制度奢泰 久而不成. 劉向上疏曰"臣聞王者必通三統 明天命所授者博 非獨一姓也. 自古及今 未有不亡之國. 孝文皇帝嘗美石槨之固 張釋之曰'使其中可欲 雖錮南山猶有隙.'夫死者無終極而國家有廢興 故釋之之言爲無窮計也. 孝文寤焉 遂薄葬. 棺槨之作 自黃帝始. 黃帝·堯·舜·禹·湯·文·武·周公 丘壟皆小 葬具甚微 其賢臣孝子亦承命順意而薄葬之. 此誠奉安君父忠孝之至也. 孔子葬母於防 墳四尺. 延陵季子葬其子 封墳掩坎 其高可隱. 故仲尼孝子而延陵慈父 舜·禹忠臣 周公弟弟 其葬君·親·骨肉皆微薄矣. 非苟爲儉 誠便於體也. 秦始皇帝葬於驪山之阿 下錮三泉 上崇山墳 水銀爲江·海 黃金爲鳧·雁 珍寶之臧 機械之變 棺槨之麗 宮館之盛 不可勝原 天下苦其役而反之 驪山之作未成 而周章百萬之師至其下矣. 項籍燔其宮室·營宇 牧兒持火照求亡羊 失火燒其臧槨. 自古至今 葬未有盛如始皇者也. 數年之間 外被項籍之災 內離牧豎之禍 豈不哀哉！ 是故德彌厚者葬彌薄 知愈深者葬愈微. 無德寡知 其葬愈厚. 丘壟彌高 宮廟甚麗 發掘必速. 由是觀之 明暗之效 葬之吉凶 昭然可見矣. 陛下卽位躬親節儉 始營初陵 其制約小 天下莫不稱賢明 及徙昌陵 增

庫爲高 積土爲山 發民墳墓 積以萬數 營起邑居 期日迫卒 功費大萬百餘 死者恨於下 生者愁於上 臣甚愍焉！ 以死者爲有知 發人之墓 其害多矣 若其無知 又安用大！ 謀之賢知則不說 以示衆庶則苦之 若苟以說愚夫淫侈之人 又何爲哉！ 唯陛下上覽明聖之制以爲則 下觀亡秦之禍以爲戒 初陵之模 宜從公卿大臣之議 以息衆庶！”上感其言.

初 解萬年自詭昌陵三年可成 卒不能就 羣臣多言其不便者. 下有司議 皆曰“昌陵因卑爲高 度便房猶在平地上 客土之中 不保幽冥之靈 淺外不固. 卒徒工庸以鉅萬數 至然脂火夜作 取土東山 且與穀同賈 作治數年 天下徧被其勞. 故陵因天性 據眞土 處勢高敞 旁近祖考 前又已有十年功緒 宜還復故陵 勿徙民 便！”秋 七月 詔曰“朕執德不固 謀不盡下 過聽將作大匠萬年言‘昌陵三年可成’作治五年 中陵·司馬殿門內尙未加功. 天下虛耗 百姓罷勞 客土疏惡 終不可成 朕惟其難 怛然傷心. 夫‘過而不改 是謂過矣.’其罷昌陵 及故陵勿徙吏民 令天下毋有動搖之心.”

6　初 酇侯蕭何之子嗣爲侯者 無子及有罪 凡五絶祀. 高后·文帝·景帝·武帝·宣帝思何之功 輒以其支庶紹封. 是歲 何七世孫酇侯獲坐使奴殺人 減死 完爲城旦. 先是 上詔有司訪求漢初功臣之後 久未省錄. 杜業說上曰“唐·虞·三代皆封建諸侯 以成太平之美 是以燕·齊之祀與周並傳 子繼弟及 歷載不墮. 豈無刑辟·繇祖之竭力 故支庶賴焉. 迹漢功臣 亦皆剖

符世爵 受山河之誓 百餘年間 而襲封者盡 朽骨孤於墓 苗裔
流於道 生爲愍隷 死爲轉屍. 以往況今 甚可悲傷. 聖朝憐閔 詔
求其後 四方忻忻 靡不歸心. 出入數年而不省察 恐議者不思大
義 徒設虛言 則厚德掩息 吝簡布章 非所以示化勸後也. 雖難
盡繼 宜從尤功."上納其言. 癸卯 封蕭何六世孫南繺長喜爲酇
侯.

7   立城陽哀王弟俚爲王.

8   八月 丁丑 太皇太后王氏崩.

9   九月 黑龍見東萊.

10   丁巳晦 日有食之.

11   是歲 以南陽太守陳咸爲少府 侍中淳于長爲水衡都尉.

❖ 孝成皇帝上之下 永始 2年 (丙午, 紀元前 15年)

1   春 正月 己丑 安陽敬侯王音薨. 王氏唯音爲修整 數諫正
有忠直節.

2   二月 癸未夜 星隕如雨 繹繹 未至地滅.

3   乙酉晦 日有食之.

4   三月 丁酉 以成都侯王商爲大司馬 · 衛將軍 紅陽侯王立
位特進 領城門兵.

5   京兆尹翟方進爲御史大夫.

6   谷永爲涼州刺史 奏事京師 訖 當之部 上使尙書問永 受
所欲言. 永對曰 "臣聞王天下 · 有國家者 患在上有危亡之事
而危亡之言不得上聞. 如使危亡之言輒上聞 則商 · 周不易姓
而迭興 三正不變改而更用. 夏 · 商之將亡也 行道之人皆知之.
晏然自以若天有日 莫能危 是故惡日廣而不自知 大命傾而不
自寤.《易》曰 '危者有其安者也 亡者保其存者也.' 陛下誠垂寬
明之聽 無忌諱之誅 使芻蕘之臣得盡所聞於前 羣臣之上願 社
稷之長福也!

元年 九月 黑龍見 其晦 日有食之. 今年二月己未夜 星隕 乙
酉 日有食之. 六月之間 大異四發 二二而同月. 三代之末 春秋
之亂 未嘗有也. 臣聞三代所以隕社稷 · 喪宗廟者 皆由婦人與
羣惡沈湎於酒 秦所以二世 · 十六年而亡者 養生泰奢 奉終泰
厚也. 二者 陛下兼而有之 臣請略陳其效.

建始 · 河平之際 許 · 班之貴 傾動前朝 熏灼四方 女寵至極

不可上矣 今之後起 什倍于前. 廢先帝法度 聽用其言 官秩不
當 縱釋王誅 驕其親屬 假之威權 從橫亂政 刺舉之吏 莫敢奉
憲. 又以掖庭獄大爲亂阱 榜箠瘝於炮烙 絶滅人命 主爲趙・李
報德復怨. 反除白罪 建治正吏 多繫無辜 掠立迫恐 至爲人起
責 分利受謝 生入死出者 不可勝數. 是以日食再既 以昭其辜.

王者必先自絶 然後天絶之. 今陛下棄萬乘之至貴 樂家人之
賤事 厭高美之尊號 好匹夫之卑字 崇聚儌輕無義小人以爲私
客 數離深宮之固 挺身晨夜 與羣小相隨 烏集雜會 飲醉吏民
之家 亂服共坐 沈湎媟嫚 溷淆無別 黽勉遁樂 晝夜在路 典門
戶・奉宿衛之臣執干戈而守空宮 公卿百僚不知陛下所在 積數
年矣.

王者以民爲基 民以財爲本 財竭則下畔 下畔則上亡. 是以明
王愛養基本 不敢窮極 使民如承大祭. 今陛下輕奪民財 不愛民
力 聽邪臣之計 去高敞初陵 改作昌陵 役百乾谿 費擬驪山 靡
敝天下 五年不成而後反故. 百姓愁恨感天 饑饉仍臻 流散亢
食 餧死於道 以百萬數. 公家無一年之畜 百姓無旬日之儲 上
下俱匱 無以相救.《詩》云 '殷監不遠 在夏后之世.' 願陛下追觀
夏・商・周・秦所以失之 以鏡考己行 有不合者 臣當伏妄言
之誅！

漢興九世 百九十餘載 繼體之主七 皆承天順道 遵先祖法度
或以中興 或以治安 至於陛下 獨違道縱欲 輕身妄行 當盛壯
之隆 無繼嗣之福 有危亡之憂 積失君道 不合天意 亦以多矣.
爲人後嗣 守人功業如此 豈不負哉！ 方今社稷・宗廟禍福安

危之機在於陛下 陛下誠肎昭然遠寤 專心反道 舊愆畢改 新德
旣章 則赫赫大異庶幾可銷 天命去就庶幾可復 社稷·宗廟庶
幾可保！ 唯陛下留神反覆 熟省臣言！"

帝性寬 好文辭 而溺於宴樂 皆皇太后與諸舅夙夜所常憂 至
親難數言 故推永等使因天變而切諫 勸上納用之. 永自知有內
應 展意無所依違 每言事輒見答禮. 至上此對 上大怒. 衛將軍
商密擿永令發去. 上使侍御史收永 敕過交道廐者勿追 御史不
及永 還. 上意亦解 自悔.

7　　上嘗與張放及趙·李諸侍中共宴飲禁中 皆引滿舉白 談
笑大噱. 時乘輿幄坐張畫屏風 畫紂醉踞妲己 作長夜之樂. 侍
中·光祿大夫班伯久疾新起 上顧指畫而問伯曰"紂爲無道
至於是虖？"對曰"《書》云'乃用婦人之言'何有踞肆於朝！
所謂衆惡歸之 不如是之甚者也！"上曰"苟不若此 此圖何
戒？"對曰"'沈湎于酒'微子所以告去也.'式號式呼'《大雅》
所以流連也.《詩》·《書》淫亂之戒 其原皆在於酒！"上乃喟
然歎曰"吾久不見班生 今日復聞讜言！"放等不懌 稍自引起
更衣 因罷出.

時長信庭林表適使來 聞見之. 後上朝東宮 太后泣曰"帝間
顏色瘦黑. 班侍中本大將軍所舉 宜寵異之 益求其比 以輔聖
德！ 宜遣富平侯且就國！"上曰"諾."上諸舅聞之 以風丞
相·御史 求放過失. 於是丞相宣·御史大夫方進奏"放驕蹇
縱恣 奢淫不制 拒閉使者 賊傷無辜 從者支屬並乘權勢 爲暴

虐 請免放就國." 上不得已 左遷放爲北地都尉. 其後比年數有
災變 故放久不得還. 璽書勞問不絶. 敬武公主有疾 詔徵放歸
第視母疾. 數月 主有瘳 後復出放爲河東都尉. 上雖愛放 然上
迫太后 下用大臣 故常涕泣而遣之.

8　邛成太后之崩也 喪事倉卒 吏賦斂以趨辦 上聞之 以過丞
相‧御史. 冬 十一月 己丑 册免丞相宣爲庶人 御史大夫方進
左遷執金吾. 二十餘日 丞相官缺 羣臣多舉方進者 上亦器其能
十一月 壬子 擢方進爲丞相 封高陵侯. 以諸吏‧散騎‧光祿勳
孔光爲御史大夫. 方進以經術進 其爲吏 用法刻深 好任勢立威
有所忌惡 峻文深詆 中傷甚多. 有言其挾私詆欺不專平者 上以
方進所擧應科 不以爲非也. 光 褒成君霸之少子也 領尙書 典
樞機十餘年 守法度 修故事 上有所問 據經法 以心所安而對
不希指苟合 如或不從 不敢强諫爭 以是久而安. 時有所言 輒
削草藁 以爲章主之過以奸忠直 人臣大罪也. 有所薦擧 唯恐其
人之聞知. 沐日歸休 兄弟妻子燕語 終不及朝省政事. 或問光
"溫室省中樹 皆何木也？"光嘿不應 更答以他語 其不泄如是.

9　上行幸雍 祠五畤.

10　衛將軍王商惡陳湯 奏"湯妄言昌陵且復發徙 又言黑龍冬
出 微行數出之應."廷尉奏"湯非所宜言 大不敬."詔以湯有功
免爲庶人 徙邊.

上以趙后之立也 淳于長有力焉 故德之 乃追顯其前白罷昌
陵之功 下公卿 議封長. 光祿勳平當以爲 "長雖有善言 不應封
爵之科." 當坐左遷鉅鹿太守. 上遂下詔 以常侍閎·衛尉長首
建至策 賜長·閎爵關內侯.

將作大匠萬年佞邪不忠 毒流衆庶 與陳湯俱徒敦煌.

初 少府陳咸 衛尉逢信 官簿皆在翟方進之右 方進晚進 爲京
兆尹 與咸厚善. 及御史大夫缺 三人皆名卿 俱在選中 而方進
得之. 會丞相薛宣得罪 與方進相連 上使五二千石雜問丞相·
御史 咸詰責方進 冀得其處 方進心恨. 陳湯素以材能得幸於王
鳳及王音 咸·信皆與湯善 湯數稱之於鳳·音所 以此得爲九
卿. 及王商黜逐湯 方進因奏 "咸·信附會湯以求薦擧 苟得無
恥." 皆免官.

11　是歲 琅邪太守朱博爲左馮翊. 博治郡 常令屬縣各用其豪
桀以爲大吏 文·武從宜. 縣有劇賊及他非常 博輒移書以詭責
之 其盡力有效 必加厚賞 懷詐不稱 誅罰輒行. 以是豪強懾服
事無不集.

❖ 孝成皇帝上之下 永始 3年（丁未, 紀元前 14年）

1　春 正月 己卯晦 日有食之.

2　　初 帝用匡衡議 罷甘泉泰畤 其日 大風壞甘泉竹宮 折拔畤中樹木十圍以上百餘. 帝異之 以問劉向 對曰"家人尚不欲絶種祠 況於國之神寶舊畤！ 且甘泉・汾陰及雍五畤始立 皆有神祇感應 然後營之 非苟而已也. 武・宣之世奉此三神 禮敬敕備 神光尤著. 祖宗所立神祇舊位 誠未易動. 前始納貢禹之議 後人相因 多所動搖.《易大傳》曰'誣神者殃及三世.'恐其咎不獨止禹等！"上意恨之 又以久無繼嗣 冬 十月 庚辰 上白太后 令詔有司復甘泉泰畤・汾陰后土如故 及雍五畤・陳寶祠・長安及郡國祠著明者 皆復之.

　　是時 上以無繼嗣 頗好鬼神・方術之屬 上書言祭祀方術得待詔者甚衆 祠祭費用頗多. 谷永說上曰"臣聞明於天地之性 不可惑以神怪 知萬物之情 不可罔以非類. 諸背仁義之正道 不遵《五經》之法言 而盛稱奇怪鬼神 廣崇祭祀之方 求報無福之祠 及言世有仙人 服食不終之藥 遙興輕舉・黃治變化之術者 皆姦人惑衆 挾左道 懷詐僞 以欺罔世主. 聽其言 洋洋滿耳 若將可遇 求之 蕩蕩如係風捕景 終不可得. 是以明王距而不聽 聖人絶而不語. 昔秦始皇使徐福發男女入海求神采藥 因逃不還 天下怨恨. 漢興 新垣平・齊人少翁・公孫卿・欒大等 皆以術窮詐得 誅夷伏辜. 唯陛下距絶此類 毋令姦人有以窺朝者！"上善其言.

3　　十一月 尉氏男子樊並等十三人謀反 殺陳留太守 劫略吏民 自稱將軍 徒李潭・稱忠・鍾祖・訾順共殺並 以聞 皆封爲

侯.

4 十二月 山陽鐵官徒蘇令等二百二十八人攻殺長吏 盜庫兵
自稱將軍 經郡國十九 殺東郡太守及汝南都尉. 汝南太守嚴訢
捕斬令等. 遷訢爲大司農.

5 故南昌尉九江梅福上書曰 "昔高祖納善若不及 從諫如轉
圜 聽言不求其能 舉功不考其素 陳平起於亡命而爲謀主 韓信
拔於行陳而建上將 故天下之士雲合歸漢 爭進奇異 知者竭其
策 愚者盡其慮 勇士極其節 怯夫勉其死. 合天下之知 幷天下
之威 是以舉秦如鴻毛 取楚若拾遺 此高祖所以無敵於天下也.
孝武皇帝好忠諫 說至言 出爵不待廉 · 茂 慶賜不須顯功 是以
天下布衣各厲志竭精以赴闕廷 自衒鬻者不可勝數 漢家得賢
於此爲盛. 使孝武皇帝聽用其計 升平可致 於是積屍暴骨 快心
胡 · 越 故淮南王安緣間而起 所以計慮不成而謀議泄者 以衆
賢聚於本朝 故其大臣勢陵 不敢和從也. 方今布衣乃窺國家之
隙 見間而起者 蜀郡是也. 及山陽亡徒蘇令之羣 蹈藉名都 · 大
郡 求黨與 索隨和 而無逃匿之意 此皆輕量大臣 無所畏忌 國
家之權輕 故匹夫欲與上爭衡也.

士者 國之重器. 得士則重 失士則輕.《詩》云'濟濟多士 文
王以寧.'廟堂之議 非草茅所言也. 臣誠恐身塗野草 尸幷卒伍
故數上書求見 輒報罷. 臣聞齊桓之時 有以九九見者 桓公不逆
欲以致大也. 今臣所言 非特九九也 陛下距臣者三矣 此天下士

所以不至也. 昔秦武王好力 任鄙叩關自鬻 繆公行霸 由余歸德. 今欲致天下之士 民有上書求見者 輒使詣尙書問其所言 言可采取者 秩以升斗之祿 賜以一束之帛 若此 則天下之士 發憤懣 吐忠言 嘉謀日聞於上 天下條貫 國家表裏 爛然可睹矣.

夫以四海之廣 士民之數 能言之類至衆多也 然其俊桀指世陳政 言成文章 質之先世而不繆 施之當世合時務 若此者亦無幾人. 故爵祿束帛者 天下之砥石 高祖所以厲世摩鈍也.

孔子曰'工欲善其事 必先利其器.'至秦則不然 張誹謗之罔以爲漢敺除 倒持泰阿 授楚其柄. 故誠能勿失其柄 天下雖有不順 莫敢觸其鋒 此孝武皇帝所以辟地建功 爲漢世宗也.

今陛下旣不納天下之言 又加戮焉. 夫鳶鵲遭害 則仁鳥增逝愚者蒙戮 則智士深退. 間者愚民上書 多觸不急之法 或下廷尉而死者衆. 自陽朔以來 天下以言爲諱 朝廷尤甚 羣臣皆承順上指 莫有執正. 何以明其然也?取民所上書 陛下之所善 試下之廷尉 廷尉必曰'非所宜言 大不敬'以此卜之 一矣. 故京兆尹王章 資質忠直 敢面引廷爭 孝元皇帝擢之 以屬具臣而矯曲朝及至陛下 戮及妻子. 且惡惡止其身 王章非有反畔之辜而殃及室家 折直士之節 結諫臣之舌. 羣臣皆知其非 然不敢爭 天下以言爲戒 最國家之大患也!

願陛下循高祖之軌 杜亡秦之路 除不急之法 下無諱之詔 博覽兼聽 謀及疏賤 令深者不隱 遠者不塞 所謂'辟四門 明四目'也. 往者不可及 來者猶可追. 方今君命犯而主威奪 外戚之權 日以益隆. 陛下不見其形 願察其景!建始以來 日食·地

震 以率言之 三倍春秋 水災亡與比數 陰盛陽微 金鐵爲飛 此何景也？ 漢興以來 社稷三危 呂 霍 上官 皆母后之家也. 親親之道 全之爲右 當與之賢師良傅 敎以忠孝之道. 今乃尊寵其位 授以魁柄 使之驕逆 至於夷滅 此失親親之大者也. 自霍光之賢 不能爲子孫慮 故權臣易世則危.《書》曰'毋若火 始庸庸.'勢陵於君 權隆於主 然後防之 亦無及已！"上不納.＊

資治通鑑 卷032

【漢紀二十四】

起著雍涒灘(戊申) 盡昭陽赤奮若(癸丑) 凡六年.

❖ 孝成皇帝中 永始 4年 (戊申, 紀元前 13年)

1 　春 正月 上行幸甘泉 郊泰畤 大赦天下. 三月 行幸河東 祠
后土.

2 　夏 大旱.

3 　四月 癸未 長樂臨華殿 · 未央宮東司馬門皆災. 六月 甲午
霸陵園門闕災.

4 　秋 七月 辛未晦 日有食之.

5 　冬 十一月 庚申 衛將軍王商病免.

6 　梁王立驕恣無度 至一日十一犯法. 相禹奏"立對外家怨望 有惡言." 有司案驗 因發其與姑園子姦事 奏"立禽獸行 請誅." 太中大夫谷永上書曰"臣聞禮 天子外屏 不欲見外也. 是以帝王之意 不窺人閨門之私 聽聞中菁之言.《春秋》爲親者諱. 今梁王年少 頗有狂病 始以惡言按驗 旣無事實 而發閨門之私 非本章所指. 王辭又不服 猥强劾立 傅致難明之事 獨以偏辭成罪斷獄 無益於治道. 汙衊宗室以內亂之惡 披布宣揚於天下 非所以爲公族隱諱 增朝廷之榮華 昭聖德之風化也. 臣愚以爲王少而父同產長 年齒不倫 梁國之富足以厚聘美女 招致妖麗 父同產亦有恥辱之心. 案事者乃驗問惡言 何故猥自發舒！ 以三者揆之 殆非人情 疑有所迫切 過誤失言 文吏躡尋 不得轉移. 萌牙之時 加恩勿治 上也. 旣已案驗擧憲 宜及王辭不服 詔廷尉選上德通理之吏更審考淸問 著不然之效 定失誤之法 而反命於下吏 以廣公族附疏之德 爲宗室刷汙亂之恥 甚得治親之誼." 天子由是寢而不治.

7 　是歲 司隷校尉蜀郡何武爲京兆尹. 武爲吏 守法盡公 進善退惡 其所居無赫赫名 去後常見思.

❖ 孝成皇帝中 元延 元年 (己酉, 紀元前 12年)

1 　春 正月 己亥朔 日有食之.

2 　壬戌 王商復爲大司馬 · 衛將軍.

3 　三月 上行幸雍 祠五畤.

4 　夏 四月 丁酉 無雲而雷 有流星從日下東南行 四面燿燿如
雨 自晡及昏而止.

5 　赦天下.

6 　秋 七月 有星孛於東井.
　　上以災變 博謀羣臣. 北地太守谷永對曰 "王者躬行道德 承
順天地 則五徵時序 百姓壽考 符瑞並降 失道妄行 逆天暴物
則咎徵著郵 妖孼並見 饑饉荐臻 終不改寤 惡洽變備 不復譴
告 更命有德. 此天地之常經 百王之所同也. 加以功德有厚薄
期質有脩短 時世有中季 天道有盛衰. 陛下承八世之功業 當
陽數之標季 涉三七之節紀 遭《無妄》之卦運 直百六之災阸 三
難異科 雜焉同會 建始元年以來 二十載間 羣災大異 交錯鋒
起 多於《春秋》所書. 內則爲深宮後庭 將有驕臣悍妾 · 醉酒狂
悖卒起之敗 北宮苑囿街巷之中 · 臣妾之家幽閒之處徵舒 · 崔
杼之亂 外則爲諸夏下土 將有樊並 · 蘇令 · 陳勝 · 項梁奮臂之
禍. 安危之分界 宗廟之至憂 臣永所以破膽寒心 豫言之累年.
下有其萌 然後變見於上 可不致慎！ 禍起細微 姦生所易. 願
陛下正君臣之義 無復與羣小媟黷宴飮 勤三綱之嚴 修後宮之

政 抑遠驕妒之寵 崇近婉順之行 朝覲法駕而後出 陳兵清道而
後行 無復輕身獨出 飲食臣妾之家. 三者既除 內亂之路塞矣.
諸夏舉兵 萌在民饑饉而吏不卹 興於百姓困而賦斂重 發於下
怨離而上不知.《傳》曰'饑而不損 茲謂泰 厥咎亡.'比年郡國
傷於水災 禾麥不收 宜損常稅之時 而有司奏請加賦 甚繆經義
逆於民心 市怨趨禍之道也. 臣願陛下勿許加賦之奏 益減奢泰
之費 流恩廣施 振贍困乏 敕勸耕桑 以慰綏元元之心 諸夏之
亂庶幾可息."

中壘校尉劉向上書曰"臣聞帝舜戒伯禹'毋若丹朱敖'周公
戒成王'毋若殷王紂'聖帝明王常以敗亂自戒 不諱廢興 故臣
敢極陳其愚 唯陛下留神察焉!

謹案《春秋》二百四十二年 日食三十六 今連三年比食 自建
始以來 二十歲間而八食 率二歲六月而一發 古今罕有. 異有小
大希稠 占有舒疾緩急. 觀秦‧漢之易世 覽惠‧昭之無後 察昌
邑之不終 視孝宣之紹起 皆有變異著於漢紀. 天之去就 豈不
昭昭然哉! 臣幸得託末屬 誠見陛下寬明之德 冀銷大異而興
高宗‧成王之聲 以崇劉氏 故懇懇數奸死亡之誅! 天文難以
相曉 臣雖圖上 猶須口說 然後可知 願賜清燕之閒 指圖陳狀."
上輒入之 然終不能用也.

7　紅陽侯立舉陳咸方正 對策 拜爲光祿大夫‧給事中. 丞相
方進復奏"咸前爲九卿 坐爲貪邪免 不當蒙方正舉 備內朝臣"
幷劾"紅陽侯立選舉故不以實."有詔免咸 勿劾立.

8　十二月 乙未 王商爲大將軍. 辛亥 商薨. 其弟紅陽侯立次
當輔政 先是立使客因南郡太守李尚占墾草田數百頃 上書以入
縣官 貴取其直一億萬以上 丞相司直孫寶發之 上由是廢立 而
用其弟光祿勳曲陽侯根. 庚申 以根爲大司馬·驃騎將軍.

9　特進·安昌侯張禹請平陵肥牛亭地 曲陽侯根爭 以爲此地
當平陵寢廟 衣冠所出游道 宜更賜禹他地. 上不從 卒以賜禹.
根由是害禹寵 數毀惡之. 天子愈益敬厚禹 每病 輒以起居聞
車駕自臨問之. 上親拜禹牀下 禹頓首謝恩. 禹小子未有官 禹
數視其小子 上卽禹牀下拜爲黃門郞·給事中. 禹雖家居 以特
進爲天子師 國家每有大政 必與定議.
　時吏民多上書言災異之應 譏切王氏專政所致 上意頗然之
未有以明見 乃車駕至禹弟 辟左右 親問禹以天變 因用吏民所
言王氏事示禹. 禹自見年老 子孫弱 又與曲陽侯不平 恐爲所怨
則謂上曰 "《春秋》日食·地震 或爲諸侯相殺 夷狄侵中國. 災
變之意 深遠難見 故聖人罕言命 不語怪神 性與天道 自子貢
之屬不得聞 何況淺見鄙儒之所言. 陛下宜修政事 以善應之 與
下同其福喜 此經義意也. 新學小生 亂道誤人 宜無信用 以經
術斷之." 上雅信愛禹 由此不疑王氏. 後曲陽侯根及諸王子弟
聞知禹言 皆喜說 遂親就禹.
　故槐里令朱雲上書求見 公卿在前 雲曰 "今朝廷大臣 上不
能匡主 下無以益民 皆尸位素餐 孔子所謂 '鄙夫不可與事君
苟患失之 亡所不至'者也! 臣願賜尚方斬馬劍 斷佞臣一人頭

以厲其餘！"上問"誰也？"對曰"安昌侯張禹！"上大怒曰
"小臣居下訕上 廷辱師傅 罪死不赦！"御史將雲下 雲攀殿檻
檻折. 雲呼曰"臣得下從龍逄・比干遊於地下 足矣！ 未知聖
朝何如耳！"御史遂將雲去. 於是左將軍辛慶忌免冠 解印綬
叩頭殿下曰"此臣素著狂直於世 使其言是 一可誅 其言非 因
當容之. 臣敢以死爭！"慶忌叩頭流血 上意解 然後得已. 及
後當治檻 上曰"勿易 因而輯之 以旌直臣！"

10　匈奴搜諧單于將入朝 未入塞 病死. 弟且莫車立 爲車牙若
鞮單于 以囊知牙斯爲左賢王.

11　北地都尉張放到官數月 復徵入侍中. 太后與上書曰"前
所道尚未效 富平侯反復來 其能默虖！"上謝曰"請今奉
詔！"上於是出放爲天水屬國都尉 引少府許商・光祿勳師丹
爲光祿大夫 班伯爲水衡都尉 並侍中 皆秩中二千石 每朝東宮
常從 及大政 俱使諭指於公卿. 上亦稍厭游宴 復脩經書之業
太后甚悅.

12　是歲 左將軍辛慶忌卒. 慶忌爲國虎臣 遭世承平 匈奴・西
域親附 敬其威信.

1 　春 正月 上行幸甘泉 郊泰畤. 三月 行幸河東 祠后土. 既
祭 行遊龍門 登歷觀 陟西嶽而歸.

2 　夏 四月 立廣陵孝王子守爲王.

3 　初 烏孫小昆彌安日爲降民所殺 諸翎侯大亂. 詔徵故金城
太守段會宗爲左曹·中郎將·光祿大夫 使安輯烏孫 立安日弟
末振將爲小昆彌 定其國而還. 時大昆彌雌栗靡勇健 末振將恐
爲所幷 使貴人烏日領詐降 刺殺雌栗靡. 漢欲以兵討之而未能
遣中郎將段會宗立公主孫伊秩靡爲大昆彌. 久之 大昆彌·翎
侯難栖殺末振將 安日子安犁靡代爲小昆彌. 漢恨不自誅末振
將 復遣段會宗發戊己校尉諸國兵 卽誅末振將太子番丘. 會宗
恐大兵入烏孫 驚番丘 亡逃不可得 卽留所發兵墊婁地 選精兵
三十弩 徑至昆彌所在 召番丘 責以末振將之罪 卽手劍擊殺番
丘 官屬以下驚恐 馳歸. 小昆彌安犁靡勒兵數千騎圍會宗 會宗
爲言來誅之意 "今圍守殺我 如取漢牛一毛耳. 宛王·郅支頭
縣槁街 烏孫所知也." 昆彌以下服 曰 "末振將負漢 誅其子可
也 獨不可告我 令飲食之邪?" 會宗曰 "豫告昆彌 逃匿之 爲
大罪. 卽飲食以付我 傷骨肉恩. 故不先告." 昆彌以下號泣罷
去. 會宗還 奏事 天子賜會宗爵關內侯·黃金百斤. 會宗以難
栖殺末振將 奏以爲堅守都尉. 責大祿·大監以雌栗靡見殺狀

奪金印‧紫綬 更與銅‧墨云. 末振將弟卑爰疐本共謀殺大昆彌 將衆八萬北附康居 謀欲借兵兼併兩昆彌 漢復遣會宗與都護孫建幷力以備之.

自烏孫分立兩昆彌 漢用憂勞 且無寧歲. 時康居復遣子侍漢貢獻 都護郭舜上言 “本匈奴盛時 非以兼有烏孫‧康居故也 及其稱臣妾 非以失二國也. 漢雖皆受其質子 然三國內相輸遺 交通如故 亦相候司 見便則發. 合不能相親信 離不能相臣役. 以今言之 結配烏孫 竟未有益 反爲中國生事. 然烏孫旣結在前 今與匈奴俱稱臣 義不可距. 而康居驕黠 訖不肯拜使者 都護吏至其國 坐之烏孫諸使下 王及貴人先飲食已 乃飲啗都護吏 故爲無所省以夸旁國. 以此度之 何故遣子入侍？其欲賈市 爲好辭之詐也. 匈奴 百蠻大國 今事漢甚備 聞康居不拜 且使單于有悔自卑之意. 宜歸其侍子 絶勿復使 以章漢家不通無禮之國！” 漢爲其新通 重致遠人 終羈縻不絶.

<table>
<tr><td>❖ 孝成皇帝中 元延 3年（辛亥, 紀元前 10年）</td></tr>
</table>

1　春 正月 丙寅 蜀郡岷山崩 壅江三日 江水竭. 劉向大惡之曰 “昔周岐山崩 三川竭 而幽王亡. 岐山者 周所興也. 漢家本起於蜀‧漢 今所起之地 山崩川竭 星孛又及攝提‧大角 從參至辰 殆必亡矣！”

2 二月 丙午 封淳于長爲定陵侯.

3 三月 上行幸雍 祠五時.

4 上將大誇胡人以多禽獸. 秋 命右扶風發民入南山 西自褒·斜 東至弘農 南颺漢中 張羅罔罝罘 捕熊羆禽獸 載以檻車 輸之長楊射熊館 以罔爲周阹 縱禽獸其中 令胡人手搏之 自取其獲 上親臨觀焉.

❖ 孝成皇帝中 元延 4年 (壬子, 紀元前 9年)

1 春 正月 上行幸甘泉 郊泰時.

2 中山王興 定陶王欣皆來朝 中山王獨從傅 定陶王盡從傅·相·中尉. 上怪之 以問定陶王 對曰"令 諸侯王朝 得從其國二千石. 傅·相·中尉 皆國二千石 故盡從之."上令誦《詩》通習 能說. 他日 問中山王"獨從傅在何法令？"不能對 令誦《尙書》又廢 及賜食於前 後飽 起下 襪係解. 帝由此以爲不能 而賢定陶王 數稱其材. 是時諸侯王唯二人於帝爲至親 定陶王祖母傅太后隨王來朝 私賂遺趙皇后·昭儀及票騎將軍王根. 后·昭儀·根見上無子 亦欲豫自結 爲長久計 皆更稱定陶王 勸帝以爲嗣. 帝亦自美其材 爲加元服而遣之 時年十七矣.

3 三月 上行幸河東 祠后土.

4 隕石於關東二.

5 王根薦谷永 徵入 爲大司農. 永前後所上四十餘事 略相反
覆 專攻上身與後宮而已 黨於王氏 上亦知之 不甚親信也. 爲
大司農歲餘 病 滿三月 上不賜告 卽時免. 數月 卒.

❖ 孝成皇帝中 綏和 元年 (癸丑, 紀元前 8年)

1 春 正月 大赦天下.

2 上召丞相翟方進 · 御史大夫孔光 · 右將軍廉褒 · 後將軍
朱博入禁中 議 "中山 · 定陶王誰宜爲嗣者." 方進 · 根 · 褒 ·
博皆以爲 "定陶王 帝弟之子《禮》曰 '昆弟之子 猶子也. 爲其
後者 爲之子也' 定陶王宜爲嗣." 光獨以爲 "禮 立嗣以親. 以
《尙書 盤庚》殷之及王爲比 兄終弟及. 中山王 先帝之子 帝親
弟 宜爲嗣." 上以 "中山王不材 又禮 兄弟不得相入廟" 不從
光議. 二月 癸丑 詔立定陶王欣爲皇太子 封中山王舅諫大夫馮
參爲宜鄕侯 益中山國三萬戶 以慰其意 使執金吾任宏守大鴻
臚 持節徵定陶王. 定陶王謝曰 "臣材質不足以假充太子之宮
臣願且得留國邸 旦夕奉問起居 俟有聖嗣 歸國守藩." 書奏 天

子報聞. 戊午 孔光以議不合意 左遷廷尉 何武爲御史大夫.

3　初 詔求殷後 分散爲十餘姓 推求其嫡 不能得. 匡衡·梅福皆以爲宜封孔子世爲湯後 上從之 封孔吉爲殷紹嘉侯. 三月 與周承休侯皆進爵爲公 地各百里.

4　上行幸雍 祠五畤.

5　初 何武之爲廷尉也 建言 "末俗之敝 政事煩多 宰相之材 不能及古 而丞相獨兼三公之事 所以久廢而不治也. 宜建三公官." 上從之. 夏 四月 賜曲陽侯根大司馬印綬 置官屬 罷票騎將軍官 以御史大夫何武爲大司空 封汜鄕侯. 皆增奉如丞相 以備三公焉.

6　秋 八月 庚戌 中山孝王興薨.

7　匈奴車牙單于死 弟囊知牙斯立 爲烏珠留若鞮單于. 烏珠留單于立 以弟樂爲左賢王 興爲右賢王 漢遣中郎將夏侯藩·副校尉韓容使匈奴.

　或說王根曰 "匈奴有斗入漢地 直張掖郡 生奇材木箭竿 鷲羽 如得之 於邊甚饒 國家有廣地之實 將軍顯功垂於無窮!" 根爲上言其利 上直欲從單于求之 爲有不得 傷命損威. 根卽但以上指曉藩 令從藩所說而求之. 藩至匈奴 以語次說單于曰

“竊見匈奴斗入漢地 直張掖郡 漢三都尉居塞上 士卒數百人寒苦 候望久勞 單于宜上書獻此地 直斷割之 省兩都尉士卒數百人 以復天子厚恩 其報必大.” 單于曰“此天子詔語邪 將從使者所求也？” 藩曰“詔指也 然藩亦爲單于畫善計耳.” 單于曰“此溫偶駼王所居地也 未曉其形狀 · 所生 請遣使問之.”

藩 · 容歸漢後 復使匈奴 至則求地. 單于曰“父兄傳五世 漢不求此地 至知獨求 何也？ 已問溫偶駼王 匈奴西邊諸侯作穹廬及車 皆仰此山材木 且先父地 不敢失也.” 藩還 遷爲太原太守. 單于遣使上書 以藩求地狀聞. 詔報單于曰“藩擅稱詔 從單于求地 法當死 更大赦二 今徙藩爲濟南太守 不令當匈奴.”

8　冬 十月 甲寅 王根病免.

9　上以太子既奉大宗後 不得顧私親 十一月 立楚孝王孫景爲定陶王. 太子議欲謝 少傅閻崇以爲“爲人後之禮 不得顧私親 不當謝” 太傅趙玄以爲“當謝” 太子從之. 詔問所以謝狀 尙書劾奏玄 左遷少府 以光祿勳師丹爲太傅.

初 太子之幼也 王祖母傅太后躬自養視 及爲太子 詔傅太后 · 丁姬自居定陶國邸 不得相見. 頃之 王太后欲令傅太后 · 丁姬十日一至太子家 帝曰“太子承正統 當共養陛下 不得復顧私親.” 王太后曰“太子小而傅太后抱養之 今至太子家 以乳母恩耳 不足有所妨.” 於是令傅太后得至太子家 丁姬以不養太子 獨不得.

10 衛尉·侍中淳于長有寵於上 大見信用 貴傾公卿 外交諸侯·牧·守 賂遺·賞賜累鉅萬 淫於聲色. 許后姊孊爲龍雒思侯夫人 寡居 長與孊私通 因取爲小妻. 許后時居長定宮 因孊賂遺長 欲求復爲倢伃. 長受許后金錢·乘輿·服御物前後千餘萬 詐許爲白上 立以爲左皇后. 孊每入長定宮 輒與孊書 戲侮許后 媟易無不言 交通書記 賂遺連年.

時曲陽侯根輔政 久病 數乞骸骨. 長以外親居九卿位 次第當代根. 侍中·騎都尉·光祿大夫王莽心害長寵 私聞其事. 莽侍曲陽侯病 因言"長見將軍久病意喜 自以當代輔政 至對及冠議語署置." 具言其罪過. 根怒曰"卽如是 何不白也"莽曰"未知將軍意 故未敢言!"根曰"趣白東宮!"莽求見太后 具言長驕佚 欲代曲陽侯 私與長定貴人姊通 受取其衣物. 太后亦怒曰"兒至如此!往 白之帝!"莽白上 上以太后故 免長官 勿治罪 遣就國.

初 紅陽侯立不得輔政 疑爲長毀譖 常怨毒長 上知之. 及長當就國 立嗣子融從長請車騎 長以珍寶因融重遺立. 立因上封事 爲長求留 曰"陛下既託文以皇太后故 誠不可更有他計." 於是天子疑焉 下有司按驗. 吏捕融 立令融自殺以滅口. 上愈疑其有大姦 遂逮長繫洛陽詔獄 窮治. 長具服戲侮長定宮 謀立左皇后 罪至大逆 死獄中. 妻子當坐者徙合浦 母若歸故郡. 上使廷尉孔光持節賜廢后藥 自殺. 丞相方進復劾奏"紅陽侯立狡猾不道 請下獄." 上曰"紅陽侯 朕之舅 不忍致法 遣就國." 於是方進復奏立黨友後將軍朱博·鉅鹿太守孫閎 皆免官 與故

光祿大夫陳咸皆歸故郡. 咸自知廢錮 以憂死.

方進智能有餘 兼通文法吏事 以儒雅緣飾 號爲通明相 天子器重之 又善求人主微指 奏事無不當意. 方淳于長用事 方進獨與長交 稱薦之 及長坐大逆誅 上以方進大臣 爲之隱諱 方進內慚 上疏乞骸骨. 上報曰"定陵侯長已伏其辜 君雖交通《傳》不云乎'朝過夕改 君子與之.' 君何疑焉! 其專心壹意 毋怠醫藥 以自持." 方進起視事 復條奏長所厚善京兆尹孫寶・右扶風蕭育 刺史二千石以上 免二十餘人. 函谷都尉・建平侯杜業素與方進不平 方進奏"業受紅陽侯書聽請 不敬"免 就國.

上以王莽首發大姦 稱其忠直 王根因薦莽自代. 丙寅 以莽爲大司馬 時年三十八. 莽旣拔出同列 繼四父而輔政 欲令名譽過前人 遂克己不倦. 聘諸賢良以爲掾・史 賞賜・邑錢悉以享士 愈爲儉約. 母病 公卿列侯遣夫人問疾 莽妻迎之 衣不曳地 布蔽膝 見者以爲僮使 問知其夫人 皆驚. 其飾名如此.

11　丞相方進・大司空武奏言"《春秋》之義 用貴治賤 不以卑臨尊. 刺史位下大夫而臨二千石 輕重不相準. 臣請罷刺史 更置州牧以應古制!"十二月 罷刺史 更置州牧 秩二千石.

12　犍爲郡於水濱得古磬十六枚 議者以爲善祥. 劉向因是說上"宜興辟雍 設庠序 陳禮樂 隆雅頌之聲 盛揖讓之容 以風化天下. 如此而不治者 未之有也. 或曰 不能具禮. 禮以養人爲本 如有過差 是過而養人也. 刑罰之過或至死傷 今之刑非皋陶

之法也 而有司請定法 削則削 筆則筆 救時務也. 至於禮樂 則曰不敢 是敢於殺人‧不敢於養人也. 爲其俎豆‧管弦之間小不備 因是絶而不爲 是去小不備而就大不備 惑莫甚焉！ 夫敎化之比於刑法 刑法輕 是舍所重而急所輕也. 敎化 所恃以爲治也 刑法 所以助治也 今廢所恃而獨立其所助 非所以致太平也. 自京師有悖逆不順之子孫 至於陷大辟‧受刑戮者不絶 由不習五常之道也. 夫承千歲之衰周 繼暴秦之餘敝 民漸漬惡俗 貪饕險詖 不閑義理 不示以大化而獨歐以刑罰 終已不改！"帝以向言下公卿議 丞相‧大司空奏請立辟癰 按行長安城南營表未作而罷. 時又有言"孔子布衣 養徒三千人 今天子太學弟子少."於是增弟子員三千人 歲餘 復如故.

劉向自見得信於上 故常顯訟宗室 譏刺王氏及在位大臣 其言多痛切 發於至誠. 上數欲用向爲九卿 輒不爲王氏居位者及丞相‧御史所持 故終不遷 居列大夫官前後三十餘年而卒. 後十三歲而王氏代漢.✱

資治通鑑 卷033

【漢紀二十五】

起閼逢攝提格(甲寅) 盡旃蒙單閼(乙卯) 凡二年.

❖ 孝成皇帝下 綏和 2年 (甲寅, 紀元前 7年)

1   春 正月 上行幸甘泉 郊泰畤.

2   二月 壬子 丞相方進薨.

時熒惑守心 丞相府議曹平陵李尋奏記方進 言"災變迫切 大責日加 安得但保斥逐之戮! 闔府三百餘人 唯君侯擇其中 與盡節轉凶."方進憂之 不知所出. 會郎賁麗善爲星 言大臣宜 當之. 上乃召見方進. 還歸 未及引決 上遂賜冊 責讓以政事不 治 災害並臻 百姓窮困 曰"欲退君位 尙未忍 使尙書令賜君上 尊酒十石 養牛一 君審處焉!"方進卽日自殺. 上秘之 遣九卿 冊贈印綬 賜乘輿秘器・少府供張 柱檻皆衣素. 天子親臨弔者 數至 禮賜異於他相故事.

晏嬰有言"天命不慆 不貳其命."禍福之至 安可移
乎! 昔楚昭王·宋景公不忍移災於卿佐 曰"移腹心之
疾 實諸股肱 何益也!"藉其災可移 仁君猶不肯爲 況不
可乎! 使方進罪不至死而誅之 以當大變 是誣天也 方
進有罪當刑 隱其誅而厚其葬 是誣人也 孝成欲誣天·人
而卒無所益 可謂不知命矣.

3   三月 上行幸河東 祠后土.

4   丙戌 帝崩於未央宮.
  帝素強無疾病 是時 楚思王衍·梁王立來朝 明旦 當辭去 上
宿供張白虎殿 又欲拜左將軍孔光爲丞相 已刻侯印 書贊. 昏夜
平善 鄉晨 傳絝韤欲起 因失衣 不能言 晝漏上十刻而崩 民間
讙譁 咸歸罪趙昭儀. 皇太后詔大司馬莽雜與御史·丞相·廷
尉治 問皇帝起居發病狀 趙昭儀自殺.

❖ 班彪贊曰

臣姑充後宮爲倢伃 父子·昆弟侍帷幄 數爲臣言"成
帝善修容儀 升車正立 不內顧 不疾言 不親指 臨朝淵嘿
尊嚴若神 可謂穆穆有天子之容矣. 博覽古今 容受直辭

公卿奏議可述. 遭世承平 上下和睦. 然湛于酒色 趙氏亂內 外家擅朝 言之可爲於邑!"建始以來 王氏始執國命 哀·平短祚 莽遂簒位 蓋其威福所由來者漸矣!

5 　是日 孔光於大行前拜受丞相·博山侯印綬.

6 　富平侯張放聞帝崩 思慕哭泣而死.

❖ 荀悅論曰

放非不愛上 忠不存焉. 故愛而不忠 仁之賊也!

7 　皇太后詔南·北郊長安如故.

8 　夏 四月 丙午 太子卽皇帝位 謁高廟 尊皇太后曰太皇太后 皇后曰皇太后. 大赦天下.
　哀帝初立 躬行儉約 省減諸用 政事由己出 朝廷翕然望至治焉.

9 　己卯 葬孝成皇帝于延陵.

10 　太皇太后令傅太后·丁姬十日一至未央宮.
　有詔問丞相·大司空"定陶共王太后宜當何居?"丞相孔光

素聞傅太后爲人剛暴 長於權謀 自帝在襁褓 而養長敎道至於
成人 帝之立又有力 光心恐傅太后與政事 不欲與帝旦夕相近
卽議以爲"定陶太后宜改築宮."大司空何武曰"可居北宮."
上從武言. 北宮有紫房複道通未央宮 傅太后果從複道朝夕至
帝所 求欲稱尊號 貴寵其親屬 使上不得由直道行. 高昌侯董
宏希指 上書言"秦莊襄王母本夏氏 而爲華陽夫人所子 及卽
位後 俱稱太后. 宜立定陶共王后爲帝太后."事下有司 大司馬
王莽 左將軍 · 關內侯 · 領尙書事師丹劾奏宏"知皇太后至尊
之號 天下一統 而稱引亡秦以爲比喩 誑誤聖朝 非所宜言 大
不道!"上新立 謙讓 納用莽 · 丹言 免宏爲庶人. 傅太后大怒
要上 欲必稱尊號. 上乃白太皇太后 令下詔尊定陶恭王爲恭皇.

11　五月 丙戌 立皇后傅氏 傅太后從弟晏之子也.

12　詔曰"《春秋》母以子貴. 宜尊定陶太后曰恭皇太后 丁姬
曰恭皇后 各置左右詹事 食邑如長信宮 · 中宮."追尊傅父爲
崇祖侯 丁父爲褒德侯 封舅丁明爲陽安侯 舅子滿爲平周侯 皇
后父晏爲孔鄕侯 皇太后弟侍中 · 光祿大夫趙欽爲新城侯. 太
皇太后詔大司馬莽就第 避帝外家 莽上疏乞骸骨. 帝遣尙書令
詔起莽 又遣丞相孔光 · 大司空何武 · 左將軍師丹 · 衛尉傅喜
白太皇太后曰"皇帝聞太后詔 甚悲! 大司馬卽不起 皇帝卽
不敢聽政!"太后乃復令莽視事.

13　成帝之世 鄭聲尤甚 黃門名倡丙彊·景武之屬富顯於世
貴戚至與人主爭女樂. 帝自爲定陶王時疾之 又性不好音 六月
詔曰"孔子不云乎'放鄭聲 鄭聲淫.'其罷樂府官 郊祭樂及古
兵法武樂在《經》非鄭·衛之樂者 別屬他官."凡所罷省過半.
然百姓漸漬日久 又不制雅樂有以相變 豪富吏民湛沔自若.

14　王莽薦中壘校尉劉歆有材行 爲侍中 稍遷光祿大夫 貴幸
更名秀. 上復令秀典領《五經》卒父前業 秀於是總羣書而奏其
七略 有《輯略》·有《六藝略》·有《諸子略》·有《詩賦略》·
有《兵書略》·有《術數略》·有《方技略》. 凡書六略 三十八種
五百九十六家·萬三千二百六十九卷. 其敍諸子 分爲九流 曰
儒 曰道 曰陰陽 曰法 曰名 曰墨 曰從橫 曰雜 曰農 以爲"九
家皆起於王道旣微 諸侯力政 時君世主好惡殊方 是以九家之
術蠭出並作 各引一端 崇其所善 以此馳說 取合諸侯 其言雖
殊 譬如水火相滅 亦相生也 仁之與義 敬之與和 相反而皆相
成也.《易》曰'天下同歸而殊塗 一致而百慮.'今異家者推所長
窮知究慮以明其指 雖有蔽短 合其要歸 亦《六經》之支與流裔
使其人遭明王聖主 得其所折中 皆股肱之材已. 仲尼有言'禮
失而求諸野.'方今去聖久遠 道術缺廢 無所更索 彼九家者 不
猶愈於野乎！ 若能修《六藝》之術而觀此九家之言 舍短取長
則可以通萬方之略矣."

15　河間惠王良能修獻王之行 母太后薨 服喪如禮 詔益封萬

戶 以爲宗室儀表.

16　初 董仲舒說武帝 以"秦用商鞅之法 除井田 民得賣買 富
者田連阡陌 貧者亡立錐之地 邑有人君之尊 里有公侯之富 小
民安得不困！ 古井田法雖難卒行 宜少近古 限民名田以贍不
足 塞幷兼之路 去奴婢 除專殺之威 薄賦斂 省繇役 以寬民力
然後可善治也！"及上卽位 師丹復建言"今累世承平 豪富
吏民訾數鉅萬 而貧弱愈困 宜略爲限."天子下其議 丞相光 ·
大司空武奏請"自諸侯王 · 列侯 · 公主名田各有限 關內侯 ·
吏 · 民名田皆毋過三十頃 奴婢毋過三十人. 期盡三年 犯者沒
入官."時田宅 · 奴婢賈爲減賤 貴戚近習皆不便也 詔書"且須
後."遂寢不行. 又詔"齊三服官 · 諸官 織綺繡難成 · 害女紅
之物 皆止 無作輸. 除任子令及誹謗詆欺法. 掖廷宮人年三十
以下 出嫁之 官奴婢五十以上 免爲庶人 益吏三百石以下俸."

17　上置酒未央宮 內者令爲傅太后張幄 坐於太皇太后坐旁.
大司馬莽按行 責內者令曰"定陶太后 藩妾 何以得與至尊
並！"徹去 更設坐. 傅太后聞之 大怒 不肯會 重怨恚莽 莽復
乞骸骨. 秋 七月 丁卯 上賜莽黃金五百斤 安車駟馬 罷就第.
公卿大夫多稱之者 上乃加恩寵 置中黃門 爲莽家給使 十日
一賜餐. 又下詔益封曲陽侯根 · 安陽侯舜 · 新都侯莽 · 丞相
光 · 大司空武邑戶各有差. 以莽爲特進 · 給事中 · 朝朔望 見
禮如三公. 又還紅陽侯立於京師.

傅太后從弟右將軍喜 好學問 有志行. 王莽旣罷退 衆庶歸望
於喜. 初 上之官爵外親也 喜獨執謙稱疾 傅太后始與政事 數
諫之 由是傅太后不欲令喜輔政. 庚午 以左將軍師丹爲大司馬
封高鄕亭侯 賜喜黃金百斤 上右將軍印綬 以光祿大夫養病 以
光祿勳淮陽彭宣爲右將軍. 大司空何武・尙書令唐林皆上書
言"喜行義修潔 忠誠憂國 內輔之臣也. 今以寢病一旦遣歸 衆
庶失望 皆曰'傅氏賢子 以論議不合於定陶太后 故退'百寮莫
不爲國恨之. 忠臣 社稷之衛 魯以季友治亂 楚以子玉輕重 魏
以無忌折衝 項以范增存亡. 百萬之衆 不如一賢 故秦行千金以
間廉頗 漢散黃金以疏亞父. 喜立於朝 陛下之光輝 傅氏之廢興
也."上亦自重之 故尋復進用焉.

18 　建平侯杜業上書詆曲陽侯王根・高陽侯薛宣・安昌侯張
禹而薦朱博. 帝少而聞知王氏驕盛 心不能善 以初立 故且優
之. 後月餘 司隷校尉解光奏"曲陽侯 先帝山陵未成 公聘取掖
庭女樂五官殷嚴・王飛君等置酒歌舞 及根兄子成都侯況 亦聘
取故掖庭貴人以爲妻 皆無人臣禮 大不敬 不道!"於是天子
曰"先帝遇根・況父子 至厚也 今乃背恩忘義!"以根嘗建社
稷之策 遣就國 免況爲庶人 歸故郡. 根及況父商所薦擧爲官者
皆罷.

19 　九月 庚申 地震 自京師到北邊郡國三十餘處 壞城郭 凡壓
殺四百餘人. 上以災異問待詔李尋 對曰"夫日者 衆陽之長 人

君之表也. 君不修道 則日失其度 晻昧亡光. 間者日尤不精 光明侵奪失色 邪氣珥 蜺數作. 小臣不知內事 竊以日視陛下 志操衰於始初多矣. 唯陛下執乾剛之德 強志守度 毋聽女謁・邪臣之態 諸保阿・乳母甘言卑辭之託 斷而勿聽. 勉強大誼 絶小不忍 良有不得已 可賜以貨財 不可私以官位 誠皇天之禁也.

臣聞月者 眾陰之長 妃后・大臣・諸侯之象也. 間者月數爲變 此爲母后與政亂朝 陰陽俱傷 兩不相便 外臣不知朝事 竊信天文 卽如此 近臣已不足杖矣. 唯陛下親求賢士 無強所惡 以崇社稷 尊強本朝!

臣聞五行以水爲本 水爲準平 王道公正脩明 則百川理 落脈通 偏黨失綱 則湧溢爲敗. 今汝・潁漂涌 與雨水並爲民害 此《詩》所謂'百川沸騰'咎在皇甫卿士之屬. 唯陛下少抑外親大臣!

臣聞地道柔靜 陰之常義也. 間者關東地數震 宜務崇陽抑陰以救其咎 固志建威 閉絶私路 拔進英雋 退不任職 以強本朝! 夫本強則精神折衝 本弱則招殃致凶 爲邪謀所陵. 聞往者淮南王作謀之時 其所難者獨有汲黯 以爲公孫弘等不足言也. 弘 漢之名相 於今無比 而尚見輕 何況亡弘之屬乎! 故曰朝廷亡人 則爲賊亂所輕 其道自然也."

20 騎都尉平當使領河隄 奏"九河今皆寘滅. 按經義 治水有決河深川而無隄防壅塞之文. 河從魏郡以東多溢決 水迹難以分明 四海之眾不可誣. 宜博求能浚川疏河者."上從之.

待詔賈讓奏言 "治河有上・中・下策. 古者立國居民 疆理土地 必遺川澤之分 度水勢所不及. 大川無防 小水得入 陂障卑下 以爲汙澤 使秋水多得其所休息 左右游波寬緩而不迫. 夫土之有川 猶人之有口也 治土而防其川 猶止兒啼而塞其口 豈不遽止 然其死可立而待也. 故曰 '善爲川者決之使道 善爲民者宣之使言.' 蓋隄防之作 近起戰國 雍防百川 各以自利. 齊與趙・魏以河爲竟 趙・魏瀕山 齊地卑下 作隄去河二十五里 河水東抵齊隄則西泛趙・魏 趙・魏亦爲隄 去河二十五里 雖非其正 水尙有所遊盪. 時至而去 則塡淤肥美 民耕田之 或久無害 稍築宮宅 遂成聚落 大水時至 漂沒 則更起隄防以自救 稍去其城郭 排水澤而居之 湛溺自其宜也. 今隄防 狹者去水數百步 遠者數里 於故大隄之內復有數重 民居其間 此皆前世所排也. 河從河內黎陽至魏郡昭陽 東西互有石隄 激水使還 百餘里間 河再西三東 迫阨如此 不得安息.

今行上策 徙冀州之民當水衝者 決黎陽遮害亭 放河使北入海 河西薄大山 東薄金隄 勢不能遠 氾濫朞月自定. 難者將曰 '若如此 敗壞城郭・田廬・冢墓以萬數 百姓怨恨.' 昔大禹治水 山陵當路者毀之 故鑿龍門 闢伊闕 析底柱 破碣石 墮斷天地之性 此乃人功所造 何足言也! 今瀕河十郡 治隄歲費且萬萬 及其大決 所殘無數. 如出數年治河之費以業所徙之民 遵古聖之法 定山川之位 使神人各處其所而不相奸 且以大漢方制萬里 豈其與水爭咫尺之地哉! 此功一立 河定民安 千載無患 故謂之上策.

若乃多穿漕渠於冀州地 使民得以溉田 分殺水怒 雖非聖人法 然亦救敗術也. 可從淇口以東爲石隄 多張水門. 恐議者疑河大川難禁制 滎陽漕渠足以卜之. 冀州渠首盡 當仰此水門 諸渠皆往往股引取之 旱則開東方下水門 溉冀州 水則開西方高門 分河流 民田適治 河隄亦成. 此誠富國安民·興利除害 支數百歲 故謂之中策.

若乃繕完故隄 增卑倍薄 勞費無已 數逢其害 此最下策也."

21　孔光·何武奏"迭毀之次當以時定 請與羣臣雜議."於是光祿勳彭宣等五十三人皆以爲"孝武皇帝雖有功烈 親盡宜毀."太僕王舜·中壘校尉劉歆議曰"《禮》天子七廟. 七者其正法數 可常數者也. 宗不在此數中 宗變也. 苟有功德則宗之 不可預爲設數. 臣愚以爲孝武皇帝功烈如彼 孝宣皇帝崇立之如此 不宜毀."上覽其議 制曰"太僕舜·中壘校尉歆議可."

22　何武後母在蜀郡 遣吏歸迎 會成帝崩 吏恐道路有盜賊 後母留止. 左右或譏武事親不篤 帝亦欲改易大臣 冬 十月 策免武 以列侯歸國. 癸酉 以師丹爲大司空. 丹見上多所匡改成帝之政 乃上書言"古者諒暗不言 聽於冢宰 三年無改於父之道. 前大行屍柩在堂 而官爵臣等以及親屬 赫然皆貴寵 封舅爲陽安侯 皇后尊號未定 豫封父爲孔鄉侯 出侍中王邑·射聲校尉王邯等. 詔書比下 變動政事 卒暴無漸. 臣縱不能明陳大義 復曾不能牢讓爵位 相隨空受封侯 增益陛下之過. 間者郡國多地

動水出 流殺人民 日月不明 五星失行 此皆擧錯失中 號令不
定 法度失理 陰陽潾濁之應也.

臣伏惟人情無子 年雖六七十 猶博取而廣求. 孝成皇帝深見
天命 燭知至德 以壯年克己 立陛下爲嗣. 先帝暴棄天下 而陛
下繼體 四海安寧 百姓不懼 此先帝聖德 當合天人之功也. 臣
聞'天威不違顔咫尺'願陛下深思先帝所以建立陛下之意 且克
己躬行 以觀羣下之從化. 天下者 陛下之家也 肺附何患不富貴
不宜倉卒若是 其不久長矣!"丹書數十上 多切直之言.

傅太后從弟子遷在左右 尤傾邪 上惡之 免官 遣歸故郡. 傅
太后怒 上不得已 復留遷. 丞相光與大司空丹奏言"詔書前後
相反 天下疑惑 無所取信. 臣請歸遷故郡 以銷姦黨."卒不得
遣 復爲侍中 其逼於傅太后 皆此類也.

23 議郎耿育上書冤訟陳湯曰"甘延壽・陳湯 爲聖漢揚鉤深
致遠之威 雪國家累年之恥 討絶域不羈之君 係萬里難制之虜
豈有比哉! 先帝嘉之 仍下明詔 宣著其功 改年垂曆 傳之無
窮. 應是 南郡獻白虎 邊垂無警備. 會先帝寢疾 然猶垂意不忘
數使尙書責問丞相 趣立其功 獨丞相匡衡排而不予 封延壽・
湯數百戶 此功臣戰士所以失望也. 孝成皇帝承建業之基 乘征
伐之威 兵革不動 國家無事 而大臣傾邪 欲專主威 排妒有功
使湯塊然被見拘囚 不能自明 卒以無罪老棄. 敦煌正當西域通
道 令威名折衝之臣 旋踵及身 復爲郅支遺虜所笑 誠可悲也!
至今奉使外蠻者 未嘗不陳郅支之誅以揚漢國之盛. 夫援人之

功以懼敵 棄人之身以快讒 豈不痛哉！ 且安不忘危 盛必慮衰
今國家素無文帝累年節儉富饒之畜 又無武帝薦延梟俊禽敵之
臣 獨有一陳湯耳！ 假使異世不及陛下 尚望國家追錄其功 封
表其墓 以勸後進也. 湯幸得身當聖世 功曾未久 反聽邪臣鞭逐
斥遠 使亡逃分竄 死無處所. 遠覽之士 莫不計度 以爲湯功累
世不可及 而湯過人情所有 湯尚如此 雖復破絶筋骨 暴露形骸
猶復製於脣舌 爲嫉妬之臣所係虜耳. 此臣所以爲國家尤戚戚
也."書奏 天子還湯 卒於長安.

❖ 孝哀皇帝上 孝成皇帝下 建平 元年(乙卯, 紀元前
6年)

1　春 正月 隕石於北地十六.

2　赦天下.

3　司隸校尉解光奏言"臣聞許美人及故中宮史曹宮皆御幸
孝成皇帝 產子. 子隱不見. 臣遣吏驗問 皆得其狀 元延元年 宮
有身 其十月 宮乳掖庭牛官令舍. 中黃門田客持詔記與掖庭獄
丞籍武 令收置暴室獄.'毋問兒男・女 誰兒也！'宮曰'善臧
我兒胞 丞知是何等兒也！'後三日 客持詔記與武 問'兒死
未？'武對'未死.'客曰'上與昭儀大怒 奈何不殺！'武叩頭

啼曰'不殺兒 自知當死 殺之 亦死！'卽因客奏封事曰'陛下
未有繼嗣 子無貴賤 唯留意！'奏入 客復特詔記取兒 付中黃
門王舜. 舜受詔 內兒殿中 爲擇乳母 告'善養兒 且有賞 毋令
漏泄！'舜擇官婢張棄爲乳母. 後三日 客復持詔記幷藥以飮
宮. 宮曰'果也欲姊弟擅天下！ 我兒 男也 額上有壯髮 類孝元
皇帝. 今兒安在？ 危殺之矣！ 奈何令長信得聞之？'遂飮藥
死. 棄所養兒十一日 宮長李南以詔書取兒去 不知所置.

許美人元延二年懷子 十一月乳. 昭儀謂帝曰'常紿我言從中
宮來. 卽從中宮來 許美人兒何從生中！ 許氏竟當復立邪！'懟
以手自擣 以頭擊壁戶柱 從床上自投地 啼泣不肯食 曰'今當
安置我 我欲歸耳！'帝曰'今故告之 反怒爲 殊不可曉也！'
帝亦不食. 昭儀曰'陛下自知是 不食何爲！ 陛下嘗自言"約
不負女！"今美人有子 竟負約 謂何？'帝曰'約以趙氏 故不
立許氏 使天下無出趙氏上者 毋憂也！'後詔使中黃門靳嚴從
許美人取兒去 盛以葦篋 置飾室簾南去. 帝與昭儀坐 使御者于
客子解篋緘 未已 帝使客子及御者皆出 自閉戶 獨與昭儀在.
須臾開戶 嘑客子使緘封篋 及詔記令中黃門吳恭持以與籍武曰
'告武 篋中有死兒 埋屛處 勿令人知！'武穿獄樓垣下爲坎 埋
其中.

其他飮藥傷墮者無數事 皆在四月丙辰赦令前. 臣謹案 永光
三年 男子忠等發長陵傅夫人冢. 事更大赦 孝元皇帝下詔曰
'此朕所不當得赦也.'窮治 盡伏辜. 天下以爲當. 趙昭儀傾亂
聖朝 親滅繼嗣 親屬當伏天誅. 而同產親屬皆在尊貴之位 迫近

帷幄 天下寒心 請事窮竟!"丞相以下議正法 帝於是免新成
侯趙欽·欽兄子成陽侯訢皆爲庶人 將家屬徙遼西郡.

議郞耿育上疏言"臣聞繼嗣失統 廢適立庶 聖人法禁 古今
至戒. 然太伯見歷知適 遂循固讓 委身吳·粤 權變所設 不計
常法 致位王季 以崇聖嗣 卒有天下 子孫承業七八百載 功冠
三王 道德最備 是以尊號追及太王. 故世必有非常之變 然後乃
有非常之謀. 孝成皇帝自知繼嗣不以時立 念雖末有皇子 萬歲
之後未能持國 權柄之重 制於女主 女主驕盛則耆欲無極 少主
幼弱則大臣不使 世無周公抱負之輔 恐危社稷 傾亂天下. 知陛
下有賢聖通明之德 仁孝子愛之恩 懷獨見之明 內斷於身 故廢
後宮就館之漸 絶微嗣禍亂之根 乃欲致位陛下以安宗廟. 愚臣
既不能深援安危 定金匱之計 又不知推演聖德 述先帝之志 乃
反覆校省內 暴露私燕 誣汙先帝傾惑之過 成結寵妾妬媚之誅
甚失賢聖遠見之明 逆負先帝憂國之意!夫論大德不拘俗 立大
功不合衆 此乃孝成皇帝至思所以萬萬於衆臣 陛下聖德盛茂所
以符合於皇天也 豈當世庸庸斗筲之臣所能及哉!且褒廣將順
君父之美 匡救銷滅既往之過 古今通義也. 事不當時固爭 防
禍於未然 各隨指阿從以求容媚 晏駕之後 尊號已定 萬事已訖
乃探追不及之事 訐揚幽昧之過 此臣所深痛也! 願下有司議
卽如臣言 宜宣佈天下 使咸曉知先帝聖意所起. 不然 空使謗議
上及山陵 下流後世 遠聞百蠻 近布海內 甚非先帝託後之意也.
蓋孝者 善述父之志 善成人之事 唯陛下省察!"帝亦以爲太
子頗得趙太后力 遂不竟其事. 傅太后恩趙太后 趙太后亦歸心

故太皇太后及王氏皆怨之.

4　丁酉 光祿大夫傅喜爲大司馬 封高武侯.

5　秋 九月 甲辰 隕石于虞二.

6　郎中令冷褒·黃門郎段猶等復奏言"定陶共皇太后·共皇后 皆不宜復引定陶藩國之名 以冠大號 車馬·衣服宜皆稱皇之意 置吏二千石以下 各供厥職 又宜爲共皇立廟京師."上復下其議 羣下多順指言"母以子貴 宜立尊號以厚孝道."唯丞相光·大司馬喜·大司空丹以爲不可. 丹曰"聖王制禮 取法於天地. 尊卑者 所以正天地之位 不可亂也. 今定陶共皇太后·共皇后以'定陶共'爲號者 母從子 妻從夫之義也. 欲立官置吏 車服與太皇太后並 非所以明'尊無二上'之義也. 定陶共皇號諡已前定 義不得復改. 禮'父爲士 子爲天子 祭以天子 其屍服以士服'子無爵父之義 尊父母也. 爲人後者爲之子 故爲所後服斬衰三年 而降其父母期 明尊本祖而重正統也. 孝成皇帝聖恩深遠 故爲共王立後 奉承祭祀 令共皇長爲一國太祖 萬世不毀 恩義已備. 陛下旣繼體先帝 持重大宗 承宗廟·天地·社稷之祀 義不可復奉定陶共皇祭入其廟. 今欲立廟於京師 而使臣下
祭之 是無主也. 又 親盡當毀. 空去一國太祖不墮之祀 而就無主當毀不正之禮 非所以尊厚共皇也."丹由是浸不合上意.

會有上書言"古者以龜·貝爲貨 今以錢易之 民以故貧 宜可改幣." 上以問丹 丹對言可改. 章下有司議 皆以爲行錢以來 久 難卒變易. 丹老人 忘其前語 復從公卿議. 又丹使吏書奏 吏私寫其草. 丁·傅子弟聞之 使人上書告"丹上封事 行道人徧持其書." 上以問將軍·中朝臣 皆對曰"忠臣不顯諫. 大臣奏事 不宜漏泄 宜不廷尉治." 事下廷尉 劾丹大不敬 事未決 給事中·博士申咸·炔欽上書言"丹經·行無比 自近世大臣能若丹者少. 發憤懣 奏封事 不及深思遠慮 使主簿書 漏泄之過 不在丹 以此貶黜 恐不厭衆心." 上貶咸·欽秩各二等. 遂策免丹曰"朕惟君位尊任重 懷諼迷國 進退違命 反覆異言 甚爲君恥之! 以君嘗託傅位 未忍考于理 其上大司空·高樂侯印綬 罷歸!"

尙書令唐林上疏曰"竊見免大司空丹策書 泰深痛切! 君子作文 爲賢者諱. 丹 經爲世儒宗 德爲國黃耈 親傅聖躬 位在三公 所坐者微 海內未見其大過. 事旣以往 免爵太重 京師識者 咸以爲宜復丹爵邑 使奉朝請. 唯陛下裁覽衆心 有以尉復師傅之臣!"上從林言 下詔 賜丹爵關內侯.

上用杜業之言 召見朱博 起家復爲光祿大夫 遷京兆尹. 冬十月 壬午 以博爲大司空.

7 中山王箕子 幼有眚病 祖母馮太后自養視 數禱祠解. 上遣中郎謁者張由將醫治之. 由素有狂易病 病發 怒去 西歸長安. 尙書簿責由擅去狀 由恐 因誣言中山太后祝詛上及傅太

后. 傅太后與馮太后並事元帝 追怨之 因是遣御史丁玄按驗 數十日 無所得. 更使中謁者令史立治之 立受傅太后指 冀得封侯 治馮太后女弟習及弟婦君之 死者數十人 誣奏云"祝詛 謀殺上 立中山王." 責問馮太后 無服辭. 立曰"熊之上殿何其勇 今何怯也!"太后還謂左右"此乃中語 吏何用知之? 欲陷我效也!"乃飮藥自殺. 宜鄕侯參·君之·習及夫·子當相坐者 或自殺 或伏法 凡死者十七人. 衆莫不憐之.

司隸孫寶奏請覆治馮氏獄 傅太后大怒曰"帝置司隸 主使察我! 馮氏反事明白 故欲摘抉以揚我惡 我當坐之!"上乃順指 下寶獄. 尙書僕射唐林爭之 上以林朋黨比周 左遷敦煌魚澤障候. 大司馬傅喜·光祿大夫龔勝固爭 上爲言太后 出寶 復官. 張由以先告 賜爵關內侯 史立遷中太僕. ✱

資治通鑑 卷034

【漢紀二十六】
起柔兆執徐(丙辰) 盡著雍敦牂(戊午) 凡三年.

❖ 孝哀皇帝中 建平 2年 (丙辰, 紀元前 5年)

1 春 正月 有星孛於牽牛.

2 丁·傅宗族驕奢 皆嫉傅喜之恭儉. 又 傅太后欲求稱尊號
與成帝母齊尊 喜與孔光·師丹共執以爲不可. 上重違大臣正
議 又內迫傅太后 依違者連歲. 傅太后大怒 上不得已 先免師
丹以感動喜 喜終不順. 朱博與孔鄉侯傅晏連結 共謀成尊號事
數燕見 奏封事 毀短喜及孔光. 丁丑 上遂策免喜 以侯就第.
　御史大夫官旣罷 議者多以爲古今異制 漢自天子之號下至
佐史 皆不同於古 而獨改三公 職事難分明 無益於治亂. 於是
朱博奏言 "故事 選郡國守相高第爲中二千石 選中二千石爲御
史大夫 任職者爲丞相 位次有序 所以尊聖德 重國相也. 今中

二千石未更御史大夫而爲丞相 權輕 非所以重國政也. 臣愚以
爲大司空官可罷 復置御史大夫 遵奉舊制. 臣願盡力以御史大
夫爲百僚率!"上從之. 夏 四月 戊午 更拜博爲御史大夫. 又
以丁太后兄陽安侯明爲大司馬‧衛將軍 置官屬 大司馬冠號如
故事.

3　　傅太后又自詔丞相‧御史大夫曰"高武侯喜附下罔上 與
故大司空丹同心背畔 放命圮族 不宜奉朝請 其遣就國."

4　　丞相孔光 自先帝時議繼嗣 有持異之隙 又重忤傅太后指.
由是傅氏在位者與朱博爲表裏 共毀譖光. 乙亥 策免光爲庶人.
以御史大夫朱博爲丞相 封陽鄉侯 少府趙玄爲御史大夫. 臨延
登受策 有大聲如鐘鳴 殿中郎吏陛者皆聞焉.
　上以問黃門侍郎蜀郡揚雄及李尋. 尋對曰"此《洪範》所謂鼓
妖者也. 師法 以爲人君不聰 爲衆所惑 空名得進 則有聲無形
不知所從生. 其《傳》曰'歲‧月‧日之中 則正卿受之.'今以
四月日加辰‧巳有異 是爲中焉. 正卿 謂執政大臣也. 宜退丞
相‧御史 以應天變. 然雖不退 不出期年 其人自蒙其咎."揚
雄亦以爲"鼓妖 聽失之象也. 朱博爲人強毅 多權謀 宜將不宜
相 恐有凶惡亟疾之怒."上不聽.
　朱博既爲丞相 上遂用其議 下詔曰"定陶共皇之號 不宜復
稱定陶. 尊共皇太后曰帝太太后 稱永信宮 共皇后曰帝太后 稱
中安宮 爲共皇立寢廟於京師 比宣帝父悼皇考制度."於是四

太后各置少府・太僕 秩皆中二千石. 傅太后旣尊後. 尤驕 與
太皇太后語 至謂之"嫗."時丁・傅以一二年間暴興尤盛 爲公
卿列侯者甚衆. 然帝不甚假以權勢 不如王氏在成帝世也.

5　　丞相博・御史大夫玄奏言"前高昌侯宏 首建尊號之議 而
爲關內侯師丹所劾奏 免爲庶人. 時天下衰粗 委政於丹 丹不深
惟襃廣尊號之義 而妄稱說 抑貶尊號 虧損孝道 不忠莫大焉！
陛下仁聖 昭然定尊號 宏以忠孝復封高昌侯 丹惡逆暴著 雖蒙
赦令 不宜有爵邑 請免爲庶人."奏可.

又奏"新都侯王莽前爲大司馬 不廣尊尊之義 抑貶尊號 虧
損孝道 當伏顯戮. 幸蒙赦令 不宜有爵土 請免爲庶人."上曰
"以莽與皇太后有屬 勿免 遣就國."及平阿侯仁臧匿趙昭儀親
屬 皆遣就國.

天下多冤王氏者. 諫大夫楊宣上封事言"孝成皇帝深惟宗廟
之重 稱述陛下至德以承天序 聖策深遠 恩德至厚. 惟念先帝
之意 豈不欲以陛下自代 奉承東宮哉！ 太皇太后春秋七十 數
更憂傷 勅令親屬引領以避丁・傅 行道之人爲之隕涕 況於陛
下！ 時登高遠望 獨不慚於延陵乎！"帝深感其言 復封成都
侯商中子邑爲成都侯.

6　　朱博又奏言"漢家故事 置部刺史 秩卑而賞厚 咸勸功樂
進. 前罷刺史 更置州牧 秩眞二千石 位次九卿 九卿缺 以高第
補 其中材則苟自守而已 恐功效陵夷 姦軌不禁. 臣請罷州牧

置刺史如故."上從之.

7 六月 庚申 帝太后丁氏崩 詔歸葬定陶共皇之園 發陳留‧
濟陰近郡國五萬人穿復土.

8 初 成帝時 齊人甘忠可詐造《天官歷》‧《包元太平經》十二
卷 言漢家逢天地之大終 當更受命於天 以敎渤海夏賀良等. 中
壘校尉劉向奏忠可假鬼神 罔上惑衆 下獄 治服 未斷 病死. 賀
良等復私以相敎. 上卽位 司隸校尉解光‧騎都尉李尋白賀良
等 皆待詔黃門. 數召見 陳說"漢曆中衰 當更受命. 成帝不應
天命 故絕嗣. 今陛下久疾 變異屢數 天所以譴告人也. 宜急改
元易號 乃得延年益壽 皇子生 災異息矣. 得道不得行 咎殃且
無不有 洪水將出 災火且起 滌蕩民人."上久寢疾 冀其有益
遂從賀良等議 詔大赦天下 以建平二年爲太初元年 號曰"陳
聖劉太平皇帝"漏刻以百二十爲度.

9 秋 七月 以渭城西北原上永陵亭部爲初陵 勿徙郡國民.

10 上旣改號月餘 寢疾自若. 夏賀良等復欲妄變政事 大臣爭
以爲不可許. 賀良等奏言"大臣皆不知天命 宜退丞相‧御史
以解光‧李尋輔政."上以其言無驗 八月 詔曰"待詔賀良等建
言改元易號 增益漏刻 可以永安國家. 朕信道不篤 過聽其言
冀爲百姓獲福 卒無嘉應. 夫過而不改 是謂過矣! 六月甲子詔

書 非赦令 皆蠲除之. 賀良等反道惑衆 姦態當窮竟." 皆下獄
伏誅. 尋及解光減死一等 徙敦煌郡.

11 　上以寢疾 盡復前世所嘗興諸神祠凡七百餘所 一歲三萬
七千祠云.

12 　傅太后怨傅喜不已 使孔鄕侯風丞相朱博令奏免喜侯. 博
與御史大夫趙玄議之 玄言"事已前決 得無不宜?" 博曰"已
許孔鄕侯矣. 匹夫相要 尙相得死 何況至尊! 博唯有死耳!"
玄卽許可. 博惡獨斥奏喜 以故大司空氾鄕侯何武前亦坐過免
就國 事與喜相似 卽幷奏"喜·武前在位 皆無益於治 雖已退
免 爵土之封 非所當也. 皆請免爲庶人." 上知傅太后素嘗怨喜
疑博·玄承指 卽召玄詣尙書問狀 玄辭服. 有詔"左將軍彭宣
與中朝者雜問" 宣等奏劾"博·玄·晏皆不道 不敬 請召詣廷
尉詔獄." 上減玄死罪三等 削晏戶四分之一 假謁者節召丞相
詣廷尉 博自殺 國除.

13 　九月 以光祿勳平當爲御史大夫 冬 十月 甲寅 遷爲丞相
以冬月故 且賜爵關內侯. 以京兆尹平陵王喜爲御史大夫.

14 　上欲令丁·傅處爪牙官 是歲 策免左將軍淮陽彭宣 以關
內侯歸家 而以光祿勳丁望代爲左將軍.

15 烏孫卑爰疐侵盜匈奴西界 單于遣兵擊之 殺數百人 略千餘人 敺牛畜去. 卑爰疐恐 遣子趨逯爲質匈奴 單于受 以狀聞. 漢遣使者責讓單于 告令還歸卑爰疐質子. 單于受詔遣歸.

❖ 孝哀皇帝中 建平 3年 (丁巳, 紀元前 4年)

1 春 正月 立廣德夷王弟廣漢爲廣平王.

2 癸卯 帝太太后所居桂宮正殿火.

3 上使使者召丞相平當 欲封之. 當病篤 不應. 室家或謂當 "不可強起受侯印爲子孫邪？" 當曰 "吾居大位 已負素餐責矣. 起受侯印 還臥而死 死有餘罪. 今不起者 所以爲子孫也！" 遂上書乞骸骨 上不許. 三月 己酉 當薨.

4 有星孛于河鼓.

5 夏 四月 丁酉 王嘉爲丞相 河南太守王崇爲御史大夫. 崇 京兆尹駿之子也. 嘉以時政苛急 郡國守相數有變動 乃上疏曰 "臣聞聖王之功在於得人. 孔子曰 '材難 不其然與！' 故繼世立諸侯 象賢也. 雖不能盡賢 天子爲擇臣・立命卿以輔之. 居是國也 累世尊重 然後士民之衆附焉 是以敎化行而治功立. 今

之郡守重於古諸侯 往者致選賢材 賢材難得 拔擢可用者 或起
於囚徒. 昔魏尙坐事繫 文帝感馮唐之言 遣使持節赦其罪 拜爲
雲中太守 匈奴忌之. 武帝擢韓安國於徒中 拜爲梁內史 骨肉以
安. 張敞爲京兆尹 有罪當免 黠吏知而犯敞 敞收殺之 其家自
寃 使者覆獄 劾敞賊殺人 上逮捕不下 會免 亡命十數日 宣帝
徵敞拜爲冀州刺史 卒獲其用. 前世非私此三人 貪其材器有益
於公家也. 孝文時 吏居官者或長子孫 倉氏·庫氏則倉庫吏之
後也 其二千石長吏亦安官樂職 然後上下相望 莫有苟且之意.
其後稍稍變易 公卿以下傳相促急 又數改更政事 司隷·部刺
史擧劾苛細 發揚陰私 吏或居官數月而退 送故迎新 交錯道路.
中材苟容求全 下材懷危內顧 壹切營私者多. 二千石益輕賤 吏
民慢易之 或持其微過 增加成罪 言於司隷·刺史 或上書告之
衆庶知其易危 小失意則有離畔之心. 前山陽亡徒蘇令等縱橫
吏士臨難 莫肯伏節死義 以守·相威權素奪也. 孝成皇帝悔之
下詔書 二千石不爲故縱 遣使者賜金 尉厚其意 誠以爲國家有
急 取辦於二千石 二千石尊重難危 乃能使下. 孝宣皇帝愛其善
治民之吏 有章劾事留中 會赦壹解. 故事 尙書希下章 爲煩擾
百姓 證驗繫治 或死獄中 章文必有 '敢告之' 字乃下. 唯陛下
留神於擇賢 記善忘過 容忍臣子 勿責以備. 二千石·部刺史·
三輔縣令有材任職者 人情不能不有過差 宜可闊略 令盡力者
有所勸. 此方今急務 國家之利也. 前蘇令發 欲遣大夫使逐問
狀 時見大夫無可使者 召盭厔令尹逢 拜爲諫大夫遣之. 今諸大
夫有材能者甚少 宜豫畜養可成就者 則士赴難不愛其死. 臨事

倉卒乃求 非所以明朝廷也."嘉因薦儒者公孫光·滿昌及能吏
蕭咸·薛脩等 皆故二千石有名稱者 天子納而用之.

6　六月 立魯頃王子部鄕侯閔爲王.

7　上以寢疾未定 冬 十一月 壬子 令太皇太后下詔復甘泉泰
畤·汾陰后土祠 罷南·北郊. 上亦不能親至甘泉·河東 遣有
司行事而禮祠焉.

8　無鹽危山土自起覆草 如馳道狀 又 瓠山石轉立. 東平王雲
及后謁自之石所祭 治石象瓠山立石 束倍草 幷祠之. 河內息夫
躬·長安孫寵相與謀共告之 曰"此取封侯之計也."乃與中郞
谷師譚共因中常侍宋弘上變事 告焉. 是時上被疾 多所惡 事下
有司 逮王后謁下獄驗治 服"祠祭詛祝上 爲雲求爲天子 以爲
石立 宣帝起之表也."有司請誅王 有詔 廢徙房陵. 雲自殺 謁
及舅伍宏及成帝舅安成共侯夫人放 皆棄市. 事連御史大夫王
崇 左遷大司農. 擢寵爲南陽太守 譚潁川都尉 弘·躬皆光祿大
夫·左曹·給事中.

❖ 孝哀皇帝中 建平 4年 (戊午, 紀元前 3年)

1　春 正月 大旱.

2 關東民無故驚走 持稾或撤一枚 轉相付與 曰行西王母籌
道中相過逢 多至千數 或被髮徒跣 或夜折關 或踰牆入 或乘
車騎奔馳 以置驛傳行 經郡國二十六至京師 不可禁止. 民又聚
會里巷阡陌 設博具 歌舞祠西王母 至秋乃止.

3 上欲封傅太后從父弟侍中・光祿大夫商 尚書僕射平陵鄭
崇諫曰"孝成皇帝封親舅五侯 天爲赤黃 晝昏 日中有黑氣. 孔
鄉侯 皇后父 高武侯以三公封 尚有因緣. 今無故欲復封商 壞
亂制度 逆天人之心 非傅氏之福也！ 臣願以身命當國咎！"
崇因持詔書案起. 傅太后大怒曰"何有爲天子乃反爲一臣所顓
制邪！"二月 癸卯 上遂下詔封商爲汝昌侯.

4 駙馬都尉・侍中雲陽董賢得幸於上 出則參乘 入御左右
賞賜累鉅萬 貴震朝廷. 常與上臥起. 嘗晝寢 偏藉上袖 上欲起
賢未覺 不欲動賢 乃斷袖而起. 又詔賢妻得通引籍殿中 止賢
廬. 又召賢女弟以爲昭儀 位次皇后. 昭儀及賢與妻旦夕上下
並侍左右. 以賢父恭爲少府 賜爵關內侯. 詔將作大匠爲賢起大
第北闕下 重殿 洞門 土木之功 窮極技巧. 賜武庫禁兵 上方珍
寶. 其選物上弟盡在董氏 而乘輿所服乃其副也. 及至東園祕
器・珠襦・玉匣 豫以賜賢 無不備具. 又令將作爲賢起冢塋義
陵旁 內爲便房 剛柏題湊 外爲徼道 周垣數里 門闕罘罳甚盛.
　鄭崇以賢貴寵過度諫上 由是重得罪 數以職事見責 發疾頸
癰 欲乞骸骨 不敢. 尚書令趙昌佞諂 素害崇 知見疏 因奏"崇

與宗族通 疑有姦 請治." 上責崇曰"君門如市人 何以欲禁切
主上?"崇對曰"臣門如市 臣心如水. 願得考覆!"上怒 下
崇獄. 司隸孫寶上書曰"按尙書令昌奏僕射崇獄 覆治 榜掠將
死 卒無一辭 道路稱冤. 疑昌與崇內有纖介 浸潤相陷. 自禁門
樞機近臣 蒙受冤譖 虧損國家 爲謗不小. 臣請治昌以解衆心."
書奏 上下詔曰"司隸寶附下罔上 以春月作詆欺 遂其姦心 蓋
國之賊也. 免寶爲庶人."崇竟死獄中.

5　三月 諸吏・散騎・光祿勳賈延爲御史大夫.

6　上欲侯董賢而未有緣 侍中傅嘉勸上定息夫躬・孫寵告東
平本章 去宋弘 更言因董賢以聞 欲以其功侯之 皆先賜爵關內
侯. 頃之 上欲封賢等而心憚王嘉 乃先使孔鄕侯晏持詔書示丞
相・御史. 於是嘉與御史大夫賈延上封事言"竊見董賢等三人
始賜爵 衆庶匈匈 咸曰賢貴 其餘幷蒙恩 至今流言未解. 陛下
仁恩於賢等不已 宜暴賢等本奏語言 延問公卿・大夫・博士・
議郞 考合古今 明正其義 然後乃加爵土 不然 恐大失衆心 海
內引領而議. 暴評其事 必有言當封者 在陛下所從 天下雖不說
咎有所分 不獨在陛下. 前定陵侯淳于長初封 其事亦議 大司農
谷永以長當封 衆人歸咎于永 先帝不獨蒙其譏. 臣嘉 臣延 材
駑不稱 死有餘責 知順指不迕 可得容身須臾. 所以不敢者 思
報厚恩也."上不得已 且爲之止.

7　夏 六月 尊帝太太后爲皇太太后.

8　秋 八月 辛卯 上下詔切責公卿曰“昔楚有子玉得臣 晉文爲之側席而坐 近事 汲黯折淮南之謀. 今東平王雲等至有圖弑天子逆亂之謀者 是公卿股肱莫能悉心‧務聰明以銷厭未萌故也. 賴宗廟之靈 侍中‧駙馬都尉賢等發覺以聞 咸伏厥辜.《書》不云乎‘用德章厥善.’其封賢爲高安侯 南陽太守寵爲方陽侯 左曹‧光祿大夫躬爲宜陵侯 賜右師譚爵關內侯.”又封傅太后同母弟鄭惲子業爲陽信侯. 息夫躬旣親近 數進見言事議論無所避 上疏歷詆公卿大臣. 眾畏其口 見之仄目.

9　上使中黃門發武庫兵 前後十輩 送董賢及上乳母王阿舍.執金吾毋將隆奏言“武庫兵器 天下公用. 國家武備 繕治造作皆度大司農錢. 大司農錢 自乘輿不以給共養 共養勞賜 一出少府. 蓋不以本臧給末用 不以民力共浮費 別公私 示正路也. 古者諸侯‧方伯得顓征伐 乃賜斧鉞 漢家邊吏職任距寇 亦賜武庫兵 皆任事然後蒙之.《春秋》之誼 家不臧甲 所以抑臣威 損私力也. 今賢等便僻弄臣 私恩微妾 而以天下公用給其私門 契國威器 共其家備 民力分於弄臣 武兵設於微妾 建立非宜 以廣驕僭 非所以示四方也. 孔子曰‘奚取於三家之堂！’臣請收還武庫.”上不說.

頃之 傅太后使謁者賤買執金吾官婢八人 隆奏言“買賤 請更平直.”上於是制詔丞相‧御史“隆位九卿 旣無以匡朝廷之

不逮 而反奏請與永信宮爭貴賤之賈 傷化失俗. 以隆前有安國
之言 左遷爲沛郡都尉."初 成帝末 隆爲諫大夫 嘗奏封事言
"古者選諸侯入爲公卿 以褒功德 宜徵定陶王使在國邸 以塡萬
方."故上思其言而宥之.

10　諫大夫渤海鮑宣上書曰"竊見孝成皇帝時 外親持權 人人
牽引所私以充塞朝廷 妨賢人路 濁亂天下 奢泰亡度 窮困百姓
是以日食且十 彗星四起. 危亡之徵 陛下所親見也 今奈何反覆
劇於前乎!

今民有七亡 陰陽不和 水旱爲災 一亡也 縣官重責更賦租稅
二亡也 貪吏並公 受取不已 三亡也 豪強大姓 蠶食亡厭 四亡
也 苛吏繇役 失農桑時 五亡也 部落鼓鳴 男女遮列 六亡也 盜
賊劫略 取民財物 七亡也. 七亡尚可 又有七死 酷吏毆殺 一死
也 治獄深刻 二死也 冤陷亡辜 三死也 盜賊橫發 四死也 怨讐
相殘 五死也 歲惡饑餓 六死也 時氣疾疫 七死也. 民有七亡而
無一得 欲望國安 誠難 民有七死而無一生 欲望刑措 誠難. 此
非公卿·守相貪殘成化之所致邪!

羣臣幸得居尊官 食重祿 豈有肯加惻隱於細民 助陛下流教
化者邪! 志但在營私家 稱賓客 爲姦利而已. 以苟容曲從爲賢
以拱默尸祿爲智 謂如臣宣等爲愚. 陛下擢臣巖穴 誠冀有益豪
毛 豈徒欲使臣美食大官·重高門之地哉!

天下 乃皇天之天下也. 陛下上爲皇天子 下爲黎庶父母 爲天
牧養元元 視之當如一 合《尸鳩》之詩. 今貧民菜食不厭 衣又穿

空 父子·夫婦不能相保 誠可爲酸鼻. 陛下不救 將安所歸命
乎！奈何獨私養外親與幸臣董賢 多賞賜 以大萬數 使奴從·
賓客 漿酒藿肉 蒼頭盧兒 皆用致富 非天意也.

及汝昌侯傅商 亡功而封. 夫官爵非陛下之官爵 乃天下之官
爵也. 陛下取非其官 官非其人 而望天說民服 豈不難哉！方陽
侯孫寵 宜陵侯息夫躬 辯足以移衆 强可用獨立 姦人之雄 惑
世尤劇者也 宜以時罷退. 及外親幼童未通經術者 皆宜令休 就
師傅. 急徵故大司馬傅喜 使領外親. 故大司空何武·師丹 故
丞相孔光 故左將軍彭宣 經皆更博士 位皆歷三公 龔勝爲司直
郡國皆愼選擧 可大委任也. 陛下前以小不忍退武等 海內失望.
陛下尙能容亡功德者甚衆 曾不能忍武等邪！治天下者 當用天
下之心爲心 不得自專快意而已也."宣語雖刻切 上以宣名儒
優容之.

11   匈奴單于上書願朝五年. 時帝被疾 或言"匈奴從上游來
厭人 自黃龍·竟寧時 單于朝中國 輒有大故."上由是難之 以
問公卿 亦以爲虛費府帑 可且勿許. 單于使辭去 未發 黃門郞
揚雄上書諫曰"臣聞《六經》之治 貴於未亂 兵家之勝 貴於未
戰 二者皆微 然而大事之本 不可不察也. 今單于上書求朝 國
家不許而辭之 臣愚以爲漢與匈奴從此隙矣. 匈奴本五帝所不
能臣 三王所不能制 其不可使隙明甚. 臣不敢遠稱 請引秦以來
明之

以秦始皇之强 蒙恬之威 然不敢窺西河 乃築長城以界之. 會

漢初興 以高祖之威靈 三十萬衆困於平城 時奇譎之士·石畫
之臣甚衆 卒其所以脫者 世莫得而言也. 又高后時 匈奴悖慢
大臣權書遺之 然後得解. 及孝文時 匈奴侵暴北邊 候騎至雍
甘泉 京師大駭 發三將軍屯棘門·細柳·霸上以備之 數月乃
罷. 孝武卽位 設馬邑之權 欲誘匈奴 徒費財勞師 一虜不可得
見 況單于之面乎！ 其後深惟社稷之計 規恢萬載之策 乃大興
師數十萬 使衛靑·霍去病操兵 前後十餘年 於是浮西河 絶大
幕 破眞顔 襲王庭 窮極其地 追奔逐北 封狼居胥山 禪於姑衍
以臨翰海 虜名王·貴人以百數. 自是之後 匈奴震怖 益求和親
然而未肯稱臣也.

且夫前世豈樂傾無量之費 役無罪之人 快心狼望之北哉？
以爲不壹勞者不久逸 不暫費者不永寧 是以忍百萬之師以摧餓
虎之喙 運府庫之財塡盧山之壑而不悔也. 至本始之初 匈奴有
桀心 欲掠烏孫 侵公主 乃發五將之師十五萬騎以擊之 時鮮有
所獲 徒奮揚威武 明漢兵若雷風耳！ 雖空行空反 尙誅兩將軍
故北狄不服 中國未得高枕安寢也. 逮至元康·神爵之間 大化
神明 鴻恩溥洽 而匈奴內亂 五單于爭立 日逐·呼韓邪攜國歸
死 扶伏稱臣 然尙羈縻之 計不顓制. 自此之後 欲朝者不距 不
欲者不強. 何者？ 外國天性忿鷙 形容魁健 負力怙氣 難化以
善 易肆以惡 其強難詘 其和難得. 故未服之時 勞師遠攻 傾國
殫貨 伏尸流血 破堅拔敵 如彼之難也 旣服之後 慰薦撫循 交
接賂遺 威儀俯仰 如此之備也. 往時嘗屠大宛之城 蹈烏桓之壘
探姑繒之壁 藉蕩姐之場 艾朝鮮之旃 拔兩越之旗 近不過旬月

之役 遠不離二時之勞 固已犂其庭 掃其閭 郡縣而置之 雲徹
席捲 後無餘災. 唯北狄爲不然 眞中國之堅敵也 三垂比之縣矣
前世重之茲甚 未易可輕也.

今單于歸義 懷款誠之心 欲離其庭 陳見于前 此乃上世之遺
策 神靈之所想望 國家雖費 不得已者也. 奈何距以來厭之辭
疏以無日之期 消往昔之恩 開將來之隙? 夫疑而隙之 使有恨
心 負前言 緣往辭 歸怨於漢 因以自絶 終無北面之心 威之不
可 諭之不能 焉得不爲大憂乎! 夫明者視於無形 聰者聽於無
聲 誠先於未然 卽兵革不用而憂患不生. 不然 壹有隙之後 雖
智者勞心於內 辯者歠擊於外 猶不若未然之時也. 且往者圖西
域 制車師 置城郭都護三十六國 豈爲康居·烏孫能踰白龍堆
而寇西邊哉? 乃以制匈奴也. 夫百年勞之 一日失之 費十而愛
一 臣竊爲國不安也. 唯陛下少留意於未亂·未戰 以遏邊萌之
禍!"書奏 天子寤焉 召還匈奴使者 更報單于書而許之. 賜雄
帛五十匹 黃金十斤. 單于未發 會病 復遣使願朝明年 上許之.

12　董賢貴幸日盛 丁·傅害其寵 孔鄉侯晏與息夫躬謀欲求居
位輔政. 會單于以病未朝 躬因是而上奏 以爲"單于當以十一
月入塞 後以病爲解 疑有他變. 烏孫兩昆彌弱 卑爰疐強盛 東
結單于 遣子往侍 恐其合勢以幷烏孫 烏孫幷 則匈奴盛而西域
危矣. 可令降胡詐爲卑爰疐使者來上書 欲因天子威告單于歸
臣侍子 因下其章 令匈奴客聞焉 則是所謂'上兵伐謀 其次伐
交'者也."

書奏 上引見躬 召公卿·將軍大議. 左將軍公孫祿以爲"中國常以威信懷伏夷狄 躬欲逆詐 進不信之謀 不可許. 且匈奴賴先帝之德 保塞稱蕃 今單于以疾病不任奉朝賀 遣使自陳 不失臣子之禮. 臣祿自保沒身不見匈奴爲邊竟憂也！"躬掎祿曰"臣爲國家計 冀先謀將然 豫圖未形 爲萬世慮. 而祿欲以其犬馬齒保目所見. 臣與祿異議 未可同日語也！"上曰"善！"乃罷羣臣 獨與躬議.

躬因建言"災異屢見 恐必有非常之變 可遣大將軍行邊兵敕武備 斬一郡守以立威 震四夷 因以厭應變異."上然之 以問丞相嘉 對曰"臣聞動民以行不以言 應天以實不以文 下民微細 猶不可詐 況於上天神明而可欺哉！ 天之見異 所以敕戒人君 欲令覺悟反正 推誠行善 民心說而天意得矣！ 辯士見一端 或妄以意傅著星曆 虛造匈奴·西羌之難 謀動干戈 設爲權變 非應天之道也. 守相有罪 車馳詣闕 交臂就死 恐懼如此 而談說者欲動安之危 辯口快耳 其實未可從. 夫議政者 苦其諂諛·傾險·辯惠·深刻也. 昔秦繆公不從百里奚·蹇叔之言 以敗其師 其悔過自責 疾詿誤之臣 思黃髮之言 名垂於後世. 願陛下觀覽古戒 反覆參考 無以先入之語爲主！"上不聽. ✱

資治通鑑 卷035

【漢紀二十七】

起屠維協洽(己未) 盡玄黓閹茂(壬戌) 凡四年.

❖ 孝哀皇帝下 元壽 元年（己未, 紀元前 2年）

1　　春 正月 辛丑朔 詔將軍·中二千石擧明習兵法者各一人
因就拜孔鄕侯傅晏爲大司馬·衛將軍 陽安侯丁明爲大司馬·
票騎將軍.

2　　是日 日有食之. 上詔公卿大夫悉心陳過失 又令擧賢良方
正能直言者各一人. 大赦天下.

　　丞相嘉奏封事曰"孝元皇帝奉承大業 溫恭少欲 都內錢四十
萬萬. 嘗幸上林 後宮馮貴人從臨獸圈 猛獸驚出 貴人前當之
元帝嘉美其義 賜錢五萬. 掖庭見親 有加賞賜 屬其人勿衆謝.
示平惡偏 重失人心 賞賜節約. 是時外戚貲千萬者少耳 故少
府·水衡見錢多也. 雖遭初元·永光凶年饑饉 加以西羌之變

外奉師旅 內振貧民 終無傾危之憂 以府藏內充實也. 孝成皇帝
時 諫臣多言燕出之害 及女寵專愛 耽於酒色 損德傷年 其言
甚切 然終不怨怒也. 寵臣淳于長·張放·史育 育數貶退 家貲
不滿千萬 放斥逐就國 長榜死於獄 不以私愛害公義 故雖多內
譏 朝廷安平 傳業陛下.

陛下在國之時 好《詩》·《書》上儉節 徵來 所過道上稱誦德
美 此天下所以回心也. 初卽位 易帷帳 去錦繡 乘輿席緣綈繒
而已. 共皇寢廟比當作 憂閔元元 惟用度不足 以義割恩 輒且
止息 今始作治. 而駙馬都尉董賢亦起官寺上林中 又爲賢治大
第 開門鄉北闕 引王渠灌園池 使者護作 賞賜吏卒 甚於治宗
廟. 賢母病 長安廚給祠具 道中過者皆飲食. 爲賢治器 器成 奏
御乃行 或物好 特賜其工. 自貢獻宗廟·三宮 猶不至此. 賢
家有賓婚及見親 諸官並共 賜及倉頭·奴婢人十萬錢. 使者護
視·發取市物 百賈震動 道路讙譁 羣臣惶惑. 詔書罷苑 而以
賜賢二千餘頃 均田之制從此墮壞. 奢僭放縱 變亂陰陽 災異衆
多 百姓訛言 持籌相驚 天惑其意 不能自止. 陛下素仁智愼事
今而有此大譏.

孔子曰 '危而不持 顚而不扶 則將安用彼相矣！'臣嘉幸得
備位 竊內悲傷不能通愚忠之信 身死有益於國 不敢自惜. 唯陛
下愼己之所獨鄉 察衆人之所共疑！往者鄧通·韓嫣 驕貴失度
逸豫無厭 小人不勝情欲 卒陷罪辜 亂國亡軀 不終其祿 所謂
'愛之適足以害之'者也！宜深覽前世 以節賢寵 全安其命."
上由是於嘉浸不說.

前涼州刺史杜鄴以方正對策曰"臣聞陽尊陰卑 天之道也. 是
以男雖賤 各爲其家陽 女雖貴 猶爲其國陰. 故禮明三從之義
雖有文母之德 必繫於子. 昔鄭伯隨姜氏之欲 終有叔段簒國之
禍 周襄王內迫惠后之難 而遭居鄭之危. 漢興 呂太后權私親屬
幾危社稷. 竊見陛下約儉正身 欲與天下更始 然嘉瑞未應 而日
食·地震. 案《春秋》災異 以指象爲言語. 日食 明陽爲陰所臨.
坤以法地 爲土 爲母 以安靜爲德 震 不陰之效也. 占象甚明
臣敢不直言其事! 昔曾子問從令之義 孔子曰'是何言與!'
善閔子騫守禮不苟從親 所行無非理者 故無可間也. 今諸外家
昆弟 無賢不肖 並侍帷幄 布在列位 或典兵衛 或將軍屯 寵意
并於一家 積貴之勢 世所希見·所希聞也. 至乃並置大司馬·
將軍之官 皇甫雖盛 三桓雖隆 魯爲作三軍 無以甚此! 當拜
之日 晻然日食. 不在前後 臨事而發者 明陛下謙遜無專 承指
非一 所言輒聽 所欲輒隨 有罪惡者不坐辜罰 無功能者畢受官
爵 流漸積猥 過在於是 欲令昭昭以覺聖朝. 昔詩人所刺《春
秋》所譏 指象如此 殆不在他. 由後視前 忿邑非之. 逮身所行
不自鏡見 則以爲可 計之過者. 願陛下加致精誠 思承始初 事
稽諸古 以厭下心 則黎庶羣生無不說喜 上帝百神收還威怒 禎
祥福祿 何嫌不報!"

上又徵孔光詣公車 問以日食事 拜爲光祿大夫 秩中二千石
給事中 位次丞相.

初 王莽旣就國 杜門自守. 其中子獲殺奴 莽切責獲 令自殺.
在國三歲 吏民上書冤訟莽者百數. 至是 賢良周護·宋崇等對

策 復深訟莽功德. 上於是徵莽及平阿侯仁還京師 侍太后.

3   董賢因日食之變以沮傅晏‧息夫躬之策 辛卯 上收晏印綬
罷就第.

4   丁巳 皇太太后傅氏崩 合葬渭陵 稱孝元傅皇后.

5   丞相‧御史奏息夫躬‧孫寵等罪過 上乃免躬‧寵官 遣就
國 又罷侍中‧諸曹‧黃門郎數十人.
　鮑宣上書曰 "陛下父事天 母事地 子養黎民. 卽位已來 父虧
明 母震動 子訛言相驚恐. 今日食於三始 誠可畏懼. 小民正朔
日尚恐毀敗器物 何況於日虧乎！陛下深內自責 避正殿 舉直
言 求過失 罷退外親及旁仄素餐之人 徵拜孔光爲光祿大夫 發
覺孫寵‧息夫躬過惡 免官遣就國 眾庶歡然 莫不說喜. 天人
同心 人心說則天意解矣. 乃二月丙戌 白虹干日 連陰不雨 此
天下憂結未解 民有怨望未塞者也. 侍中‧駙馬都尉董賢 本無
葭莩之親 但以令色‧諛言自進 賞賜無度 竭盡府臧 幷合三第
尚以爲小 復壞暴室. 賢父‧子坐使天子使者 將作治第 行夜吏
卒皆得賞賜 上冢有會 輒太官爲供. 海內貢獻 當養一君 今反
盡之賢家 豈天意與民意邪！天不可久負 厚之如此 反所以害
之也！誠欲哀賢 宜爲謝過天地 解讎海內 免遣就國 收乘輿
器物還之縣官 如此 可以父子終其性命 不者 海內之所仇 未
有得久安者也. 孫寵‧息夫躬不宜居國 可皆免 以視天下. 復

徵何武·師丹·彭宣·傅喜 曠然使民易視 以應天心 建立大
政 興太平之端." 上感大異 納宣言 徵何武·彭宣 拜鮑宣爲司
隸.

6　　上託傅太后遺詔 令太皇太后下丞相·御史 益封董賢二千
戶 賜孔鄉侯·汝昌侯·陽新侯國. 王嘉封還詔書 因奏封事諫
曰 "臣聞爵祿·土地 天之有也.《書》云'天命有德 五服五章
哉！'王者代天爵人 尤宜愼之. 裂地而封 不得其宜 則衆庶不
服 感動陰陽 其害疾自深. 今聖體久不平 此臣嘉所內懼也. 高
安侯賢 佞幸之臣 陛下傾爵位以貴之 單貨財以富之 損至尊以
寵之 主威已黜 府藏已竭 唯恐不足. 財皆民力所爲 孝文欲起
露臺 重百金之費 克己不作. 今賢散公賦以施私惠 一家至受千
金 往古以來 貴臣未嘗有此 流聞四方 皆同怨之. 里諺曰'千
人所指 無病而死'臣常爲之寒心. 今太皇太后以永信太后遺詔
詔丞相·御史 益賢戶 賜三侯國 臣嘉竊惑. 山崩·地動·日食
於三朝 皆陰侵陽之戒也. 前賢已再封 晏·商再易邑 業緣私橫
求 恩已過厚 求索自恣 不知厭足 甚傷尊尊之義 不可以示天
下 爲害痛矣！臣驕侵罔 陰陽失節 氣感相動 害及身體. 陛下
寢疾久不平 繼嗣未立 宜思正萬事 順天人之心 以求福祐 乃
何輕身肆意 不念高祖之勤苦 垂立制度 欲傳之於無窮哉！臣
謹封上詔書 不敢露見. 非愛死而不自法 恐天下聞之 故不敢自
劾."

　　初 廷尉梁相治東平王雲獄時 冬月未盡二旬 而相心疑雲冤

獄 有飾辭 奏欲傳之長安 更下公卿覆治. 尚書令鞫譚‧僕射宗伯鳳以爲可許. 天子以爲相等皆見上體不平 外內顧望 操持兩心 幸雲踰冬 無討賊疾惡主讎之意 免相等皆爲庶人. 後數月大赦 嘉薦"相等皆有材行 聖王有計功除過 臣竊爲朝廷惜此三人."書奏 上不能平. 後二十餘日 嘉封還益董賢戶事 上乃發怒 召嘉詣尙書 責問以"相等前坐不忠 罪惡著聞 君時輒已自劾 今又稱譽 云'爲朝廷惜之'何也?"嘉免冠謝罪.

事下將軍中朝者 光祿大夫孔光等劾"嘉迷國罔上 不道 請謁者召嘉詣廷尉詔獄."議郎龔等以爲"嘉言事前後相違 宜奪爵土 免爲庶人."永信少府猛等以爲"嘉罪名雖應法 大臣括髮關械 裸躬就笞 非所以重國 褒宗廟也."上不聽 三月 詔"假謁者節 召丞相詣廷尉詔獄."

使者既到 府掾‧史涕泣 共和藥進嘉 嘉不肯服. 主簿曰"將相不對理陳冤 相踵以爲故事 君侯宜引決."使者危坐府門上 主簿復前進藥. 嘉引藥杯以擊地 謂官屬曰"丞相幸得備位三公 奉職負國 當伏刑都市 以示萬衆. 丞相豈兒女子邪！ 何謂咀藥而死！"嘉遂裝 出見使者 再拜受詔 乘吏小車 去蓋 不冠 隨使者詣廷尉. 廷尉收嘉丞相‧新甫侯印綬 縛嘉載致都船詔獄. 上聞嘉生自詣吏 大怒 使將軍以下與五二千石雜治. 吏詰問嘉 嘉對曰"案事者思得實. 竊見相等前治東平王獄 不以雲爲不當死 欲關公卿 示重愼 誠不見其外內顧望 阿附爲雲驗 復幸得蒙大赦. 相等皆良善吏 臣竊爲國惜賢 不私此三人."獄吏曰"苟如此 則君何以爲罪 猶當有以負國 不空入獄矣?"吏

稍侵辱嘉 嘉喟然仰天歎曰"幸得充備宰相 不能進賢·退不肖
以是負國 死有餘責."吏問賢·不肖主名. 嘉曰"賢故丞相孔
光·故大司空何武 不能進 惡高安侯董賢父·子亂朝 而不能
退. 罪當死 死無所恨！"嘉繫獄二十餘日 不食 歐血而死.

　已而上覽其對 思嘉言 會御史大夫賈延免 夏 五月 乙卯 以
孔光爲御史大夫. 秋 七月 丙午 以光爲丞相 復故國博山侯 又
以氾鄉侯何武爲御史大夫. 上乃知孔光前免非其罪 以過近臣
毀短光者 曰"傅嘉前爲侍中 毀譖仁賢 誣愬大臣 令俊艾者久
失其位 其免嘉爲庶人 歸故郡."

7　八月 何武徙爲前將軍. 辛卯 光祿大夫彭宣爲御史大夫.

8　司隸鮑宣坐摧辱宰相 拒閉使者 無人臣禮 減死髡鉗.

9　大司馬丁明素重王嘉 以其死而憐之 九月 乙卯 冊免明 使
就第.

10　冬 十一月 壬午 以故定陶太傅·光祿大夫韋賞爲大司
馬·車騎將軍. 己丑 賞卒.

11　十二月 庚子 以侍中·駙馬都尉董賢爲大司馬·衛將軍
冊曰"建爾于公 以爲漢輔！ 往悉爾心 匡正庶事 允執其中！"
是時賢年二十二 雖爲三公 常給事中 領尙書事 百官因賢奏事.

以父衛尉恭不宜在卿位 徙爲光祿大夫‧秩中二千石 弟寬信代
賢爲駙馬都尉. 董氏親屬皆侍中‧諸曹‧奉朝請 寵在丁‧傅
之右矣.

初 丞相孔光爲御史大夫 賢父恭爲御史 事光. 及賢爲大司馬
與光並爲三公. 上故令賢私過光. 光雅恭謹 知上欲尊寵賢. 及
聞賢當來也 光警戒衣冠出門待 望見賢車乃卻入 賢至中門 光
入閣 旣下車 乃出 拜謁‧送迎甚謹 不敢以賓客鈞敵之禮. 上
聞之 喜 立拜光兩兄子爲諫大夫‧常侍. 賢由是權與人主侔矣.

是時 成帝外家王氏衰廢 唯平阿侯譚子去疾爲侍中 弟閎爲
中常侍. 閎妻父中郎將蕭咸 前將軍望之子也 賢父恭慕之 欲爲
子寬信求咸女爲婦 使閎言之. 咸惶恐不敢當 私謂閎曰"董公
爲大司馬 冊文言'允執其中'此乃堯禪舜之文 非三公故事 長
者見者莫不心懼. 此豈家人子所能堪邪！"閎性有知略 聞咸
言 亦悟 乃還報恭 深達咸自謙薄之意. 恭歎曰"我家何用負天
下 而爲人所畏如是！"意不說. 後上置酒麒麟殿 賢父子‧親
屬宴飲 侍中‧中常侍皆在側 上有酒所 從容視賢 笑曰"吾欲
法堯禪舜 何如？"王閎進曰"天下乃高皇帝天下 非陛下之有
也！ 陛下承宗廟 當傳子孫於亡窮 統業至重 天子亡戲言！"
上默然不說 左右皆恐. 於是遣閎出歸郎署.

久之 太皇太后爲閎謝 復召閎還. 閎遂上書諫曰"臣聞王者
立三公 法三光 居之者當得賢人.《易》曰'鼎折足 覆公餗'喻
三公非其人也. 昔孝文皇帝幸鄧通 不過中大夫 武皇帝幸韓嫣
常賜而已 皆不在大位. 今大司馬‧衛將軍董賢 無功於漢朝 又

無肺腑之連 復無名迹高行以矯世 昇擢數年 列備鼎足 典衛禁兵 無功封爵 父子‧兄弟橫蒙拔擢 賞賜空竭帑藏 萬民諠譁 偶言道路 誠不當天心也！ 昔褒神虺變化爲人 實生褒姒 亂周國 恐陛下有過失之譏 賢有小人不知進退之禍 非所以垂法後世也！"上雖不從閎言 多其年少志強 亦不罪也.

❖ **孝哀皇帝下 元壽 2年 (庚申, 紀元前 1年)**

1　春 正月 匈奴單于及烏孫大昆彌伊秩靡皆來朝 漢以爲榮. 是時西域凡五十國 自譯長至將‧相‧侯‧王皆佩漢印綬 凡三百七十六人 而康居‧大月氏‧安息‧罽賓‧烏弋之屬 皆以絶遠 不在數中 其來貢獻 則相與報 不督錄總領也. 自黃龍以來 單于每入朝 其賞賜錦繡‧繒絮 輒加厚於前 以慰接之. 單于宴見 羣臣在前 單于怪董賢年少 以問譯. 上令譯報曰 "大司馬年少 以大賢居位." 單于乃起 拜賀漢得賢臣. 是時上以大歲厭勝所在 舍單于上林苑蒲陶宮 告之以加敬於單于 單于知之不悅.

2　夏 四月 壬辰晦 日有食之.

3　五月 甲子 正三公官分職. 大司馬‧衛將軍董賢爲大司馬 丞相孔光爲大司徒 彭宣爲大司空 封長平侯.

4　六月 戊午 帝崩於未央宮.

　帝睹孝成之世祿去王室 及卽位 屢誅大臣 欲強主威以則
武·宣. 然而寵信讒諂 憎疾忠直 漢業由是遂衰.

　太皇太后聞帝崩 卽日駕之未央宮 收取璽綬. 太后召大司馬
賢 引見東箱 問以喪事調度. 賢內憂 不能對 免冠謝. 太后曰
"新都侯莽 前以大司馬奉送先帝大行 曉習故事 吾令莽佐君."
賢頓首"幸甚！"太后遣使者馳召莽. 詔尚書 諸發兵符節·百
官奏事·中黃門·期門兵皆屬莽. 莽以太后指 使尚書劾賢帝
病不親醫藥 禁止賢不得入宮殿司馬中 賢不知所爲 詣闕免冠
徒跣謝. 己未 莽使謁者以太后詔卽闕下冊賢曰"賢年少 未更
事理 爲大司馬 不合衆心 其收大司馬印綬 罷歸第！"卽日 賢
與妻皆自殺 家惶恐 夜葬. 莽疑其詐死. 有司奏請發賢棺 至獄
診視 因埋獄中. 太皇太后詔"公卿擧可大司馬者."莽故大司
馬 辭位避丁·傅 衆庶稱以爲賢 又太皇太后近親 自大司徒孔
光以下 擧朝皆擧莽. 獨前將軍何武·左將軍公孫祿二人相與
謀 以爲"往時惠·昭之世 外戚呂·霍·上官持權 幾危社稷
今孝成·孝哀比世無嗣 方當選立近親幼主 不宜令外戚大臣持
權. 親疏相錯 爲國計便."於是武擧公孫祿可大司馬 而祿亦擧
武. 庚申 太皇太后自用莽爲大司馬·領尚書事.

　太皇太后與莽議立嗣. 安陽侯王舜 莽之從弟 其人修飭 太皇
太后所信愛也 莽白以舜爲車騎將軍. 秋 七月 遣舜與大鴻臚左
咸使持節迎中山王箕子以爲嗣.

　莽又白太皇太后 詔有司以皇太后與女弟昭儀專寵錮寢 殘

滅繼嗣 貶爲孝成皇后 徙居北宮. 又以定陶共王太后與孔鄕侯
晏同心合謀 背恩忘本 專恣不軌 徙孝哀皇后退就桂宮 傅氏·
丁氏皆免官爵歸故郡 傅晏將妻子徙合浦. 獨下詔襃揚傅喜曰
"高武侯喜 姿性端愨 論議忠直 雖與故定陶太后有屬 終不順
指從邪 介然守節 以故斥逐就國.《傳》不云乎'歲寒然後知松
柏之後凋也.'其還喜長安 位特進 奉朝請."喜雖外見襃賞 孤
立憂懼 後復遣就國 以壽終. 莽又貶傅太后號爲定陶共王母
丁太后號曰丁姬. 莽又奏董賢父子驕恣奢僭 請收沒入財物縣
官 諸以賢爲官者皆免. 父恭·弟寬信與家屬徙合浦 母別歸故
郡鉅鹿. 長安中小民讙嘩 鄕其第哭 幾獲盜之. 縣官斥賣董氏
財 凡四十三萬萬. 賢所厚吏沛朱詡自劾去大司馬府 買棺衣 收
賢屍葬之. 莽聞之 以他罪擊殺詡. 莽以大司徒孔光名儒 相三
主 太后所敬 天下信之 於是盛尊事光 引光女壻甄邯爲侍中·
奉車都尉. 諸素所不說者 莽皆傅致其罪 爲請奏草 令邯持與光
以太后指風光. 光素畏愼 不敢不上之 莽白太后 輒可其奏. 於
是劾奏何武·公孫祿互相稱擧 皆免官 武就國. 又奏董宏子高
昌侯武父爲佞邪 奪爵. 又奏南郡太守毋將隆前爲冀州牧 治中
山馮太后獄 寃陷無辜 關內侯張由誣告骨肉 中太僕史立·泰
山太守丁玄陷人入大辟 河內太守趙昌譖害鄭崇 幸逢赦令 皆
不宜處位在中土 免爲庶人 徙合浦. 中山之獄 本立·玄自典考
之 但與隆連名奏事 莽少時慕與隆交 隆不甚附 故因事擠之.

　　紅陽侯立 太后親弟 雖不居位 莽以諸父內敬憚之 畏立從容
言太后 令己不得肆意 復令光奏立罪惡"前知定陵侯淳于長犯

大逆罪 爲言誤朝. 後白以官婢楊寄私子爲皇子 衆言曰'呂氏少帝復出.'紛紛爲天下所疑 難以示來世 成禍裸之功. 請遣立就國." 太后不聽. 莽曰"今漢家衰 比世無嗣 太后獨代幼主統政 誠可畏懼. 力用公正先天下 尚恐不從 今以私恩逆大臣議如此 臺下傾邪 亂從此起. 宜可且遣就國 安後復徵召之." 太后不得已 遣立就國. 莽之所以脅持上下 皆此類也.

於是附順莽者拔擢 忤恨者誅滅 以王舜 · 王邑爲腹心 甄豐 · 甄邯主擊斷 平晏領機事 劉秀典文章 孫建爲爪牙. 豐子尋 · 秀子棻 · 涿郡崔發 · 南陽陳崇皆以材能幸於莽. 莽色屬而言方 欲有所爲 微見風采 黨與承其指意而顯奏之. 莽稽首涕泣固推讓 上以惑太后 下用示信於衆庶焉.

5 八月 莽復白太皇太后 廢孝成皇后 · 孝哀皇后爲庶人 就其園. 是日 皆自殺.

6 大司空彭宣以王莽專權 乃上書言"三公鼎足承君 一足不任 則覆亂美實. 臣資性淺薄 年齒老眊 數伏疾病 昏亂遺忘 願上大司空 · 長平侯印綬 乞骸骨歸鄉里 俟寔溝壑." 莽白太后策免宣 使就國. 莽恨宣求退 故不賜黃金 · 安車 · 駟馬. 宣居國數年 薨.

❖ 班固贊曰

薛廣德保縣車之榮 平當逡巡有恥 彭宣見險而止 異乎
苟患失之者矣!

7　戊午 右將軍王崇爲大司空 光祿勳東海馬宮爲右將軍 左
曹·中郎將甄豐爲光祿勳.

8　九月 辛酉 中山王卽皇帝位 大赦天下.
　平帝年九歲 太皇太后臨朝 大司馬莽秉政 百官總己以聽於
莽. 莽權日盛 孔光憂懼 不知所出 上書乞骸骨 莽白太后 帝幼
少 宜置師傅 徙光爲帝太傅 位四輔 給事中 領宿衞·供養 行
內署門戶 省服御食物. 以馬宮爲大司徒 甄豐爲右將軍.

9　冬 十月 壬寅 葬孝哀皇帝於義陵.

❖ 孝平皇帝上 元始 元年 (辛酉, 1年)

1　春 正月 王莽風益州 令塞外蠻夷自稱越裳氏重譯獻白雉
一·黑雉二. 莽白太后下詔 以白雉薦宗廟. 於是羣臣盛陳莽功
德"致周成白雉之瑞 周公及身在而託號於周 莽宜賜號曰安漢
公 益戶疇爵邑." 太后詔尙書具其事. 莽上書言"臣與孔光·
王舜·甄豐·甄邯共定策 今願獨條光等功賞 寢置臣莽 勿隨
輩列." 甄邯白太后下詔曰"'無偏無黨 王道蕩蕩.' 君有安宗

廟之功 不可以骨肉故蔽隱不揚 君其勿辭！"莽復上書固讓數
四 稱疾不起. 左右白太后"宜勿奪莽意 但條孔光等"莽乃肯
起. 二月 丙辰 太后下詔"以太傅‧博山侯光爲太師 車騎將
軍‧安陽侯舜爲太保 皆益封萬戶. 左將軍‧光祿勳豐爲少傅
封廣陽侯. 皆授四輔之職. 侍中‧奉車都尉邯封承陽侯."四人
旣受賞 莽尙未起. 羣臣復上言"莽雖克讓 朝所宜章 以時加
賞 明重元功 無使百僚元元失望！"太后乃下詔"以大司馬‧
新都侯莽爲太傅 幹四輔之事 號曰安漢公 益封二萬八千戶."
於是莽爲惶恐 不得已而起 受太傅‧安漢公號 讓還益封事 云
"願須百姓家給 然後加賞."羣臣復爭 太后詔曰"公自期百姓
家給 是以聽之 其令公奉賜皆倍故. 百姓家給人足 大司徒‧大
司空以聞."莽復讓不受 而建言褒賞宗室羣臣. 立故東平王雲
太子開明爲王 又以故東平思王孫成都爲中山王 奉孝王後 封
宣帝耳孫信等三十六人皆爲列侯 太僕王惲等二十五人皆賜爵
關內侯. 又令諸侯王公‧列侯‧關內侯無子而有孫若同產子
者 皆得以爲嗣 宗室屬未盡而以罪絕者 復其屬 天下令比二千
石以上年老致仕者 參分故祿 以一與之 終其身. 下及庶民鰥寡
恩澤之政 無所不施.

　莽旣媚說吏民 又欲專斷 知太后老 厭政 乃風公卿奏言"往
者吏以功次遷至二千石 及州部所擧茂材異等吏 率多不稱 宜
皆見安漢公. 又 太后春秋高 不宜親省小事."令太后下詔曰
"自今以來 唯封爵乃以聞 他事安漢公‧四輔平決. 州牧‧
二千石及茂材吏初除奏事者 輒引入 至近署對安漢公 考故官

問新職 以知其稱否."於是莽人人延問 密致恩意 厚加贈送 其
不合指 顯奏免之 權與人主侔矣.

2 置義和官 秩二千石.

3 夏 五月 丁巳朔 日有食之. 大赦天下. 公卿以下舉敦厚能
直言者各一人.

4 王莽恐帝外家衛氏奪其權 白太后"前哀帝立 背恩義 自
貴外家丁‧傅 橈亂國家 幾危社稷. 今帝以幼年復奉大宗爲成
帝後 宜明一統之義 以戒前事 爲後代法."六月 遣甄豐奉璽綬
卽拜帝母衛姬爲中山孝王后. 賜帝舅衛寶‧寶弟玄爵關內侯.
賜帝女弟三人號曰君 皆留中山 不得至京師.
　扶風功曹申屠剛以直言對策曰"臣聞成王幼少 周公攝政 聽
言下賢 均權布寵 動順天地 舉措不失 然近則召公不說 遠則
四國流言. 今聖主始免襁褓 卽位以來 至親分離 外戚杜隔 恩
不得通. 且漢家之制 雖任英賢 猶援姻戚 親疏相錯 杜塞間隙
誠所以安宗廟 重社稷也. 宜亟遣使者徵中山太后 置之別宮 令
時朝見 又召馮‧衛二族 裁與冗職 使得執戟親奉宿衛 以抑患
禍之端. 上安社稷 下全保傅."莽令太后下詔曰"剛所言僻經
妄說 違背大義."罷歸田里.

5 丙午 封魯頃公之八世孫公子寬爲褒魯侯 奉周公祀 封褒

成君孔霸曾孫均爲襃成侯 奉孔子祀.

6　詔"天下女徒已論 歸家 出雇山錢 月三百. 復貞婦 鄉一
人. 大司農部丞十三人 人部一州 勸農桑."

7　秋 九月 赦天下徒.

❖ 孝哀皇帝下 元始 2年（壬戌, 2年）

1　春 黃支國獻犀牛. 黃支在南海中 去京師三萬里. 王莽欲
燿威德 故厚遺其王 令遣使貢獻.

2　越巂郡上黃龍游江中. 太師光‧大司徒宮等咸稱"莽功德
比周公 宜告祠宗廟." 大司農孫寶曰"周公上聖 召公大賢 尙
猶有不相說 著於經典 兩不相損. 今風雨未時 百姓不足 每有
一事 羣臣同聲 得無非其美者?"時大臣皆失色. 甄邯卽時承
制罷議者. 會寶遣吏迎母 母道病 留弟家 獨遣妻子. 司直陳崇
劾奏寶 事下三公卽訊. 寶對曰"年七十 誖眊 恩衰共養 營妻
子 如章." 寶坐免 終於家.

3　帝更名衎.

4 　三月 癸酉 大司空王崇謝病免 以避王莽.

5 　夏 四月 丁酉 左將軍甄豐爲大司空 右將軍孫建爲左將軍 光祿勳甄邯爲右將軍.

6 　立代孝王玄孫之子如意爲廣宗王 江都易王孫盱台侯宮爲 廣川王 廣川惠王曾孫倫爲廣德王. 紹封漢興以來大功臣之後 周共等皆爲列侯及關內侯 凡百一十七人.

7 　郡國大旱 蝗 靑州尤甚 民流亡. 王莽白太后 宜衣繒練 頗 損膳 以示天下. 莽因上書願出錢百萬 獻田三十頃 付大司農 助給貧民. 於是公卿皆慕效焉 凡獻田宅者二百三十人 以口賦 貧民. 又起五里於長安城中 宅二百區 以居貧民. 莽帥羣臣奏 太后 言"幸賴陛下德澤 間者風雨時 甘露降 神芝生 蓂莢·朱 草·嘉禾 休徵同時並至. 願陛下遵帝王之常服 復太官之法膳 使臣子各得盡驩心 備共養！" 莽又令太后下詔 不許. 每有水 旱 莽輒素食 左右以白太后. 太后遣使者詔莽曰"聞公菜食 憂 民深矣. 今秋幸孰 公以時食肉 愛身爲國！"

8 　六月 隕石於鉅鹿二.

9 　光祿大夫楚國龔勝·太中大夫琅邪邴漢以王莽專政 皆乞 骸骨. 莽令太后策詔之曰"朕愍以官職之事煩大夫 大夫其脩

身守道 以終高年." 皆加優禮而遣之.

10　梅福知王莽必簒漢祚 一朝棄妻子去 不知所之. 其後 人有見福於會稽者 變姓名爲吳市門卒云.

11　秋 九月 戊申晦 日有食之 赦天下徒.

12　遣執金吾候陳茂諭說江湖賊成重等二百餘人皆自出 送家在所收事. 重徙雲陽 賜公田宅.

13　王莽欲悅太后以威德至盛 異於前 乃風單于令遣王昭君女須卜居次云入侍太后 所以賞賜之甚厚.

14　車師後王國有新道通玉門關 往來差近 戊己校尉徐普欲開之. 車師後王姑句以當道供給使者 心不便也. 普欲分明其界然後奏之 召姑句使證之 不肯 繫之. 其妻股紫陬謂姑句曰"前車師前王爲都護司馬所殺 今久繫必死 不如降匈奴!"卽馳突出高昌壁 入匈奴. 又去胡來王唐兜與赤水羌數相寇 不勝 告急都護 都護但欽不以時救助. 唐兜困急 怨欽 東守玉門關 玉門關不內 卽將妻子·人民千餘人亡降匈奴. 單于受 置左谷蠡地遣使上書言狀 曰"臣謹已受."詔遣中郎將韓隆等使匈奴 責讓單于 單于叩頭謝罪 執二虜還付使者. 詔使中郎將王萌待於西域惡都奴界上. 單于遣使送 因請其罪 使者以聞. 莽不聽 詔會

西域諸國王 陳軍斬姑句·唐兜以示之. 乃造設四條 中國人亡
入匈奴者 烏孫亡降匈奴者 西域諸國佩中國印綬降匈奴者 烏
桓降匈奴者 皆不得受. 遣中郞將王駿·王昌·副校尉甄阜·
王尋使匈奴 班四條與單于 雜函封 付單于 令奉行 因收故宣
帝所爲約束封函還. 時莽奏令中國不得有二名 因使使者以風
單于 宜上書慕化 爲一名 漢必加厚賞. 單于從之 上書言"幸
得備藩臣 竊樂太平聖制. 臣故名囊知牙斯 今謹更名曰知."莽
大說 白太后 遣使者答諭 厚賞賜焉.

15　莽欲以女配帝爲皇后以固其權 奏言"皇帝卽位三年 長秋
宮未建 掖廷媵未充. 乃者國家之難 本從無嗣 配取不正 請考
論《五經》定取后禮 正十二女之義 以廣繼嗣 博采二王後及周
公·孔子世·列侯在長安者適子女."事下有司 上衆女名 王
氏女多在選中者 莽恐其與己女爭 卽上言"身無德 子材下 不
宜與衆女並采."太后以爲至誠 乃下詔曰"王氏女 朕之外家
其勿采."庶民·諸生·郞吏以上守闕上書者日千餘人 公卿大
夫或詣廷中 或伏省戶下 咸言"安漢公盛勳堂堂若此 今當立
后 獨奈何廢公女 天下安所歸命! 願得公女爲天下母!"莽
遣長史以下分部曉止公卿及諸生 而上書者愈甚. 太后不得已
聽公卿采莽女. 莽復自白"宜博選衆女."公卿爭曰"不宜采諸
女以貳正統."莽乃白"願見女."✱

資治通鑑 卷036

【漢紀二十八】

起昭陽大淵獻(癸亥) 盡著雍執徐(戊辰) 凡六年.

❖ 孝平皇帝下 元始 3年 (癸亥, 3年)

1　春 太后遣長樂少府夏侯藩 · 宗正劉宏 · 尚書令平晏納采見女. 還 奏言"公女漸漬德化 有窈窕之容 宜承天序 奉祭祀." 大師光 · 大司徒宮 · 大司空豐 · 左將軍孫建 · 執金吾尹賞 · 行太常事 · 大中大夫劉秀及太卜 · 太史令服皮弁 · 素積 以禮雜卜筮 皆曰"兆遇金水王相 卦遇父母得位 所謂康強之占 逢吉之符也." 又以太牢策告宗廟. 有司奏"故事 聘皇后 黃金二萬斤 爲錢二萬萬." 莽深辭讓 受六千三百萬 而以其四千三百萬分予十一媵家及九族貧者.

2　夏 安漢公奏車服制度 吏民養生 · 送終 · 嫁娶 · 奴婢 · 田宅 · 器械之品 立官稷 及郡國 · 縣邑 · 鄉聚皆置學官.

3 　大司徒司直陳崇使張敞孫竦草奏 盛稱安漢公功德 以爲
"宜恢公國令如周公 建立公子令如伯禽 所賜之品亦皆如之 諸
子之封皆如六子." 太后以示羣公. 羣公方議其事 會呂寬事起.

　初 莽長子宇非莽隔絶衛氏 恐久後受禍 卽私與衛寶通書 敎
衛后上書謝恩 因陳丁‧傅舊惡 冀得至京師. 莽白太皇太后 詔
有司襃賞中山孝王后 益湯沐邑七千戶. 衛后日夜啼泣 思見帝
面 而但益戶邑. 宇復敎令上書求至京師 莽不聽. 宇與師吳章
及婦兄呂寬議其故 章以爲莽不可諫而好鬼神 可爲變怪以驚懼
之 章因推類說令歸政衛氏. 宇卽使寬夜持血灑莽第 門吏發覺
之. 莽執宇送獄 飮藥死. 宇妻焉懷子 繫獄 須產子已 殺之. 甄
邯等白太后 下詔曰 "公居周公之位 輔成王之主 而行管‧蔡
之誅 不以親親害尊尊 朕甚嘉之!" 莽盡滅衛氏支屬 唯衛后
在. 吳章要斬 磔尸東市門.

　初 章爲當世名儒 敎授尤盛 弟子千餘人. 莽以爲惡人黨 皆
當禁錮不得仕宦 門人盡更名他師. 平陵云敞時爲大司徒掾 自
劾吳章弟子 收抱章尸歸 棺斂葬之 京師稱焉.

　莽於是因呂寬之獄 遂窮治黨與 連引素所惡者悉誅之. 元帝
女弟敬武長公主素附丁‧傅 及莽專政 復非議莽 紅陽侯王立
莽之尊屬 平阿侯王仁 素剛直 莽皆以太皇太后詔 遣使者迫守
令自殺. 莽白太后 主暴病薨 太后欲臨其喪 莽固爭而止. 甄豐
遣使者乘傳案治衛氏黨與 郡國豪傑及漢忠直臣不附莽 皆誣
以罪法而殺之. 何武‧鮑宣及王商子樂昌侯安 辛慶忌三子護
羌校尉通‧函谷都尉遵‧水衡都尉茂 南郡太守辛伯等皆坐死.

凡死者數百人 海內震焉. 北海逢萌謂友人曰"三綱絶矣 不去
禍將及人!"卽解冠掛東都城門 歸 將家屬浮海 客於遼東.

莽召明禮少府宗伯鳳入說爲人後之誼 白令公卿‧將軍‧侍
中‧朝臣並聽 欲以內屬天子而外塞百姓之議. 先是 秺侯金日
磾子賞‧都成侯金安上子常皆以無子國絶 莽以曾孫當及安上
孫京兆尹欽紹其封. 欽謂"當宜爲其父‧祖立廟 而使大夫主
賞祭." 甄邯時在旁 廷叱欽 因劾奏"欽誣祖不孝 大不敬." 下
獄 自殺. 邯以綱紀國體 亡所阿私 忠孝尤著 益封千戶. 更封安
上曾孫湯爲都成侯. 湯受封曰 不敢還歸家 以明爲人後之誼.

4 是歲 尚書令潁川鐘元爲大理. 潁川太守陵陽嚴詡本以孝
行爲官 調掾‧史爲師友 有過輒閉閣自責 終不大言. 郡中亂.
王莽遣使徵詡 官屬數百人爲設祖道 詡據地哭. 掾‧史曰"明
府吉徵 不宜若此." 詡曰"吾哀潁川士 身豈有憂哉! 我以柔
弱徵 必選剛猛代 代到 將有僵仆者 故相弔耳." 詡至 拜爲美
俗使者. 徙隴西太守何並爲潁川太守. 並到郡 捕鐘元弟威及陽
翟輕俠趙季‧李款 皆殺之. 郡中震栗.

❖ 孝平皇帝下 元始 4年 (甲子, 4年)

1 春 正月 郊祀高祖以配天 宗祀孝文以配上帝.

2 改殷紹嘉公曰宋公 周承休公曰鄭公.

3 詔"婦女非身犯法 及男子年八十以上·七歲已下 家非坐
不道·詔所名捕 他皆無得繫 其當驗者卽驗問. 定著令!"

4 二月 丁未 遣大司徒宮·大司空豐等奉乘輿法駕迎皇后於
安漢公第 授皇后璽紱 入未央宮. 大赦天下.

5 遣太僕王惲等八人各置副 假節 分行天下 覽觀風俗.

6 夏 太保舜等及吏民上書者八千餘人 咸請"如陳崇言 加
賞於安漢公."章下有司 有司請"益封公以召陵·新息二縣及
黃郵聚·新野田 采伊尹·周公稱號 加公爲宰衡 位上公 三公
言事稱'敢言之'賜公太夫人號曰功顯君 封公子男二人安爲
襃新侯 臨爲賞都侯 加后聘三千七百萬 合爲一萬萬 以明大禮
太后臨前殿親封拜 安漢公拜前 二子拜後 如周公故事."莽稽
首辭讓 出奏封事"願獨受母號 還安·臨印韍及號位戶邑."事
下 太師光等皆曰"賞未足以直功. 謙約退讓 公之常節 終不可
聽. 忠臣之節亦宜自屈 而伸主上之義. 宜遣大司徒·大司空持
節承制詔公亟入視事 詔尙書勿復受公之讓奏."奏可. 莽乃起
視事 止減召陵·黃郵·新野之田而已.
莽復以所益納徵錢千萬遺太后左右奉共養者. 莽雖專權 然
所以諂耀媚事太后 下至旁側長御 方故萬端 賂遺以千萬數. 白

尊太后姊 · 妹號皆爲君 食湯沐邑. 以故左右日夜共譽莽. 莽
又知太后婦人 厭居深宮中 莽欲虞樂以市其權 乃令太后四時
車駕巡狩四郊 存見孤 · 寡 · 貞婦 所至屬縣 輒施恩惠 賜民錢
帛 · 牛酒 歲以爲常. 太后旁弄兒病 在外舍 莽自親候之. 其欲
得太后意如此.

太保舜奏言"天下聞公不受千乘之土 辭萬金之幣 莫不鄉化.
蜀郡男子路建等輟訟 慚怍而退 雖文王卻虞 · 芮 何以加！ 宜
報告天下."於是孔光愈恐 固稱疾辭位. 太后詔"太師毋朝 十
日一入省中 置几杖 賜餐十七物 然後歸 官屬按職如故."

7　莽奏起明堂 · 辟雍 · 靈臺 爲學者築舍萬區 制度甚盛. 立
《樂經》益博士員 經各五人. 徵天下通一藝 · 教授十一人以上
及有逸禮 · 古書 · 天文 · 圖讖 · 鍾律 · 月令 · 兵法 · 史篇文
字 通知其意者 皆詣公車. 網羅天下異能之士 至者前後千數
皆令記說廷中 將令正乖謬 壹異說云.

又徵能治河者以百數 其大略異者 長水校尉平陵關並言"河
決率常於平原 · 東郡左右 其地形下而土疏惡. 聞禹治河時
本空此地 以爲水猥盛則放溢 少稍自索 雖時易處 猶不能離
此. 上古難識 近察秦 · 漢以來 河決曹 · 衛之域 其南北不過
百八十里. 可空此地 勿以爲官亭 · 民室而已."御史臨淮韓牧
以爲"可略於《禹貢》九河處穿之 縱不能爲九 但爲四 · 五 宜
有益."大司空掾王橫言"河入勃海地 高於韓牧所欲穿處. 往
者天嘗連雨 東北風 海水溢西南出 浸數百里 九河之地已爲海

所漸矣. 禹之行河水 本隨西山下東北去.《周譜》云'定王五年
河徙.'則今所行非禹之所穿也. 又秦攻魏 決河灌其都 決處遂
大 不可復補. 宜卻徙完平處更開空 使緣西山足 乘高地而東北
入海 乃無水災."司空掾沛國桓譚典其議 爲甄豐言"凡此數者
必有一是 宜詳考驗 皆可豫見. 計定然後擧事 費不過數億萬
亦可以事諸浮食無產業民. 空居與行役 同當衣食 衣食縣官而
爲之作 乃兩便 可以上繼禹功 下除民疾."時莽但崇空語 無施
行者.

8　羣臣奏言"昔周公攝政七年 制度乃定. 今安漢公輔政四
年 營作二旬 大功畢成 宜升宰衡位在諸侯王上."詔曰"可."
仍令議九錫之法.

9　莽奏尊孝宣廟爲中宗 孝元廟爲高宗 又奏毀孝宣皇考廟勿
脩 罷南陵‧雲陵爲縣. 奏可.

10　莽自以北化匈奴 東致海外 南懷黃支 唯西方未有加 乃
遣中郎將平憲等多持金幣誘塞外羌 使獻地願內屬. 憲等奏
言"羌豪良願等種可萬二千人 願爲內臣 獻鮮水海‧允谷‧鹽
池‧平地美草 皆予漢民 自居險阻處爲藩蔽. 問良願降意 對曰
'太皇太后聖明 安漢公至仁 天下太平 五穀成熟 或禾長丈餘
或一粟三米 或不種自生 或繭不蠶自成 甘露從天下 醴泉自地
出 鳳皇來儀 神爵降集. 從四歲以來 羌人無所疾苦 故思樂內

屬.'宜以時處業 置屬國領護."事下莽 莽復奏"今已有東海·
南海·北海郡 請受良願等所獻地爲西海郡. 分天下爲十二州
應古制."奏可. 冬 置西海郡. 又增法五十條 犯者徙之西海.
徙者以千萬數 民始怨矣.

11　梁王立坐與衛氏交通 廢 徙南鄭 自殺.

12　分京師置前輝光·後丞烈二郡. 更公卿·大夫·八十一元
士官名·位次及十二州名·分界. 郡國所屬 罷置改易 天下多
事 吏不能紀矣.

❖ 孝平皇帝下 元始 5年（乙丑, 5年）

1　春 正月 祫祭明堂 諸侯王二十八人 列侯百二十人 宗室子
九百餘人 徵助祭. 禮畢 皆益戶·賜爵及金帛·增秩·補吏各
有差.

2　安漢公又奏復長安南·北郊. 三十餘年間 天地之祠凡五
徙焉.

3　詔曰"宗室子自漢元至今十有餘萬人 其令郡國各置宗師
以糾之 致敎訓焉."

4 　夏 四月 乙未 博山簡列侯孔光薨 贈賜 · 葬送甚盛 車萬餘
兩. 以馬宮爲太師.

5 　吏民以莽不受新野田而上書者前後四十八萬
七千五百七十二人 及諸侯王公 · 列侯 · 宗室見者皆叩頭言
"宜亟加賞於安漢公." 於是莽上書言"諸臣民所上章下議者 皆
寢勿上 使臣莽得盡力畢制禮作樂 事成 願賜骸骨歸家 避賢者
路." 甄邯等白太后 詔曰"公每見 輒流涕叩頭言 願不受賞 賞
卽加 不敢當位. 方制作未定 事須公而決 故且聽公制作 畢成
臺公以聞 究于前議. 其九錫禮儀亟奏！"
　五月 策命安漢公莽以九錫 莽稽首再拜 受綠韍 袞冕 · 衣
裳 · 瑒瑞 · 瑒珌 句履 鸞路 · 乘馬 龍旂九旒 皮弁 · 素積 戎
路 · 乘馬 彤弓矢 · 盧弓矢 左建朱鉞 右建金戚 甲 · 冑一具
秬鬯二卣 圭瓚二 九命青玉珪二 朱戶 納陛 署宗官 · 祝官 ·
卜官 · 史官 虎賁三百人.

6 　王惲等八人使行風俗還 言天下風俗齊同 詐爲郡國造歌
謠 · 頌功德 凡三萬言. 閏月 丁酉 詔以羲和劉秀等四人使治明
堂 · 辟雍 令漢與文王靈臺 · 周公作洛同符. 太僕王惲等八人
使行風俗 宣明德化 萬國齊同 皆封爲列侯.
　時廣平相班穉獨不上嘉瑞及歌謠 琅邪太守公孫閎言災害於
公府. 甄豐遣屬馳至兩郡 諷吏民 而劾"閎空造不祥 穉絶嘉應
嫉害聖政 皆不道." 穉 班倢伃弟也. 太后曰"不宣德美 宜與言

災者異罰. 且班穉後宮賢家 我所哀也." 閎獨下獄 誅. 穉懼 上
書陳恩謝罪 願歸相印 入補延陵園郎 太后許焉.

7 　莽又奏爲市無二賈 官無獄訟 邑無盜賊 野無飢民 道不拾
遺 男女異路之制 犯者象刑.

8 　莽復奏言"共王母 · 丁姬 前不臣妾 冢高與元帝山齊 懷
帝太后 · 皇太太后璽綬以葬. 請發共王母及丁姬冢 取其璽綬
徙共王母歸定陶 葬共王冢次." 太后以爲旣已之事 不須復發.
莽固爭之 太后詔因故棺改葬之. 莽奏"共王母及丁姬棺皆名
梓宮 珠玉之衣 非藩妾服. 請更以木棺代 去珠玉衣 葬丁姬媵
妾之次." 奏可. 公卿在位皆阿莽指 入錢帛 遣子弟及諸生 · 四
夷凡十餘萬人 操持作具 助將作掘平共王母 · 丁姬故冢 二旬
間 皆平. 莽又周棘其處 以爲世戒云. 又隳壞共皇廟 諸造議者
泠褒 · 段猶皆徙合浦.
　徵師丹詣公車 賜爵關內侯 食故邑. 數月 更封丹爲義陽侯
月餘 薨.
　初 哀帝時 馬宮爲光祿勳 與丞相 · 御史雜議傅太后諡曰孝
元傅皇后. 及莽追誅前議者 宮爲莽所厚 獨不及. 宮內慙懼 上
書言"臣前議定陶共王母諡 希指雷同 詭經僻說 以惑誤主上
爲臣不忠. 幸蒙洒心自新 誠無顏復望闕廷 無心復居官府 無宜
復食國邑. 願上太師 · 大司徒 · 扶德侯印綬 避賢者路." 秋 八
月 壬午 莽以太后詔賜宮策曰"四輔之職 爲國維綱 三公之任

鼎足承君 不有鮮明固守 無以居位. 君言至誠 不敢文過 朕甚多之. 不奪君之爵邑 其上太師 · 大司徒印綬使者 以侯就第."

9　莽以皇后有子孫瑞 通子午道 從杜陵直絶南山 逕漢中.

10　泉陵侯劉慶上書言"周成王幼小 周公居攝. 今帝富於春秋 宜令安漢公行天子事 如周公." 羣臣皆曰"宜如慶言."

11　時帝春秋益壯 以衛后故 怨不悅. 冬 十二月 莽因臘日上椒酒 置毒酒中 帝有疾. 莽作策 請命於泰畤 願以身代 藏策金縢 置于前殿 敕諸公勿敢言. 丙午 帝崩於未央宮. 大赦天下. 莽令天下吏六百石以上皆服喪三年. 奏尊孝成廟曰統宗 孝平廟曰元宗. 斂孝平 加元服 葬康陵.

　❖ 班固贊曰

　孝平之世 政自莽出 褒善顯功 以自尊盛. 觀其文辭 方外百蠻 無思不服 休徵嘉應 頌聲並作 至乎變異見於上 民怨於下 莽亦不能文也.

12　以長樂少府平晏爲大司徒.

13　太后與羣臣議立嗣. 時元帝世絶 而宣帝曾孫有見王五人

列侯四十八人. 莽惡其長大 曰"兄弟不得相爲後." 乃悉徵宣
帝玄孫 選立之.

是月 前煇光謝囂奏武功長孟通浚井得白石 上圓下方 有丹
書著石 文曰"告安漢公莽爲皇帝." 符命之起 自此始矣. 莽
使羣公以白太后 太后曰"此誣罔天下 不可施行!" 太保舜謂
太后曰"事已如此 無可奈何. 沮之 力不能止. 又莽非敢有他
但欲稱攝以重其權 塡服天下耳" 太后心不以爲可 然力不能
制 乃聽許. 舜等卽共令太后下詔曰"孝平皇帝短命而崩 已使
有司徵孝宣皇帝玄孫二十三人 差度宜者 以嗣孝平皇帝之後.
玄孫年在襁褓 不得至德君子 孰能安之! 安漢公莽 輔政三世
與周公異世同符. 今前煇光囂·武功長通上言丹石之符 朕深
思厥意 云'爲皇帝'者 乃攝行皇帝之事也. 其令安漢公居攝踐
祚 如周公故事 具禮儀奏." 於是羣臣奏言"太后聖德昭然 深
見天意 詔令安漢公居攝. 臣請安漢公踐祚 服天子韍冕 背斧依
立於戶牖之間 南面朝羣臣 聽政事 車服出入警蹕 民臣稱臣妾
皆如天子之制. 郊祀天地 宗祀明堂 共祀宗廟 享祭羣神 贊曰
'假皇帝'民臣謂之'攝皇帝'自稱曰'予.'平決朝事 常以皇帝
之詔稱'制.'以奉順皇天之心 輔翼漢室 保安孝平皇帝之幼嗣
遂寄託之義 隆治平之化. 其朝見太皇太后·帝皇后皆復臣節.
自施政敎於其宮家國采 如諸侯禮儀故事." 太后詔曰"可."

1   春 正月 王莽祀上帝於南郊 又行迎春 · 大射 · 養老之禮.

2   三月 己丑 立宣帝玄孫嬰爲皇太子 號曰孺子. 嬰 廣戚侯
顯之子也. 年二歲 託以卜相最吉 立之. 尊皇后曰皇太后.

3   以王舜爲太傅 · 左輔 甄豐爲太阿 · 右拂 甄邯爲太保 · 後
承 又置四少 秩皆二千石.

4   四月 安衆侯劉崇與相張紹謀曰 "安漢公莽必危劉氏 天下
非之 莫敢先擧 此乃宗室之恥也. 吾帥宗族爲先 海內必和."
紹等從者百餘人遂進攻宛 不得入而敗.

紹從弟竦與崇族父嘉詣闕自歸 莽赦弗罪. 竦因爲嘉作奏 稱
莽德美 罪狀劉崇 "願爲宗室倡始 父子兄弟負籠荷鍤 馳之
南陽 豬崇宮室 令如古制 及崇社宜如亳社 以賜諸侯 用永監
戒!" 於是莽大說 封嘉爲率禮侯 嘉子七人皆賜爵關內侯 後
又封竦爲淑德侯. 長安爲之語曰 "欲求封 過張伯松. 力戰鬪
不如巧爲奏." 自後謀反者皆汙池云.

羣臣復白 "劉崇等謀逆者 以莽權輕也 宜尊重以塡海內." 五
月 甲辰 太后詔莽朝見太后稱 "假皇帝".

5   冬 十月 丙辰朔 日有食之.

6 　十二月 羣臣奏請以安漢公廬爲攝省 府爲攝殿 第爲攝宮.
奏可.

7 　是歲 西羌龐恬·傅幡等怨莽奪其地 反攻西海太守程永
永奔走. 莽誅永 遣護羌校尉竇況擊之.

❖ 王莽上 居攝 2年（丁卯, 7年）

1 　春 竇況等擊破西羌.

2 　五月 更造貨 錯刀 一直五千 契刀 一直五百 大錢 一直
五十. 與五銖錢並行 民多盜鑄者. 禁列侯以下不得挾黃金 輸
御府受直 然卒不與直.

3 　東郡太守翟義 方進之子也 與姊子上蔡陳豐謀曰 "新都侯
攝天子位 號令天下 故擇宗室幼稚者以爲孺子 依託周公輔成
王之義 且以觀望 必代漢家 其漸可見. 方今宗室衰弱 外無强
蕃 天下傾首服從 莫能亢扞國難. 吾幸得備宰相子 身守大郡
父子受漢厚恩 義當爲國討賊 以安社稷. 欲擧兵西 誅不當攝者
選宗室子孫輔而立之. 設令時命不成 死國埋名 猶可以不慙於
先帝. 今欲發之 汝肯從我乎？" 豐年十八 勇壯 許諾. 義遂與
東郡都尉劉宇·嚴鄕侯劉信·信弟武平侯劉璜結謀 以九月都

試日斬觀令 因勒其車騎‧材官士 募郡中勇敢 部署將帥. 信子
匡時爲東平王 乃幷東平兵 立信爲天子 義自號大司馬‧柱天
大將軍. 移檄郡國 言"莽鴆殺孝平皇帝 攝天子位 欲絶漢室.
今天子已立 共行天罰!"郡國皆震. 比至山陽 衆十餘萬.

莽聞之 惶懼不能食. 太皇太后謂左右曰"人心不相遠也. 我
雖婦人 亦知莽必以是自危."莽乃拜其黨‧親 輕車將軍‧成
武侯孫建爲奮武將軍 光祿勳‧成都侯王邑爲虎牙將軍 明義侯
王駿爲強弩將軍 春王城門校尉王況爲震威將軍 宗伯‧忠孝侯
劉宏爲奮衝將軍 中少府‧建威侯王昌爲中堅將軍 中郎將‧震
羌侯竇況爲奮威將軍 凡七人 自擇除關西人爲校尉‧軍吏 將
關東甲卒 發奔命以擊義焉. 復以太僕武讓爲積弩將軍 屯函谷
關 將作大匠蒙鄉侯逯並爲橫壄將軍 屯武關 羲和‧紅休侯劉
秀爲揚武將軍 屯宛.

三輔聞翟義起 自茂陵以西至汧二十三縣 盜賊並發. 槐里男
子趙朋‧霍鴻等自稱將軍 攻燒官寺 殺右輔都尉及斄令 相與
謀曰"諸將精兵悉東 京師空 可攻長安."衆稍多至十餘萬 火
見未央宮前殿. 莽復拜衛尉王級爲虎賁將軍 大鴻臚‧望鄉侯
閻遷爲折衝將軍 西擊朋等. 以常鄉侯王惲爲車騎將軍 屯平樂
館 騎都尉王晏爲建威將軍 屯城北 城門校尉趙恢爲城門將軍
皆勒兵自備. 以太保‧後承‧承陽侯甄邯爲大將軍 受鉞高廟
領天下兵 左杖節 右把鉞 屯城外. 王舜‧甄豐晝夜循行殿中.

莽日抱孺子禱郊廟 會羣臣 而稱曰"昔成王幼 周公攝政 而
管‧蔡挾祿父以畔. 今翟義亦挾劉信而作亂. 自古大聖猶懼此

況臣莽之斗筲！"羣臣皆曰"不遭此變 不章聖德！"冬 十月
甲子 莽依《周書》作《大誥》曰"粤其聞日 宗室之儁有四百人
民獻儀九萬夫 予敬以終於此謀繼嗣圖功."遣大夫桓譚等班行
諭告天下 以當反位孺子之意.

諸將東至陳留菑 與翟義會戰 破之 斬劉璜首. 莽大喜 復下
詔先封車騎都尉孫賢等五十五人皆爲列侯 卽軍中拜授. 因大
赦天下. 於是吏士精銳遂攻圍義於圍城 十二月 大破之 義與劉
信棄軍亡 至固始界中 捕得義 尸磔陳都市 卒不得信.

❖ 王莽上 初始 元年(戊辰, 8年)

1   春 地震. 大赦天下.

2   王邑等還京師 西與王級等合擊趙朋·霍鴻. 二月 朋等殄
滅 諸縣息平. 還師振旅 莽乃置酒白虎殿 勞賜將帥. 詔陳崇治
校軍功 第其高下 依周制爵五等 以封功臣爲侯·伯·子·男
凡三百九十五人 曰"皆以奮怒 東指西擊 羌寇·蠻盜 反虜·
逆賊 不得旋踵 應時殄滅 天下咸服"之功封云. 其當賜爵關內
侯者 更名曰附城 又數百人. 莽發翟義父方進及先祖冢在汝南
者 燒其棺柩 夷滅三族 誅及種嗣 至皆同阬 以棘五毒幷葬之.
又取義及趙朋·霍鴻黨衆之尸 聚之通路之旁 濮陽·無鹽·
圉·槐里·盩厔凡五所 建表木於其上 書曰"反虜逆賊鱣鯢."

義等旣敗 莽於是自謂威德日盛 大獲天人之助 遂謀卽眞之事
矣.

3   羣臣復奏進攝皇帝子安 · 臨爵爲公 封兄子光爲衍功侯 是
時莽還歸新都國 羣臣復白以封莽孫宗爲新都侯.

4   九月 莽母功顯君死. 莽自以居攝踐阼 奉漢大宗之後 爲功
顯君緦縗弁而加麻環絰 如天子弔諸侯服. 凡壹弔再會 而令新
都侯宗爲主 服喪三年云.

5   司威陳崇奏 莽兄子衍功侯光私報執金吾竇況 令殺人 況
爲收繫 致其法. 莽大怒 切責光. 光母曰"汝自視孰與長孫 ·
中孫!"長孫 · 中孫者 宇及獲之字也. 遂母子自殺 及況皆死.
初 莽以事母 · 養嫂 · 撫兄子爲名 及後悖虐 復以示公義焉. 令
光子嘉嗣爵爲侯.

6   是歲 廣饒侯劉京言齊郡新井 車騎將軍千人扈雲言巴郡
石牛 太保屬臧鴻言扶風雍石 莽皆迎受. 十一月 甲子 莽奏太
后曰"陛下遇漢十二世三七之阨 承天威命 詔臣莽居攝. 廣
饒侯劉京上書言'七月中 齊郡臨淄縣昌興亭長辛當一暮數夢
曰"吾 天公使也. 天公使我告亭長曰'攝皇帝當爲眞.'卽不
信我 此亭中當有新井."亭長晨起視亭中 誠有新井 入地且百
尺.'十一月 壬子 直建冬至 巴郡石牛 戊午 雍石文 皆到于未

央宮之前殿. 臣與太保安陽侯舜等視 天風起 塵冥 風止 得銅符帛圖於石前 文曰'天告帝符 獻者封侯'騎都尉崔發等視說. 孔子曰'畏天命 畏大人 畏聖人之言'臣莽敢不承用！臣請共事神祇 · 宗廟 奏言太皇太后 · 孝平皇后 皆稱'假皇帝'其號令天下 天下奏言事 毋言'攝'以居攝三年爲始初元年 漏刻以百二十爲度 用應天命. 臣莽夙夜養育隆就孺子 令與周之成王比德 宣明太皇太后威德於萬方 期於富而教之. 孺子加元服 復子明辟 如周公故事."奏可. 衆庶知其奉符命 指意羣公博議別奏 以示卽眞之漸矣.

7　期門郎張充等六人謀共劫莽 立楚王. 發覺 誅死.

8　梓潼人哀章學問長安 素無行 好爲大言 見莽居攝 卽作銅匱 爲兩檢 署其一曰"天帝行璽金匱圖"其一署曰"赤帝璽某傳予黃帝金策書."某者 高皇帝名也. 書言王莽爲眞天子 皇太后如天命. 圖書皆書莽大臣八人 又取令名王興 · 王盛 章因自竄姓名 凡十一人 皆署官爵 爲輔佐. 章聞齊井 · 石牛事下 卽日昏時 衣黃衣 持匱至高廟 以付僕射. 僕射以聞. 戊辰 莽至高廟拜受金匱神禪 御王冠 謁太后 還坐未央宮前殿 下書曰"予以不德 託于皇初祖考黃帝之後 皇始祖考虞帝之苗裔 而太皇太后之末屬. 皇天上帝隆顯大佑 成命統序 符契 · 圖文 · 金匱策書 神明詔告 屬予以天下兆民. 赤帝漢氏高皇帝之靈 承天命傳金策之書 予甚祇畏 敢不欽受！ 以戊辰直定 御王冠 卽眞

天子位 定有天下之號曰新. 其改正朔 易服色 變犧牲 殊徽幟
異器制. 以十二月朔癸酉爲始建國元年正月之朔 以雞鳴爲時.
服色配德上黃 犧牲應正用白 使節之旄幡皆純黃 其署曰'新使
五威節'以承皇天上帝威命也."

　莽將卽眞 先奉諸符瑞以白太后 太后大驚. 是時以孺子未立
璽臧長樂宮. 及莽卽位 請璽 太后不肯授莽. 莽使安陽侯舜諭
指 舜素謹敕 太后雅愛信之. 舜旣見太后 太后知其爲莽求璽
怒罵之曰"而屬父子宗族 蒙漢家力 富貴累世 旣無以報 受人
孤寄 乘便利時奪取其國 不復顧恩義. 人如此者 狗豬不食其
餘 天下豈有而兄弟邪！ 且若自以金匱符命爲新皇帝 變更正
朔・服制 亦當自更作璽 傳之萬世 何用此亡國不祥璽爲 而欲
求之 我漢家老寡婦 且暮且死 欲與此璽俱葬 終不可得！"太
后因涕泣而言 旁側長御以下皆垂涕. 舜亦悲不能自止 良久 乃
仰謂太后"臣等已無可言者. 莽必欲得傳國璽 太后寧能終不
與邪？"太后聞舜語切 恐莽欲劫之 乃出漢傳國璽投之地 以
授舜曰"我老已死 而兄弟今族滅也！"舜旣得傳國璽 奏之 莽
大說 乃爲太后置酒未央宮漸臺 大縱衆樂.

　莽又欲改太后漢家舊號 易其璽綬 恐不見聽 而莽疏屬王諫
欲諂莽 上書言"皇天廢去漢而命立新室 太皇太后不宜稱尊號
當隨漢廢 以奉天命."莽以其書白太后 太后曰"此言是也！"
莽因曰"此誖德之臣也 罪當誅！"於是冠軍張永獻符命銅璧
文 言太皇太后當爲新室文母太皇太后 莽乃下詔從之. 於是鴆
殺王諫而封張永爲貢符子.

❖ 班彪贊曰

三代以來 王公失世 稀不以女寵. 及王莽之興 由孝元后
歷漢四世爲天下母 饗國六十餘載 羣小世權 更持國柄
五將‧十侯 卒成新都. 位號已移於天下 而元后卷卷猶
握一璽 不欲以授莽 婦人之仁 悲矣！＊

❖ 황제 계보도

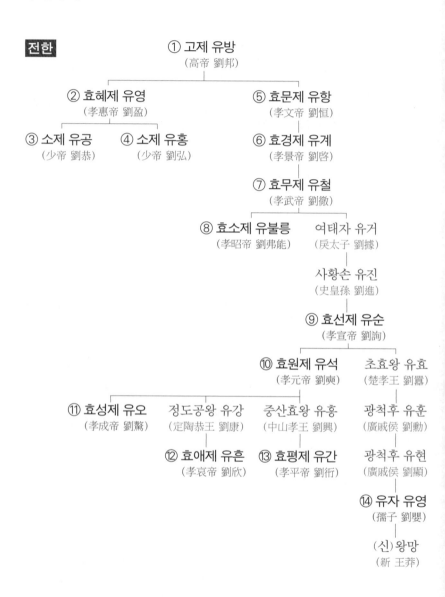

전한

① 고제 유방
(高帝 劉邦)

② 효혜제 유영
(孝惠帝 劉盈)

③ 소제 유공
(少帝 劉恭)

④ 소제 유홍
(少帝 劉弘)

⑤ 효문제 유항
(孝文帝 劉恒)

⑥ 효경제 유계
(孝景帝 劉啓)

⑦ 효무제 유철
(孝武帝 劉徹)

⑧ 효소제 유불릉
(孝昭帝 劉弗陵)

여태자 유거
(戾太子 劉據)

사황손 유진
(史皇孫 劉進)

⑨ 효선제 유순
(孝宣帝 劉詢)

⑩ 효원제 유석
(孝元帝 劉奭)

초효왕 유효
(楚孝王 劉囂)

⑪ 효성제 유오
(孝成帝 劉驁)

정도공왕 유강
(定陶恭王 劉康)

중산효왕 유흥
(中山孝王 劉興)

광척후 유훈
(廣戚侯 劉勳)

⑫ 효애제 유흔
(孝哀帝 劉欣)

⑬ 효평제 유간
(孝平帝 劉衎)

광척후 유현
(廣戚侯 劉顯)

⑭ 유자 유영
(孺子 劉嬰)

(신) 왕망
(新 王莽)